读懂"十四五"

新发展格局下的改革议程

刘世锦◎主编

中信出版集团 | 北京

图书在版编目（CIP）数据

读懂"十四五"：新发展格局下的改革议程/刘世锦主编. -- 北京：中信出版社，2021.1（2021.5重印）
ISBN 978-7-5217-2637-4

Ⅰ.①读… Ⅱ.①刘… Ⅲ.①国民经济计划-五年计划-研究-中国-2021-2025 Ⅳ.①F123.3

中国版本图书馆CIP数据核字(2020)第257309号

读懂"十四五"：新发展格局下的改革议程

主　　编：刘世锦
出版发行：中信出版集团股份有限公司
　　　　　（北京市朝阳区惠新东街甲4号富盛大厦2座　邮编　100029）
承 印 者：天津市仁浩印刷有限公司

开　　本：787mm×1092mm　1/16　　印　张：24.25　　字　数：374千字
版　　次：2021年1月第1版　　　　　　印　次：2021年5月第6次印刷
书　　号：ISBN 978-7-5217-2637-4
定　　价：69.00元

版权所有·侵权必究
如有印刷、装订问题，本公司负责调换。
服务热线：400-600-8099
投稿邮箱：author@citicpub.com

目 录

序 言 改革再突围
　　　　刘世锦 / III

总报告 "十四五"和更长一个时期我国经济社会改革的方向与重点领域 / 001

第一篇 新发展阶段
经济社会发展的新目标和新挑战

实现社会主义现代化目标的改革重点 / 022
现代化新征程中的新挑战和新问题 / 040
区域经济如何在集聚中走向平衡 / 055
中国经济结构转型的进展与差距 / 075
中国经济增长路径的转变 / 101

第二篇　新发展格局
提升经济发展水平的战略抉择

"十四五"时期中国经济新增长潜能 / 124

双循环赋能经济增长的质量与效率 / 170

如何完成金融市场化改革 / 203

二次房改推动经济新一轮增长 / 218

如何扩大中等收入群体 / 228

第三篇　新发展理念
引领高质量发展

"十四五"时期四大战略重点：创新、开放、分配、法治 / 260

以全方位创新和开放推进高质量发展 / 286

"十四五"必须推进的土地制度改革 / 304

经济发展中的市场与政府 / 323

聚力于非资源性实体部门，迈进高收入安全区 / 348

建设人与自然和谐共生的现代化 / 362

参考文献 / 375

序 言

改革再突围

刘世锦

全国政协经济委员会副主任，中国发展研究基金会副理事长，国务院发展研究中心原副主任

  2020年初的时候，中央有关决策部门委托中国经济50人论坛开展了一项关于"十四五"和到2035年我国经济社会重点领域改革的研究，论坛秘书处要求我具体组织。于是，我约请了包括但不限于论坛成员、对改革问题有一定研究基础的学者组成课题组。时至疫情焦灼之际，如往常那样开会讨论已不可能，于是我们就把研究活动搬到了线上。课题组成员认真做功课，提交了一定篇幅的文字材料，并召开了线上研讨会。在此基础上，由我主笔，完成了课题总报告，后又征求论坛秘书处意见建议，修改后正式上报，得到了积极反馈。总报告上报后，课题组成员提出，大家有很多思考和研究积累，何不汇集成册出版。除了课题组成员，我们又约请了几位活跃、年轻实际上也相当资深的学者加盟，这本书就应运而生了。

  改革就是突围。习近平总书记总结的深圳等特区改革开放实践经验中，其中一条就是"必须坚持发展是硬道理，坚持敢闯敢试、敢为人先，以思想破冰引领改

革突围"。①所谓突围，就是在不适应生产力发展、不利于社会进步的思想观念和体制机制等重重包围中，披荆斩棘，开出一条新路。40多年来，不论从什么角度看，中国的发展都堪称奇迹，但每向前走一步都不轻松，都是不断突围的结果，因为在不同时期，都会遇到未曾遇到的阻力，不经由改革突围就会停滞、反复甚至倒退。

经过40多年的努力，中国已经接近高收入国家的门槛，经济增长也经历着关键性转型。表面上看，增长速度由高速转向中速，背后则是增长动能、经济结构和制度规则的全方位转换。在国际上，一些经济体在大体相同的增长节点上，经历了增长动力下降、收入和财产分配差距拉大、资源环境压力加大、社会共识减少乃至撕裂等冲击，以致增长减缓、停滞或后退，落入被称为"中等收入陷阱"的困境。事实上，这些挑战在中国或多或少都出现了。

中国在这个阶段发展的特殊性在于，作为一个超大型经济体，如果中国能够成功进入高收入国家行列，全球高收入人口总数将会扩大一倍。如果发展正常，今后5~10年，按现价美元计算的中国经济总量规模超过美国将是大概率事件。大国经济规模顺序和相应的经济版图的改变，无可避免地会引起利益相关者的种种不适、疑虑乃至惊恐。近年来，中美关系的困难局面就是在这种背景下出现的。

忽略人均和结构水平的总量规模易产生幻觉、误解或误判。即使中国的经济总量规模超过美国，人均GDP水平只相当于美国的1/4。虽然中国创新能力增强了，但与发达国家在科技、高水平教育、产业结构等领域的差距依然不小，有些可能还会延续相当长的时间。历史上的大国争霸曾经历严重冲突，有的演变为战争。但与几十年或一二百年前相比，当今世界结构已经发生了很大变化。一方面，全球化的大幅推进已经使包括大国在内的国家间利益连接空前密切，脱钩往往是损人又害己，相互均无好处。另一方面，核武器使大国的正面冲突不可能

---

① 摘自习近平总书记在深圳经济特区建立40周年庆祝大会上的讲话，2020年10月14日，http://www.xinhuanet.com/2020-10/14/c_1126611290.htm。

有赢家，实际上这也划出了大国冲突的底线。传统和非传统全球性问题清单不断加长，一个超级大国已经无力主宰或主导全球事务，更不可能公正有效地提供全球公共产品。特朗普政府的不断退群与此直接有关。即使中国经济总量规模超过美国，中国也不会、不能更无必要成为另一个美国。出路就在于形成一个各国普遍参与且高效的全球治理结构。这种治理结构的形成和运转，包括G20（二十国集团）成员国在内的大国，特别是中美欧等主要经济体，负有特殊的责任。然而，这种看起来比较理想的格局并不容易到来，有些势力借助全球化进程中的结构性矛盾背道而驰，人类社会或许将不得不为此付出巨大的代价。中国的国际影响力日趋增加，但似乎很难再回到过去几十年相对宽松和缓的国际发展环境。

在这种背景下，中国将面临双重挑战：一方面，要解决好由中等收入阶段跨越到高收入阶段特有的问题；另一方面，要在百年未有之大变局中找到自身合适的位置。"十四五"时期的改革，简单地说，就是要从这些挑战的压力下突围，踏上高收入阶段的台阶。

十九届五中全会通过的《中共中央关于制定国民经济和社会发展第十四个五年规划和二〇三五年远景目标的建议》中提出，到2035年人均国内生产总值达到中等发达国家水平。有些研究认为，要实现这一增长目标，这一时期的平均增速不能低于4.7%或达到6%乃至更高。这些研究通常假定汇率水平不变或仅有小幅（如1%~2%）升值。然而，这个假定忽略了一个至关重要的问题，这就是经济增长的质量。汇率变动是一个复杂的问题，涉及多种变量，从长期看，最重要的变量是劳动生产率，而劳动生产率是增长质量的核心指标。中国与发达经济体之间按现价美元计算的人均收入水平差距的缩小，部分取决于增长速度，部分取决于汇率水平的变动。从潜在增长率看，这一时期平均增速达到4.7%难度很大，但这并不意味着中国不能跻身于中等发达国家行列，重要的是汇率变化，而汇率变化直接与经济增长质量相关。

这方面的国际经验能够提供启示。日本、德国等国二战以后的发展经历表明，一段时期内与先行者人均收入差距的缩小，汇率升值的贡献要大于实际经济增速的贡献。我们的研究团队初步测算，根据宾夕法尼亚大学发布的PWT9.1数据库资料，2019年，中国按购买力平价计算的人均GDP（以2011年为不变价）约为14682国际元，相当于日本1975年、德国1971年的水平。从1975年到1991年的16年间，日本实际GDP年平均增长4.4%，累计增长99.6%；日元兑美元汇率年平均升值幅度为5.1%，累计升值幅度为120.3%。从按美元计价的日本人均GDP增长来看，日元兑美元汇率升值的贡献要大于GDP实际增长的贡献。从1971年到1987年的16年间，德国实际GDP年平均增长2.3%，累计增长43.2%；德国马克兑美元汇率年平均升值幅度为4.3%，累计升值幅度为95.1%。从按美元计价的德国人均GDP增长来看，德国马克兑美元汇率升值的贡献要远大于德国GDP实际增长的贡献。需要强调的是，中国要实现2035年的远景目标，立足点、注意力应当更多地放在提升增长质量上，而非过度追求难以企及的增长速度。

随着经济恢复到正常增长轨道，宏观政策也要相应回归正常状态。中国与发达经济体的重要区别是，还有相当大的结构性潜能驱动增长，而非主要依赖于宏观刺激政策。在房地产、基建、出口等高速增长期结构性潜能逐步消退后，"十四五"期间要着力发掘与中速增长期相配套的结构性潜能。

这里我们提出一个"1+3+2"结构性潜能框架。"1"指以都市圈、城市群发展为龙头，通过更高的集聚效应为下一步中国的中速高质量发展打开空间。今后5~10年，中国经济百分之七八十的新增长动能将处在这个范围之内。"3"指实体经济方面要补上我国经济循环过程中的新的三大短板：一是基础产业效率不高，主要是基础产业领域仍然不同程度地存在着行政性垄断，竞争不足，补这个短板将有利于全社会降成本；二是中等收入群体规模不大，今后10~15年时间，中等收入群体应力争实现倍增，由4亿人增加到8亿~9亿人，补这个短板将有利于扩大需求，特别是消费需求，同时扩大人力资本；三是基础研发能力不强，这是我们内循环中的"卡脖子"环节，补上这个短板才能有效应对外部"卡脖子"问题，为建设创新型国家打牢基础。"2"指数字经济和绿色发展，这是全球性且中国具备一定优势的新增长潜能。简单地说，"1+3+2"结构性潜能就是一个龙头引领，补足三大短板，两个翅膀赋能。

然而，这些结构性潜能还不同程度地受到不合理的体制机制政策的束缚，往往是看得见、抓不住。下一步应当通过更大力度、更具实效的改革开放，使这些结构性潜能"变现"。相关重要改革包括：加快农村土地制度改革，推进农村集体建设用地入市，创造条件允许宅基地使用权向集体组织外部流转；推动空间规划和公共资源配置改革，尊重人口流动的市场信号，按人口流向分配用地指标，财政补贴资金，等等，并依照人口布局变化定期调整城市规划；石油天然气、电力、铁路、通信、金融等基础产业领域，在放宽准入、促进竞争上，要有一些实质性、标志性的大动作；加快基本公共服务的均等化，逐步打通农村社保和城镇居民社保的衔接，分期建设主要面向外来人口特别是农村进城人口的安居房工程；深化高水平大学教育和基础研究领域改革，在创新居于前列、科教资源丰厚的若干城市，像当年办经济特区一样，创办高水平大学教育和研发特区。在对外开放中采取更有前瞻性和冲击力的举措，如主动站上"三零"（零关税、零补贴、零壁垒）的制高点，在加入RCEP（区域全面经济伙伴关系协定）的基础上，积极创造条件加入CPTPP（全面与进步跨太平洋伙伴关系协定）等，通过制度规则性开放推动国内高标准市场体系建设。

本书总报告保持文稿原貌，是课题组的集体研究成果；专题研究报告则体现了各位作者对中长期战略问题的思考探索，他们有些着眼于全局性议题，有些则聚焦于某个专门领域。由于研究角度和专业背景的差异，各位作者在一些问题的看法上并不一定相同，而这正是研究的开放性、包容性所特有的；但相同的是，各位作者对国家发展的责任感和研究问题的想象力、创新性与专业精神。希望本书对关心中国改革开放发展的各界读者有所助益。

总报告

"十四五"和更长一个时期我国经济社会改革的方向与重点领域

课题组[①]

一、基本实现社会主义现代化对经济社会重点领域提出的改革要求

按照党的十九大部署,在全面建成小康社会的基础上,到 2035 年要基本实现社会主义现代化。从国际比较的角度看,就是要用 15 年的时间,以 2019 年人均收入达到 1 万美元为起点,稳定进入高收入社会,并接近或初步达到发达国家发展水平。

从世界银行的世界发展指数看,2018 年我国和美国名义人均 GDP(国内生产

[①] "面向基本实现社会主义现代化目标的经济社会重点领域改革研究"课题组,课题组负责人、执笔人:刘世锦;课题组成员:曹远征、江小涓、唐杰、黄益平、徐林、李实、张平、刘守英、张文魁、张永生、刘培林、钟正生、赵勇、王子豪、徐晓龙。

总值）分别为 9800 美元和 62800 美元，我国的水平相当于美国的 15.6%。同年，我国和美国的人口分别为 13.9 亿和 3.3 亿，我国是美国的 4.2 倍；我国和美国的 GDP 分别为 13.6 万亿美元和 20.5 万亿美元，我国相当于美国的 66%。

有关方面预测，到 2035 年我国人口为 14 亿左右，美国 3.6 亿，我国约为美国的 4.1 倍。届时，如果我国人均 GDP 能达到美国的 25%，大约相当于 2018 年智利和匈牙利相对于美国的水平，则我国 GDP 总量将和美国相当。如果我国人均 GDP 能达到更高水平，则 GDP 总量将超过美国。比如，如果届时我国人均 GDP 水平达到美国的 37%，大约相当于 2018 年捷克、爱沙尼亚、沙特和葡萄牙相对于美国的水平，则经济总规模将达到美国的 1.5 倍。

从 2019 年到 2035 年的 17 年时间里，我国人均 GDP 水平能够达到美国的多大比例，对此我们可以从国际经验中有所借鉴，虽然不能机械地加以类比。

我们选取日本和韩国人均 GDP 相对于美国的水平与我国目前情形接近的年份作为起点。1960 年，日本名义人均 GDP 是美国的 15.9%，10 年后的 1970 年达到美国的 39%，17 年后的 1977 年达到美国的 67%。1986 年，韩国名义人均 GDP 是美国的 14.7%，8 年后的 1994 年达到美国的 37%，之后的 1996 年一度达到美国的 44%，后来因东南亚金融危机影响，韩国人均 GDP 相对于美国的水平大幅度回落，但 2003 年又重新提高到美国的 36%。日本和韩国的经验表明，从人均 GDP 相当于美国的 15% 开始，如果发展进程顺利，10 年就可以达到美国的 37%，即使有所反复，17 年后也能够达到美国的 37%。

类比上述日本和韩国的经验，即使考虑到我国已转入中速增长阶段，只要能够实现高质量、可持续发展，避免大起大落，管理好对外经济关系，从增长潜力上说，到 2035 年基本实现现代化时，名义人均 GDP 达到美国的 37%、经济总量达到美国的 1.5 倍，是有可能的。

世界银行、国际货币基金组织（IMF）和经济合作与发展组织（OECD）认为，2018 年成为发达经济体的门槛为以现价美元计算的人均 GDP 达到美国的 28.4%。如果这一相对水平保持大体稳定，到 2035 年，我国人均 GDP 将达到美国的 30%

左右，可以认为初步进入发达经济体行列。

在这一时期，经济社会发展动能将会呈现两类特征的交织或融合。一类是常规追赶型经济体固有的特征，另一类则是由发展理念、技术进步和全球化等新因素催生的特征。

前者是中国作为一个后发经济体通常会有的特征，主要包括：（1）消费占总需求的比重持续上升，比照OECD国家的平均水平，将由2018年的53.4%增加到74.2%，其中居民消费由38.7%上升到53.8%，居民服务消费则由20.7%上升到40.1%，投资比重相应下降；（2）服务业在产业结构中的比重持续上升，比照OECD国家的平均水平，将由2018年的52.2%上升到66.1%，其中生产性服务业、享受型和发展型服务业更有潜力，并与制造业转型升级融为一体；（3）出口增速放缓并趋于稳定，净出口在增加值中占比下降，出口中知识技术密集型产品比重上升；（4）城市化进入都市圈和城市群加快发展阶段，成为经济增长的新引擎，城市人口占比由现阶段的60%上升到80%左右；（5）经济处在追赶阶段，仍有一些已有的先进技术需要引入消化吸收，但面临部分"脱钩"风险，创新在技术进步中的重要性明显上升，并逐步成为主要来源；（6）收入差距扩大对增长和稳定的影响加大，扩大中等收入群体将成为内需市场和经济增长最重要的源泉。

由新因素催生的特征则具有明确的时代印记，是先行发达国家在相同发展阶段未曾有过的特征，例如：（1）数字技术快速发展，不断拓展应用场景，数字技术实体化、实体经济数字化已成潮流；（2）生态文明建设和绿色发展成为社会共识，通过重新界定收益成本，推动发展方式转型；（3）全球化遭受重挫，新冠疫情对全球产业链带来新的冲击，但更高水平的对外开放格局和调整后的全球化愿景仍可期待。这些特征具有明显的"横向"影响力，所波及的并非部分领域，而是所有行业、地区和具体领域，进而使常规经济增长被打上深刻的时代烙印。

两类特征的融合发展提供了理解和评估我国经济发展优势和短板的重要背景，并展示了下一步深化改革的方向和重点。这一时期我国经济的优势包括超大规模统一市场，市场竞争力逐步增强的多种类型企业主体，产业门类齐全，配套能力强，供应链较为完整，数字技术领域的有利优势，经济内部的巨大对冲功能，等等。短板则既与以往遗留下来的体制性、结构性矛盾有关，也与发展环境变化后的不适应有关，包括人口老龄化、劳动力等要素成本上升、要素市场改革滞后、收入和财产分配差距过大，以及基础研究能力薄弱等。

这一时期的改革应当明确并顺应经济社会发展的规律和特征变化，扬长"补"短。优化资源重点是中高级生产要素配置，持续提高全要素生产率。改革的目标应当是建设对内适应高质量发展、对外引领全球化方向的高标准市场体系。就改革的驱动力来说，可分为三种类型的改革。一是"补短型改革"，主要是应完成但未完成的改革，如国有经济战略性调整和国有企业治理结构改革，要素市场自由流动改革，行政性垄断领域市场开放改革，等等；二是"升级型改革"，如与数字经济、绿色发展等相关的改革；三是"接轨型改革"，重点是在高水平对外开放中，适应并引领国际经贸、投资、金融等领域规则变革而进行的改革。这些改革中的相当多内容应在"十四五"时期重点推进。

二、稳定预期、竞争中性为导向的产权制度和企业治理结构改革

稳定预期有着较以往更重要的意义。过去一个时期，在对民营经济的看法上出现混乱，影响到民营企业的生产经营和投资。下一步产业转型升级、创新驱动，首先要有长期稳定预期，对产权保护、企业治理结构有效性提出了更高要求。

在政治上进一步明确定位民营经济的地位和作用，给民营经济吃长效定心丸。十八届三中全会提出，"公有制经济和非公有制经济都是社会主义市场经济的重要组成部分，都是我国经济社会发展的重要基础"。在此基础上，能否考虑提出：公有制经济和非公有制经济都是我们党长期执政、领导全体人民建设社会主义现代化强国、实现中华民族伟大复兴中国梦的依靠力量。

把所有制分类与企业分类区别开来。按照国有、民营区分企业类型，实际上

是市场经济发育程度低的表现。随着市场经济的发展和成熟，企业的股权结构趋于多元化和相互融合，要找到一个单一所有制的企业越来越难。应摒弃按所有制对企业进行分类的传统做法，而应以企业规模、行业归属等进行分类，如大中小企业、工业企业、服务业企业等。同时进行投资者分类，比如中央国有资本投资者、地方国有资本投资者、机构投资者、个人投资者、境外投资者等。

确立竞争政策的基础性地位。除了对为数不多的特定行业和企业实行进入限制或经营活动管制，其他行业和企业一律实行"竞争中性"，切实落实十九届四中全会提出的"各种所有制主体依法平等使用资源要素、公开公平公正参与竞争、同等受到法律保护"。建立和完善现代企业制度，在市场上公平竞争。国家对所有企业一视同仁，无歧视地平等对待，制定并实施不是针对某种类型企业，而是无差别地对所有企业平等保护、公平竞争的法律。消除由于不公平竞争引起的资源错配，任何企业都不能从免于竞争的保护中获取特殊利益。

按照"管资本"的思路明确国有经济的作用范围。国有资本布局调整和国有企业改革到位，是实现公平竞争的重要前提。落实十八届三中全会精神，国家对国有经济由"管企业"为主转向"管资本"为主。按照党的十九大所指出的，做强做优做大国有资本。国有资本的使命和任务，是服从国家发展战略的需求，对国民经济发展全局发挥支撑性、引导性作用，为此，国有资本应聚焦于提供公共服务、完善社会保障、发展重要前瞻性战略性产业、保护生态环境、支持科技进步、保障国家安全等。对这些领域进行战略性投资，对其他领域则少进入或不进入，如确有必要进入，也主要是财务性投资，设定退出期限。国家主管部门对国有资本投资领域要进行合规性审查。

对已有国企全面进行现代公司治理结构改造。除了为数不多、需要国有资本独资经营的特定企业，普遍推进混合所有制改革。国有资本的特定使命和任务，通过国家安全管理、特定行业管制和企业股东会、董事会等通道得到落实。国有资本持股企业实行董事会、管理层"双轨制"，董事会中的国有资本代表由国有资本管理机构派出，可由行政序列的公职人员担任；管理层人员则通过市场化途径和规则聘任并履行职责。国有资本持股企业的股东会、董事会、管理层，按照法律行使权利、发挥作用。有效发挥国有资本运营公司和投资公司在调整国有资本布局方面的作用，把部分国有股份划转到社保基金或类似持股机构。进一步健全和完善国有资本经营预算制度，加大国有资本收益和国有股转让收入的收缴公共财政的力度，加强对国有资本金注入和转增的规范化管理，对国有资本持股企业实行法治化破产制度。

三、治理效能提升为导向的中央地方财税体制改革

国家治理现代化的核心就是建立现代公共财政体制。为了适应发展阶段、产业结构、政府职能转变的需要，改革应从中央和地方各级政府的事权和支出责任界定入手，重新匹配中央和地方的事权财权关系，在新的基础上，建立权责分明、事权财权相匹配、预算硬约束、可追溯可问责的财政新体制。

科学合理界定中央和地方政府的事权和相应的支出责任。中央政府要加强宏观事务管理，维护国家法制统一、政令统一、市场统一，建设全局性重大社会基础设施体系。针对近期出现的突出问题，应在公共卫生应急管理、食品药品安全、国家安全、跨地区司法公平公正、跨地区环境保护等领域加强中央部门垂直管理能力。与此同时，以公共服务为导向确定地方各级政府的事权和支出责任，加快由建设型政府向服务型政府的转型。增强地方自主权，减少中央对地方的直接行政干预，必要的干预更多通过法律程序进行。顺应城市化发展的趋势，提升城市治理在国家治理体系中的地位和作用。城市不论大小，在生产要素获取、基本公共服务提供、环境建设发展等方面具有平等地位和权利，逐步确立与企业和社团法人类似的城市法人地位，把城市管理者行政级别与城市法律地位分开，不因城市管理者行政级别更高而使城市拥有特殊权力和利益。

与经济结构转变相适应推进税制改革。改革重点是从流转税为主导转向直接

税和间接税的混合型框架，从单一针对企业法人征税转向对自然人和法人共同征税，逐步形成纳税人与享受公共福利相匹配的格局。流转税征收环节也要仅从生产环节征收转向生产环节与消费环节共同征收，征收价外型消费税，减轻地方对土地财政的过度依赖。

规范财政收入来源，形成制度化的稳健的预算收入。在预算法基础上，切实打通税收收入、政府基金收入、国有资本所得收入和社保收入之间的联系，做到统一预算。更重要的是统筹支出，特别是建立将国有资产所得收入作为调节社保支出的规范化制度保障。在老龄化的高峰阶段，可通过国有资本变现的办法来弥补社保支出。

在强化地方预算约束的基础上扩大并稳定地方政府财力来源。增加地方性税种，引入房地产税、消费税等，推动服务业增值税由生产型转向消费型，逐步减少地方对土地财政的过度依赖。完善分税制，保持地方财力格局总体稳定。改革转移支付制度，增加一般转移支付占比，压缩专项转移支付。试点推进财政层级"扁平化"，实现中央、省、市三级政府和三级财政，促进城市之间的平等竞争。消除上级政府对下级政府债务的隐性担保，打破刚性兑付，更好地发挥地方人大等机构对地方预算和债务管理的决策监督作用，在此基础上允许拓展与地方发展能力和承受能力相适应的市政债及其他融资渠道。

提高国家信用利用效率，建立国债弥补的正常化机制。重点是形成以稳定财政预算赤字为基础、期限结构合理、有秩序的国债市场，以稳定金融市场预期，必要时可发行特别国债，以弥补非正常支出。这样的国债市场能够促进市场基准利率传导，有利于货币政策由数量调控转向价格调控，也有利于金融结构由间接融资转向直接融资。

四、都市圈和城市群发展为导向的城乡间要素流动市场化改革

大都市圈和城市群加快发展是我国经济今后 5~10 年最重要的结构性潜能，

大部分新增长点会出现在这一范围。抓好这个龙头，就要把与此相关的要素市场改革置于优先位置。

加快推进农村集体建设用地入市和宅基地流转。落实十八届三中全会的要求，加快农村集体建设用地进入市场，农村集体建设用地与国有土地同价同权、同等入市。除特定公共用途要由国家征地外，一般应通过集体土地直接入市满足需求。集体建设用地使用权归原集体成员所有，可实行股份合作制，股份可自由出让。宅基地流转目前仍限于集体组织内部，而真正的需求是在外部。那种认为宅基地属于集体财产、只能在集体组织内部流转的观点，不符合市场经济原则，不利于真正保护和增进农民利益。因此，应创造条件允许宅基地使用权向集体组织外部流转。

积极稳妥务实地解决好小产权房问题。所谓小产权房问题，是在有关部门不承认农民在属于自己土地上应有的建造房屋权利，因而不可能符合城市建设规划的背景下形成的。小产权房，特别是以小产权房为主导的城中村，对满足城市化进程中低收入阶层住房需求，降低企业用工成本和城市运营成本，促进产业和城市发展繁荣，客观上起到了重要的积极作用。在正本清源、理顺关系的基础上，应给农民的权利要给，应缴的税费要缴，不符合规划的要纠正，使小产权房成为住房市场上一个正常组成部分。

农村转让收益优先用于完善社会保障体系。过去长时期内，我们把农村土地作为农民安身立命的最后屏障。随着市场经济的成熟和现代社会保障体系的发展，现代社会保障体系完全可以替代农村土地这种原始的、低效率的保障方式，把稀缺的土地资源解放出来。农地入市、宅基地流转获取的收入，应优先用于完善相应地区农村人口的社保体系，解除后顾之忧，使他们与城里人一样不再依赖于土地保障，在提高土地利用效率、增加收入的同时，由更为有效和稳定的社会安全网托底。

加快农村人口进入和融入城市的进程。除个别超大型城市外，取消对农村人口进城落户的限制。逐步取消伴随户籍的控房、控车、控学的限制性政策。农村进城人员对城市发展创造了大量社会财富，为他们提供基本公共服务并非"施舍"，而是他们应有的"城市权利"。与农村人口进城落户相配套，加快推进住房、教育、医疗、社会保障等基本公共服务的均等化，健全财政转移支付同农业转移人口市民化挂钩机制，继续推进并扩展义务教育等基本公共服务随人员流动可携带的政策，逐步打通农村社保和城镇居民社保的衔接。与都市圈建设相衔接，分期建设主要面向外来人口特别是农村进城人口的安居房工程。从长期看，户籍制度应逐步转为人口居住地登记制度。

既要让农民进城，也要允许城里人下乡。促进人员、资金、技术、土地等要素在城乡之间双向自由流动。对城里人下乡买房持开放态度，可开展核心城市老龄人口在都市圈范围下乡建养老社区试点。城乡居民宜城则城，宜乡则乡，在小城镇建设中，允许、鼓励城乡人员、资金、技术等要素共同参与，共建共享。

五、创新驱动、提高全要素生产率为导向的放宽准入改革

目前仍然存在的低效率领域，大多与不同程度的行政性垄断、缺少竞争有关。这方面的改革已经讲了多年，不能再拖下去了，要有实质性突破。

包括石油天然气、电力、铁路、通信、金融等在内的基础产业领域，在放宽准入、促进竞争上，要有一些标志性的大动作。比如，石油天然气行业，上中下游全链条放宽准入，放开进口；通信行业，允许设立一两家由民营资本或包括国有资本在内的行业外资本投资的基础电信运营商。这样的改革既能带动有效投资，更重要的是有助于降低实体经济和全社会生产生活的基础性成本。

在历来由国有机构经营的高技术领域，如航空航天领域，鼓励民营企业和其他行业外企业进入。近年来在这方面已有所进展，步子可以更大一些。经验表明，民营经济在高技术领域的创新具有更大潜能，中国航天领域也有可能出现埃隆·马斯克这样的企业家。

实施中国的诺奖计划，设立 30 年 30 名科学诺贝尔奖和诺奖级别的世界科技大奖，加快补上基础研究滞后的短板。在创新居于前列、科教资源丰厚的若干城市，像当年办经济特区一样，创办高水平大学教育和研发特区，突破现有体制机制政策的不合理约束，在招生、人员聘用、项目管理、资金筹措、知识产权、国籍身份等方面实行特殊体制和政策，营造有利于自由探索、催生重大科学发现的机制和文化，建成一批有中国特色、与国际一流水准接轨的新型大学教育和研发机构。

　　政府传统产业政策向营造高质量竞争环境政策转型。政府应致力于保护产权、维护市场秩序、反垄断和不正当竞争、提升要素供给质量、研究和发布行业发展信息等，依照法律从环保、节能、产品安全和国家安全等角度进行必要行业准入管理，不再将生产什么、如何生产、投资和设备规模等作为准入条件，不再给地方和企业戴帽子、发牌子，防止寻租和腐败行为。大幅度减少或取消产业补贴，必要的补贴要提高透明度，符合公平竞争原则，并与国际规范接轨。

　　促进创新要素流动聚集，形成更多的区域性创新中心和创新型城市。重要创新往往依托于创新中心和创新型城市，而创新中心和创新型城市并非人为指定，而是在竞争中形成。进一步打破体制机制政策上的束缚和阻隔，推动创新要素在全国范围内合理流动、优化配置。鼓励地方特别是有潜力的城市改善创新环境，由以往的 GDP 竞争转为创新竞争，重点是保护产权特别是知识产权，稳定企业家、科研人员的预期，加强创新基础设施建设，为创新提供全链条金融支持等，吸引聚集全球优秀人才，促进原始创新、技术创新、产业创新和制度创新的相互融合，争取形成若干全国性乃至世界性的科学中心和技术创新中心。

六、服务实体经济、高质量发展为导向的金融结构和监管体系改革

　　金融是为实体经济服务的，金融发展状况如何，要以所惠及的实体经济发展

状况做出评判。金融改革要坚持市场在金融体系中发挥决定性作用，与经济转型、结构升级、数字化、绿色化、国际化等相适应，并发挥促进引领作用，在此过程中驱动金融体系的变革、创新和稳定发展。

进一步改进市场准入和退出机制。改变长期形成的国有机构为主的金融体系主要为国有企业服务的格局，实行负面清单管理，适当降低准入门槛，给竞争力、创新力强的企业以更多的准入发展机会。与此同时，发挥存款保险制度的作用，以市场化方式将那些生存不下去的金融机构淘汰出局。有序处置信用债违约事件，逐步打破债券市场刚性兑付。构建适合我国国情的金融机构处置和破产制度，完善金融机构法治化、市场化退出机制。通过优胜劣汰、有进有出，在金融机构数量相对稳定的条件下，持续提高金融机构质量。

构建适应支持经济高质量可持续发展的"最优金融结构"。进一步发展多层次、有差异、互补而又相互竞争的银行体系和资本市场，围绕实体经济创新创业、兼并重组、产业升级等需求，推进产品和服务创新，全面提高金融服务的专业化水准。调整优化金融体系结构，形成风险投资、银行信贷、债券市场、股票市场等全方位、多层次的金融支持服务体系。银行体系为主还是资本市场为主，或者二者相互融合发展，主要由经济社会发展需要和市场竞争决定。

利用金融科技手段形成有竞争力的服务中小微企业的金融体系。认真研究总结推广金融科技企业识别控制风险，降低融资成本，为大量中小微企业提供有效金融服务的成功经验，建设开放银行，加强对民营企业、小微企业和"三农"的金融服务。鼓励金融机构运用人工智能、大数据、云计算、区块链等新技术，优化业务流程，降低服务成本，不断增加金融服务的覆盖面、可获得性和便利程度。稳步发展民营银行和社区银行，增加中小金融机构数量和业务比重，推动城商行、农商行、农信社等中小金融机构回归本源，充分利用熟悉本地客户等优势，根据市场需求提供有针对性的金融产品和差异化服务。

进一步扩大金融双向开放水平。金融开放既要放宽外资金融机构准入，提高股权占比，更重要的是引进国外行之有效的并适合国内金融发展的法规、制度、做法，促进形成规范、公平、法治的金融发展环境。将人民币国际化作为中国金融开放之锚，构建透明、稳健的货币政策框架与汇率体制，从正面清单管理向负面清单管理转变，形成合理的金融市场与金融机构体系。

建立目标明确、专业性强、可追责的金融监管体系。金融监管的目标是保障公平交易、保护金融消费者、维持金融稳定，把发展的责任从监管部门相对分离，避免产生道德风险。在明确责任、与政府相关机构顺畅沟通的基础上，不再把金融监管部门列入政府序列。完善监管追责机制，监管出了问题，必须承担相应的行政、经济甚至法律责任。适当增加监管部门的编制与经费，适应数字技术发展要求，加强监管能力建设。

七、社会保护和人力资本提升为导向的社会政策体系改革

无论是供过于求状态下的产业分化重组，还是创新导向的结构升级，都要求改进和完善社会政策，加强公共产品供给体系的改革和建设，使其在"保基本"的基础上，重点转向人力资本的"提素质"。

把中等收入群体倍增作为全面建成小康社会后的另一个重要战略。所谓中等收入群体，按官方统计标准，是指三口之家收入处在10万~50万元的人群。目前我国这一群体的规模大约为4亿人。争取10年左右时间实现中等收入群体倍增目标，中等收入群体将会从目前的4亿人增长到8亿~9亿人，占到总人口的60%以上。实施这一战略将为今后相当长一个时期经济增长提供重要动能，也有利于社会长期稳定。

建立反贫困的长效机制。在全面脱贫目标实现后，要防止返贫，守住底线，稳定并逐步减少相对贫困人口比重。立足于提高贫困人口的自我发展、创造财富能力，形成反贫困的长效机制。加快城乡融合基础上的城市化是最大的脱贫。要把农村减贫与都市圈和城市群发展、乡村振兴、绿色发展等紧密结合，融为一体。

提升年青一代人力资本是农村减贫、阻断贫困代际传递的关键所在，减贫资源要更多转向教育，在完善义务教育的基础上，加强儿童早期发展教育和职业教育，创造更多更好的就业创业发展机会。

应对老龄化社会挑战，以更大力度把国有资本划转社保基金。 从逻辑上说，国有资本具有全国人民社会保障基金的属性。这一改革有利于补充现有社保基金缺口，有利于减轻企业上缴五险一金的负担，也有利于改进企业股权结构和治理结构。应提高划转比例，养老金支付压力较大的地区划转比例可以再高一些，并与适当延迟退休年龄、提高统筹层次等改革同步推进。健全完善社会保障体系，在就业、医疗、养老等方面，加快完善覆盖全国的"保基本"社会安全网，推动实现全国统筹、异地结转，增加便利性，为劳动力合理流动提供便利。

全面加强职业教育培训。 逐步将职业教育培训作为一项基本公共服务加以提供，使面对结构和技术变化冲击的劳动者能有更强的职业选择能力，增强劳动力市场的活力和韧性，形成与结构转型升级和高质量发展相适应的人力资本支撑体系。

促进机会公平。 进一步打破各种各样的行政性管制，开放个人发展权利，疏通社会流动渠道。防止社会阶层固化，拓宽纵向流动通道，改变有些地方对低收入劳动者的歧视性做法。在大体相当的条件下，在就业、升学、晋升等方面，给低收入阶层提供更多可及机会。

八、绿色发展为导向的资源环境体系改革

绿色发展包括但不限于环境保护和污染治理，正在形成包括绿色消费、绿色生产、绿色流通、绿色创新、绿色金融在内的绿色经济体系。把"绿水青山就是金山银山"的理念落到实处，加快形成包括发展理念、政策目标、重要领域、体制机制在内的绿色发展基本框架。

以应对气候变化促进经济发展方式转变。避免因经济下行压力而放松应对气候变化，制定更有力度的碳减排约束性目标，强化中国国家自主减排承诺。将绿色低碳转型纳入社会经济发展总体战略规划，持续提高能源资源使用效率，降低单位产值能源资源消耗量，实现人均收入提高与污染物和温室气体排放逐步脱钩。逐步减少煤炭使用量，降低单位能源使用的温室气体和常规污染物排放量。全面深化经济转型、能源革命、环境治理、气候变化和公众健康的协同管理。将气候适应目标和行动纳入中长期规划，增强粮食生产、城市、基础设施建设、水资源管理等方面的发展韧性。

形成促进绿色城镇化的体制机制。从城市规划、能源、交通、建筑到各类产业发展，都应采用绿色发展的理念、技术、工艺、材料、设备、方法等，如无废城市、海绵城市、分布式可再生能源、被动式建筑等。制定政策激励措施，引导功能型城市向亲自然城市模式转变，保护市区内重要的城市生物多样性和自然栖息地，将生物多样性和生态系统服务纳入城市规划。

推广重大绿色技术与相应支撑性政策。由传统工业化发展方式转向绿色发展方式，从根本上说要靠绿色技术驱动。选择推广较为成熟、能够带来明显经济社会效益、发挥示范引导作用的重大绿色技术，包括绿色城市建设和建筑设计、绿色城市基础设施建设、绿色和可再生能源系统、污水处理绿色技术、绿色交通工具等。在交通、能源、供水、粮食、固废管理等领域，制订并实施碳中和、零废弃物的循环经济试点计划。通过法律、规划、标准、信息披露、财税金融政策等，推动这些技术和计划得以实施并具有可持续性。

以绿色消费带动形成绿色生活方式。将食物、出行、家居、衣物、生活垃圾和废弃物、绿色认证产品作为重点领域，制定实施国家绿色消费战略。以绿色消费为龙头，引领和倒逼生产和消费领域的全链条、全过程绿色化。餐饮、娱乐、物流等重点行业设定降低食物浪费率和废品率目标，并制定相关激励政策。把人均消费碳排放和绿色认证产品比例作为衡量绿色消费的关键指标，并纳入国家经济社会发展规划。完善促进绿色消费的财税金融政策、政府公共绿色采购政策，制定公民绿色消费指南，规范国家绿色产品标准和认证方法，设立绿色消费的国家统计指标体系。

推动碳排放权交易制度的完善和市场建设。把碳定价作为推动绿色低碳循环发展和能源革命的重要手段，促进能源结构低碳化。加快立法进程，将与碳市场相关的立法需求纳入《环境保护法》修订议程。加快建立和完善重点行业温室气体排放标准体系，把温室气体纳入环境监测和管控体系，使碳市场交易与排污许可证制度相衔接。完善碳定价机制，加强碳价对有效减排、低碳技术研发创新、低碳投资等的激励引导作用。

形成经济社会环境协同发展的目标体系和核算方法。加快探索更具科学性、合理性、实用性的生态资本服务价值核算方法，解决好生态资本及其服务价值的"算账"问题，推动生态资本服务价值可度量、可货币化、可交易，使生态文明建设和绿色发展更多成为企业和居民的日常经济行为。通过发展观转换和核算方式改进，使传统工业化方式中外部化的成本内部化，绿色发展方式中外部化的收益内部化，重新定义、比较经济活动的成本和收益，在协调经济社会环境相互关系的基础上形成更具前瞻性和可持续性的发展目标体系，推动绿色发展成为低成本、可持续、有竞争力的新发展方式。

九、引领全球化为导向的开放型经济体系改革

中国是全球化和市场经济的积极参与者、重要受益者。全球化时代的竞争，说到底是不同经济体市场经济体系的竞争。在全球市场经济体系竞争中，中国不能落在后面，只能站到前面，这样才能把握大局，赢得主动。

以长远眼光维护和引领全球化进程。全球化遭遇冲击，包括世界贸易组织（WTO）在内的全球贸易投资金融等规则面临重大调整，几大经济体有可能走向"三零"（零关税、零壁垒、零补贴）。中国应以前瞻性、引领性举措，在维护自身

利益的同时，推动全球治理结构合理变革，以顺应全球化进程的需要。

把对外开放的压力转化为对内改革的动力，加快制度规则性开放。国际谈判中涉及的一些议题，如打破行政性垄断、公平竞争、国资国企改革、产业政策转型、改革补贴制度、保护产权（特别是知识产权）、转变政府职能、维护劳动者权益、保护生态环境和绿色发展等，并不是别人要我们改，而是我们自己要改，是我们从长计议、战略谋划，从中国国情出发做出的主动选择。对外开放与对内改革相互推动，将有助于形成高标准市场体系，增强我们的长期竞争优势。

促进开放环境中的"中性竞争"。一是在出口和进口之间保持"中性"，通过出口扩大市场，获得规模经济和分工的益处，通过进口引进各种资源，提升国内产业技术水平和竞争力，在更大范围内提高资源配置效率。二是在吸收外资和对外投资之间保持"中性"，吸收外资带来的资金、技术、先进产品、管理经验等，与对外投资带来的投资收益、出口扩大、当地生产优势等同等重要。三是在外资企业和内资企业之间保持"中性"，两类企业持有的优势资源不同，通过公平竞争筛选出竞争力强的企业，有利于促进国内经济发展和国际竞争力提升。

在"备胎""互卡"战略下构建技术和产业全球分工新格局。近年来美国对我重要企业"断供"、鼓吹技术"脱钩"等，对产业发展战略将产生重要影响，"备胎""互卡"可能成为重要经济体不得已的选择。这种战略必然降低参与国际分工的收益，但也有利于打破关键技术垄断，增加竞争，同时我国也可利用超大规模市场优势，降低研发和制造成本。应加大基础研究和底层技术研发投入，以企业为主体，加快攻克关键核心技术。由国家集中资源开展的创新项目，应聚焦于公共产品范围内的"卡脖子"问题。坚持经济全球化、科技对外开放合作不动摇，同时平衡好产业链安全性与扩大开放的关系，在新产业竞争格局中赢得主动。

对外开放应谋划一些更具想象力和前瞻性的重大举措。比如把自贸区开放与国内改革相结合，对内对外改革开放的一些重大举措，可在自贸区率先主动试行；在较大范围内，比如海南省或粤港澳大湾区，开展"三零"（零关税、零壁垒、零补贴）的试点，形成高标准市场体系、高水平对外开放的试验田，并与有关国家的部分地区对接，在全球开放中起到引领作用。

十、改革方法论：摸着石头过河仍未过时

提出改革仍要摸着石头过河，不少人表示质疑：改革开放已经40多年了，还有这个必要吗？这涉及对改革方法论的理解。

我们经常讲顶层设计和基层试验，顶层设计主要解决两个问题，一是指方向，向东还是向西，方向不能走偏；二是画底线，什么事情不能做，什么局面要避免。在此前提下，何种体制机制政策符合实际、管用有效，还是要靠基层试验，靠地方政府、企业、社会组织和个人去试，通过试错找到对的东西。

说摸着石头过河，是因为在改革开放发展中总是要面对大量未知和不确定的因素，不同时期要过不同的河流，并非只过一条河就可以了。改革开放初期，农村联产承包责任制怎么搞，城市企业改革、价格改革如何推，事先并不清楚，在试的过程中逐步摸出一条新路。许多成功的做法，是地方、企业先试，效果不错，中央发现后总结提高，推广到全国。中国经济进入中速稳定增长期，要实现创新驱动的高质量发展，哪些行业、哪些地方能够率先突破，哪种办法切实管用，也是不大清楚或有很大不确定性的。顶层设计要求过这样一条新的河流，从此岸到达彼岸，但到底具体如何过，还是要靠基层试验。事后我们知道需要踩着五块石头过河，但开始时看到的是一片茫茫水面。可行的办法是把水面划分为100个方格，逐个试错。如果只有一个主体去试，需要很长时间；10个主体去试，时间只需1/10；100个主体去试，时间就更短了。创新本质上是一个试错过程，真正的改革就是体制机制政策的创新，需要调动社会各个方面去参与、去试验，好的体制机制政策在这个试错过程中才能脱颖而出。

关于政府作用，需要把中央政府和地方政府加以区分。中国是一个超大型经

济体，中央政府和地方政府角色差别较大。中央政府在国家安全、发展共识、宏观经济稳定、全国统一市场、全国性基础设施建设等方面发挥主导作用，而地方政府则致力于经营自己管辖范围内的各种不可移动资源，硬的如基础设施，软的如营商环境，还要直接介入招商引资，通过有竞争力的不可移动资源去吸引企业这样的可移动资源。一个地方经济发展得好，是由于地方政府经营的不可移动资源与企业经营的可移动资源形成了高效互补效应。换个角度说，企业面对市场竞争、开展创新，要花大量精力去应对不确定性。而政府经营好不可移动资源，是在减少不确定性。企业在资源一定的情况下，就可以把主要精力分配到市场竞争和创新活动上，这就是好的发展环境的含义。反之，发展环境差，政府经营的不可移动资源问题多，如基础设施短缺、营商环境不稳，不仅不能减少，反而增加了不确定性，企业不得不抽出大量精力加以应对，能够用在市场竞争和创新方面的精力相应减少，市场活力和竞争力必然下降。

在这种格局下，地方政府的领导力、主要领导人的素质，进一步说，地方领导者的企业家精神至关重要。所谓企业家精神，本质上是创新精神，指能够对要素进行重新组合的眼界、胆略和技巧。企业家精神并非企业领导者固有，包括政府在内的各类组织领导者应该也能够拥有。当然，企业领导者也不一定都是企业家，有的只是循规蹈矩乃至平庸的管理者，政府机构领导者亦是如此。

中国特色市场经济的一大特色是地方竞争，这是传统的政府科层组织与市场经济相遇后的产物，或者说是改革前初始条件与改革开始后引入新要素相互融合的产物。地方竞争很大程度上是地方政府领导者之间的竞争，有些地方发展得快且好，是因为当地领导者具有企业家精神，在政府机构形成了有效的激励机制，敢于并善于重新组合当地各种不可移动的要素，也就是想干事、敢干事，而且能干成事。强调发挥地方基层的积极性、创造性，基本的一条就是要把具备企业家精神的人才推到地方政府特别是城市政府的领导岗位上去。有了这样一批人，加上地方之间的竞争，许多意想不到的好东西就会冒出来。

改革就是要理顺关系，理顺解决问题的办法，不同的矛盾问题要用不同的体制机制政策应对，用经济学的观点说，就是要成本低、预期稳且可持续。改革开放以来，我们经常讲的一句话是，要用法律的、经济的和必要的行政办法。有的问题要用法律办法，如产权保护；有的问题要用市场机制办法，如价格调节；还有的问题，如应对突发事件，较多的要用行政性办法。容易出现的倾向，是不适当地倚重行政性办法，这样层层加码、形式主义、走极端就在所难免。比如，治理污染无疑是正确目标，但在有些地方变成了一刀切，以行政命令将小企业或化工企业一律关停，产权保护、成本收益都不讲了，其结果往往事与愿违，甚至一地鸡毛。强调地方探索、基层试验，就是要找到真正符合规律、符合实际、管用有效的体制机制政策，法律的归法律，市场的归市场，行政的归行政，如此才能提高治理效能。

中国仍处在重要的战略机遇期，但黑天鹅式的挑战也不期而遇，如中美贸易摩擦、香港乱局和疫情冲击。这些挑战有很大的不确定性，既带来困难和压力，同时也蕴含机遇。对华为断供，逼着我们的企业去补短板，而这些短板在风平浪静时是不愿去补的。抗击疫情中所显露的诸多漏洞，也将推动公共卫生管理体制乃至整个国家治理体系的改革。能否把挑战转为机遇，关键在于能否调动起社会各界的积极性、创造力，尤其是科技人员、企业界人士和各级政府官员的企业家精神。这方面有大的进展，就能激发出全社会巨大的增长潜能，推动中国进入创新驱动的现代化征途。

2020 年 5 月

第一篇

新发展阶段
经济社会发展的新目标和新挑战

实现社会主义现代化目标的改革重点

曹远征[①]

一、深刻总结改革开放经验

近 200 年的全球发展表明，当代的现代化是基于工业化的人类生产方式和生活方式的历史性过程。它既是劳动生产率的快速提升，表现为 GDP 与人均 GDP 的大幅提高，更是与工业化进程相适应的经济、教育、社会、文化以及人与自然环境（生态）制度安排形式的持续变迁。由于工业是以他人为目标的标准化、规模化的社会化生产，其内生逻辑及外在趋势是市场经济，所以以市场为导向的经济体制安排成为虽然不唯一但相对较佳的组织经济的体制形式。与此相适应，社会化的生产与消费使社会形态也逐渐由等级社会转向平民社会，并随着工业化的进程而呈现加速的趋势，突出表现为中等收入阶层的持续扩大。随着这一阶层的扩大，全民对经济社会的参与程度不断提高，不仅使权利分布出现分散化态势，而且更加细致化。最典型的反映在产权上。产权不仅仅是所有权，也是一组产权束，可分解为所有、占有、使用、收益等多种形式，并具有继续细分的可能；相应地，在社会权利分布上出现知情、参与、表达形式的细致化。为规范社会生活，法治成为必然的选择。通过法治来实行治理，法治社会因而成为现代社会的基本样式。其中社会成员的决策参与形式成为问题的

[①] 本文作者曹远征系中国宏观经济学会副会长，中国经济 50 人论坛成员。

关键，并构成了政治体制改革的动力。

需要指出的是，以工业化为基础的市场经济是一个自生长的秩序，并可以持续地自我扩展。纵向上，它持续生长，将与之相适应的秩序扩展到社会生活的各个领域；横向上，它持续扩展至全世界。到 20 世纪 90 年代，以"冷战"结束为标志，绝大多数国家采取了市场经济体制。体制的一致性极大地降低了制度性交易成本，使全球可贸易程度大大提高，不仅商品贸易有了快速增长，而且生产要素的国际交易也飞速发展。这体现为国际贸易增速快于 GDP，而国际金融的发展速度又快于国际贸易。全球性投资贸易自由化的结果是出现了全球的供应链。一个产业不再拘泥于一国之中，而是横卧在各国之间，由此改变了产业的组织形式。产业链条上外包的大规模出现，使企业管理更加扁平化，全球供应链管理成为企业管理的重要内容，甚至是最重要的内容。从这个意义上讲，全球化的基础是体制的一致化。当代的全球化是以市场经济体制为基础的以及与其相适应的其他体制的一体化。

中华人民共和国成立 70 年来，尤其改革开放 40 年以来，在追求工业化的努力中，计划经济体制的失败和市场取向性经济体制改革的成功，从正反两个方面体现了上述现代化规律不以人的意志为转移的客观性。反思改革开放 40 年经济成功的基本经验，无外乎两条：通过改革，将计划主导的国家工业化转变为由市场主导的民族工业化；通过开放，将这一民族工业化进程纳入经济全球化之中。与国际通行的市场经济体制接轨，使中国经济较为顺利地由初级进口替代转向初级出口导向，再由初级出口导向转向次级进口替代，进而转向次级出口导向。依此层层递进，螺旋式上升，中国产业结构不断升级，并因升级的加速引致经济总量的一维高速增长。这一特点明显地体现在中国加入世界贸易组织后的 21 世纪。短短 40 年，中国成为全球第二大经济体，而且有望在 2035 年前成为第一大经济体。从这个意义上讲，中国改革开放以来的经济成长，实际上是在特殊的历史条件下，通过改革开放，更大规模地重现了当年东亚国家经济成长的轨迹及经验。

综上，要在 2035 年基本实现社会主义现代化，就要深刻总结中国改革开放 40 年的基本经验，在深刻认识包括中国在内的世界现代化基本规律的基础上，剖析中国现代化进程中现阶段呈现的经济社会结构，探寻其影响进一步现代化的主要症结，找出克服症结的主要领域和重要环节，徐徐图进，持续改革，力图在每一个时点上都能形成支撑现代化进程的体制依托。

二、中国现代化进程进入新阶段

所谓中国在更大规模上重现当年东亚国家经济成长的轨迹及经验，是基于这样一个客观经济事实：一如其他亚洲国家，中国也同样存在着二元经济结构。一个弱小的工业部门，因其劳动生产率较高而能提供较高的劳动报酬，吸引着边际劳动生产率趋近于零、劳动报酬递减的传统农业部门的劳动力向工业部门转移。这不仅能增加劳动力的报酬，同时也增加了资本产出，成为工业再投资、扩大再生产的来源。由此，形成劳动力无限供给条件下的经济增长过程，即工业化过程。这一工业化过程，也是国民经济结构的转变过程，不仅呈现为国民经济结构由农业向工业的转变，而且在工业内部也呈现为由初级工业化（轻工业）向高级工业化（重工业）的转变。若将这一过程纳入全球经济体系，通过进口替代与出口导向的有机衔接，层层递进，会加快上述结构转变。日本和韩国就是以这种经济发展方式实现经济跃升的，并晋升为经济合作与发展组织国家。

中国的改革开放基于这样一个客观事实：区别于其他亚洲国家，中国是在计划主导的国家工业化基础上，引入市场经济并向世界开放的。在 20 世纪 80 年代，人们曾用"倒爬梯子"来形象地描述这一过程。它有别于在不加管制的自然状态，即市场经济中发育的其他亚洲国家的工业化进程。换言之，40 年来，中国经济的发展过程同样也是体制改革的过程，两者相互缠绕，"横看成岭侧成峰",构成了中国的特别国情。

从体制改革角度观察,中国过去 40 年的历程,是制度变迁的过程。它发端于农村,进而出现了路径依赖。中国的改革是 1978 年从计划经济体制最薄弱的农村环节开始的。随着联产承包责任制的出现,"三级所有,队为基础"的"一大二公,政社合一"的人民公社体制被打破,农民的种田积极性得到了发挥,粮食产量迅速上升,加之农产品统购统销制度的取消和流通环境的改善,农民的货币收入大幅增加。受工业化规律的支配,农民将货币收入转化为资本,投资于工业,尤其是投资少、见效快的轻工业,出现了大量的乡镇企业。这些工业企业无论是所有制形式还是运行方式,都有别于传统的国有国营的工厂,其追求的目标是利润最大化。由此,在经济的微观基础层面形成了市场主导的"一轨",其目标和行为都有别于计划主导的国有国营工厂,形成相互对照的"双规并存"局面。反映在宏观层面,最明显的表现就是价格双轨。由于市场经济是一个自生长的秩序,在逻辑上,市场"一轨"对整个经济体制变迁具有边际引导作用,并随着这一引导作用日渐加大,市场经济终会取得主导地位,形成"一轨(计划轨)变两轨(计划与市场并存),两轨变一轨(市场轨)"渐进式体制演变。

中国改革开放 40 年的经验事实表明,逻辑的进程与历史的进程是一致的。表现在微观基础层面,时至今日,市场导向的非国有经济已成为中国经济的主要成分,不仅占据 GDP 的一半以上,而且成为提供就业的绝对主体。更为重要的是,非国有经济所展现的竞争优势,诱导并促使着以指令为目标的国有国营工厂的行为及机制产生了质的变化,使其逐渐确立了利润最大化的目标,治理机制也逐渐向现代化方向转变。如今,国有企业已基本完成公司化改造。表现在宏观层面,价格不再是计划经济体制下核算的工具,而逐渐具有引导资源配置的功能。起初表现在生活资料上,随后是生产资料,进而是各种生产要素。如今,汇率、利率市场化尚在完善之中,其余价格配置资源的功能已开始发挥作用。与此同时,宏观经济管理体制为了适应市场经济发展需要也发生了相应的变化。政府行政指令直接调控经济在减弱，而间接调控在加强，呈现出由直接调控向间接调控加快过渡的态势。目前，中国市场经济体制的框架已基本形成，并难以逆转。

从经济发展角度观察，中华人民共和国成立后，就明确提出了"以农业为基础，以工业为主导"的工业化国家战略。但是，在计划经济主导下，工业化都是以扭曲的形式展开的。计划经济强调第一部类优先增长，并利用行政力量以动员的方式进行国家工业化，使工业领域形成大量清一色的国有国营工厂。这种方式虽然使工业在国民经济中的比重快速上升，然而，由于国有国营工厂是政府的附属机构，是以计划指令而不是以市场需求为导向的，结果造成轻重工业的比例失调，"轻的过轻，重的过重"。更为重要的是，这种人为的国家工业化，为降低工业领域的工资成本，采取了对农产品的统购统销政策，并通过政社合一的人民公社限制了人口流动，从而割断了农业与工业之间的产品与劳动力流动的自然联系。其结果是：一方面，从国民经济产值看，在工农业生产总值（计划经济口径）中，工业的比重占大头；但另一方面，从劳动力分布看，农业劳动力占全部劳动力的大头。这表明二元经济结构并未成为工业化的支持条件，反而以割裂的方式加剧着城乡的对立。需要指出的是，这构成了改革开放的历史背景和动力。

1978年后，随着改革逐步深化，市场经济的发育，使以轻工业为主的乡镇企业及非国有经济快速发展，在工业占GDP比重持续提高的同时，重工业比重却在下降，轻重工业的比例由此得到改善。直到20世纪90年代中后期，重工业的比重才再一次超过轻工业并持续上升。这表明，在市场经济条件下，扭曲的经济结构得到了调整，并重现了亚洲国家工业产业升级的自然轨迹。截至目前，中国已进入重化工业化的中后期，经济结构面临着向服务业的转型。

中国经济体制及中国工业化的上述新变化也深刻地反映在中国与世界的关系上，并形成了国际社会对中国的认知困难。这特别突出地表现在"中国还是一个发展中国家吗？"这一问题上。

现代国际关系理论认为，当代的世界体系是资本主义占主导地位的"中心—外围"体系，即发达国家是中心，发展中国家是外围；中心支配着外围，外围服务于中心。反映在经济关系上就是发达国家向发展中国家出口工业制成品，而发展中国家向发达国家出口初级产品，两者形成垂直分工关系。若以这个角度观察中国，可以看到中国对其他发展中国家的进出口类似于发达国家，即中国向其他发展中国家出口工业制成品并进口初级产品。但是换一个角度观察又会发现，中国向发达国家的出口尽管是工业制成品，但多是劳动力密集型产品；中国从发达国家进口的多是资本密集型，尤其是技术密集型产品，从而又呈现出发展中国家的特征。

上述情况表明，在现有的"中心—外围"世界格局中，中国已处于半中心半外围的地位。从发展中国家角度观察，中国是中心；从发达国家角度观察，中国仍是外围。中国这种半中心半外围的国际地位，不仅带来认知的尴尬，更成为世界格局变动的新因素。中国以此走近世界舞台的中央，未来的世界秩序期待中国方案、中国行动以及中国发展。

通过对以往40年中国现代化努力的回顾可以看到，中国现代化进程已经进入一个新阶段：表现在经济体制上，市场经济的理念已深入人心，并渗透到经济生活的各个环节和领域。市场经济活动在细枝末节的娴熟运行，奠定了市场经济体制的基本框架，并使其日趋完善且具有不可逆转的趋势；表现在经济发展上，经济结构出现了符合规律的升级，不仅重化工业在工业中的比重逐步升高并日益高技术化，而且服务业比重开始超过工业，显现出国民经济活动支柱产业的势头。这些都表明中国已进入工业化的中后期，并步入以服务业为主的后工业化阶段。综合上述两个方面，中国在已有的"中心—外围"格局中已脱颖而出，不仅是第二大经济体、第一大贸易体，而且成为半中心半外围的经济体，影响着全球的未来。凡此种种都表明，过去40年体制安排是有效的；通过持续性的因势利导式改革，体制已成为支撑中国现代化进程的依托。这既是改革开放初心的体现，也是中国成功经验之所在。

三、财政体制改革是中国社会转型的关键

然而，在中国经济取得巨大成就的同时，也不能不看到中国经济社会又到了新的转型时期，需要体制创新，进行新的体制安排。过往的体制导向支持工业化，尤其是支持劳动密集型制造业。但是，一方面，重化工业产能的过剩标志着工业化已进入中后期，技术密集型产业成为产业升级的方向；另一方面，随着居民收入水平的提高，更好的生活质量也成为社会的需求。两者都指向了服务业，产生了服务业的发展日益快于制造业的历史趋势。目前，服务业在GDP的比重已达56%，开始成为国民经济活动的主体部门。这预示着中国现代化进程步入后工业化时代，从而使得过往的体制安排显得应对空间局促，缺乏弹性。结论由此显而易见。面对后工业化服务型社会的来临，需要更新观念，在此基础上进行新的顶层体制设计并精心实施，通过持续深化改革，使体制始终成为支持现代化进程的依托。因此，需要对服务业发展的体制需求做出描述。

首先，服务性产品的需求价格弹性显著高于实物产品，即它更多地服从于偏好，更少地依赖基本需求。由此决定了其不仅行业分布广、分化日益细化，而且同种服务产品也有层次之分，品牌时尚也成为影响因素。个性化需求是服务业面对的基本事实，并因此形成有别于实物产品具有的客观标准，难以进行大规模制造，从而对经济社会管理带来了新的挑战。举例来说，乘用汽车是满足出行需求的，需求单一且可同质化。与此同时，汽车物理属性决定它的零配件数量标准，并因此决定了汽车的单位生产成本。从管理学角度观察，汽车的这种性质决定了汽车进入市场的时点及生产规模的参数。对政府来讲，这些参数形成的量产规模决定了用地面积、投资数额、建设进展及阶段划分等经济指标，政府可以借助这些参数形成产业政策及相关的扶持措施。换言之，由于汽车工业参数的客观性使其生产可以依赖行政手段进行安排。相比之下，服务性产品标准不具备物理的客观性，而是约定俗成的，并会持续衍生，从而难以利用行政手段介入产品的生产方式和提供方式。因此，创造适应服务业发展的氛

围成为政府的要务。此前，政府的管理更多是通过专业监管来发挥作用。因此，简化行政审批，尤其是准入审批，规范准入后监管和加强政府全程服务应成为题中之义。深化"放、管、服"改革，使体制具备弹性是必然趋势；而立法立规，建立社会和产业的长期预期，依法依规界定政府与市场边界，形成行业自律和外部专业监管相互支撑的体制机制是体制安排的要义。

其次，由于一般性服务业劳动生产率通常低于制造业，这就使经济潜在增长能力下降，造成经济增速放缓。为避免经济增长的过分减速，就需要推动服务业高端化。国际经验表明，医疗、教育、科研、金融服务等是高端化的主要领域。在这些领域建立并完善与其相适应的体制机制尤为重要。而现行经济体制极不适应创新国家建设的历史要求，并特别突出地反映在科研成果的转化上：既未有效地建立鼓励科研院所、大专院校转化成果的体系制度安排，也缺乏对科研教学人员成果创新与转化的激励机制，全社会尚未形成尊重科研成果的氛围。从国际经验看，对科研人员和知识产权的专门立法及保护十分重要。这是推动创新与转化的关键。

最后，服务性产品的提供需要社会基础设施予以保障。除硬性基础设施外，更多的是需要诸如公共卫生、环境保护、基础教育、养老体系等软硬兼顾，甚至以软为主的基础设施。从目前的情况看，社会基础设施不仅投入不足而且也未形成长效机制。就医难、就业难、养老难就是体现。由于社会基础设施具有外部性，政府加大投入是必要的。但与此同时，创新制度安排，吸引民间资本参与也是可行的。各国经验表明，这一领域也是政府与社会资本合作（PPP）的重要领域。举例来说，农村留守儿童教育是当前社会关注的一大热点。对此政府不必一味加大投入，而可以采用教育券的形式，发放给需要受教育的儿童家庭，由其选择到教育资源充沛的地区，或公办或民办的学校就学。这种当地政府购买异地教育服务的PPP方式，既减轻了当地政府的财政压力，也有利于全国教育资源的均衡使用，同时还解决了家庭团聚等社会问题。这里需要说明的是，虽然PPP方式在中国运用已有多年，但多用于硬性基础设施建设与运营，而社会基础设施的建设，尤其是运营却始终不变。更重要的是，在中国已有的PPP方式运用中，不少项目发生在政府与国有企业之间，这实际上与PPP的初衷相悖。PPP的核心是利用政府与民间商业机构迥然不同的治理结构以及由此产生的彼此相异的激励机制，在平等的基础上形成政府与民间资本的伙伴关系，实现激励相容，这也是PPP成功的基础。而政府和国有企业，因目标一致，治理结构多有雷同，激励机制差异不大，极易造成过度投资，项目运营难以维持，陷入"债务陷阱"。简言之，在PPP方面，政府的职责仅是出制度、出监管，并以立法的形式巩固下来。此次新冠肺炎疫情的冲击提醒我们，建立和完善包括PPP在内的社会基础设施投入与运营体制，并形成长效机制已刻不容缓。

综上所述，服务业发展以及由此预示的后工业化服务型社会的来临，产生了对体制安排的新需求。它不仅反映在经济体制上，还反映在包括政治体制在内的涉及国家治理体系的其他配套体制建设上。换言之，新时期国家治理能力的建设要求已迥然不同于工业化时期，它需要新体制，需要经济、政治、社会、文化、生态五位一体的深化改革。

这一深化改革的历史性要求首先反映在政府管理经济社会的职能改变上，突出地体现在财政体制改革上。现行的财政体制建立于1995年，那时中国尚处于工业化的初期阶段。虽然工业快速发展，但重工业比重仍落后于轻工业，即轻型工业时期。当时的体制改革要求就是如何形成支持重化工业的制度安排。由于政府，尤其地方政府是工业化的主要推动者，财政体制的设计目标就成为：在保护政府，尤其保护地方政府经济建设积极性的同时，在国民收入方面，实现中央和地方政府之间的合理分配。在约束条件下，这种维持原有事权，仅就财力及相应财权的有限改革目标的设计，体现为两个比重的提高：财政收入占整个国民收入比重的提高和中央财政收入占全国财政收入比重的提高。

近25年来中国经济社会的表现表明，当时财政体制改革的目标设计是合理的，效果也是明显的。这不仅反映在两个比重的提高，尤其是中央财政收入的提高上，更重要的是反映在保障了经济活动和社会活动的有序上。这一目标设计既为市场经济条件下工业结构的转型发展提供了外部条件支持，也支持了"抓大放小"、压锭限产、破产重组等一系列改革举措。1995年以来，重工业的比重再次并持续超过轻工业，既标志着中国在市场经济的轨道上重新进入重化工业化，也彰显了这一轮财政体制改革的有效性。

必须指出的是，随着2001年中国加入世界贸易组织，重化工业纳入全球化，使中国工业水平开始全面升级，这一财政体制的历史任务不仅基本完成，而且因当年有限目标设计使其弊端日益暴露。由于在财力向中央集中的同时未界定政府的事权，尤其是中央与地方，以及地方各级政府的事权，致使各级政府财政支出责任不清晰，造成地方政府为经济建设过度举债，不得不依靠土地出让金来偿还，形成政府支出日益依赖"土地财政"的顽疾。这同时成为房价高涨、妨碍民生、营商成本过高的主要原因，影响了经济社会的发展。因此，改革并重塑财政体制成为国家治理能力建设的关键环节，是牵一发而动全身的改革重点领域。

首先，从中国现代化的发展趋势看，财政体制改革应顺应后工业化服务型社会的要求，从政府职能由建设型政府转变为服务型政府着眼，从事权改革入手，重新厘定中央及各级地方政府的支出责任；加大包括社会基础设施在内的民生支出，减少对硬性基础设施，尤其是竞争性工业投资的支出；切实硬化预算约束，建立权责分明、支出责任与财力相匹配、可追溯可问责的财政新体制。

其次，在中央与地方的财政关系上，基于中央财政财力占大头的客观事实，将包括社会基础设施投入在内的全局性和重大的支出责任集中于中央，以形成中央财政支出责任与财力相匹配的格局。在这种格局下，以公共服务为导向厘定地方各级政府的支出责任，以加快政府由建设型政府向服务型政府转型的步伐。这既可以匹配其财力占小头的实际情况，又可满足服务型社会政府服务在基层的客观需要。若地方财力不足，可由上级财政，尤其是中央财政在规范透明原则下的一般性转移支付予以弥补。只有特定情况或特殊地区可使用专项转移支付。

再次，规范财政收入来源，全面纳入预算管理，使之正常化、制度化，形成稳健的预算收入。一是在《预算法》的基础上，切实打通税收收入、政府基金收入、国有资本所得收入以及社保收入之间的连接，做到统一预算。更重要的是统筹支出，特别是建立将国有资产所得收入作为调节社保支出的规范化制度保障，以应对老龄化趋势。除国有股权正常性地划入社保，使社保获得稳健资本利得收入外，在老龄化的高峰阶段，还可通过国有资本变现的办法来弥补社保支出。二是在稳定财政预算赤字的基础上，建立国债弥补的正常化机制。其中的重点是建立有序的、国债市场需要的、期限结构合理的体系性的国债品种，以稳定金融市场预期。必要时可发行特别国债，以弥补非正常支出。顺便指出，上述两条都需要资本市场的支持。因此，中国资本市场的发展及金融体制的改革具有支持财政体制改革的重要作用，需加以重视。

最后，在坚持税收法定原则的基础上，展开适应服务业发展的税制改革。一是增值税转型改革。以前虽然进行了营业税的增值税改革，促进了服务业发展，但毕竟现有的增值税基础还是生产型的，需要加大向消费型转型的改革力度。二是推动消费税、房地产税及遗产税等税种的设立。这不仅有利于开辟、增加地方财政收入，而且具有促进服务业发展的导向作用，并能公平赋税。

需要指出的是，财政是一半财一半政，是国家治理体系和能力的基础。建立适应现代化新阶段后工业化服务型社会发展需要的财政体制，是一项基础性的龙头改革工程。这一改革只有定位准确并积极展开，其他改革任务才能相应展开，配套机制才能形成，功能才能发挥。以金融为例，一旦建立了在财政赤字稳定基础上的有秩序的国债市场，金融机构在资产配置中便会大规模持有国债，它们可以通过卖出国债来获取流动性，而央行可通过买入国债来影响利率。由于国债收益率曲线是无风险收益率曲线，即市场基准利率，如果国债品种期限和结构合理，这一基准利率便可以从近端向远端传导。如果央行通过公开市场业务调控这一基准利率，就会使市场收益率曲线发生系统性响应，当前所谓利率传导机制不畅的问题便迎刃而解，央行的货币政策便由数量调控转向价格调控，相应地，也会引导中国金融机构围绕这一无风险收益率曲线进行风险资产配置，从而推动中国金融由间接融资向直接融资转变。这也是十八届三中全会提出的利率市场化，即"建立健全国债收益率曲线"金融体制改革目标的初衷所在。

综上，我们认为，中国正处于由工业服务型社会向后工业化转型的起始阶段，未雨绸缪，面向未来进行体制安排的设计十分重要，其中财政体制改革是关键。

四、重视城市化率与居民收入的增速

党的十九大提出"两个一百年"的经济社会发展的宏伟目标。其中后一个一百年又分两步走：第一步到 2035 年基本实现现代化，第二步到 2050 年全面实现现代化。未来的 15 年是中华民族伟大历史复兴的关键时期。在这一时期，不仅经济总量有望成为世界第一大经济体，而且要基本实现共同富裕。共同富裕既是人类千百年来的追求，也是创建社会主义制度的本质规定性，这就要求中国在经济、政治、社会、文化、生态等方面全面发展。为此，需要建立支撑全面发展的体制依托，"五位一体"的全面改革深化势在必行。当前以财政体制为中心的经济体制改革仅是前奏，是突破口，未来改革还需要深入到政治、社会、文化生态体制上。面对这一改革态势，有必要从更广的视角，通过梳理经济社会发展的历史脉络，进一步确认改革的时序、顺序安排及推进方式。

一般认为，过往 40 年来通过持续性的深化改革，建设了满足工业化需求的市场经济体制，使中国经济出现了合乎逻辑的产业结构升级，进而实现了经济总量的高速增长。这成为中国经验的基本内容。但这仅是故事的一面，中国故事的另一面，或许从社会发展角度看更为重要的一面，是中国居民人均收入的快速提高。1978年，中国的人均GDP仅为381元，当时的城镇居民人均可支配收入仅为343元，而农村居民人均纯收入更低至134元。按当年的汇率核算成美元，人均收入分别为120美元和50美元。如果按2011年以不变价人均2300元、现价为3000元的贫困线标准计算，不考虑通货膨胀因素，1978年，97.5%的中国人口是达不到贫困线标准的。2019年，中国GDP已达99万亿元。换算成美元，人均GDP已达1万美元。按人均收入通常为人均GDP的90%计算，2019年中国的人均收入已超过9000美元。

40年来中国人均收入的快速提高，不仅扩大了物质产品消费，支持产业升级，也增大了服务产品消费，反映在社会指标上是人均受教育程度普遍提高，几乎人人完成了九年制义务教育。同时，医疗健康水平也显著提高，婴儿死亡率显著下降，预期寿命显著增长。中国人均收入的持续提高带来的消费增长，使2019年中国商品零售总额超过了美国，成为全球最大的消费市场。由此也使中美贸易之争变为世界消费中心转移之争。它使中美贸易摩擦不至于出现零和的结果，而有可能向中美共治（G2）的方向转化。从这个意义上讲，居民收入的提高不仅扩大了物质产品消费，也使服务产品的数量和质量均得以提升。在经济发展的同时，社会也得到发展，并且还有可能引领全球化。这些既构成了中国现代化的鲜亮底色，也决定了持续提高中国居民收入水平在未来现代化进程中的重要意义。

如果更深层次细致观察中国的居民收入，可以发现，尽管中国居民收入仍在增长，但是阶层却出现分化，出现了"两个中国"的现象，即一个高收入中国和一个低收入中国。根据中国宏观经济学会2019年相关研究报告，2018年有3亿人口的年人均收入在2万美元左右，而另外10亿人口的年人均收入仅为4500美元，两者之间不是通常的连续正态分布，而呈现为不连续"工"字形分布。对一个3亿人口的高收入中国而言，其人口总量已与美国人口相当，其消费能力与消费习惯直追美国，是中国经济发展、社会生活中最活跃的人群，主导着消费升级，引导着产业变动的方向。从这个意义上讲，当前中美贸易摩擦，实际上是 3 亿人口的高收入中国与 3 亿人口的美国之间的竞争。对一个 10 亿人口的中低收入的中国而言，其人均年收入水平仅仅达到小康，有的甚至刚刚脱离绝对贫困。在这个群体中，恩格尔系数仍在较高水平。他们虽然对美好生活具有强烈的向往，但消费能力有限。他们仍是经济和社会发展中沉默的主体，主动性不强，只是被动接受市场经济而尚未或难以积极参与。这"两个中国"构成了当代中国经济社会的新二元性。

需要指出的是，这一新的经济社会的二元性已不同于改革开放初期的二元性。当时的二元性是工业经济和传统农业经济的二元性，在社会形态上表现为现代工业社会与传统农业社会的二元性。这存在于工业和农业之间，呈现在城乡之间。与此同时，因计划经济体制造成的人为割裂，导致了城乡对立，表现为农村拥有庞大的剩余劳动。现在的二元性是人均收入的二元性，虽然仍表现在城乡之间，但性质已发生了变化。改革开放 40 年来，随着市场经济的发展，市场的力量促使二元经济向一元化的工业经济转变。它表现为在工业 GDP 比重升高的同时，传统劳动力不断向工业领域转移，进而使农业劳动力的工资收入与工业部门同向上升。如今，农业部门的劳动力人均收入与工业部门劳动力人均收入的差距明显缩小，在许多地区已经基本持平。这预示着农业部门劳动力虽然还过剩，但只是相对过剩，绝对过剩的现象已经消失。这种工农业部门劳动力人均收入差距的缩小，表明目前人均收入的二元性不是因工业和农业边际劳动生产率的差异造成的，而是中国工业化进程中特殊城市化道路产生的新问题，集中体现为"地城市化了，人却未相应地城市化"。

用一种更学术化的详细表述，即由于工业是大规模生产的，工业的聚集地就是城市，所以工业化必然导致城市化。城市化表现为人口的集中，并因人口的集中促进了服务业的发展，相应地产生了包括公用事业、房地产等在内的城市基础设施的需求，由此使工业化中后期出现了城市化快于工业化的现象。改革开放 40 年来，市场导向的工业化虽然无可避免地出现了符合规律的中国城市化进程，但是更多地表现为工业基础设施的城市化。在出现多个千万人聚集的大城市的同时，对人服务的城市化却严重滞后，就业难、就医难长期存在。产生这一问题的原因，从体制角度观察，是市场取向性的经济体制改革虽然克服了计划经济造成的工农业分割和城乡对立，从而支撑了工业化，但因社会体制的束缚，城市化又不能以其自然过程充分展开，从而滞后于工业化的发展。换言之，中国的城市化在受工业化规律支配的同时，却因社会体制的制约，以扭曲的形式展现出来，这特别突出地体现在人的身份，尤其是农民工的身份上。目前，中国的城市化率虽然已达到60%，但其中仅有40%左右为拥有城市户籍的常住居民，其余20%是农民工，人数高达2.8亿。他们在城市就业，但不拥有城市户籍，属于半城市化人口，不仅因流动性强，工资难以正常增长，而且也不能享受城市户籍人口的各种福利。收入长期盘桓，使他们对未来预期不稳，造成了他们消费行为的扭曲。据中国宏观经济学会2019年的研究发现，目前8亿农民中，家庭收入的50%以上来自城市务工收入，如果把诸如良种、化肥、农药、农机和休耕等补贴以及农产品支持价格也计算在内，农户来自城市的收入已近70%。与此同时，研究也发现，农民工在城市的消费行为是维持基本生存，而不是发展，其消费仅占工资支出的30%。农民工家庭在城市拥有住房的比例仅为18%，培训、住房、娱乐等发展性人力资本支出更是微乎其微。农民工将其城市收入的70%汇往农村，其基本用途是在宅基地改建扩建住宅。然而，由于农村缺少就业机会，又使这些住宅常年闲置，由此形成了农民有财产，却没有财产性收入的局面，加重了其收入的徘徊。这种情形造成了其极低的边际消费倾向。虽然过去10年最低工资每年平均提高10%以上，但农民工的消费并未同比例上升。由于农民工数量庞大，这种态势开始在全局影响有效需求的提升，久而久之，会使产能过剩更加严重。因此，无论从何种角度观察，解决农民工的市民化问题都是当务之急。这既是解决城市化滞后于工业化的遗留问题，也为未来后工业化的服务型社会的城市化铺平道路，因为中国不可能带着8亿农民进入现代化。建议在"十四五"期间重点解决有关农民工市民化的两个问题：

第一，以农民工城市户籍为表征的深层次配套体制问题。2019年，中国政府宣布300万人口以下城市全部放开户籍，500万人口以下城市重点人口放开户籍，在北、上、广、深等一线城市积极落实积分落户政策，这为农民工市民化打开了大门。但是农民工市民化不仅是一个户籍登记，其背后更深层次的问题是住房、教育、社会保障等，涉及教育、医疗、基础设施等资源配置的众多方面。我们认为，在住房方面，发展方向是培育租赁，尤其是长租和以租代售市场，不仅政策要向这方面倾斜，而且应该形成制度并使之长效化；在子女教育方面，可用教育券来调配现有教育资源，挖掘潜力，并放松民办教育的准入限制，延长中小学教师的退休年龄，鼓励已退休的教师到民办学校任教，同时用政府购买的方式扩大特岗教师名额及支持力度；在社保方面，首先要解决异地社保以及新农合的转接，尤其医保的结算问题，形成规范并广而告之，在此基础上鼓励企业将年金制度及商业保险覆盖到农民工。

第二，土地尤其是农村集体建设用地和宅基地流转制度问题。目前，农田用地已允许用益权的转让，同时也允许农村集体建设用地直接入市，但在细节上的改革深化仍不足，致使其流转不畅，需再抓落实，打通"毛细血管"。与此同时，要积极研究宅基地的流转制度并在"十四五"期间给予兑现。上述这些土地流转问题的解决，不仅有利于增加农民的财产性收入，更重要的是有利于克服农民瞻前顾后、不愿长期融入城市的心理，促使其生活习惯及消费行为向城市化转变，以克服社会的二元性。

我们认为，既然中国改革开放40年的经验表明，工业化以及由此推动的城市化是中国居民提高收入，尤其是中低收入阶层提高收入的主要途径；既然中国经济社会已进入工业化中后期，并呈现出服务业加速发展的势头，以后工业化服务型社会的全新视野，超前规划城市化路径、体制及区域安排就势在必行。

中国是一个人口大国，其城市化路径可能有别于其他国家，以特大城市为中心的城市圈和城市带可能是其发展方向，而不是遍地开花的城镇化。其中长三角、珠三角、京津冀的城市发展规划及协同体制建设尤为重要。

从全局看，面对城市化的新趋势，可考虑调整行政区划，改革行政体制。过去的行政区域建立在农业经济的基础上，以土地尤其是耕地面积为主要依据，相应的行政组织形式是省—地—县。尽管近年来因城市化发展，不少地和县已改为市，但总体来看仍未脱离原行政区划的体制框架，其行政管理思路，特别是县一级行政管理思路还拘泥于传统农业社会的管理模式，仍不适应城市化的发展。我们认为，未来行政区划的框架应以城市为基础，不仅管理理念要告别传统农业社会，而且行政组织形式和政府功能也要相应地与现代城市管理相匹配。建议对此应未雨绸缪，早做研究，并做好预案。

我们注意到，过去10年是中国居民收入快速增长的10年。"十二五"规划提出"两个提高，两个同步"，即在初次分配中，提高工资收入的比重并使其增长与劳动生产率提高同步；在国民收入中，提高居民收入的比重并使其增长与GDP增长同步。随着"十三五"规划的持续发力，10年来，顺应城市化发展的政策开始制度性地进入经济社会生活，使中国城市化率一改过去波动增长的态势，进入每年1%以上的稳定增长轨道。与城市化相适应，10年来，居民收入增长基本与GDP增长同步，而人口占大多数的农民收入增长又显著高于GDP增长。经过两个五年规划，再加上脱贫攻坚，今年（2020年）不仅中国居民的平均收入有望比10年前翻番，而且农村居民的收入增长还将高于平均水平。特别是今年中国将消灭绝对贫困，使中国以消费为代表的内需有了强劲的扩大。中国因此成为超过美国的世界上最大的消费市场。我们测算，如果未来15年中国城市化率维持现有增速，中国中低收入阶层的居民收入有望继续维持高于GDP增速的增长；如果中国居民收入增长维持在5%以上，再增长15年，到2035年，中国居民收入会再翻番；如果10亿人口的中低收入阶层的居民收入增长速度快于平均速度，15年后可达到目前中高收入阶层的水平，仅此一项，2035年，中国就是20万亿美元的居民收入规模及相应的消费市场，它会使现有的低水平的产能过剩大大缓解，为夕阳产业转型提供时间和空间。如果不断深化对外开放体制改革，使这一市场规模加入全球化，中国不仅能带动世界经济增长，而且能引领全球化的潮流，以实际行动改善全球治理体系，进而为人类实现全球命运共同体做出中国贡献。

综上所述，我们的结论是：纲举目张。面向 2035 年改革开放的基本思路，对内是以新型城市化为纲，着力促进中国居民，尤其是中低收入居民的收入增长，为扩大以最终消费为目标的内需创造条件；对外是以中美关系为纲，创造和发展和平稳定的国际环境，在内需扩大的基础上，缔造以国际贸易和投资中性化为代表的制度性开放体系，使中国日益扩大的市场有机地融入世界，以此来捍卫和引领全球化。

现代化新征程中的新挑战和新问题

刘培林[①]

按照党的十九大部署，我国将在全面建成小康社会的基础上，乘势而上，开启全面建设社会主义现代化国家的新征程，到2035年基本实现社会主义现代化。在新的更高起点上实现这样的奋斗目标，我国面临着许多迥异于以往的问题和挑战，我国自身的经验、国际上的经验，似乎都难以为解决这些问题提供直接的借鉴。为此，需要深入分析今后发展的潜力、面临的环境和条件，围绕现代化新征程中的新挑战、新问题，寻找可行的解决之道。

一、我国现代化的可能前景

到2035年基本实现现代化，人均GDP达到中等发达国家水平，是十九届五中全会确定的奋斗目标。参照日本、韩国等一些成功实现经济追赶的经济体经验，从潜力上讲，到2035年基本实现现代化时，我国名义人均GDP接近美国的40%，经济总量以一定幅度超过美国，成为世界第一大经济体，是有可能的。[②]

[①] 本文作者刘培林系国务院发展研究中心研究员。本文纯属个人观点，与任何机构无关，基于本文内容所形成的更加技术性的版本已发表于《比较》2020年第6期。
[②] 请参见本书"总报告"有关部分的预测。我们认为，到2035年人均GDP接近美国届时水平的40%，也应当成为基本实现现代化的目标之一；否则，很难说基本实现现代化。

如果我国能够实现高质量发展，避免大起大落，管理好对外经济关系，顺利释放到 2035 年的发展潜力，并在此基础上再经过 15 年的努力，到本世纪中叶成为社会主义现代化强国时，人均 GDP 水平达到美国的一半，那么，我国的 GDP 将有潜力接近美国的 2 倍，作为世界第一大经济体的地位将更加突出。

我国经济规模大起来，成为世界第一，这件事本身就有很多直接的意义。巨大经济规模意味着许多现实和潜在的产业具有实现规模经济的空间；即使按照和其他国家一样的比例投入研发资金，我国可以动员的研发资金总量也要比一般国家多得多，从而可以同时支撑很多领域的技术研发。同样一件技术突破在我国的溢出效应会很大。

除此之外，还有一个重要的间接意义，即我国将享受到不成比例的大优势，但也要承担不成比例的大责任。比如，在我国经济总规模世界第一、GDP 占世界的份额达到 30% 后，全球 500 强榜单中落户我国的企业数量将远远超过 30%；研发人才总量占全球的比例也将超过 30%，从而在全球资源配置体系中的影响力要远远超过 30%。当然，在全球诸多公共物品供给中，有一些公共物品需要我国承担大于 30% 的份额。从一定程度上讲，不成比例的大优势和大责任是对应的。

二、增强对财富的吸引力

我国到 2035 年基本实现现代化，在经济规模增长到上述体量的过程中，人民群众的收入水平和财富水平将相应增长，会形成一大批中等收入群体和一定数量更加富裕的群体。而中等收入群体和更加富裕群体的未来增量，将主要来自民营部门。为此，需要围绕提高人民群众的财产安全感深化改革，健全法治。没有这样的改革和法治保障，共享发展理念中人人参与、人人尽力的内涵将难以完全落实，进而创新发展和生产率提升的动力会打折扣，社会公平正义也会受到很大影响。

深化这方面的改革，也是提高储蓄和资本积累、创造更多就业机会、提高国家竞争力的内在需要。根据亚非银行发布的《全球财富转移报告》数据，2018年我国已经跻身世界第二大私人财富市场，2008—2018年我国私人总财富增长了130%，增幅居全球之首。①

但是，仅2018年一年，我国高净值人士净流出数量占比为2%，虽然从占比上不是全球最高的，但涉及的人数为1.5万，从流出的绝对数量看位居全球之首。② 相比之下，澳大利亚、美国、加拿大和瑞士等作为高净值人士迁入数量最多的国家，分别净流入1.2万、1万、4000和3000人。

正是认识到高净值人士对于本国发展的积极意义，一些国家和城市，比如新加坡和迪拜，通过加强对私人财产保护的法律，完善配套政策，争相吸引高净值人士迁入。2013年，新加坡总理李显龙在星展银行举办的"亚洲洞察"会议上发表演讲时曾经说："事实上，我们可以让10位10亿富翁迁入新加坡并在这里建立基地。这里的基尼系数一定会恶化，但我认为新加坡将变得更好，因为他们将带来企业、带来机会，他们将开设更多门店，他们将创造更多工作机会。"③ 新加坡也早在2004年就颁布了《商业信托法》(Business Trust Act)。目前，有20家商业信托机构依据该法而成立。凭借良好的法律保护，这些信托机构为新加坡吸引了大量的外来财富，包括来自我国的财富。其他的高净值人士净流入国，无不具有周详而严格的财产保护法律制度。

---

① AfrAsia Bank, Global Wealth Migration Review, April, 2019. 该报告对于"财富"的定义是个人拥有资产、现金、股票、股权等之和减去负债之后的净财富。报告覆盖的范围是个人净财富超过10万美元的人群。

② 高净值人士指个人净财富超过100万美元的人士。净流出数量排在第二和第三位的国家是俄罗斯和印度，分别为7000人和5000人。

③ DBS ASIAN BANK, DBS ASIAN INSIGHTS CONFERENCE 2013: POST CONFERENCE REPORT, p.61.

高净值人士的流向，主要取决于财产安全性，以及税负尤其是遗产税和赠与税的高低。在全球100多个国家开征遗产税和赠与税而我国尚未开征遗产税和赠与税的背景下，我国高净值人士流出数量全球最多，说明流出主要是出于财产安全性方面的考虑。在可见的未来，全球各国政府不可能联合管制资本流动和资本避税。因此，税负这个影响因素对于高净值人士流动的影响程度，将会和目前类似。如果考虑到我国未来可能出台遗产税和赠与税，那么我国对高净值人士的吸引力将会比目前更低。今后我国要抵消这些促使高净值人士外流的推力，加大对他们的吸引力，就必须从法律上比其他国家更好地保护人民群众的合法财产，给他们高于其他国家的财产安全感。这对于激发和创新企业家精神，活跃发明创造和创业，壮大中等收入阶层，提升国家竞争力，稳定社会，都将起到不可替代的作用。

围绕为人民群众提供财产安全感而实施的改革，至少在近中期不会拉大收入和财富差距。

第一，这方面的改革将推动我国中等收入阶层扩大，这会缩小收入差距。

第二，在可预见的未来，因为文化、宗教、生活习惯等方面的原因，这方面的改革虽然可以增加我国相对于其他国家对高净值人士的吸引力，但尚难以吸引其他国家高净值人士大规模迁入我国。这方面的改革在今后一段时期所能起到的效果，是减缓我国高净值人士外迁。在我国经济发展过程中成长起来的本土高净值人士如果大规模外迁，固然可以缩小我国的收入和财富基尼系数。看上去缩小了收入差距，但是这种意义上的收入分配状况改善，是以降低平均收入水平为代价的，且损害发展后劲。与这种格局相对照，如果我国高净值人士绝大部分留在国内，虽然收入差距会比他们都外迁的情景下高一些，但平均收入水平相对而言则会高一些，也更有利于积蓄发展后劲。这种意义上的收入差距是我们应该承认和接受的。我们谋划的现代化中的共同富裕的含义，本来就是指在平均收入水平不断提高的同时，把收入差距控制在合理范围内，而不是把缩小收入差距作为唯一目标。

当然，实施这方面改革后，如果从更长期角度看我国相对于其他国家的吸引力进一步提升，其他国家高净值人士和顶级富裕阶层大量迁入我国，我国的收入和财富差距会因此拉大，但所带来的税收、就业机会等也会增多，政府可用于转移支付的财力也会增多，社会捐赠也会增多。这有利于而不是有损于国家的发展。

三、营造有利的外部环境

2020年之后，我国明显不再是在给定外部环境下谋求自己发展的小经济体，我国自己的战略判断、战略安排本身就会对外部环境产生重大影响，并反过来影响自身。甚至在2020年之前这个态势就已经比较明显了。这就决定了今后对所处外部环境的判断需要一个新的角度，即把自身作为自变量的角度。以往我国在战略谋划时把外部环境作为给定条件的做法，需要做出重大调整。

（一）维护"和平与发展"的时代主题

我国作为一个人口规模堪比一个大洲的国家，之所以能在短短40年时间里，从一个人均收入水平很低的低收入国家，跻身上中等收入国家行列，一个重要前提是相对和平的国际环境。正是基于"和平与发展是时代的主题"的判断，我国才得以聚精会神搞改革，一心一意谋发展。2002年召开的党的十六大进一步提出，"综观全局，二十一世纪头二十年，对我国来说，是一个必须紧紧抓住并且可以大有作为的重要战略机遇期"，并做出了"在本世纪头二十年……全面建设惠及十几亿人口的更高水平的小康社会"的部署。回顾过去的历史，可以说对国际环境的判断是准确而富有远见的。

今后10~20年，是我国实现现代化和民族复兴最吃劲的阶段。在这个阶段，要释放我国所具有的发展潜力，最重要的前提是和平的国际环境。历史经验表明，即使经济总规模处在世界第一，如果技术水平尚未达到全球前列，也未必有绝对的国家安全。比如，按照著名经济史学家麦迪森收集的数据，1840年前后中国GDP是英国的4倍，但仍在与越洋而来的英国舰队在家门口进行的鸦片战争中败北。

历史经验也表明，国际力量格局变化犹如逆水行舟。虽然1870年时中国经济总规模仍然为全球最大，比排名第二的印度高出40%，接近排名第三的英国和排名第四的美国的2倍，相当于当时日本的7.5倍，但是之后短短20年左右的时间，美国经济总规模因为人均产出快速增长和人口规模的扩大而直线上升，中国经济总规模因为人均产出降低和人口减少而绝对下降。中国全球经济规模第一的地位在短短20年内被美国取代，用"其衰也忽焉"来形容中国经济当时的情形并不为过。这背后的重要原因之一，就是帝国主义国家对华发动的侵略战争。

其他学者对历史经验的研究还表明，在世界第二大经济规模爬坡最吃劲、国际力量格局对比迅速变化的时期，更是有所谓"修昔底德陷阱"和相伴随的战争风险。

由此可见，和平的国际环境对于我国未来发展的极端重要性。有了和平的国际环境这个条件，不论发展步伐快一点还是慢一点，实现现代化都是可期的。但倘若没有这样的条件，我国的发展进程将和其他国家一道受到重大冲击，长远影响难以预计。从这个角度讲，和平的国际环境，不仅仅是我国发展的一个外在条件，在很大程度上也是我国乃至其他国家核心利益的重要组成部分。

正是基于这一认识，党的十九大报告在指出新时代是实现中华民族伟大复兴中国梦的时代，是我国日益走近世界舞台中央的时代的同时，也指出中国将高举和平、发展、合作、共赢的旗帜，恪守维护世界和平、促进共同发展的外交政策宗旨，推动建设相互尊重、公平正义、合作共赢的新型国际关系。十九大报告还指出，世界正处于大发展大变革大调整时期，和平与发展仍然是时代主题。全球治理体系和国际秩序变革加速推进，各国相互联系和依存日益加深，国际力量对比更趋平衡，和平发展大势不可逆转。中国决不会以牺牲别国利益为代价来发展自己，也决不放弃自己的正当权益，任何人不要幻想让中国吞下损害自身利益的苦果。中国奉行防御性的国防政策。中国发展不对任何国家构成威胁，无论发展到什么程度，永远不称霸，永远不搞扩张。

我国在谋划未来改革发展时，应该进一步明确重申自己坚持和平发展的主张和积极防御的国防战略，明确提出自身对今后15年乃至30年世界环境的判断：全球格局和平重塑的关键期。其含义有两个：第一，世界格局会有重大重塑；第二，中国不谋求战争，只进行积极防御。

当然，在这种判断之下，需要处理国际关系的高超智慧，做出关于积极防御的国防政策的"可信承诺"，才能让对方也选择和平应对的博弈策略。如果甲方让他方确信甲方备战，他方的必然策略就是应战；如果甲方做出可信承诺，让他方相信甲方谋求和平，他方主动发动战争严重拖累其自身发展但又不能吃掉甲方的话，他方博弈的最佳策略才会是谋求和平。

（二）形成基于均势的技术安全格局

到21世纪中叶实现现代化是我国核心利益所在。维护该核心利益的一个决定性条件是，要有持续的技术来源。未来我国基本实现现代化的技术来源主要有两个方面，即自主研发和引进。

两方面的技术来源，都要求一个共同的前提，即前文说到的给人民群众财产安全感的改革。无论是激发本土科学家和企业家创业创新的积极性，还是吸引华裔乃至发达国家的战略科学家和前沿科学家来华，都离不开这个前提。

两方面技术来源中，自主研发将发挥越来越重要的作用。但即使是自主研发，也离不开和全球的技术合作，离不开全球产业链和技术网络的支撑。

要获得全球产业链和技术网络的可靠支撑，保障未来实现现代化的技术来源，需要思考一个重大问题：我国秉持什么样的技术安全观，才有利于赢得全球技术网络中尽可能多的伙伴的信任和顺畅的合作？

我们的建议是，我国应该秉持基于大国间技术能力均势的技术安全观，并做出相应的可信承诺。直观地说，对于我国而言，并非只有在360行中行行皆状元，才是技术上安全的，而只要在120行中真正占据绝对领先地位，就可以和其他主要技术伙伴形成技术上的均势。这种基于均势的技术安全观对于其他主要大国而言，构成了我国不会从技术上卡它们脖子的"可信承诺"，它们才愿意顺畅地和我国开展技术和贸易投资往来，大家都没有积极性改变技术均势。

之所以要秉持这样的技术安全观，最直接的原因是单个国家，即使最发达的国家，也做不到360行行行皆状元。除此之外，更深层次的原理，可以用博弈论中的逆向归纳法加以说明，即从21世纪中叶我国有可能成为社会主义现代化强国的情景出发，逆向归纳。

按照前文的预测，如果不发生重大反复，到"十四五"末期，最迟到2035年，我国经济总规模将超过美国，成为世界第一。再经过15年的努力，到21世纪中叶，我国按照官方汇率折算的规模，将成为世界第一，且远超世界第二的美国。

可以预期，随着届时我国经济总规模达到世界第一并远超世界第二，即使仅仅按照和其他国家一样的比例投入研发经费，我国也可以在比其他国家宽得多的领域内开展研发活动。再加之前面说到的第一大经济体所享有的不成比例的大的资源配置能力优势，届时我国享有优势的技术领域会更宽，也许不只120行里是状元，而很可能是150行甚至180行里是状元。届时真正担心技术上被卡脖子的就是其他国家。

按照博弈论中逆向归纳的原理，其他国家出于对未来这种局面的担心，如果它们在眼下不能获得我国做出的保障它们技术安全的可信承诺，它们眼下的最优战略就是联手从技术上卡我国的脖子，遏制我国技术发展，从而阻止我国经济规模成为世界第一，进而避免对未来它们技术被卡脖子的担心。

最近一段时间以来，一些发达国家与我国的技术交流和人才往来，已经受到严重影响。如果今后对我国的技术封锁力度进一步加大，持续时间过长，那么，我国技术进步速度会受到很大影响。虽然完全靠自力更生也能逐步实现技术进步，但在逆水行舟般的国际间技术竞争中，我国技术进步步伐会大大慢于其他国家的联合体，进而导致我国甚至连120行都难以成为状元。

要破解这样的困境，我国眼下就需要确立和阐明基于技术能力均势的技术安全观，并做出相应的可信承诺，即表明自己不会凭借新型举国体制追求在所有技术谱系上占据全球前沿；做出不发展某些产业和技术的可信承诺。只有秉持这种技术安全观和做出相应的可信承诺，才有可能使得眼下已经遭遇到的技术封锁力度不会进一步加大，并争取在未来逐步缓解。

秉持基于技术能力均势的技术安全观，并做出相应的放弃发展某些技术的可信承诺，会不会自废武功？能不能真正使我国发展获得全球产业链和技术网络的保障？这还取决于我国在自己所要发展的120行内能否真正成为状元，能否在别国从其他领域卡我国脖子时，对等地甚至更大力度地实施反制。只要我国在自己所要发展的120行内能通过技术能力累积效应形成正反馈，巩固并保持自身优势，那么，就可以期待顺畅地和其他国家开展技术和贸易投资往来，博弈各方都没有积极性改变技术均势。有了这样的技术安全格局，我国才能把现代化的可能前景变为现实。

（三）设置"四零"和"对等"议题，引导国际经济规则重塑

美国自特朗普当选总统以来，挑起了一系列国际经贸摩擦。在贸易摩擦早期，特朗普提出国与国之间经贸关系要"对等"（reciprocal），并于2018年6月G7（七国集团）峰会上提出零关税、零非关税壁垒、零补贴的"三零"。从字面上看，与"三高"（高关税、高非关税壁垒、高补贴）甚至"三中"和"三

低"比起来,"三零"是更加开放、更加自由、更高水平的国际经贸交往规则;与目前实际发挥作用的国际经贸交往规则比起来,也是更加自由的、更高水平的国际经贸交往规则。

特朗普高调地说着"三零",却行着不断挑起贸易摩擦之实,对我国和很多国家加征关税,并重新谈判了包括《北美贸易协定》在内的重要贸易协定,退出了原来签署的一些区域性贸易投资协定,甚至威胁退出世界贸易组织。全球化在倒退,全球经贸往来并未朝着更加自由、更加开放的方向演变,而是朝着相反的方向演变。所以有人认为,"三零"和"对等"从来就是特朗普开全球化倒车的借口,因为这根本不可能实现,注定了只能是一个口号。

但是也要看到,美国在主要针对我国挑起贸易摩擦的同时,也的确秉持"三零"的精神,和欧洲、日本进行了多次三边谈判,达成了一些初步共识,并有意识地在初步达成的意向中限制参与谈判各方与"非市场经济国家"开展经贸往来。[①]这似乎又表明美国提出"三零"是认真的,最终目的是推动形成对等的、更加开放、自由、高水平的国际经贸往来规则,若别国以"三零"来之,美国则以"三零"往之;若别国不以"三零"来之,美国则以"三中"甚至"三高"往之,直到别国接受"三零"。

我国在和美国艰难谈判的同时,采取了与美国截然不同的做法。我国积极主动扩大开放领域,提高开放程度和层次,扩大深度开放的地域,在人类历史上首次举办进口博览会,以实际行动向国际社会表明了我国坚定扩大开放,引

---

① 参见两份美日欧三方贸易部长联合声明。Joint Statement on Trilateral Meeting of the Trade Ministers of the United States, Japan, and the European Union[OL]. [2018-05-31]. https://ustr.gov/about-us/policy-offices/press-office/press-releases/2018/may/joint-statement-trilateral-meeting. Joint Statement of the Trilateral Meeting of the Trade Ministers of the United States, European Union, and Japan[OL]. [2019-05-23]. https://ustr.gov/about-us/policy-offices/press-office/press-releases/2019/may/joint-statement-trilateral-meeting.

领和推动全球化向更高水平迈进的主张。尽管如此，在到目前为止的中美谈判中，我国并未赢得充分的主动。

放眼未来，如果我国长期对"三零"不接招，有可能会面临多方面挑战。首先，"三零"代表着比现行规则更开放、更自由、更高水平的国际经贸交往规则。可以预期，如果美国将来对世界贸易组织改革提出什么系统性主张，很大程度上也将以"三零"为蓝本。应该说，"三零"很大程度上与我国一直倡导的推动全球化深入发展的主张并不矛盾。无论在中美双边往来还是在涉美的多边经贸规则（如WTO改革）中，我国对"三零"置之不理虽无不可，但姿态上比较被动，道义上处于下风。

其次，"三零"虽不可能完全落实，但美国确实秉持其精神，与欧、日进行了多次谈判，达成了初步共识，并有意识限制各方与"非市场经济国家"开展经贸往来，旨在排斥我国。如果这些共识成为主流，我国外部经济环境将明显恶化。

最后，新冠疫情暴发前美国就有人推动与我国脱钩，疫情暴发以来该态势更明显。脱钩不符合我国利益，但我国如对"三零"长期不接招，则美国可能以下列由头推动脱钩：虽然美国愿以"三零"原则开展经贸往来，但中国却不接受，可见中国不愿意推动全球化深入，所以美国只能以"三中"甚至"三高"作为权宜之计，直到中国接受"三零"。如果中美真的在一定程度上脱钩，全球经贸往来会分化为以中美为核心的两个体系，则我国不仅在经济利益上不会受益，美国也很有可能以我国拒绝"三零"这样高水平的国际经贸规则为由，把"锅"甩给我国，我国在道义上有可能更加被动。

可见，长期对"三零"高挂免战牌，并不符合我国的利益。那么，我国接招"三零"的困难在哪里呢？最大难点是"零补贴"。我国接招"三零"中的"零关税""零非关税壁垒"虽有一定难度，但难度不及接招"零补贴"。从关税看，根据《关于中美经贸摩擦的事实与中方立场》引用的世界贸易组织数据，2015年中国贸易加权平均关税税率已降至4.4%，已接近美国（2.4%）和欧盟（3%）的水平。从非关税壁垒看，各国都有从自身情况出发设置的壁垒，包括美国在内的发达国家的壁垒并不明显少于我国情形。削减关税和非关税壁垒，也与我国建设更高水平开放型经济新体制的要求相吻合。从补贴来看，美国也有大量针对企业的五花八门的补贴（国务院新闻办公室，2018），但一般认为与欧美国家相比，我国对企业的补贴力度更大。我国对企业的补贴主要出于两方面原因：一是对国有企业的亏损补贴，二是为了促进研发和创新。

我国出于促进技术研发的目的而坚持补贴企业，而美国在一定程度上则以我国的补贴为借口对我国实施高技术出口限制。我国不接招"三零"和美国实施高技术出口限制互为因果、互为理由，两者形成了一个"死扣"。

这个死扣导致美国对我国的高技术出口限制正在日益加剧，甚至有可能导致我国产业链断链。美国历来对我国有高技术出口限制。贸易摩擦爆发以来，美国变本加厉，许多政府部长级官员公开针对华为开发的5G技术、我国的军民融合战略等，提出种种对抗的"阳谋"。就在最近，美国商务部提议进一步强化数十种可用于军事目的的新产品对华出口限制，甚至考虑要将其长臂管辖延伸到国外，如付诸实施，则美国以外的企业在向中国出售某些"包含美国技术的商品"时，还要获得美国政府许可。可以预期，未来美国将针对我国实施更多、更严的出口技术管制。

从我国角度看，美国的高技术出口限制固然阻挡不了甚至在一定程度上会倒逼我国自主创新，但毕竟会影响我国技术进步速度和产业链、供应链的安全性，不符合我国核心利益。为此，我国也就不得不增加对企业的补贴。从美国角度看，高技术出口限制不利于缩小其对我国的贸易逆差。这样一来，对华出口限制的"扣"，会和我国对企业进行补贴的"扣"相互锁死，美国将有可能进一步把水搅浑，把贸易赤字归咎于我国没有实现"三零"，而不从其自身实施的高技术出口限制上找原因，导致我国更加被动。

综合考虑上述所有因素，为了在中美经贸摩擦有可能长期化的情况下赢得主动，避免中美经济脱钩和全球经济体系分割为两个体系，在阻力重重的背景下引领和推动全球化不断深化，推动形成人类命运共同体，我国应在主动扩大开放的同时，拓宽思路，审时度势，择机设置国际经贸议题，以赢得主动。

具体而言，一种方案是接招"三零"，并把高技术出口限制也作为一种贸易壁垒，纳入"三零"中的"零非贸易壁垒"议题下，展开谈判。另一种更加主动、特色更鲜明的方案是"四零"和"对等"的国际经贸议题，即"零关税、零壁垒、零补贴、零出口限制"，和主要经济体尤其是主要发达经济体采取"对等"的经贸往来规则。设置"四零"议题有以下几方面考虑。

第一，借力打力，进退自如，在包括中美经贸谈判在内的国际谈判中以攻为守，化被动为主动，更好地维护我国核心利益。设置"四零"议题，我国虽然接了"三零"的招，但"零出口限制"也对美国进行了强力反制，美国如拒绝"零出口限制"，就会失去道德上的合理性，推动和我国经济脱钩也就失去了"口实"。美国如果愿意在该议题下和我国展开谈判，将有利于我国获得长期发展所需的技术，更好地保障产业链和供应链安全，也将推动美国缩小贸易逆差，因而符合中美双方的利益。

第二，该议题代表的是真正高水平的全球化，是比目前国际上各种提议更加开放自由、更高水平的关于全球经贸往来规则的系统主张。虽然该议题无法完全落实，却是一个可以避免全球分裂为分别以中美为核心的两个体系、引领全球化深入下去的、占据道德制高点的谈判起点。

第三，设置该议题未必会损害我国核心利益。这是因为，全球实际经贸运行规则从来都是谈出来的，而最终谈出来的格局，和谈判起点是"四零"还是"四高"（高关税、高非关税壁垒、高补贴、高出口限制）抑或是"四中"，关系并不是非常直接、非常紧密。以"四零"为起点的谈判，一定是在关税、非关税、补贴和出口限制方面"掺沙子"，往"非四零"方向做一定幅度"后退"。

以"四高"或"四中"为起点的谈判,则一定是在关税、非关税措施、补贴和出口限制方面加以削减,往"四零"方向做一定幅度"前进"。这里的机制类似于学生成绩评判。学生成绩评判,可以以 100 分为基准,采用倒扣分的评判方法,做错一题扣一分;也可以以 0 分为基准,采用加分的方法,做对一题给一分。一个学生的最终成绩,和评分起点实际上没关系。

第四,以该议题引领全球经贸规则重塑,并不带有地缘政治方面的诉求,较之我国提出的其他内容和形式的发展倡议,更容易获得别的国家特别是北美和欧洲国家的理解。

第五,我国可主张在该议题下赋予其他发展中国家特别是低收入国家一定的"非四零"待遇,以赢得它们的支持。

四、通过深化改革破解难题

今后 10~20 年,是实现现代化和民族复兴最吃劲的阶段,我国将面临一系列严峻挑战。能否妥善应对这些挑战,决定着能否比较顺利地释放我国的发展潜力,实现现代化和民族复兴目标。这些挑战,于我国而言,于国际社会而言,很多都是前所未有的。只有以富有智慧的、可行的办法妥善应对好这些严峻挑战,我国才能比较顺利地实现现代化,并为人类做出新的更大的贡献。

我国能否提出并实施富有智慧的一揽子措施,很大程度上取决于能否在国内深化改革。比如,不难理解,如果我国推动形成基于均势的技术安全观,则出于技术升级考虑而补贴企业的动机就会弱一些,从而就更容易接招"三零",进而可以更主动地设置"四零"议题。但在现实当中,这些并不容易做到。比如,按照只做 120 行状元的思路,该把哪些技术领域列为 120 行之外呢?所有的部门都想为国争光,所有的部门都认为,美国的技术封锁正是自身行业大发展的契机，只要国家给足够补贴，一定可以自主实现技术突破，打破美国的技术封锁。通过深化改革平衡好这些关系，节制全方位技术赶超的冲动，把有限资源用到我国真正具有优势的地方，才能形成真正符合我国核心利益的发展环境。

区域经济如何在集聚中走向平衡

陆 铭 刘雅丽[①]

改革开放带来了中国经济的高速发展，同时也改变了中国经济和人口的空间布局。中国幅员辽阔，历史悠久，各地区的自然、历史、地理条件差异巨大。在改革开放之前，由于计划经济时期的分散发展战略，同时农业占比较高，中国地区间的经济集聚程度不高。在开放进程中，能够借助低成本的海运条件发展外向型制造业的主要是东南沿海地区。但由于一些计划经济遗留的制度因素阻碍了劳动力的自由流动，经济的空间集聚伴随着地区间人均收入差距的扩大。针对地区间经济发展差距的问题，邓小平同志曾经讲过："什么时候突出地提出和解决这个问题，在什么基础上提出和解决这个问题，要研究。"[②] 2017年10月，正值改革开放40周年前夕，中国共产党召开第十九次全国代表大会，中共中央总书记习近平指出，中国特色社会主义进入新时代，我国社会主要矛盾已经转化为人民日益增长的美好生活需要和不平衡不充分的发展之间的矛盾，地区之间、城乡之间的发展差距是其中的重要方面。

---

① 本文作者陆铭系上海交通大学安泰经济与管理学院特聘教授、中国城市治理研究院研究员；刘雅丽系上海交通大学安泰经济与管理学院硕士研究生。作者感谢国家自然科学基金项目（7207030050、71834005）和招商局慈善基金会的资助。本文也是上海国际经济与金融研究院、上海交通大学中国发展研究院和复旦大学当代中国经济与社会工作室的成果。

② 邓小平.邓小平文选：第三卷[M].北京：人民出版社，2001：374.

长期以来，经济增长和区域平衡发展两者之间一直被认为是存在矛盾的。社会各界普遍认为，经济的过度集聚是导致地区间收入差距的原因。同时，东部地区大城市的人口迅速膨胀，拥堵、污染和各种公共服务资源紧张问题愈演愈烈，人们也普遍将这些问题归结为"人太多"。所以，近十几年来，西部大开发、振兴东北老工业基地、中部崛起等区域平衡战略层出不穷，政府通过各种行政手段，加大对中西部和东北地区的经济资源投入，包括建设用地指标配置和财政转移支付，扶持这些地区建立开发区和工业园，吸引投资来促进增长。同时，政策对东部地区特别是超大城市实行土地供应收紧和严格的落户标准，来限制超大城市的人口规模，以求治愈"城市病"。

政府的一系列平衡发展政策，在一定程度上缩小了东、中、西部之间的发展差距，但是，这些政策也包括了大量违背市场经济规律的生产要素地区间配置（包括土地、资本和劳动力）。一方面，作为人口流出地的中西部地区依赖投资实现增长，出现开发区和工业园闲置，住房库存积压，地方政府债务高企。另一方面，东部地区"疯涨"的房价成为劳动力流入的障碍，劳动工资上升明显，企业不得不以资本替代劳动，经济结构出现过快的资本深化，甚至出现了产业向外转移的现象。总体上说，社会各界将区域间平衡发展错误地理解为经济和人口的均匀分布，结果是以严重的"空间错配"换来了不可持续的"平衡发展"，陷入了效率和平等相冲突的局面。

本文首先通过对历史数据的展示和区域经济发展政策的梳理，回顾了中国地区间差距的演变。其次通过高度简化的空间均衡模型说明造成地区差距的根本原因，以及地区经济如何"在集聚中走向平衡"，同时还提出了如何促进欠发达地区发展的建议。再次讨论了"中国式收敛"的代价以及如何实现真正意义上的"收敛"。最后给出了中国区域经济未来如何兼顾增长和平衡的政策建议。

一、中国地区间差距的演变

如果以最为常用的人均 GDP 指标来看，中国省与省之间的人均 GDP 的基尼系数经历了改革开放前的波动以及改革开放后先下降、再上升，之后又下降的过程（如图 1 所示）。

图 1　全国各省人均 GDP 基尼系数变化（1955—2017 年）

注：1. 1949—1954 年，除了海南省，其他省的名义人均 GDP 和指数也都不全，所以本文从 1955 年开始统计，以便各年覆盖的省份都相同，具有可比性。

2. 海南省从 1978 年才开始有数据，所以 1955—1977 年的基尼系数包含全国 30 个省、直辖市和自治区（不含海南省），1978—2017 年的基尼系数包含全国 31 个省、直辖市和自治区。

资料来源：《新中国 60 年统计资料汇编》以及 2010—2018 年的《中国统计年鉴》。

具体来说，人均 GDP 的基尼系数随时间变化，不管是当年价还是以 1978 年为不变价，均呈现出三个倒 U 形：第一个倒 U 形是从 20 世纪 50 年代中叶到 60 年代中叶，以 1960 年作为转折点；第二个倒 U 形是从 20 世纪 60 年代中叶到 1990 年，大约以 1975 年为转折点；第三个倒 U 形从 1990 年一直到现在，以 2003 年前后作为转折点。如果我们以改革开放为分界线可以发现，改革开放之前基尼系数的波动频繁且幅度巨大：以 1978 年不变价计算的不平等程度来看，1957—1960 年短短 4 年基尼系数从 0.24 增长到 0.33，1960—1967 年基尼系数从 0.33 又下降到了 0.26，之后 10 年又重新增加至更高位 0.36 左右。而改革开放之后，以 1978 年不变价衡量的基尼系数变化平缓很多，以当年价衡量的基尼系数虽然起伏较大，但二者变化趋势相同。具体来说，20 世纪 80 年代基尼系数慢慢下降，90 年代又缓慢上升，在 21 世纪初经历了 3 年左右的平稳期后于 2003 年前后开始下降，且下降速度和幅度均比 80 年代要大，而近年来（2014—2017 年），基尼系数又相对平稳地维持在低位。

历史数据的变化背后都折射出了当时重要的历史事件。地区经济差距的变化与特定时期、特定地区的政策分不开，所以本文根据以上地区间差距的变化梳理了一些相关的区域经济发展政策。

第一阶段：中华人民共和国成立到改革开放前的计划经济时期

这一阶段，由于主要致力于国防建设，中国实行以工业生产的空间平衡为目标的均衡发展政策。

1949 年中国刚刚建立社会主义国家。面对"冷战"的国际环境以及西方世界对中国的封锁和孤立，中央政府从国家安全角度出发，实行了优先发展重工业和国防军事工业的发展战略。而当时的中国工业分布十分不平衡，重工业主要集聚于东北地区，轻工业则集中在东部沿海地区。出于国防战略的考量，必须改变工业空间分布不合理的格局，所以"一五计划"加大了对内陆地区的投资，在华北、西北和西南建立了新的工业基地。但是，好景不长，1958 年的"大跃进"打乱了原有的工业发展计划，全国各地都掀起了全民炼钢的工业热潮，农业发展被人为抑制去补贴工业，又恰逢三年困难时期，所以 20 世纪 50 年代中后期到 60 年代初，整个国民经济发展大起大落，区域差距的变化也随之大起大落。

到了20世纪60年代中期，由于当时国际局势的日趋紧张，国家的生产力布局大规模西移，中西部地区进行了以备战为目的，大规模投资于国防、工业和交通基础设施的"三线建设"。从70年代初开始，一方面，随着中国恢复在联合国的合法席位和美国总统尼克松访华，中国所处的国际形势开始得到缓和，工业和投资的布局不再以国防、战备为第一；另一方面，党和国家领导人深刻反思高指标、高速度、急躁冒进的发展方式，开始注重经济效益，所以调整了"四五计划"，从1973年开始，在"三线建设"收尾的同时，经济由内地向沿海经济发达地区逐步转移，东部地区，主要是辽宁、京津、山东半岛以及长三角地区，投资比重上升。

第二阶段：1978年改革开放到2003年

这一阶段，国家的经济建设不再强调向内地大规模投资，以求生产力的空间均衡发展，而是更注重投资效率。在政策上允许和鼓励一部分有条件的地区和个人先发展起来，形成经济增长极，通过示范效应带动其他地区。

这一时期，东部沿海地区因先天的港口优势，面临着吸引国际资本和技术、融入国际分工体系的巨大机会。所以从1979年以来，中国实行了对沿海地区重点倾斜的政策，从1979年设立4个经济特区，到1984年设立14个沿海开放城市，再到1988年进一步扩大开放范围。这些开放区特别是经济特区，实行优惠的政策和特殊的管理方式，以吸引外商投资为主。但本文认为，不能简单地将沿海地区的发展看作是优惠政策的结果，即使没有这些优惠，在开放格局之下，先发展起来的依然是沿海地区。其关键原因在于地理优势，在发展外向型经济的大背景下，海运因成本远远低于陆上的铁路和公路运输而成为主要运输方式，而北方大量海港冬天结冰，又缺乏大江大河的内河航运条件，因此，东南沿海（特别是长三角和珠三角地区）就具备了面向国际贸易的制造业发展优势。否则，就难以理解为什么在同样享受优惠政策的不同地区，越是靠近香港和上海的地区经济发展越好。[1]

20世纪80年代初期，改革从农村开始，家庭联产承包责任制的实行，使农民获得了生产和经营的自主权，极大地调动了农民的生产积极性，解放了农村生产力，推动了农业发展。1985年，中央政府在农村政策上再次做出重大调整：中央一号文件《关于进一步活跃农村经济的十项政策》取消了农副产品统购派购的制度，对粮、棉等少数重要产品采取合同收购的新政，其他农产品分品种、分地区逐步放开，自由上市和交易。至此，农村经济体制改革率先开始了由计划向市场经济体制的过渡。改革在农村成功试点，农民收入得到极大提升，城乡间收入差距有了明显的缩小，相对落后的农业大省人均收入提升更快，导致80年代地区间经济差距的缓慢缩小。

20世纪90年代，经济对外开放速度加快，东南沿海地区再次成为中国经济增长的"领头羊"。这一时期，沿海省份增长迅猛，逐步拉开了与内陆地区的差距。90年代直到2003年，经济不断地向沿海地区集聚，但是需要特别强调，户籍制度并没有实质性的改变，跨地区流动的劳动力仍然面临着因户籍身份差异而受到的就业、公共服务和社会保障歧视。正是由于户籍制度阻碍了人口自由流动，造成了人口的集聚没有跟上经济的集聚，为地区间人均GDP差距的扩大埋下了祸根。[2]

第三阶段：从2003年（政策拐点[3]）至今

这一时期，经济继续向沿海集聚，人们担心过大的地区差距影响社会的和谐稳定，同时大城市的城市病问题日益严峻。面对如此困境，政府和社会各界

---

[1] 陆铭.空间的力量：地理、政治与城市发展（第2版）[M].上海：上海人民出版社，2017:195.

[2] 陆铭.大国大城：当代中国的统一、发展与平衡[M].上海：上海人民出版社（世纪文景），2016:120;125.

[3] 在本文中2003年被称为政策拐点。

并没有意识到问题的症结在于人口流动不充分，人口集聚落后于经济的聚集，反而认为是经济过度集聚，造成了地区差距的扩大和大城市的城市病，因此政府开始着眼于向中西部转移资源（特别是土地和财政转移支付）。具体来说，在土地政策上，1999年4月，国务院批准的《1997—2010年全国土地利用总体规划纲要》（以下简称《纲要》）强调了统筹平衡各区域用地，主要体现在对东南沿海地区和环渤海地区建设用地规模扩大加强限制。这一《纲要》并未立即起到作用，而是在2003年出现了政策拐点，中西部地区土地供应份额由减少变成了增加。2003年7月底，国务院发文对开发区和建设用地进行清理整顿，却对中西部地区，东北老工业基地的资源枯竭型城市，部分老、少、边、穷地区的开发区，在入园企业个数、基础设施建设水平、产业发展规模等具体审核条件上给予一定倾斜。[1]在财政转移支付方面，2000年《国务院关于实施西部大开发若干政策措施的通知》规定，要"提高中央财政性建设资金用于西部的比例""加大财政转移支付力度"。相比于资源配置人为地向人口流出地的中西部地区倾斜，政策对于东部地区（特别是超大城市）的发展却在不断地限制。比如，2014年7月30日《国务院关于进一步推进户籍制度改革的意见》指出，严格控制特大城市人口规模。

从数据的表现上看，人均GDP的基尼系数在2003年之后有了明显的下降，但这是否意味着政府主导的这些倾向于中西部地区的平衡政策，以及限制东部地区大城市人口规模的户籍和土地政策，就是最有效率的办法？导致地区差距的根本原因到底是什么？大国发展究竟应该如何做到效率与平衡的统一？本文接下来都会给出回答。

---

[1] 陆铭.大国大城：当代中国的统一、发展与平衡[M].上海：上海人民出版社（世纪文景），2016:120;125.

二、地区间如何平衡发展

（一）地区间平衡发展：一个高度简化的空间均衡模型

为分析中国地区间差距的形成，首先，我们通过一个高度简化的模型来理解区域发展的空间均衡。这个模型以简单的城乡二元经济为例，大城市和小城市之间，或者两个地区之间也是类似的道理。

城市与农村之间（或不同规模的城市之间）的人口流动是由工资（收入）差别引起的。正如中国古语云："人往高处走，水往低处流。"人口从低收入的地方流动到高收入的地方，直至各地区的人均收入几乎相同，达到所谓的空间均衡状态。

城市部门和农村部门有不同的比较优势，不同的城市或地区之间也有不同的发展条件，应避免均匀和同质化的发展模式。习近平总书记在2020年8月召开的扎实推进长三角一体化发展座谈会上说，"不同地区的经济条件、自然条件不均衡是客观存在的，如城市和乡村、平原和山区、产业发展区和生态保护区之间的差异，不能简单、机械地理解均衡性。解决发展不平衡问题，要符合经济规律、自然规律，因地制宜、分类指导，承认客观差异，不能搞一刀切"。[1]

不同地区应实现基于比较优势的差异化发展模式。农村地区青山绿水，土壤肥沃，具有发展农业的比较优势。而一些中小城市拥有丰富的自然资源，比如矿产和森林，从而具有发展这些产业的比较优势。在这些地方，尽管有技术进步，但总产出是受资源总量约束的：农业的总产出受制于土地，旅游业的总产出受制于风景的接待游客能力，自然资源产业更是如此，特别是不可再生资源，其总产出甚至可能出现萎缩。城市部门的产业主要是制造业和服务业，以资本和劳动力为生产要素，同时由于规模经济的存在，城市也是技术创新的中心。所以在

---

[1] 紧扣一体化和高质量抓好重点工作，推动长三角一体化发展不断取得成效[N].人民日报，2020-08-23（01）．

城市部门，人均 GDP 主要取决于技术和人均资本这两大因素。假设总人口是 P，城市部门的人口是 U，这样一来，城乡间平均收入相等的条件为：

$$\frac{农村收入（资源约束）}{P-U} = \frac{城市收入（技术，资本）}{U}$$

这个等式说明，只要城市存在持续的资本积累，再加上城市部门的规模经济带来的技术创新，农村就必须通过持续减少人口来实现空间均衡。大城市与小城市之间也是一样的道理，大城市越发展，越吸引小城市的人流动到大城市来，带来了经济的集聚，同时也实现了大小城市的人均 GDP 意义上的均衡发展。这就是"在集聚中走向平衡"的道理。

当然，城市人口规模的增加，也有相应的成本，我们记为 $C(U)$，所以最终的均衡应写作：

$$\frac{农村收入（资源约束）}{P-U} = \frac{城市收入（技术，资本）}{U} - C(U)$$

这个成本中有些抵消了实际收入，比如房价，这时，地区之间的名义收入虽然有差距，但考虑到生活成本后，实际收入差距就会更小。有些是难以量化的成本，比如拥堵和污染，当存在这些成本时，地区之间的"平衡"最终将实现生活质量的均等化。

值得注意的是，对于拥堵和污染等被称为城市病的成本，不能简单地将其归因于人口过多。理论和经验研究表明，它们与人口规模的关系并不强。具体来说，在交通运输方面，虽然城市的人口会增加通勤时间，但是无论在美国还是在中国，人口规模和通勤时间的相关系数都不大。[1]环境污染和人口数量之

---

[1] 李杰伟,陆铭.城市人多添堵？——人口与通勤的实证研究和中美比较[J].世界经济文汇,2018(06): 1-16.

间更是没有严格的正相关关系，原因是以下三个重要机制。第一，通常人口多的城市，服务业的比重会比较高，而服务业的污染排放较低。第二，排污本身是有规模效应的，如果规模效应足够强，那么人口数量和排污量之间就不一定有显著的关系。在实证研究中，除了生活污水，城市人口规模和各类污染排放指标几乎没有什么关系。[1] 第三，大城市往往具有更密集的地铁网络，这也使得汽车的使用量可以得到控制，从而表现出人口数量多和人口密度高的城市，反而人均碳排放也更低。[2] 所以，随着技术的进步和管理的改进，加上治理城市病本身可以利用人口带来的规模效应，城市人口规模增大所带来的成本上升并不是非常快。

此外，$C(U)$还包含与制度有关的成本。这个制度成本阻碍劳动力的自由流动，在国家之间表现为国界；在欧盟内部不同国家之间，表现为语言、文字和宗教等的文化差异；而在中国国内，除了少数民族，地区之间的人口流动并不存在语言、文字和宗教等障碍。但是我们有一个中国特色的制度成本，那就是户籍制度。外来人口在人口流入地，如果没有当地的户籍身份，他所享受的劳动力市场机会、社会保障和公共服务，与本地居民存在着明显的差异。

在中国，户籍制度被认为能够控制大城市人口规模，同时，有利于地区间和城乡间的"均衡发展"。事实上，通过控制人口流动实现的并不是真正的均衡发展，而只是一种"均匀发展"。在上述模型里，我们来讨论一下阻碍劳动力流动会导致什么后果。一个直接的后果是，劳动力流动的成本越大，两边的人均收入差距越大，看似"均匀"的发展，换来的是更大的城乡和地区间的人均差距。第二个后果是在方程右边产生对人口进行按身份区别对待

---

[1] 郑怡林，陆铭. 大城市更不环保吗？——基于规模效应与同群效应的分析[J]. 复旦学报（社会科学版），2018,60(01):133-144.

[2] Zheng S., Wang R., Glaeser E L., Kahn M E. The Greenness of China: Household Carbon Dioxide Emissions and Urban Development[J]. *Journal of Economic Geography*, 2010, 10(6), 1-32.

的歧视性政策，同时，越是阻碍劳动力向右边的移动，越是会在方程右边产生劳动力短缺，并且通过劳动工资上涨的效应，使得右边的经济竞争力得以削弱。第三个后果，在方程左边由于存在大量劳动力，收入又比方程右边更低，因此政策制定者需要向方程左边提供更多的转移支付，来弥合两边的收入差距。而这样做的税收来源，其实是方程右边相对富裕的地区。越是阻碍劳动力流动，越是需要对方程右边增加税收。因此，出于政治经济学的考虑和片面地追求均匀发展的目标，所带来的代价是经济效率的下降和整体经济竞争力的弱化。同时，无论在城乡间、地区间，还是在人口流入地内部，均难以实现平等。

（二）欠发达地区如何发展：人均指标 + 比较优势

在一个国家内部讨论地区发展差距和区域平衡发展，人均指标是关键。不同的是，在国家层面，我们常常关注 GDP 的总量指标，这是因为国家层面的人口数量是稳定的，从而使得总量指标和人均指标是一致的。相比之下，在一个国家的内部，地区之间人口是可以流动的。这时，区域经济发展的关注点应着重于人均指标，而不是总量指标。

劳动力在地区之间的流动，实际上是劳动力资源在不同地区之间优化配置的过程。在这个过程中，不同的地区因为不同的比较优势而成为人口流入地或者流出地。人口流入地通常具有发展制造业和服务业的比较优势，通过人口集聚发挥规模经济，提升劳动生产率。人口流出地通常更加适合发展农业、旅游和自然资源产业，伴随着人口流出，其人均资源占有量反而上升。这时，虽然在人口流出地会出现经济总量增长相对较慢的现象，但不同地区充分发挥了比较优势，整个国家实现了有效率的经济增长和人均意义上的地区平衡发展。

但遗憾的是，政府和社会各界往往只关注总量差距，过分担心人口流出对于经济总量增长的不利影响。比如近些年来，东北人口持续流出的现象引起了社会各界的关注。同时，随着全国层面地区间差距的收敛，南北差距成为新的关注点。有研究发现，2013年至今，南北地区的经济发展差距激增；2016年，南北两地的地区生产总值和财政收入差距均为1953年以来之最，北方地区生产总值和财政收入占全国的比重均下降到40%以下。[1]北方经济增长主要受东北和华北地区增长较慢、工业服务业发展放缓、投资增速回落较多等因素的影响。[2]值得注意的是，这些关于南北差距的研究，讨论的主要是总量差距，而且关于南北差距扩大的原因的讨论，本身只是产业结构差距以及劳动力、投资等生产要素的投入差距，并不是经济发展差距形成的根本原因。从源头上分析，在发展外向型经济的背景下，中国北方不利于发展海洋贸易的自然条件劣势，才是造成其经济总量增速较慢的真正原因。在这个大背景之下，对于区域间发展差距而言，应更多关注人均指标。例如，在备受关注的东北三省，人口流出当然不利于其总量增长，但是，其人均GDP并没有明显比全国平均值更低。[3]

在人均指标的评价体系下，欠发达地区还需要找到自己的比较优势产业。中国的中西部和东北地区，是幅员辽阔的地方，其内部差异非常大，因此每一个城市的比较优势也并不相同。总体来说，在中国的东南沿海地区，以及内地的很多大城市周围，进一步集聚制造业和服务业的空间仍然很大，因此欠发达地区的人口进一步向这些地区集中，仍然是一个中长期的趋势。

给定这个中长期趋势，不同地区应找到不同的比较优势和发展模式。

第一，对于距离核心大城市不远的中小城市，可以融入以大城市为中心的都市圈和城市群，成为某个产业链上的一个环节，或者为核心大城市提供配套

---

[1] 杨多贵,刘开迪,周志田. 我国南北地区经济发展差距及演变分析 [J]. 中国科学院院刊,2018, 33(10):1083-1092.

[2] 盛来运,郑鑫,周平,李拓. 我国经济发展南北差距扩大的原因分析 [J]. 管理世界,2018,34 (09):16-24.

[3] 陆铭. 大国大城：当代中国的统一、发展与平衡 [M]. 上海：上海人民出版社（世纪文景）,2016: 120, 125.

的居住和服务功能。

第二，对于一些交通运输条件还不错的中小城市，有承接制造业的机会。考虑到水运的成本大大低于陆上运输的成本，在中国的广阔内地，最有条件承接沿海地区制造业的，将是长江中下游地区的沿江都市，因为这一段黄金水道有着可以和大海相媲美的运输能力。

第三，对于远离沿海大港口的城市，因为有相对便宜的土地和劳动力，可以发展水运依赖程度较低的产业，比如电脑芯片等具有附加值高、体积小等特点的产品的制造业，以及依赖网络运输的软件业等。

第四，中西部和东北地区大部分城市的产业发展，依据比较优势，应逐渐转为农业、旅游、自然资源和相关的配套产业。考虑到这些产业的经济总量是受到核心投入品的限制的，因此，要提高人均水平必须持续降低人口数量。在这个意义上，一些城市人口出现收缩并不是坏事。

第五，对于幅员辽阔的中西部和东北地区，仍然会有大量的人口，并产生相应的需求。对一些规模经济并不是非常强的产业来说，为了满足本地需求，产业会布局在当地以减少运输成本。

三、"中国式收敛"的思考

图 1 显示，大约 2003 年之后，中国的地区经济发展不平等程度在降低，说明地区发展差距在缩小，而这一现象也被一些学者认为是经济增长理论中的"收敛"。[1] 为平衡区域发展，实现所谓的"收敛"，中国政府在 2003 年后对中西部地区进行了大量资源倾斜，包括土地供应和转移支付，通过产业转移带动

---

[1] 刘树成，张晓晶.中国经济持续高增长的特点和地区间经济差异的缩小[J].经济研究，2007，42(10):17-31.

欠发达地区的发展。中国的例子似乎完美印证了发展经济学中通过产业转移实现"收敛"的发展模式。但本文强调对理论的应用一定要注意它的前提条件和适用范围。

国家间的收敛和一国内部不同地区间的收敛本质上是不同的。"收敛"一词源于经济增长理论，其表达的含义是，当发达国家出现资本边际回报递减，而发展中国家仍有大量劳动力时，资本会从发达国家转移向发展中国家，以寻求更高的回报。发展中国家借助于劳动力丰富的比较优势和发达国家的投资，人均收入水平逐渐提高，最终追赶上发达国家，实现不同国家经济发展水平的"收敛"。但请千万注意，这套理论的适用范围是国与国之间。我们在讨论国家之间的问题时，最为重要的前提是劳动力不能在国家间自由流动。发展经济学中产业梯度转移，就是建立在劳动力不能跨国流动的前提之上的。

当我们讨论问题的层面转移到一个国家内部时，为追求地区平衡发展，产业转移并不是唯一的手段，还可以通过地区之间的人口自由流动来实现。在中国的背景下，政策实施相应地有两种选择。一种是让人口自由地流动到高收入的地方，通过市场的力量达到各地区人均收入水平的趋同，本文称之为"动人"的政策。另一种是在人口流动存在制度障碍时，通过行政力量转移资源给欠发达地区，带来欠发达地区经济总量的提升，从而实现地区人均收入的均等化，本文称之为"动钱"的政策。正如本文前面提到的，中国政府在2003年之后选择了"动钱"的方式来促进地区间的均衡发展。"动钱"本身没有错，问题的关键是政府将大量的资源投在了中西部地区没有比较优势的产业上，结果造成了资源的空间错配，损害了经济增长的效率。相比之下，更应该尊重经济规律，重视空间集聚的作用，让人动起来，即让人到最能发挥其能力、生产更多产出、获得更高收入的地方。对于欠发达地区未流动的人口，获得的则是更多的人均资源和人均收入，从而达到人均意义上的"平衡"。同时，由于人口流出，欠发达地区的公共服务再通过转移支付来补贴。在这条路径下，整个国家实现"在集聚中走向平衡"。因此，基于人口自由流动的地区间收敛，是兼顾效率和公平的。

中国 2003 年之后出现的"收敛"现象，不仅没有基于人口的自由流动，为实现"收敛"所进行的产业转移也并不是资本追求更高回报的结果。中国的人口集聚落后于经济和产业的集聚，本应该通过人口的自由流动，提高人口的集聚程度，实现地区的均衡发展，但社会各界没有理解区域经济发展的基本规律，往往把经济在少数地区的集聚误解为区域间发展的不平衡。全球普遍存在的集聚效应被污名化为"虹吸效应"，造成了社会各界普遍反感产业向少数地区集中。于是，长期以来，政府在政策上对于发达地区采取抑制措施（比如收紧建设用地指标），试图"倒逼"企业转移到中西部地区，同时，用行政力量推动产业转移。

一方面，转移到中西部地区的产业，尽管有少数符合了内地廉价土地和劳动力的比较优势，比如一些不依赖于海运贸易的制造业，但大量产业并没有真正起到促进地区间平衡增长的效果。相反，有些欠发达地区以牺牲环境为代价，吸引污染型的产业来实现短期的 GDP 增长。更多的中西部地区政府利用政策优惠，投资兴建了大量的工业园和新城，短期内成为西部的增长明星。我们的研究显示，在中西部保留了大量的经济开发区和新城，这些政策虽然从短期看可以在经济总量上给欠发达地区带来一定程度的增长，但是，由于缺乏集聚效应，相应的政策伴随着低效率的发展。[①] 新城大量建设在人口流出地，也已经出现了总量过剩和规划超标，还伴随着严重的地方政府债务。[②] 原本说"发展是硬道理"，但在人口流出地进行大量的无效投资，却造成了"硬发展是没道理"的局面。

另一方面，对于发达地区的抑制措施，比如建设用地指标的收紧，导致东部沿海特别是大城市房价的迅速攀升。[③] 房价的上涨推高了工资水平，首先，

[①] 向宽虎，陆铭. 发展速度与质量的冲突：为什么开发区政策的区域分散倾向是不可持续的？[J]. 财经研究, 2015,41(04):4-17.

[②] 常晨，陆铭. 新城之殇：密度、距离与债务 [J]. 经济学（季刊）,2017,16(04):1621-1642.

[③] 韩立彬，陆铭. 供需错配：解开中国房价分化之谜 [J]. 世界经济, 2018, 41(10):126-149.

劳动生产率增长速度赶不上工资上涨的速度，从而影响企业的竞争力；[1]其次，工资过快上涨带来的是劳动力成本的攀升，相比之下，资本的价格因为利率长期被压低而处于低位，所以企业被迫以资本投入代替劳动力投入，致使中国出现了过早的产业升级。过度使用资本，还造成劳动收入占国民收入的比重下降，从而抑制居民的消费水平，抑制服务业的发展。[2]此外，钟粤俊等人的研究显示，人口密度能够显著促进服务业的发展，但户籍制度限制了人口的自由流动和集聚，中国的行政力量将人口导向人口密度低的农村和小城市，这严重阻碍了服务业的发展和中国经济结构的调整。[3]

所以，"中国式收敛"是需要十分警惕的。国家对于欠发达地区的各类补贴和支持，要从整个国家的竞争力角度来考虑，如果资源配置出现低效率，那么对于中国经济的健康可持续发展和国际竞争力的提升是不利的。

四、如何兼顾区域经济的增长与平衡

自改革开放以来，中国在进行市场经济体制建设的过程中，经历了40年持续、超高速的经济增长，在世界范围内创造了增长的奇迹。然而中国GDP增速从2012年起开始出现阶梯式的下滑，这常常被认为是中国经济进入了"新常态"。根据前文的分析，其实从2003年起一系列区域平衡发展政策的实施，带来了资源的空间错配，为中国经济增长的不可持续埋下了祸根。只是在2003

---

[1] 陆铭,张航,梁文泉.偏向中西部的土地供应如何推升了东部的工资[J].中国社会科学,2015(05):59-83; 204-205.

[2] 陈斌开,陆铭.迈向平衡的增长：利率管制、多重失衡与改革战略[J].世界经济,2016,39(05):29-53.

[3] 钟粤俊,陆铭,奚锡灿.受抑制的服务业：人口密度和人口空间分布的视角[J].管理世界,2020（即将发表）.

年至全球金融危机爆发这段时间，投资和出口驱动型的经济增长掩盖了资源空间错配的现象。[①] 这种资源空间错配现象本质是行政力量主导的资源配置方向与市场驱动的人口流动方向出现了背离，不能被认为是"新常态"。资源空间错配与长期以来社会各界忽视规模经济和产业集聚效应驱动人口向少数大城市和都市圈集中的经济规律有关。一方面，地区之间的发展差距被认为是经济过度向东部少数地区集中导致的，所以行政主导的土地和资金大量向中西部投资回报率低的地区和产业投入，新城、工业园在中西部地区遍地开花却发展缓慢，地方政府债务高企，以效率损失换得了表面上的经济发展收敛。另一方面，在东部的人口流入地，大城市的城市病被归结为人口太多，所以户籍制度和土地收紧政策被用来限制人口流入和大城市发展，然而，这一政策不仅没有扭转人口进一步集聚的趋势，相反却造成大城市的高房价。

2019 年，中华人民共和国成立 70 周年。2020 年，从国家到地方都在启动"十四五"规划，迎接中国经济进入新的发展阶段。中国经济如何发展需要认真的思考，当前的资源空间错配与土地、劳动力等生产要素流动的限制有关，如果相关的结构性、体制性问题能够得以解决，将为未来更高质量的增长注入新的活力。2019 年 8 月 26 日，中央财经委员会第五次会议提出，"要按照客观经济规律调整完善区域政策体系，发挥各地区比较优势，促进各类要素合理流动和高效集聚，增强中心城市和城市群等经济发展优势区域的经济和人口承载能力，增强其他地区在保障粮食安全、生态安全、边疆安全等方面的功能。要保障民生底线，推进基本公共服务均等化，在发展中营造平衡"。

在上述理论和实证研究的指导下，根据国际发展经验，再加上中国自己过去所做的尝试，面向未来的空间发展规划，本文进一步提出以下几点发展建议。

第一，要加快实施城市群和都市圈的发展战略，特别是要重启东部沿海地

[①] 陆铭. 城市、区域和国家发展：空间政治经济学的现在与未来 [J]. 经济学（季刊），2017,16(04): 1499-1532.

区的发展。在城市群发展进程中，根据规模和功能定位差异，围绕中心城市建设半径 30~80 公里不等的都市圈，以轨道交通连接起都市圈内的中心城市和周边中小城市，强化其增长极作用。要高度重视长江经济带（特别是中下游）黄金水道沿线地区以及粤港澳大湾区在全球制造业体系中的竞争力，因为这一地区的内河航运和海运条件具有全球竞争力。

第二，深化户籍制度改革。城乡间和地区间更为自由的人口流动，可对冲人口红利总量下降的负面影响，有利于提高劳动力资源的利用效率，缓解城市（特别是发达地区的大城市）的劳动力短缺。随着经济发展水平的提高，服务业占比将持续提高，可以创造大量就业，特别是有利于低技能劳动力充分就业和缓解贫困。建议在"十四五"期间重点推进城区人口 500 万以上大城市的户籍制度改革，加快长期稳定居住和就业人群的落户进程。

第三，加强流动人口子女的教育投资。为步入高收入国家做准备，建议尽快推行 12 年义务教育，其重点对象是农村户籍儿童。建议加强在人口流入地的教育均等化，促进留守儿童和进城随迁子女在城市获得更优质的教育，既有利于流动人口家庭团聚，又有利于人力资源大国建设。特别是在超大城市，人口老龄化和产业集聚带来大量劳动力需求，而面向外来人口子女的教育资源又严重不足。对此，建议通过政府、市场和社会三方协同，增加教育投入。随着 12 年义务教育的普及，人口流入地，特别是在特大和超大城市，将面临大量新增的高中阶段教育需求，对此趋势应早做准备。

第四，增强土地和住房管理的灵活性。土地和住房供应要与人口流动方向相一致，真正做到需求牵引供给，供给创造需求。建议在人口持续增长和房价高企的城市增加建设用地供应，加强低效利用的工业和商服用地向住宅用地灵活转换，建设更多商品房和公租房，适度放松容积率管制，并在保障安全的前提下，提高对城中村等低成本居住形态的包容度。在人口流出地区做减量规划，公共服务适度地向中心城区集中。对已经进行的投资要做科学的评估。要高度重视上一轮投资中形成的工业园、新城、基础设施等不动产所带来的地方金融和财政风险。对于缺乏回报且不可持续的项目应及时终止。进一步修改完善土地管理法律法规，使人口流出地闲置的建设用地和农村宅基地复耕产生的建设用地指标，在更大范围内进行跨地区交易和再配置，提高农民在指标异地交易中的收益。

第五，在人口流入地优化公共服务和基础设施的供给。在城市出现的拥挤和污染等问题，主要不是由城市的人口数量导致的。[①] 特别是在拥堵方面，城市的外来人口大量在工作地附近租房，对于拥堵产生的影响不大，通过控制城市外来人口数量来治理拥堵效果有限。要看到，人口集聚背后是人民对于美好生活的向往，通过减少人口集聚来治理城市病是得不偿失的，不如从供给侧加大改革力度，在人口持续流入的大城市和都市圈，优化公共服务和基础设施的数量、质量、结构和布局。相关投资既可直接拉动经济增长，又可拥有可持续的回报，还可以缓解城市病，减少外来人口市民化的压力，从而实现经济增长、生活宜居和社会和谐三个目标的共赢。

第六，在欠发达地区要实行有区分的、基于各自比较优势的发展政策。对于在都市圈或者核心大城市周围的地区，可以进一步集聚制造业和服务业。其中，将有两种可持续的产业类型：一是服务于本地需求的制造业和服务业；二是服务于外需但是出口不依赖于海运的制造业。在另外一些地区发展农业、旅游和自然资源产业，但是这些产业由于创造 GDP 的总量受到资源限制，应该通过引导人口流出来提高人均资源占有量和人均收入水平。欠发达地区的基础设施投资，要与所对应的产业比较优势相关联。对于比较优势在农业、旅游和自然资源产业的地区，要相应地提供与产业竞争力相吻合的基础设施。要建设有利于将产品运出来、将游客运进去的基础设施。建议对于中西部地区已经大面

---

① 李杰伟, 陆铭. 城市人多添堵？——人口与通勤的实证研究和中美比较[J]. 世界经济文汇, 2018(06): 1-16; 郑怡林, 陆铭. 大城市更不环保吗？——基于规模效应与同群效应的分析[J]. 复旦学报(社会科学版), 2018,60(01):133-144.

积铺开的高铁项目进行投资回报评估，考虑在中西部地区以更多的机场建设取代过量的高铁项目，因为机场更加适合人口密度低且地形复杂的地区。对于欠发达地区的转移支付要更多强调"有效性"，要从投资于不动产转向投资于人。欠发达地区的工业园、新城、基础设施总体上已经过剩，未来应转而投资于教育和医疗等有利于人力资本积累的事业，改善生活质量，提升人口素质，为更长期的发展打下基础。

第七，行政和财税体制要向着促进一体化和区域分工协调发展的方向改革。对于地方官员的考核和评估，要淡化直至取消 GDP 总量的指标。特别是对于人口流出地，更是要减少对于 GDP 总量增长的激励，以免人口流出地仍然做总量的增量规划，以及地方之间在招商引资方面的恶性竞争，防止不同地区在产业选择上的雷同化发展。在淡化相对劣势地区的 GDP 总量目标的同时，国家向欠发达地区进行有效的转移支付，促进不同地区生活质量的均等化。城市群内部要在一体化进程中，形成不同城市之间更有效的共同发展和财税分享机制。

中国经济结构转型的进展与差距

张 斌 邹静娴[①]

一、中国经济保持在迈向更高收入水平的正常轨道上

金融危机以后,中国经济增速持续下滑,引发了社会各界对中国经济前景的广泛担心。备受关注的问题是中国制造会不会丧失国际竞争力,中国经济会不会陷入中等收入陷阱。对一个发展中国家经济增长前景的判断非常具有挑战性,学术界从政治、经济、文化、资源禀赋等方面都能给出不同角度的判断和解释。然而迄今为止,理论层面还难以对经济赶超国家的经历做出令人信服的、普遍的、一致性的解释。正因为如此,国际比较方法在类似问题研究中广受关注。采用国际比较研究方法的主要依据是高收入经济体在经济成长过程中有众多的规律性变化。[②]

刘世锦等学者基于国际经验,较早指出中国经济增速会出现台阶性下降,判断的主要依据是高收入经济体的成长过程中当人均收入达到一定水平以后都

---

① 本文作者张斌系中国社会科学院世界经济与政治研究所副所长,中国金融四十人论坛(CF40)高级研究员;邹静娴系中国人民大学国家发展与战略研究院副教授,中国金融四十人论坛青年研究员。

② 霍利斯·钱纳里,谢尔曼·鲁宾逊,摩西·赛尔奎因.工业化和经济增长的比较研究[M].吴奇,王松宝,等,译.上海:上海三联书店,1989.

会经历类似的经济增速台阶式下降。[1] 埃肯格林等人基于国际经验研究也有类似发现。[2] 林毅夫基于东亚经济体的赶超经验，用相对收入而非绝对收入水平增速得出的判断是中国经济未来10年仍能保持较高的增速。[3] 人均收入提高是经济发展进程中的一个侧面，众多的结构指标变化是经济发展进程中的其他侧面。人均收入提高的背后是经济结构的成功转变，这些经济结构的变化轨迹在成功进入高收入阶段的经济体当中有着高度的一致性，比如下文提到的超过一定收入门槛值以后经济活动从制造到服务的转移、人力资本密集型服务业的崛起、消费占比的下降等。大量的经济结构转型文献指出了高收入经济体所经历的类似的经济结构转型变化事实，以及背后的原因，限于篇幅这里不再赘述。[4] 这些经济成长进程中普遍的、规律性的结构转型事实和背后的理论分析是下文进行国际对比的依据。

本文将中国的经济结构指标变化与高收入国家类似发展阶段的经济结构指标变化做出对比。与过去的研究相比，本文进行国际比较的对象除了人均收入，还包括比较完整的结构性指标。这些对比较单纯的收入水平对比而言，除了能够丰富人均收入变化背后更丰富的经济事实和依据，更重要的好处在于发现经济成长中可能存在的结构性问题，或者说经济发展的短板，对理解和判断当前中国经济存在的最突出问题提供参考和借鉴。各个国家的发展进程中都会有其发展的特色和与众不同的地方，有些产业结构比较的规律性更突出，而更细致

---

[1] 刘世锦, 等. 陷阱还是高墙?[M]. 北京: 中信出版社, 2011.

[2] Eichengreen, Barry and Park, Donghyun and Shin, Kwanho, When Fast Growing Economies Slow Down: International Evidence and Implications for China (March 2011). NBER Working Paper No. w16919. https://ssrn.com/abstract=1801089.

[3] 林毅夫. 解读中国经济[M]. 北京: 北京大学出版社, 2012.

[4] 有兴趣的读者参见结构转型的最新综述性文章: Herrendorf B, Rogerson R, Valentinyi Á. Growth and structural transformation[R]. National Bureau of Economic Research, 2013.

的产业结构在国家之间有更丰富的多样性,^①所以结构比较的研究结论需要非常谨慎。我们这里比较的重点是那些有较强规律性的结构指标。

我们的主要发现包括：第一，从产业角度看，中国经济在2010—2012年跨过了工业化高峰期，此后经济活动正在从制造向服务转移。中国跨过工业化高峰期所对应的收入水平和工业增加值份额峰值与高收入经济体类似发展阶段的经验高度一致。第二，工业化高峰期过后，中国的人力资本密集型服务业取得更快发展。投入、生产和产品多个环节共同显示制造业升级总体态势良好。消费、投资和出口更加平衡，其中消费占比上升，投资占比缓慢下降，出口增速显著放缓。这些变化轨迹与高收入经济体类似发展阶段的历史经验高度一致。第三，经济增长进程中的主要短板从产业角度看是第二、三产业就业占比偏低；政府服务以及社区、社会与私人服务占比过低；从支出角度看可能存在私人消费占比过低，投资占比过高，尤其是建筑安装类投资过高。

上述发现说明，中国不存在过早地去工业化，中国经济保持在迈向更高收入水平的正常轨道上。从产业和支出两个角度观察到的经济发展短板背后有着共同的原因：政府的政策着力点过度强调通过项目建设发展经济，而在城市化进程中的相关配套改革、公共服务和公共管理等领域的投入和改革措施不到位，以及对部分服务业过度管制。

二、从制造到服务

绝大多数高收入经济体都会经历经济活动从制造业转向服务业的经济结

---

① 对产业结构比较的批评参阅：贺俊，吕铁. 从产业结构到现代产业体系：继承、批判与拓展[J]. 中国人民大学学报，2015(2)；黄群慧，黄阳华，贺俊，等. 面向中上等收入阶段的中国工业化战略研究[J]. 中国社会科学，2017(12):94-116.

构转型。赫伦多尔夫等人关于经济结构转型的综述性文章细致地描述了从制造到服务经济结构转型的国际经验事实。[1]他们的观察样本涵盖了当今世界的绝大多数发达国家，[2]从中得出了制造业份额随着收入增长而变化的驼峰形轨迹。当一个经济体人均收入达到 8000 国际元（按购买力平价算法计算，1990 年不变价格）[3]时，该经济体的制造业名义增加值份额、实际增加值份额（剔除价格影响）、就业人数份额、工作时间份额等多种口径的份额达到顶峰并开始下降，而与此同时，服务业上述相应份额开始上升。服务业份额的增加，不仅来自服务业相对价格的上升，也来自服务业相对真实供给数量的上升。

布埃拉和卡博斯基[4]基于包括所有发达国家的 31 个样本，[5]得到了类似的发现，即制造业名义增加值份额的驼峰形变化轨迹。他们以 7200 国际元（按购买力平价算法计算，1990 年不变价格）作为门槛值，以此为界限分别做了两组回归。他们发现当人均收入低于门槛值时，收入增加 1% 使制造业增加值份额上升 0.11%，服务业增加值份额提高 0.07%；人均收入高于门槛值时，收入增加 1% 使制造业增加值份额下降 0.13%，服务业增加值份额提高 0.20%。

---

[1] Herrendorf B, Rogerson R, Valentinyi Á. Growth and structural transformation[R]. National Bureau of Economic Research, 2013.
[2] 包括欧盟 15 国、美国、日本、韩国、加拿大、澳大利亚。研究结构转型问题需要用到较长时间的历史数据，目前研究中主要使用的数据来源如下：麦迪森（Maddison）2010 年项目数据库，欧盟 KLEMS（资本、劳动力、能源、中间投入、服务 5 个单词的英文首字母缩写）数据库，世界银行指数，联合国统计司国家账户数据，佩恩表数据库，经济合作与发展组织消费支出数据。收入水平、产业增加值和就业数据相对容易获得，消费支出的分解在很多国家没有历史数据。
[3] 即 1990 年 1 单位美元的购买力。
[4] Buera F J, Kaboski J P. Scale and the origins of structural change[J]. Journal of Economic Theory, 2012, a, 147(2): 684-712.
[5] 样本国家在 2000 年占全球人口的 68%，占全球增加值的 80%。

从时间上看，二战后主要发达经济体进入结构转型期的次序如下：美国（1950）、加拿大（1957）、英国（1960）、法国（1965）、德国（1969）、日本（1970）、澳大利亚（1970）、西班牙（1972）、意大利（1976）、中国台湾（1986）、韩国（1992），进入结构转型期的收入临界点在 7400~12000 国际元之间，多数集中在 9000 国际元左右，工业增加值份额峰值处于 34%~53% 之间，多数在 40% 左右，城市经济体中国香港最低 34%，德国最高 53%。

从人均收入角度看，中国跨过了从制造到服务转型的收入门槛。为了便于国际比较，我们使用与上述文献中一致的人均 GDP 度量口径，即 1990 年国际元。作为参照，我们还同时列出了人均 GDP 的名义值（美元）。其中，以 1990 年国际元为计价单位的人均 GDP 来自麦迪森项目数据库，这个数据库数据更新至 2010 年，2011—2016 年的数据根据国家统计局的不变价人均 GDP 增速推算得到。人均 GDP 的名义值（美元）来自国家统计局，汇率采用当年年末汇率。按照 1990 年国际元口径计算，中国 2010 年人均 GDP 为 8032 国际元，达到国际经验中发生从制造业向服务业转型的收入门槛临界值，2016 年人均 GDP 为 12130 国际元。

从增加值份额看，中国已经跨过工业化高峰期[1]，进入从制造到服务的转型。根据世界银行 WDI（世界发展指标）数据，在过去 30 年间，现价工业增加值[2]占全部现价增加值的份额峰值出现在 2006 年，达到 47.5%，此后开始持

---

[1] 这里定义的工业化高峰期是基于经济结构转型文献中经济活动从工业部门向服务业部门转移的各项指标所经历的由上升到下降的趋势性拐点。跨过工业化高峰期与是否仍处于工业化阶段并非一个概念。对工业化阶段的判断参阅：霍利斯·钱纳里，谢尔曼·鲁宾逊，摩西·赛尔奎因. 工业化和经济增长的比较研究 [M]. 吴奇，王松宝，等，译，上海：上海三联书店，1989; 郭克莎. 中国工业化的进程、问题与出路 [J]. 中国社会科学，2000(3):60-71; 陈佳贵，黄群慧，钟宏武. 中国地区工业化进程的综合评价和特征分析 [J]. 经济研究，2006(6):4-15.

[2] 工业包括制造业、采掘业以及电力、燃气和水的生产和供应业，制造业增加值占全部工业增加值 80% 以上。在现有统计数据中，工业增加值时间序列较长，可以作为反映制造业增加值份额长期变化轨迹的代理变量。

续下降，2016 年下降至 39.8%。按照不变价格计算，不变价工业增加值份额在 2010 年达到高点 42.7%，此后缓慢下降，2015 年下降至 40.1%。现价制造业增加值份额从 1980 年的 39.8% 逐步降至 1999 年的 31.3%，此后近 20 年间基本稳定在 31% 左右。对服务业而言，不论是现价还是不变价，其份额都在持续上升。

从就业份额看，中国已经跨过工业化高峰期，进入从制造到服务的转型。中国缺少较长时间序列的制造业就业份额数据。目前能够获得的相关就业数据包括：过去 30 年的第二产业[①]就业份额，2006 年以来的城镇制造业就业份额，2008 年以来的农民工制造业就业份额，以及过去 30 年的第三产业就业份额。第二产业就业份额的高点是 2012 年的 30.3%，此后开始下降；城镇制造业就业份额相对稳定，自发布统计数据以来一直在 28%~29% 之间；农民工制造业就业份额自 2008 年发布以来呈持续下降趋势，即从 2008 年的 37.2% 下降至 2014 年的 31.3%；第三产业就业份额在过去 30 年中持续上升，2008 年以来上升势头加快，1985—2007 年第三产业就业份额平均每年增加 0.7 个百分点，2008—2014 年平均每年增加 1.2 个百分点。从就业份额确定的转型时间是在 2008—2012 年。

基于以上收入、增加值份额和就业份额等多方面的数据，中国经济在 2010—2012 年度过了工业化高峰期。中国第一、二、三产业的增加值份额、就业份额变化轨迹和水平值与高收入国家类似发展阶段高度一致。主要的差距在于第一产业就业份额高于高收入国家类似发展阶段，第三产业就业份额过低（见图 1）。

---

① 第二产业包括工业和建筑业。

1a 第一产业增加值份额

1b 第一产业就业份额

1c 第二产业增加值份额

1d 第二产业就业份额

1e 第三产业增加值份额

1f 第三产业就业份额

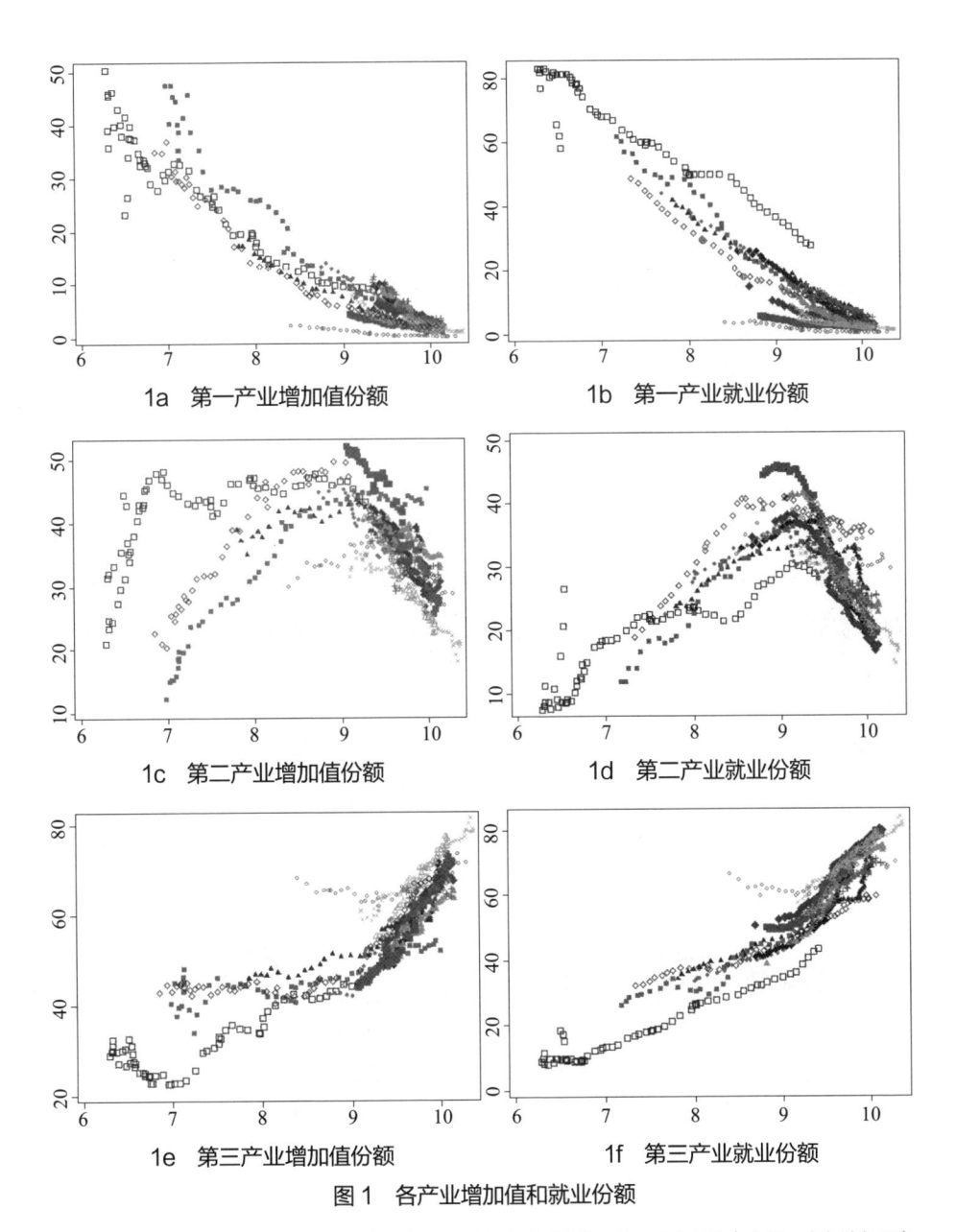

图1 各产业增加值和就业份额

注：横轴是1990年不变价格购买力平价人均GDP国际元的对数值。空心正方形代表中国，其余样本经济体还包括日本、韩国、新加坡、中国台湾、美国、英国、法国、西班牙、荷兰、瑞典、芬兰、比利时。

资料来源：Herrendorf, B., Rogerson, R., & Valentinyi, Á. (2014). Growth and Structural Transformation. Handbook of Economic Growth, 2, 855–941.

三、人力资本密集型服务业崛起

并非所有的服务业都在工业化高峰期以后出现更快的增长，只有技术密集型服务业才会更快增长。布埃拉和卡博斯基观察到，美国经济从 1950 年开始转型至今，服务业增加值占比从 60% 提高到 80%，增加了 20 个百分点，其中技术密集型服务业份额增长了 25 个百分点，低技术水平的服务业份额下降。[1]他们对技术密集型服务业的定义是依据该行业雇佣劳动力的平均受教育水平。其他高收入国家也有类似经验。日本、韩国、中国台湾、美国、英国、德国、法国、比利时、意大利、西班牙、芬兰、瑞典、荷兰 13 个经济体在工业化高峰期以后，较多使用人力资本的行业是金融、保险、房地产和商业，政府服务等行业无论是增加值占比还是就业占比都在持续上升；较少使用人力资本的行业是贸易、餐饮和酒店，运输、仓储、交通和信息增加值占比则是下降或者持平（见图 2）。

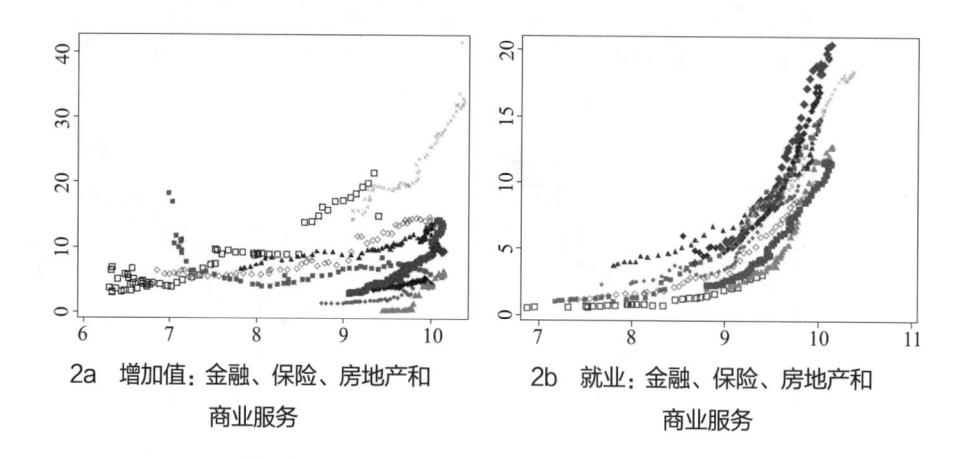

2a 增加值：金融、保险、房地产和商业服务

2b 就业：金融、保险、房地产和商业服务

---

[1] Buera F J, Kaboski J P. The Rise of the Service Economy[J]. *American Economic Review*, 2012, 102(6): 2540-69.

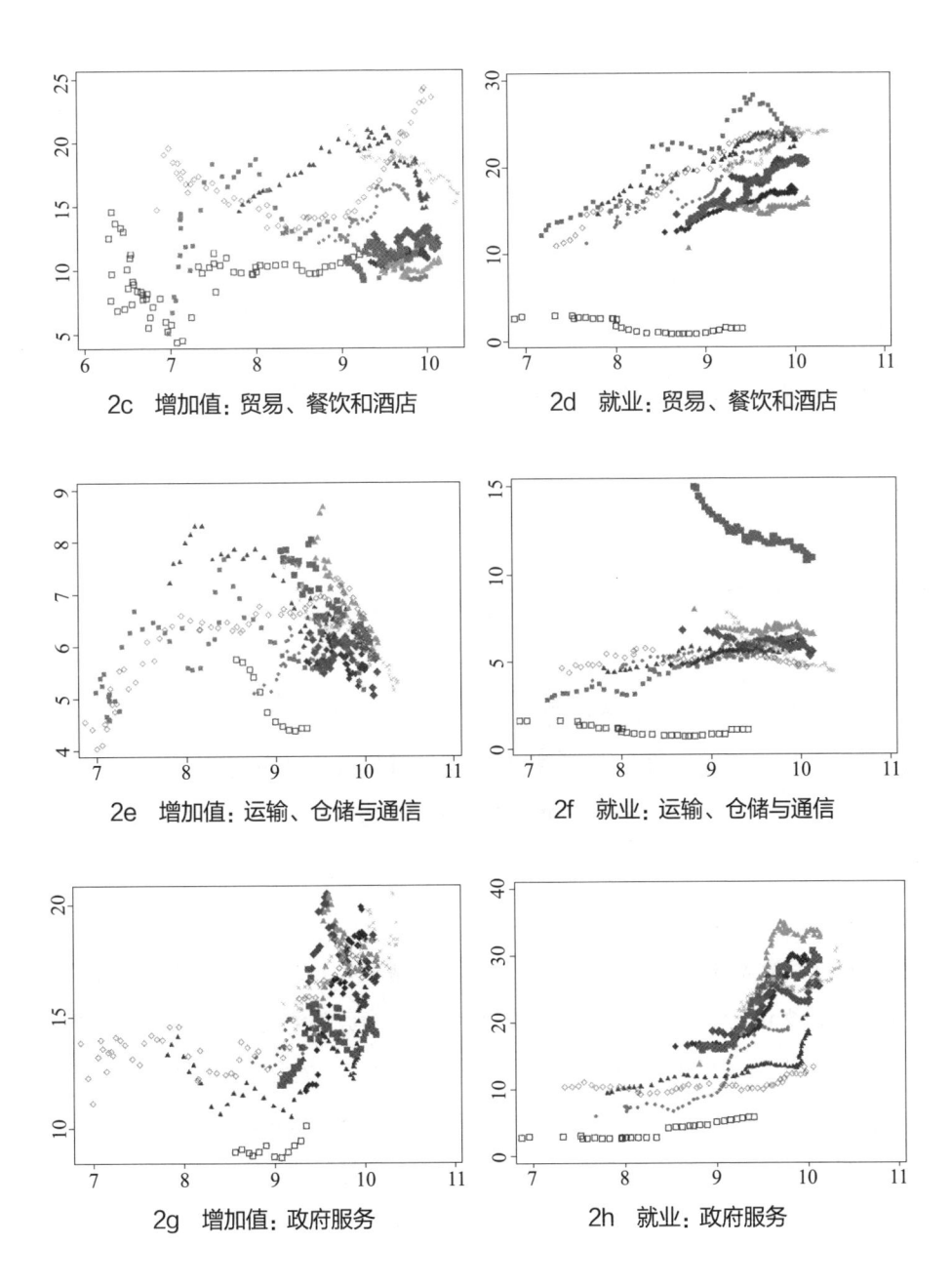

2c 增加值：贸易、餐饮和酒店

2d 就业：贸易、餐饮和酒店

2e 增加值：运输、仓储与通信

2f 就业：运输、仓储与通信

2g 增加值：政府服务

2h 就业：政府服务

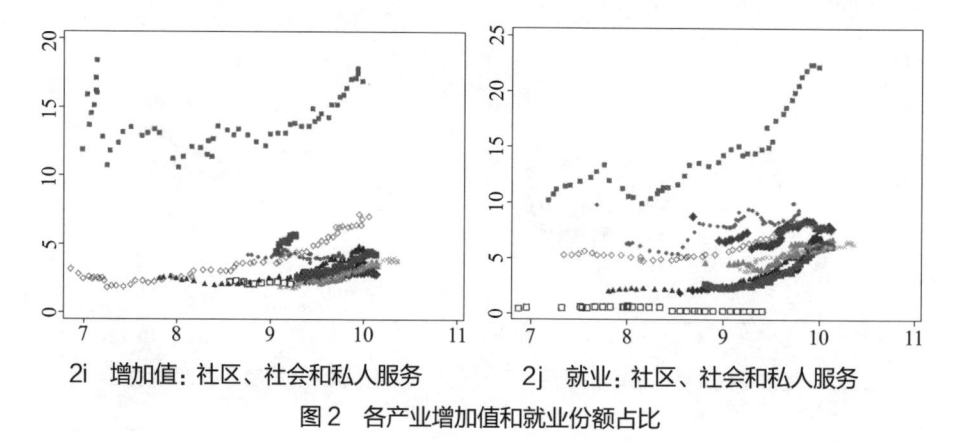

2i 增加值：社区、社会和私人服务   2j 就业：社区、社会和私人服务

图2　各产业增加值和就业份额占比

注：图中横轴为人均GDP对数值，纵轴为细分服务业占比（增加值/GDP；就业/总就业）。空心方框表示中国，其他经济体还包括日本、韩国、中国台湾、美国、英国、德国、法国、比利时、意大利、西班牙、芬兰、瑞典、荷兰。

资料来源：GGDC（格罗宁根经济增长与发展中心）十部门数据库。

对人力资本密集型服务业的定义，文献中主要依据的是行业中受过较高教育程度劳动力数量的占比。[①] 根据国家统计局公布的分行业"大专及以上占比"和"本科及以上占比"（2017年），我们可以量化各行业的人力资本情况。以"大专及以上占比"来衡量人力资本程度，分行业来看，我国服务业人力资本密集度由高到低依次是教育（78.7%），科学研究和技术服务业（74.6%），信息传输、计算机服务和软件业（73.7%），金融业（73.2%），卫生和社会工作（70.2%），文化、体育和娱乐业（49.2%），租赁和商务服务业（48.6%），房地产业（42.1%），水利、环境和公共设施管理业（35.9%），批发和零售业（24.2%），交通运输仓储和邮政业（22.9%），公共管理、社会保障和社会组织（19.9%），居民服务、修理和其他服务业（17.5%），住宿和餐饮业（13.3%）。可以看到，

---

① Buera F J, Kaboski J P. The Rise of the Service Economy[J]. American Economic Review, 2012, 102(6): 2540-69.

随着行业人力资本密集度的下降，行业增速大致呈现下降趋势（见图3）。并且，人力资本密集度最末的5个行业也恰恰是行业增速最末的5个行业。2011—2016年，服务业增加值平均增速最快的依次是科学研究、技术服务和地质勘查业，卫生、社会保障和社会福利业，租赁和商务服务业，水利、环境和公共设施管理业，金融业，信息传输、计算机服务和软件业，教育，以上行业平均增速超过15%；接下来是房地产业，文化、体育和娱乐业，批发和零售业，居民服务和其他服务业，这些行业平均增速均超过10.4%的GDP名义增速；交通运输、仓储和邮政业，公共管理和社会组织，住宿和餐饮的平均增速均低于10.4%的GDP名义增速。行业间的差异表现说明，工业化高峰期以后的

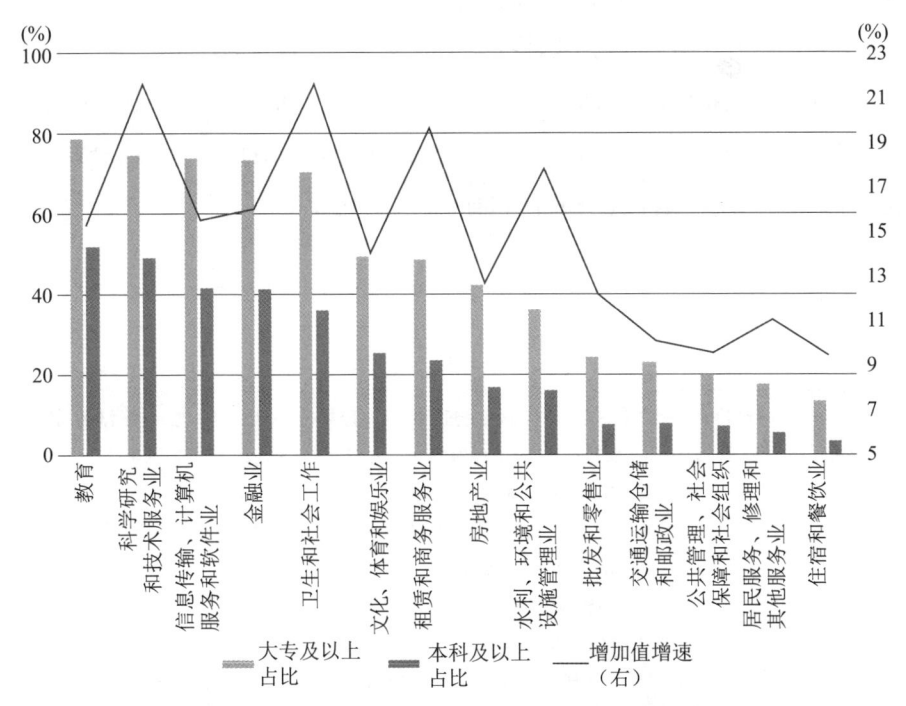

图3 服务业分行业人力资本密集度与增加值增速

资料来源：国家统计局。

人力资本与技术密集型行业较 GDP 增速有更高的增长，劳动密集型行业则稍高或者低于 GDP 增速，这与高收入国家类似发展阶段的经验相似。与其他人力资本密集行业相比，同样需要较多人力资本投入的公共管理与社会组织发展滞后。

国际比较当中，我们使用格罗宁根大学提供的包含 33 个国家的 1950—2013 年的长时间序列数据库。这一数据库最大的优势在于给出了长时间（1950—2013 年）、分部门的增加值和就业数据，其中属于服务业的包含贸易、餐饮和酒店，运输、仓储和通信，金融、保险、房地产和商业，政府服务①，社区、社会和私人服务。② 中国公开发布的服务业分类与上述分类有显著区别，不能做到一一对应，我们将中国数据重新分类合并后，③ 与其进行比较。

对比结果显示，中国在各大类服务业就业的占比都低于高收入经济体类似发展阶段，这与此前看到的中国整体服务业就业占比偏低的现象一致。与高收入国家类似阶段相比，服务业就业当中的贸易、餐饮和酒店及政府服务就业占比差距最大。增加值占比方面，比较突出的差别是两个方面：一是政府服务占比偏低，二是金融、保险、房地产和商业服务占比偏高。

---

① 对应于国际标准行业分类（ISIC）3.1 版中的 L–N 项：公共行政与国防，强制性社保，教育，健康和社会工作，参见：https://unstats.un.org/unsd/cr/registry/regcst.asp?Cl=17。
② 对应于国际标准行业分类（ISIC）3.1 版中的 O–P 项：其他社区、社会和私人服务活动；以私人家庭为雇主的活动以及私人家庭的无差别生产活动，域外组织及机构。参见：https://unstats.un.org/unsd/cr/registry/regcst.asp?Cl=17。
③ 具体合并对应方式如下：将中国国家统计局公布的"批发和零售业""住宿和餐饮业"对应于"贸易、餐饮和酒店"；"交通运输、仓储和邮政业"对应于"运输、仓储和通信"；"金融业""房地产业""租赁和商务服务业""信息传输、计算机服务和软件业""科学研究、技术服务和地质勘查业"对应于"金融、保险、房地产和商业服务"；"水利、环境和公共设施管理业""教育""卫生、社会保障和社会福利业""公共管理和社会组织"对应于"政府服务"；"居民服务、修理和其他服务业""文化、体育和娱乐业"对应于"社区、社会和私人服务"。

4a 增加值占比　　　　　　　　　　4b 就业占比

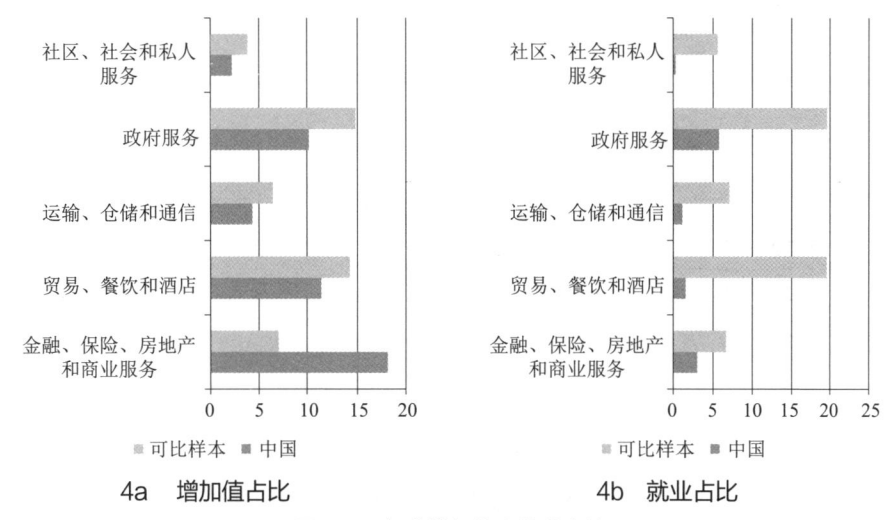

图 4　服务业增加值和就业占比

注:"可比样本"包括日本、韩国、中国台湾、美国、英国、德国、法国、比利时、意大利、西班牙、芬兰、瑞典、荷兰,共计 13 个经济体,人均收入为 11000~13000 国际元(1990 年不变价格购买力平价)。
资料来源:格罗宁根大学产业数据库(http://www.ggdc.net/dseries/10-sector.html);国家统计局。

四、制造业升级

世界上最发达的制造业都在服务业主导的经济体。从制造业到服务业的经济结构转型过程中,虽然总体上制造业的增加值和就业增长放缓甚至是负增长,但是制造业的产业升级并未停步。制造业依然是推进生产率进步的重要源泉,依然对其他部门的发展有着重要的正面溢出效应。没有一个能够反映制造业升级状况的综合指标。下文从研发投入和专利、生产过程、产业和产品等多个维度观察,得到对中国制造业产业升级状况的方向性判断。

(一)投入环节:研发投入和专利

魏尚进、谢专和张晓波整理了中国的研发投入和专利数据并进行了国际比较。[①] 产业升级需要国家或企业在研发上大量投资。中国 1991 年研发投资占 GDP 的比例是 0.7%。2010 年，中国的研发投入强度超过 OECD 国家的中位数，到 2012 年则超过了 OECD 国家的均值（2012 年是 1.88%）。截至 2014 年，中国的研发投入强度上升至 2.05%，超过了许多发达国家。另一个度量创新投入的指标是研发人员的比例。中国 1996 年每百万人口中研发人员数量是 443 人。当时中国的研发人员比例和巴西（420 人 / 百万人）大体相当，高于印度（153 人 / 百万人），低于俄罗斯（3796 人 / 百万人）。美国、日本和韩国每百万人口的研发人员数量分别为 3122、4947 和 2211 人。中国 2014 年的研发人员比例上升至每百万人口 1113 人。除了全社会的总体研发情况，如果单看制造业内部的研发投入，也是增长十分迅猛。根据国家统计局数据，制造业细分的 31 个子行业在 2006—2016 年制造业行业研发人员投入和经费增速上分别达到年均 16.0% 和 26.4%，并且研发经费增速在 2006—2013 年始终高于 20%。

产业升级离不开创新，专利是衡量创新的重要维度。中国国家知识产权局的专利申请从 1995 年的 8 万件上升到 2014 年的 230 多万件，年均复合增长率为 19%。根据世界知识产权组织（WIPO）的数据，中国于 2011 年超过美国成为全世界最大的专利申请接收国。专利分为发明、实用新型和外观设计三类。其中技术含量最高的是发明专利，其授权数量在所有专利中的占比从 1995 年的 8% 上升到 2014 年的 18%。2005 年，授权给外国申请人的专利占比超过 20%，而 2014 年这一比例下降至 7%。这说明 2005 年以来，自主创新在中国经济增长中扮演着越来越重要的角色。比较中国和其他国家在美国专利商标局获得的专利授权数量能够说明，在严格的审查制度下，中国的专利增长同样很快。中

[①] Wei, Shang-Jin, ZhuanXie, and Xiaobo Zhang. 2017. From "Made in China" to "Innovated in China": Necessity, Prospect, and Challenges. *Journal of Economic Perspectives*, 31(1): 49-70.

国企业申请人在美国专利商标局获得的专利授权数量从 1995 年的 62 件增长到 2014 年的 7236 件。1995—2005 年的年均增长率是 21%，2005—2014 年的年均增长率上升至 38%。

（二）生产环节：中间投入品使用、产业集中度

亚当·斯密早在 18 世纪就提出提高效率的重要源泉是专业化和更细密的分工。钱纳里等人结合众多国家的工业化发展经验指出，"工业化期间，尤为重要的是中间投入品的变化，中间品在生产中的使用增加，表明生产的专业化程度和产业联系的复杂程度都在提高。这种发展趋势是工业化的确定性特征之一"。[①] 中间投入品在产出中的占比提升是专业化分工和提高效率的重要标志。

中国工业部门的中间投入品在产出中的占比在持续提升。基于投入产出表[②] 可以计算出制造业分行业的中间投入品占该行业产出的比例。各细分行业的中间投入品在产出中的占比均有不同程度提升。即便是在工业化高峰期以后，工业部门中间投入品占比上升的进程并未因此打断，工业部门的专业化细分还在继续。加总的制造业中间投入品在总产出的占比从 2004 年的 0.735 上升到 2014 年的 0.783。

低效率企业淘汰，行业集中度提升。行业集中度提升的背后可能是市场优胜劣汰机制在发挥作用，但也可能是政府行政干预导致的结果。对此，本文认为前者应该是主因，原因如下：第一，由图 5 可见，行业集中度的上升是趋势性的变化，并非短期现象，并且加速提升阶段发生在 2000 年前后，当时并不存在

[①] 霍利斯·钱纳里，谢尔曼·鲁宾逊，摩西·赛尔奎因. 工业化和经济增长的比较研究 [M]. 吴奇，王松宝，等，译. 上海：上海三联书店，1989.
[②] 最新发布的世界投入产出表数据只能更新到 2014 年。

图 5 制造业的中间投入品占比

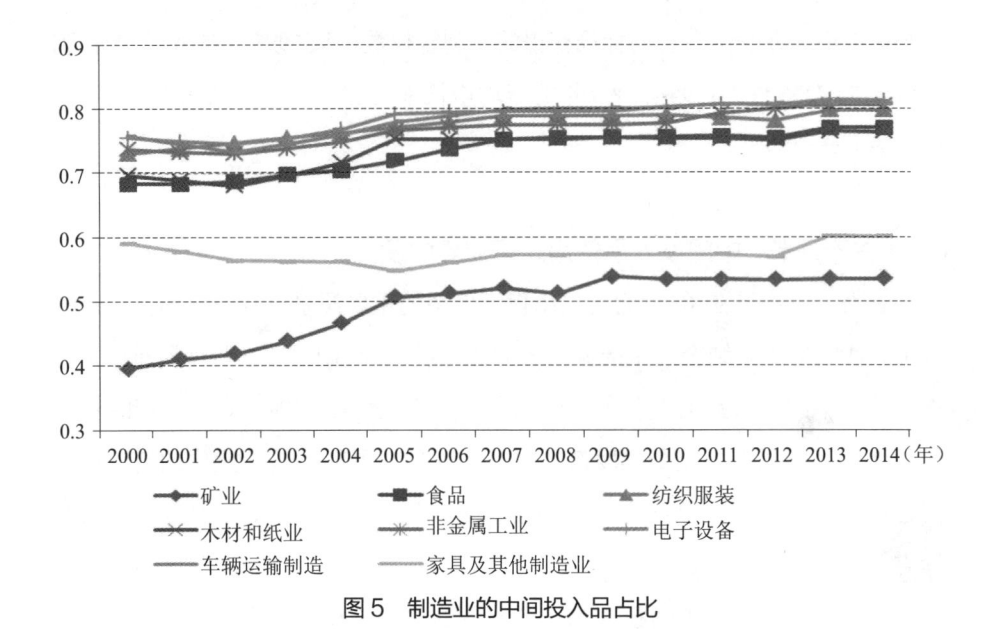

注：基于投入产出表计算。
资料来源：国家统计局。

明显的大规模行政干预。第二，一系列研究企业 TFP（全要素生产率）的文献发现，2000—2010 年，中国企业行业集中度上升背后的主因是效率改善。例如，李玉红等人通过 2000—2005 年中国工业企业数据库微观数据发现，由企业优胜劣汰导致的资源配置效率改善是中国 TFP 提高和行业集中度上升的重要因素。[1] 此外，毛其淋和盛斌利用 1998—2007 年中国制造业企业微观数据考察了企业退出的具体机制，他们发现退出企业生产率不仅在当年低于存续企业，而且在退出前若干年就表现出相对低效，这一现象被作者称为退出企业的"死亡阴影"，表明这些企业是因为自身效率低下而退出市场，而非外生因素。[2] 同时，

---

[1] 李玉红,王皓,郑玉歆.企业演化：中国工业生产率增长的重要途径[J].经济研究,2008(6):12-24.
[2] 毛其淋,盛斌.中国制造业企业的进入退出与生产率动态演化[J].经济研究,2013(4):16-29.

作者还发现存在显著的市场选择效应,这一效应一方面会促使低生产率企业退出,另一方面有助于新企业在进入市场后通过"干中学"迅速提高生产率。这些研究都表明,市场筛选机制是决定企业进入、退出和行业集中度向高效企业聚集的主因。

市场竞争带来优胜劣汰,更高效率企业占据更高市场份额,同时也带来了行业整体资源配置效率的提升。工业化高峰期以后,中国工业部门面临需求增速放缓和严重的优胜劣汰压力,大量低效率企业被淘汰,行业集中度显著提升。华泰证券的报告(2017)以 A 股上市公司营业收入口径计算了 CRn 指数[1],对比 2016 年和 2010 年,一级行业中极高寡占型行业数量由 6 个增加到 9 个,低集中寡占型行业数量由 10 个增加到 15 个。[2] 采掘、纺织、通用设备制造等行业中的大量企业被淘汰。

(三)产品环节:出口产品复杂度、出口增加值率

出口是反映国家制造业能力和国际竞争力的一面镜子。从出口数据透视制造业产品生产能力有多个维度,比如出口复杂度[3]、高新产品出口占比等。根据张斌、王雅琦、邹静娴的测算,以出口复杂度衡量,中国 2000 年出口对应的收入水平为 14643 美元,2014 年出口对应的收入水平为 24014 美元。[4][5] 2010 年以后,中国的出口产品复杂度仍保持持续提升。

---

[1] 一种衡量行业集中度的指标,即行业内最大的前 n 个企业所占市场份额之和。
[2] 行业集中度:格局重塑,以龙为首 [R].[2017-08-22]. 华泰证券策略报告.
[3] Rodrik, Dani and Hausmann, Ricardo and Hwang, Jason, What You Export Matters (January 2006). CEPR Discussion Paper, No. 5444.
[4] 中国收入水平远低于出口复杂度所对应的收入水平,对此进一步解释参见 Rodrik(2006)。
[5] 张斌,王雅琦,邹静娴. 从贸易数据透视中国制造业升级 [J]. 国际经济评论,2017(3):13-27.

高新技术产品出口在全部出口中的占比自2000—2005年快速提升以后，一直保持在29%的相对稳定水平。近十多年来，中国出口产品的主要种类也没有大的变化，出口额前五位的大类产品基本不变。这是否意味着出口产品没有升级呢？基于大类的出口产品不能准确衡量制造业生产能力的变化。比如，同样出口一部手机，中国以前60%以上的零部件从国外进口，现在只有不到20%的零部件从国外进口，从出口产品角度看没有变化，但是中国制造业厂商的生产能力却有巨大进步，而这些进步没有办法从产品分类和出口复杂度这样的指标中体现出来。

张斌、王雅琦、邹静娴基于生产链和出口增加值率的研究发现，中国的出口增加值率持续上升。结果显示，2000—2014年，中国的出口增加值率从69.1%上升到84.3%，其中加工贸易出口增加值率从56.3%上升到77.9%，一般贸易出口增加率从85.8%上升到88.9%。[1]可以看到，加工贸易的增加值率上涨幅度高于一般贸易，这也与黄永明和张文洁的发现一致。黄永明和张文洁在研究中利用1996—2006年HS-10位编码商品贸易数据度量了产品层面的出口复杂度，发现1996—2006年我国出口产品结构逐步改善，但加工贸易类出口产品复杂度进步快于非加工类，且国内投资的加工贸易产品为最主要的推动力。[2]除了国内投资作用，推动出口品质量升级的另一重要力量则是FDI（外商直接投资）。例如，李坤望和王有鑫利用1999—2007年的产品层面贸易数据研究发现，FDI对于资本密集型行业和外商投资占比较高行业有明显的产品升级拉动作用。[3]此外，通过对出口附加值率的分解发现，出口附加值率的提升主要来

---

[1] 张斌，王雅琦，邹静娴. 从贸易数据透视中国制造业升级[J]. 国际经济评论，2017(3):13-27.
[2] 黄永明，张文洁. 中国出口复杂度的测度与影响因素分析[J]. 世界经济研究，2011(12):59-64.
[3] 李坤望，王有鑫. FDI促进了中国出口产品质量升级吗？——基于动态面板系统GMM方法的研究[J]. 世界经济研究，2013(5):60-66.

自行业内效应，而非行业间效应。^① 这意味着中国制造业企业更加专注于进口中间品替代，而不是出口新的产品。这与大类产品出口层面上的观察相一致，仅从出口产品种类上看不到近年来的中国制造业出口有明显升级，而事实可能并非如此，中国制造业出口企业把研发和技术进步的力量主要放在了进口中间品替代而不是出口新产品上。

五、消费、投资和出口再平衡

消费在 GDP 中的占比随着工业化发展阶段推进先降后升。从高收入经济体类似发展阶段的经验来看，消费占比从工业化初期到工业化高峰期^②保持趋势性下降，工业化高峰期以后开始持续回升。日本的消费占比从 20 世纪 50 年代战后工业化重建时期的 76% 下降至 70 年代初工业化高峰期的 60%，此后开始持续回升；中国台湾的消费占比从 50 年代初期的 90% 下降至 80 年代中后期工业化高峰期的 61%，此后开始持续回升；韩国的消费占比从 60 年代初期的 99% 下降至 80 年代后期工业化高峰期的 58%，此后开始持续回升。造成消费率上升的并非私人部门消费，而主要来自政府消费。

随着中国经济迈过工业化高峰期，消费占比开始回升。中国消费在 GDP 中的占比自改革开放以来持续下降，从改革开放之初的 61% 下降至 2010 年工业化高峰期的 48.5%，此后开始持续回升，2016 年上升至 53.6%。中国大陆的消费占比变化随着工业化阶段推进先降后升的轨迹与日本、韩国、中国台湾的经历类似，但是中国的消费占比水平显著低于上述经济体，与类似发展阶段的

---

① 行业内效应指出口同类产品，更多的国外进口中间品被国内生产中间品替代；行业间效应则指出口产品当中更高的出口增加值率产品的比重上升，体现为出口产品的结构性变化。
② 以工业部门增加值在 GDP 中的占比峰值确定。

其他经济体相比大约低了 10 个百分点。

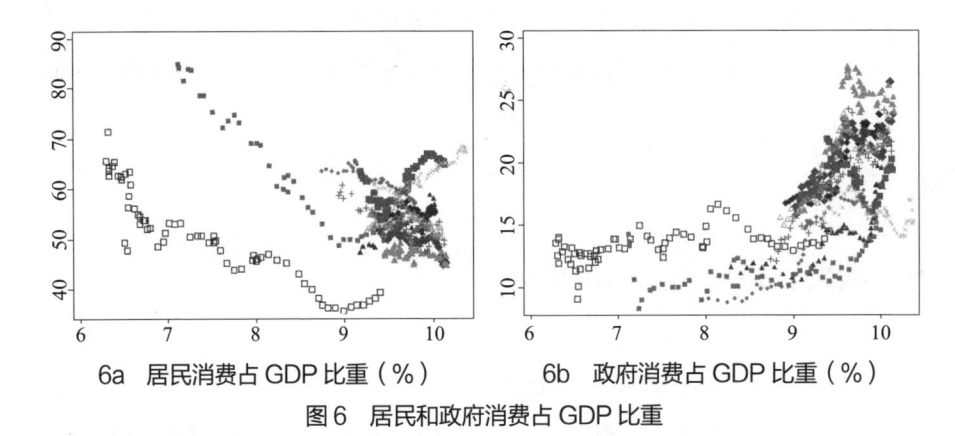

6a 居民消费占 GDP 比重（%）　　6b 政府消费占 GDP 比重（%）
图 6　居民和政府消费占 GDP 比重

注：图中横轴为人均 GDP 对数值，纵轴为各国消费（居民、政府）占 GDP 比重。空心方框表示中国，其他经济体还包括日本、韩国、中国台湾、美国、英国、德国、法国、比利时、意大利、西班牙、芬兰、瑞典、荷兰。
资料来源：世界银行 WDI 数据。

私人消费占比水平仍偏低。最终消费包括了居民消费和政府消费，二者在最终消费中的占比近十多年来一直分别稳定在 74% 和 26% 左右。中国政府的最终消费在 GDP 中占比 14%，从国际比较视角看，与美国、韩国、中国台湾等接近，低于日本和欧元区；居民部分最终消费在 GDP 中占比 39%，远低于其他国家和地区 50% 以上的占比。朱天和张军认为，官方数据一是显著低估了居民居住消费，主要是居民自有住房的虚拟租金；二是没有涵盖公司账户覆盖的私人消费；三是更主要的，即住户调查中高收入人均代表性不足，低估了全体居民的收入和消费，[①] 经过作者的调整后中国居民的消费率上升了 10 个百分点，中国与类似发展阶段经济体相比不存在消费率过低。

[①] 朱天，张军. 中国的消费率被低估了多少？[J]. 经济学报，2014(2):42-67.

固定资本形成在GDP中的占比随着工业化发展阶段推进先升后降。从高收入经济体类似发展阶段的经验来看，固定资本形成占比从工业化初期到工业化高峰期持续上升，工业化高峰期以后开始下降。日本的固定资本形成占比从20世纪50年代战后工业化重建时期的19%上升至70年代初工业化高峰期的36%，此后开始持续下降；中国台湾的固定资本形成占比从50年代初期的11%上升至80年代初期的30%，此后开始持续下降；韩国的固定资本形成占比从60年代初期的11%上升至90年代初的39%，此后开始持续下降。中国大陆的固定资本形成在GDP中的占比与上述经济体的经验类似：固定资本形成占比80年代初为30%，此后不断抬升，2010年达到45%的峰值，此后停止上升步伐开始缓慢下降，目前仍停留在较高水平。

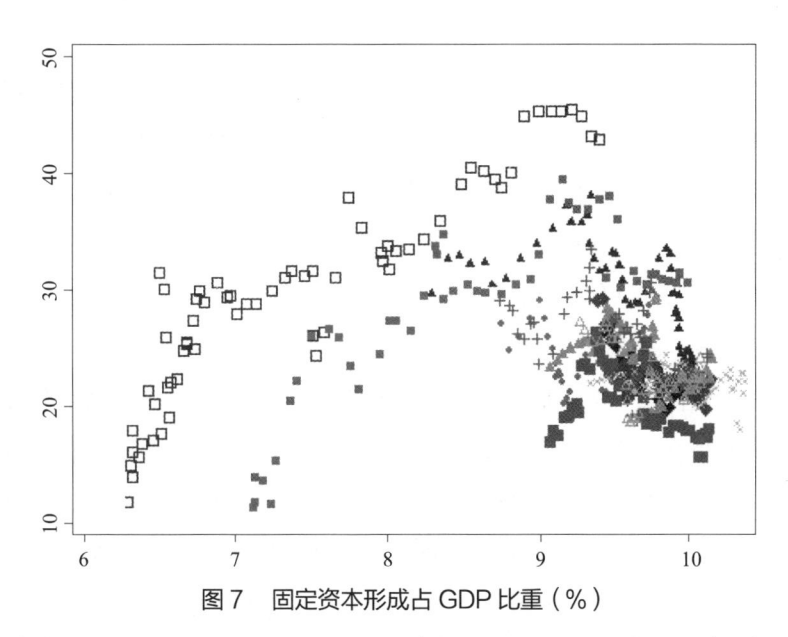

图7　固定资本形成占GDP比重（%）

注：图中横轴为人均GDP对数值，纵轴为各国固定资本形成占GDP比重。空心方框表示中国，其他经济体还包括日本、韩国、中国台湾、美国、英国、德国、法国、比利时、意大利、西班牙、芬兰、瑞典、荷兰。

资料来源：世界银行WDI数据。

固定资本形成构成当中，设备投资占据较高比重。从日本经验看，设备投资占比一直处于60%~70%的高位，自20世纪60年代以来呈波浪式下降走势；房地产投资在全部固定资本形成中的占比从20世纪50年代到70年代中期持续上升，高点达到25%，此后在20%上下波动；政府投资占比从20世纪50年代到90年代台阶式上升，高点也曾超过20%。从中国台湾经验看，政府投资在固定资产形成中的占比从50年代到80年代在40%~60%的高位上下波动，90年代以后开始大幅下跌至20%，与之对应的是民营设备投资占比从30%大幅上升至50%；民营建筑工程投资占比相对稳定，一直在20%~30%之间。从韩国经验看，设备和无形资产投资在全部资本形成中的占比在40%~50%之间波动，住宅投资占比在10%~20%之间波动，政府投资占比在15%左右。

中国官方没有发布资本形成的详细分类数据，只能观察到比较详细的固定资产投资数据。从构成上看，中国建筑安装投资在总固定资产投资中占比很高，2005—2008年为61%，2008年以后逐渐上升到70%。与其相对应，设备和其他投资（包括无形资产投资）从2005年的39%下降到目前的30%。考虑到建筑安装投资中涵盖了较多的土地购置费用，且很可能存在夸大的成分，观察其在固定资产投资中的占比可能高估了建筑安装投资在固定资本形成中的占比，也因而会低估设备和其他投资在固定资本形成中的占比。作为参考，设备和其他投资与固定资本形成之比2005年以来持续上升，目前达到57%。

工业投资占比下降，基础设施建设和服务业投资占比上升。从细分行业来看，工业投资在固定资产投资中的占比自2008年以后从36.3%下降到33.6%；建筑和房地产投资占比近十多年来一直在25%左右小幅波动；基础设施建设投资在固定资产投资中的占比自2011年后从22.3%上升到25.8%。基础设施建设投资主要包括三类：（1）电力、热力、燃气及水的生产和供应业；（2）交通运输、仓储和邮政业；（3）水利、环境和公共设施管理业。公共设施管理业（包括市政设施管理、供水设施管理、公交设施管理、园林设施管理、环卫设施管理等）在全部基础设施建设投资中占比最大，2016年达到37.3%。从增速变化来看，2013年以来第一类和第二类持续下降，第三类的增速高于第一类和第二类且没有持续下降，2016年，第一、二、三类的增速分别达到12%、10%和23%。农林牧渔、科教文卫以及其他（包括信息传输、计算机服务和软件业，批发和零售业，金融业，租赁和商务服务业，居民服务、修理和其他服务业，公共管理、社会保障和社会组织等）投资占比较低，2010年以来保持持续上升走势。

出口增速放缓，出口市场份额增速对出口增长贡献下降。出口增速可以分解为两个部分：一部分是全球出口市场增速，这主要来自全球需求增长以及全球贸易一体化程度提高；另一部分是中国出口在全球出口市场份额的增速。2000—2016年，中国出口年均增速15.4%，其中8.4个百分点来自出口市场份额增长的贡献，7个百分点来自全球出口市场增长。近十多年来，出口市场份额的增长速度在持续收窄。出口市场份额增长放慢会直接带来出口增速放慢。2009—2016年，由出口市场份额增长带来的出口平均增速为5.2%，远低于2000—2008年危机前平均12.5%的水平。

中国出口市场份额增速下降与收入水平提高之间的关系和高收入经济体以往的经验基本一致。基于1948—2013年17个发达国家的分析，出口市场份额随人均收入增长主要呈现出驼峰形变化轨迹。主要发达经济体到达出口市场份额峰值的收入临界点在7800~20000国际元（按购买力平价法计算，1990年不变价），多数集中在15000国际元左右。按照中国过去15年的出口市场份额增速持续下降做趋势外推，中国大概在2020年前后的市场份额接近零增长，中国的出口市场份额达到峰值，届时的收入水平大概在14500国际元。这与高收入经济体的经验基本吻合。

六、经济发展的短板

基于以上观察，中国与高收入经济体类似发展阶段的差异主要表现在以下几个方面：第一，从产业角度看，中国第一产业就业占比偏高，二、三产业就业占比偏低；第二，政府服务以及社区、社会和私人服务占比偏低，金融、保险、房地产和商业服务占比偏高；第三，官方口径下的私人消费占比过低，投资占比过高，尤其是建筑安装类投资过高。这些差异很可能就是当前中国经济增长进程中最突出的结构性短板。

三次产业的就业数据以常住人口为口径，采取抽样调查方式得到。二、三产业就业占比偏低可能部分来自统计原因：一是第一产业就业的劳动人口从事二、三产业兼职，但是被统计为第一产业就业；二是部分建筑业劳动人口在抽样调查时间待在农村，被统计为第一产业就业人口；三是16岁以上的劳动人口均被统计为劳动人口，大量年长的劳动人口留在农村并被统计为第一产业就业，实际劳动时间和劳动投入并不高。

与二、三产业就业占比偏低密切相关的另一个指标是城市化率。截至2016年，中国官方按照常住人口统计的城市化率为57.4%。与此形成鲜明对照，日本、韩国以及其他众多高收入国家在工业化高峰期以后，城市化率都达到了70%以上。中国在工业化高峰期以后城市化率仍在持续攀升，即便如此，城市化率也大大低于高收入经济体类似发展阶段。较低的城市化率与第二、第三产业就业占比偏低形成了对应。政府服务占比偏低同样与较低的城市化率有关。比较而言，城市较农村会提供更多的政府服务，较低的城市化率与政府服务占比较低形成了对应。

与高收入经济体类似发展阶段相比，中国较低的第二、第三产业就业占比，较低的政府服务附加值占比和较低的城市化率，以及较高的投资率主要来自政府"重发展、轻服务"的职能定位以及相关改革措施不到位。长期以来，中国各级政府公共政策决策和公共资源投入更加看重当地GDP和税收增长，[①] 这密切关系到

---

① 周黎安．中国地方官员的晋升锦标赛模式研究 [J]．经济研究，2007(7):36-50.

地方官员升迁和官员集团福利。① 在这个激励机制导向下，政府更看重建设项目，这部分解释了为什么中国投资占比过高以及投资当中建筑安装类投资过高。政府提供公共服务和公共管理缺少必要的激励机制，提供公共服务和公共管理更多被政府视为只有投入、鲜有回报的负担。政府在改善公共服务和公共管理方面的意愿和投入严重不足。一些可以依靠市场提供的服务，比如医疗、教育当中的很多服务受制于过度管制政策不能充分发展。② 城市在提供公共服务和社会保障方面的不充分，再加上土地、户籍等政策改革不到位，使得城市对于众多农村人口只能是个暂时的工作地点，而不能长久地安定生活。这解释了为什么城市化率偏低，第二、第三产业就业人口偏低，政府服务以及社区、社会和私人服务占比过低，这些统计数据背后的现实映射的是数以亿计的农民工不能安居在城市，不能享受城市配套公共服务。

七、推进政府职能改革

经济增长过程存在增长的烦恼，也存在对未来增长形成瓶颈的真正问题。通过比较中国与高收入经济体类似发展阶段的经济结构变化轨迹可以看到，中国目前制造业的增速放缓、人力资本密集型服务业的更快发展、消费占比上升、出口增速下降等现象都是走向更高收入阶段的规律性现象，这些现象与高收入经济体类似发展阶段的经验高度一致。

中国与高收入经济体类似发展阶段的真正差距在于中国较低的第二、第三产业就业占比、较低的政府服务附加值占比和较低的城市化率，以及较高的投

---

① 徐现祥，王贤彬.任命制下的官员经济增长行为[J].经济学（季刊），2010, 9(4):1447-1466.
② 对于这个问题的进一步讨论，参见：张斌.从制造到服务[M]// 吴敬琏.比较.北京：中信出版社，2015（5）.

资率。弥补差距，政府需要逐步推进"从发展到服务"的政府职能改革。随着中国收入水平的提高和经济结构的转型，政府职能需要与时俱进地做出调整，把工作重心从项目建设逐步转向公共服务和公共管理。实现"从发展到服务"的政府职能改革离不开社会各界的广泛参与，只有社会各界对公共服务和公共管理进行有效监督和问责，才具备改善公共服务和公共管理的激励机制；只有广泛、充分接收基层民众信息，经专家科学论证，才具备改善公共服务和公共管理的信息和技术保障。

中国经济增长路径的转变

张 平[①]

2019年中国人均 GDP 已达到 1 万美元，2020年在全面实现小康的基础上向实现现代化迈进，到 2035 年初步实现现代化，人均 GDP 超过 2 万美元，迈入高收入国家行列。按现在的高收入组计算，人均 GDP 超过 1.3 万美元，将突破中等收入上限，进入高收入国家行列。预计中国在 2028 年前后突破中等收入阶段，进入高收入国家行列；再经过几年的发展，到 2035 年，人均 GDP 超过 2 万美元，初步实现社会主义现代化；到 21 世纪中叶，预计人均 GDP 突破 4 万美元，成为现代化强国。[②]

在经济转型的这一关键时期，党的十九大报告不仅给我们指出了经济发展路径，更给出了经济发展新阶段的基本矛盾、新发展理念和坚持改革开放的方式方法，并强调了发展体系始终围绕以人民为中心这一根本命题，中国经济增长也将从物质供给转向满足人的全面发展。因此，发展路径的转向已经是必然的选择，然而转折是艰难的。高速增长意味着"规模收益递增"、经济的"正反馈机制"自我强化，而转向以人的全面发展为导向的路径，经济走向均衡，意味着"规模收益递减"，经济的正反馈机制减弱，此时，需要构造非经济因素的"正反馈机制"才能打破对原有增长路径的依赖，转向新的发展方向和实现新的发展理念。本文依据 S 形增长路径模型预测未来的增长，从实证角度分析

[①] 本文作者张平系中国社会科学院经济研究所研究员。
[②] 这些价值均以当期价格计。

路径转变的条件和经验事实，提出适应增长路径转变的模型构造，引入非经济因素的"正反馈机制"以克服增长路径锁定，从而通过经济与非经济因素共同演化，实现中国增长路径转变，迈向现代化。

一、中国长期 S 形增长路径

（一）增长研究范式的转变

中国经济增长的长期路径一直是我们最为关心的命题。长期经济增长遵循着 S 形路径，并呈现阶段性演进的特征。从工业化转向城市化的阶段性变化会引起增长动力结构、政府干预、技术进步等发生阶段性变化。[1] 国际经验表明，由于技术进步中的"干中学"效应递减，低成本要素累积的不可持续，一国在从工业化到城市化、从低收入迈向高收入的过程中，会出现从"结构性加速"向"结构性减速"转换的挑战。[2]

S 形增长路径涵盖了两个方面的拓展。第一个拓展是构造一个依赖时间的增长模型。该模型具有至少两期的阶段性特征：一期是具有"规模收益递增"的发展阶段，它受制于阶段性极限；另一期是"规模收益递减"的发展阶段。当经济发展处于"规模收益递减"阶段，能否依靠创新等新要素推动经济走向内生增长是不确定的，经济发展过程仍要受到资源、环境、气候等自然条件的约束，所以它需要一套新的发展模式。第二个拓展是将"非经济"因素纳入增长模型。在 S 形生产函数中，除了资本、劳动要素积累，还增加了新的规模递增要素，即把社会、制度、创意、人力资本等新因素纳入生产函数，并将单一

---

[1] 张平，刘霞辉. 中国经济增长前沿 [M]. 北京：社会科学文献出版社，2007.

[2] 张平，刘霞辉，王宏淼. 中国经济增长前沿 II[M]. 北京：中国社会科学出版社，2011；中国经济增长前沿课题组. 中国经济长期增长路径、效率与潜在增长水平 [J]. 经济研究，2012（11）.

的经济增长目标转向"人的全面发展"的经济社会福利目标，修补了新古典增长范式中的简化。

在主流经济学中，研究经济增长的经典模型主要有新古典增长模型和内生增长模型。其中，新古典增长模型是一个单调的要素积累增长模型，不包括阶段性，也不包含任何非经济要素，外生变量为技术进步和人口。内生增长模型将人力资本内生为技术进步，作为持续推动增长的因素。增长模型中也没有破坏自然资源、引起气候变暖的成本项目，没有两极化分裂社会的代价因素，把人类社会、意识形态、自然资源等高度复杂化过程简化为要素积累的增长模型，是永远增长的永动机模型，适合于无限制开采物质的工业化生产阶段。用这样的经济增长模型分析基于人的全面发展以及人与自然和谐共生的现代化阶段，则有很大的局限性。

对经济增长过程做极其简化的经济学抽象分析对我们理解经济增长的机制无疑具有重要的作用，但它难以涵盖经济真实发展的多阶段特征和阶段转换的特性，而且过度简化了非经济性因素，成为一个孤立的系统，与将现实经济、社会、政治、文化、自然融为一体的人类真实活动也越来越不相关。这些问题引发经济学家积极进行探索，试图从多方面给予拓展和丰富。马克思主义学术传统一直将经济生产方式与阶级产生相联结，形成了丰富的经济与社会互动的发展机制分析，并划分了历史发展的大阶段，指导了实践。从亚当·斯密到现代经济学者都在不断探索经济与伦理、社会等人类活动变量的互动联结的理论逻辑。[1] 阿马蒂亚·森指出现代经济学的两个根源：一是由"边际革命"开创的经济学的"工程学"根源；二是经济学与伦理学的分离。[2] 经济与社会互动的分析浩如烟海，出现了经济"嵌入"社会等理论，以及在心理活动的基础上拓展出的行为经济学等。经济行为与人类社会、意识、道德、政治、法律等活动的互动是现代主义的一个基准。

对经济增长多阶段性的探讨，罗斯托在《经济增长理论史：从大卫·休谟

---

[1] 乔洪武，等.西方经济伦理思想研究（全三卷）[M].北京：商务印书馆，2017:10.
[2] 阿马蒂亚·森.伦理学与经济学[M].王宇，等，译.北京：商务印书馆，2000:10-11.

至今》一书中提出了一个理论范式。他将经济增长划分为不同阶段，以此为基础，分别讨论了每个阶段的"增长基本方程式""非经济因素""增长阶段与极限"，并归纳了各个阶段的经济起飞、成熟技术、大众消费等。[①] 亚洲金融危机后，世界银行的"中等收入陷阱"假说再次将增长阶段研究推到了重要位置。作为新兴市场国家，中国如何跨越中等收入陷阱成为研究的一个重要课题。[②] 对增长的阶段性的讨论本质上隐含了阶段性断点的可能性和演化分叉的可能性，这也是人类社会多样性特征的一个产物。

在增长模型中加入自然环境冲击实际上就是加入成本项。大自然作为复杂系统，在不断遭到破坏后，会产生"涌现"[③] 的宏观现象，如全球性的气候灾害、污染、瘟疫等冲击，从而根本性地改变增长的技术和演进路径。工业化以来，以刺激消费、增加物质消耗为基准的 GDP 增长模式不断受到温室效应的挑战，自然灾害损失、污染和疫情等冲击的规模和频率都不断加大，已经构成了增长的损失（成本）项。古典式的自然开采—加工污染—过度消费的工业化生产与生活模式需要重新定义，转向可持续增长模式。[④] 2020 年的疫情冲击，直接造成全球经济下滑，国际货币基金组织在《世界经济展望》中把全球经济增长预测从 3.2% 调低到 –3%，[⑤] 自然冲击带来的全球经济直接损失不断加大。气候经济学被全球接受，气候、环境、排放、循环经济等被列入全球气候协定，并将深刻地改变人们的生活和生产方式。中国是《巴黎协定》的缔约国，减少大气污染、降低排放、循环利用物质已经开启了中国新的生产方式。日本

---

① W.W.罗斯托.经济增长理论史：从大卫·休谟至今[M].陈春良，等，译.杭州：浙江大学出版社，2016.
② 张平.中等收入陷阱的经验特征、理论解释和政策选择[J].国际经济评论，2015（6）.
③ "涌现"一词来自系统科学，意指系统中的个体遵循简单的规则，通过局部的相互作用构成一个整体的时候，会产生一种难以预测的复杂现象。涌现并不破坏单个个体的规则，但是用个体的规则无法加以解释。简而言之，涌现表明了"系统整体大于部分之和"。
④ 赫尔曼·E.戴利.超越增长：可持续发展的经济学[M].诸大建，等，译.上海：上海译文出版社，2001.
⑤ IMF.World Economic Outlook.www.imf.org. Apr,2020.

提倡"氢社会"，欧洲的"新工业革命"利用存量进行物质循环，而非新开采物质，逐步进入绿色平衡发展的状态，按物质测量，其 GDP 增长约为零。学者、大众、政府精英都重新讨论通过消耗物质提高 GDP 是不是经济增长的唯一目标？在跨越小康或进入高收入阶段后，精神享受是不是"精神收入"，能否被核算？总之，在自然成本冲击下，重新设置人类发展的新目标和新模式得到广泛讨论。

增长路径转变是经济增长路径逐步逼近阶段性极限的特征表述。路径转变是一个过程，属必然趋势。路径转变的方向则含有多种可能性，如经济学、组织学中讨论的"路径依赖"。导致路径没有成功地转换到更高的增长路径而陷入增长困境中，可称为"增长的陷阱"。

中国增长路径的阶段性极限特征表现在多方面：

（1）随着人均 GDP 的增长和市场全面开放，要素价格完成了国际市场定价，基于市场规模扩张和隐蔽资源（要素）重新定价推动的规模收益递增效应减弱。

（2）人口红利推动的劳动力供给比较优势逐步消失，人口老龄化会导致人口负债。

（3）随着本国技术水平接近全球技术前沿边界，技术模仿收益下降，技术创新和开发的不确定性增强。

（4）随着城市化率的不断提高，后发国家从传统农业部门转向现代化部门，从农村到城市的结构再配置效率递减。

（5）自然成本约束明显加强，可持续发展成为增长的要求。

（6）基于城市发展的社会等非经济因素推动经济增长向包容性增长转变。

结合增长路径转变的上述特征，探索新的增长模型和发展模式实质上就是要促进发展模式转变，推动增长路径转变，其最大的特征就是通过加入非经济因素，形成"正反馈机制"，从而引导经济增长转向新的路径。

（二）S 形增长模型和 2021—2050 年的预测

S 形增长模型本质上就是将基于资本、劳动等经济要素积累的生产函数扩展成一条因时而变的增长路径。[①] 利用贝叶斯参数估计法得出的模型和 1978—2019 年的数据，我们重新估计了中国长期增长曲线（见图 1），[②] 从中可得到参数估计值 α 的均值为 0.00412，95% 的置信区间为（0.00398，0.0042），a 的均值为 86.1516，95% 的置信区间为（83.9856，89.4521）；b 的均值为 0.0892，95% 的置信区间为（0.0827，0.09176），收敛于 α=0.00412，可得到 k=242.72，α=86.1516，b=0.0892，得出我国人均 GDP 的 S 形增长函数为：

$$y_i = \frac{242.72}{1+86.1516 \cdot e^{-0.0892i}}$$

1978—2019 年实际人均 GDP 与模拟人均 GDP 的预测误差项为 e^2=7.4159，曲线见图 1，计算出的拐点为 2033 年，即我国人均 GDP 增长从高速增长转向中高速增长阶段，再转入稳定增长期；2034 年以后我国人均 GDP 增长将进入平稳发展期。

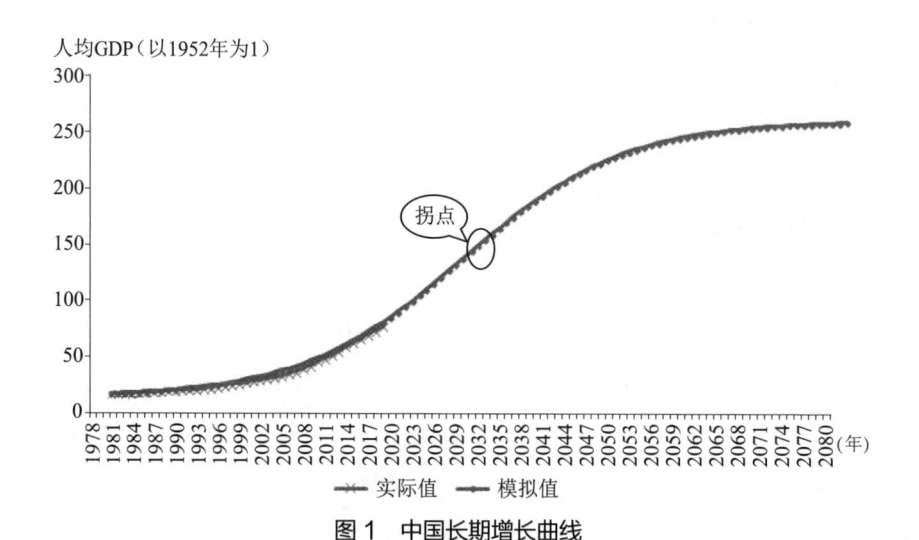

图 1　中国长期增长曲线

注：该模型测算由中国社会科学院经济研究所陈昌兵研究员更新计算。

[①] 刘霞辉. 论中国经济的长期增长 [J]. 经济研究，2003（5）.
[②] 陈昌兵，张平. 加快我国现代化建设，实现第二个百年奋斗目标 [M]. 北京：中国社会科学出版社，2018.

根据模型的预测值，以我国 2019 年人均 GDP 达到 1 万美元为基数，由于新冠疫情冲击，2020 年只按名义增长 3.5% 和人民币兑美元汇率 7∶1 计算 GDP 增速，而后年份的预测我们假定汇率为 7，做了三个阶段的通胀率假设：2021—2033 年通胀水平保持 2%，2030—2040 年通胀降低到 1.5%，2041—2050 年通胀降低到 1%。按模型预测的人均 GDP 计算（见表 1），到 2033 年，中国人均 GDP 达到 2.4 万美元，到 2050 年人均 GDP 达到 4.1 万美元，实现现代化强国的目标。到 2050 年，我国经济增速将从现在的赶超速度逐步向发达国家的经济增速收敛，因此决定经济实力和财富水平的关键不是速度而是一国经济的稳定和持续增长，汇率升值则是一国经济、政治与社会多方面和谐稳定在货币信用上的反映。就此而言，降低经济增速的波动，保持稳定和可持续增长才是新发展阶段的根本。

表 1　中国未来增长的预测

年份	人均国内生产年增长率（%）	国内生产总值增长率（%）	人口增长率（%）	人均 GDP 预测（贝叶斯）以 1978 年为基期的实际增长率（%）
1978	10.2	11.65	1.35	
1979	6.2	7.57	1.33	9.20
1980	6.5	7.85	1.19	9.19
1981	3.8	5.14	1.38	9.18
1982	7.4	9.03	1.58	9.16
1983	9.2	10.77	1.33	9.15
1984	13.7	15.23	1.31	9.13
1985	11.9	13.51	1.43	9.11
1986	7.3	8.95	1.56	9.09
1987	9.9	11.72	1.67	9.07
1988	9.4	11.3	1.58	9.05
1989	2.6	4.21	1.51	9.02
1990	2.4	3.9	1.45	9.00
1991	7.8	9.3	1.30	8.97

（续表）

年份	人均国内生产年增长率（%）	国内生产总值增长率（%）	人口增长率（%）	人均GDP预测（贝叶斯）以1978年为基期的实际增长率（%）
1992	12.8	14.2	1.16	8.93
1993	12.6	13.9	1.15	8.90
1994	11.8	13	1.12	8.86
1995	9.8	11	1.06	8.82
1996	8.8	9.9	1.05	8.78
1997	8.1	9.2	1.01	8.73
1998	6.8	7.8	0.92	8.67
1999	6.7	7.7	0.82	8.62
2000	7.6	8.5	0.76	8.56
2001	7.6	8.3	0.70	8.49
2002	8.4	9.1	0.65	8.42
2003	9.4	10	0.60	8.35
2004	9.5	10.1	0.59	8.26
2005	10.7	11.4	0.59	8.18
2006	12.1	12.7	0.53	8.08
2007	13.6	14.2	0.52	7.98
2008	9.1	9.7	0.51	7.88
2009	8.9	9.4	0.49	7.76
2010	10.1	10.6	0.48	7.65
2011	9	9.6	0.48	7.52
2012	7.3	7.9	0.50	7.38
2013	7.2	7.8	0.49	7.24
2014	6.8	7.4	0.52	7.10
2015	6.4	7	0.50	6.94
2016	6.1	6.8	0.59	6.78
2017	6.4	6.9	0.53	6.61
2018	6.3	6.7	0.38	6.44

（续表）

年份	人均国内生产年增长率（%）	国内生产总值增长率（%）	人口增长率（%）	人均GDP预测（贝叶斯）以1978年为基期的实际增长率（%）
2019	5.7	6.1	0.33	6.25
2020				6.07
2021				5.88
2022				5.68
2023				5.48
2024				5.28
2025				5.07
2026				4.86
2027				4.66
2028				4.45
2029				4.24
2030				4.04
2031				3.83
2032				3.63
2033				**3.44**
2034				3.25
2035				3.06
2036				2.88
2037				2.70
2038				2.54
2039				2.38
2040				2.22
2041				2.07
2042				1.93
2043				1.80
2044				1.67
2045				1.55

（续表）

年份	人均国内生产年增长率（%）	国内生产总值增长率（%）	人口增长率（%）	人均GDP预测（贝叶斯）以1978年为基期的实际增长率（%）
2046				1.44
2047				1.34
2048				1.24
2049				1.15
2050				1.06

资料来源：国家统计局．中国统计年鉴2019[M]．北京：中国统计出版社，2019.

二、中国经济增长转变中的经验事实与模式演进

我们预测2033年为经济增长转折点，转折本质上是一个过程，而不是一个简单的预测时点，这个过程是一组经验事实推动的转折过程。我们就这一转折过程的经验事实进行梳理，并配合发展模式的变与不变予以讨论，从而理解转折过程中不可改变的趋势和传统模式锁定的冲突与调整。

（一）经济增长转变中的经验事实

在中国经济转折过程中，我们可以看到一系列相关事实，都在揭示规模收益递增过程的转变。

1. 结构性减速

出口导向型工业化推动的规模递增的经济赶超阶段结束。2012年，中国经济增长从"结构性加速"转到"结构性减速"。[1] 工业化是中国赶超式增长的第一大结构性动力，2011年前，中国工业增加值占GDP比重在40%以上，个别年

---

[1] 袁富华．长期增长过程的"结构性加速"与"结构性减速"：一种解释[J]．经济研究，2012（3）；中国经济增长前沿课题组．中国经济转型的结构性特征、风险与效率提升路径[J]．经济研究，2013（10）．

份会低些，但很快就会恢复；而 2011 年后，工业增加值占 GDP 比重系统性下降，到 2019 年下降到 30%。"结构性加速"是指资源从低效率的传统产业部门配置到高效率的现代化工业部门，通过结构性配置带来的规模收益递增实现高速经济增长。完成工业化后，由于服务业的规模效率低于工业部门，所以中国经济结构服务化开始加速后，经济增长因服务业比重上升逐步减缓，这与发达国家经历的增长历程和趋势相一致。经济结构服务化是路径转向的最重要标志。

2. 全球化市场带来的规模收益递增结束

在经济赶超阶段，中国通过比较优势，用出口拓展全球市场，到 2015 年时出口份额达到全球出口份额的 14%，而后略有下降；到 2019 年时，为 13% 左右，出口份额占全球出口份额已达到极限，出口带动的全球市场扩展带来的规模收益递增趋势结束。净出口占 GDP 的比重从 2007 年的 8.6% 下降到 2018 年的 0.85%，出口带动效应下降，出口导向的经济扩张结束，逐步进入以国内消费为主导的经济发展阶段。

3. 空间聚集的规模收益特征预计到 2030 年前后消失

中国 2011 年城市化率突破 50%，2019 年中国城市化率突破 60%，空间聚集带来的规模效应推动了城市化的投资、私人住房购买和城市化建设产业的发展。到 2030 年城市化率达到 70% 后，人口城市化速度主要依循城乡人口自然增长，城市规模聚集度逐步稳定，为人口空间聚集而大幅度投资的城市建设周期也基本结束，城市化加速增长路径转向平稳增长路径。

4. 人口红利到 2012 年时已结束

人口红利，即劳动人口占总人口的比重，是中国赶超路径的一个最重要的因素。对于以农业为主导的后发国家来说，人口过多是一种负担，会导致其落入"马尔萨斯陷阱"。只有大量农村剩余劳动力转移到工业化进程中，而且参与国际化分工体系，才能化负担为红利。中国的劳动力人口占比到2012年见顶，随后逐步缓慢回落，人口老龄化加快。按联合国的人口预测，中国人口总量到2031年达到14.6亿的顶峰，随后人口增长转变为负增长，劳动力供给增长率下降，65岁及以上年龄人口占比接近20%。

5. 中国的资本形成增长速度逐步下降

资本形成来自一国的储蓄，包括国内投资和净出口，中国净出口占GDP比重下降到了1%，因此中国储蓄现在主要来自国内储蓄的增长。从现有情况看，储蓄增长率与收入增长率保持正相关关系。随着经济增长减速，收入增长也将减缓，进而导致储蓄增长减缓。同时，居民、企业、政府负债增长加速，按国家金融实验室公布的2020年资产负债表，2020年第一季度居民负债占GDP的比重为57.7%，企业负债占GDP的比重为161.1%，政府负债占GDP的比重为40.5%。[①]净储蓄水平在持续下降，资本形成增长逐步减速。

6. 中国汇率重估带来的GDP高速增长到2016年人民币加入SDR（特别提款权）后结束

1994年，中国实现汇率并轨，从1美元兑5.8元贬值为8.7元，中国从此开创了持续出口盈余的历史。随着中国贸易占全球份额的提高，汇率调整带来的出口效应得到第一次修正。2005年人民币持续小幅升值，持续到2015年，中国GDP按美元计算的超高速增长，包含了名义GDP的高速增长和汇率升值。汇率升值导致的大量国际资金涌入中国，以及持续贸易盈余导致的基础货币投放增多，使得货币供给大幅度增加。每年物价上涨将中国名义GDP增长率推高为两位数，加上每年汇率升值约3%，使得中国以美元计价的GDP年均增长率超过两位数，与美国GDP接近。可以说，汇率升值带来了中国的超高速赶超和

---

① 张晓晶，刘磊. 宏观杠杆率——NIFD季报 [J/OL]. www.nifd.cn. 2020-04.

巨大的财富效应。2015年8月11日，中国再次推行汇率改革，汇率按市场原则定价；2016年10月，人民币加入国际货币基金组织的SDR体系；2017年后人民币双向波动；直到2020年稳定在7上下，形成比较均衡的汇率体系。但基于汇率升值带来的超高速经济增长已经结束。汇率定价透明化后，中国资源（要素）价格也逐步与国际定价接轨，隐性的资源（要素）重估结束。

此外，中国2015年加入《巴黎协定》，强调了中国减排的国际责任，自然环境约束成为新的成本。

上述基本事实预示着阶段性发展逐步走向极限，转折已经不可避免。2019年，中国人均GDP超过1万美元，未来15年将跨越中等收入阶段，跻身高收入国家行列，增长速度将向发达国家收敛，规模收益将逐步走向递减。

需要指出的是，增长路径转变是不以人的意志为转移的，它有其内在的逻辑，符合现代化发展的三大规律。

第一，符合人类需求定律。经济学中的恩格尔定律、心理学的马斯洛需求层次理论等大量事实与理论都已经证明了需求定律，即随着人们收入的不断提高，人们物质消费占比不断下降，精神需求不断上升，与之匹配的就是服务业占GDP比重持续上升。[1]

第二，符合广义人力资本消费和创新效率补偿的规律。精神需求的提高，必须有广义人力资本消费的提高，从而提升人的创新能力，形成创新效率补偿，否则该循环就不能持续。[2]

第三，符合人的全面发展规律。人们的收入与福利水平超过小康阈值后，经济体逐步进入均衡增长阶段，人们面临的经济约束逐步减弱，人的全面发展成为现代化的中心议题，大量的非经济因素成为现代化体系构建的新基础。

---

[1] 中国经济增长前沿课题组. 突破经济增长减速的新要素供给理论、体制与政策选择[J]. 经济研究，2015（11）.

[2] 袁富华，张平，刘霞辉，楠玉. 增长跨越：经济结构服务化、知识过程和效率模式重塑[J]. 经济研究，2016（10）.

（二）转型方向、路径依赖与模式变革

2020—2035 年，中国将从小康社会步入现代化国家，这是跨越中等收入进入高收入国家行列的最重要阶段。首先，经济规模收益递增消失，经济增长放缓，单一的 GDP 增长目标的激励作用减弱，增长路径需要转变；其次，与原有高速增长相伴的增长模式需要转变，即增长模式中的宏观激励导向需要转变，只有重新确立激励目标及相关结构（市场结构、产权结构、生产结构、利益格局等）和动力机制（正反馈机制）的转变，才能改变路径锁定状态。

中国从经济赶超模式转变为高质量发展模式，从单一物质增长转向以"人的全面发展"为基准，创新、协调、绿色、开放、共享和经济、政治、文化、社会、生态"五位一体"的协同发展，成为一个全新的激励目标。在未来的基本经济增长模型中，一方面，要融入更多具有规模收益递增的新要素，将创意、人力资本、知识与数据等变量加入创新变量组中；另一方面，要在基本增长模型中加入非经济要素，比如绿色作为可持续变量加入，共享作为包容性变量加入。而在经济因素外，政治、文化、社会、法律等制度性治理变量，同样是重要的新变量，也要纳入增长模型体系中。高质量增长模型的要素组合要远远多于传统的增长模型，而被解释变量也不仅仅是 GDP，而是包含了基于"人的全面发展"的多维社会福利目标函数。

增长路径的转变和模式变革的根本是打破路径依赖。由于增长的"规模收益递增"接近尾声，可用的正向经济绩效激励或可分享的利益越来越少，既得利益者会展开存量博弈，强化增长的路径依赖，固化既有增长模式下的利益格局。博弈的第一种方式是透支未来，增加负债，试图延续"规模收益递增"；第二种方式是保证既得利益者的利益，强占弱势群体的分配份额，加大分配不公和收入差距；第三种方式是通过更多的干预、管制等损害市场机制，设租寻租，大幅度增加交易成本，降低制度效率。

为了打破路径依赖和利益格局固化，在微观层面要围绕着降低交易成本，不断吸收具有规模收益递增性的新要素，积极推动和深化市场配置资源改革，

加强产权保护。在宏观层面，要尽快构建宏观资源配置体制的改革，以矫正政府干预资源的行为，积极改变增长路径的导向、激励目标和增加社会等非经济因素的参与，从而消除路径依赖对新增长资源的消耗，为转型创造有利的宏观导向。

三、改革宏观资源配置体制和政府治理机制

路径转变需构造新的目标、激励和资源分配机制，将社会等非经济因素纳入发展模式，推动建立非经济因素的正反馈机制。从中国当前的发展阶段看，积极深化和推进基于产权保护的法律制度体系，降低交易成本，提高市场配置资源的效率，激活新的生产要素，使其融入创新增长体系，是社会主义市场经济制度的完善过程，而宏观资源配置体制的转型是现阶段转型的核心任务。中国经济已经迈入新发展阶段，宏观资源配置体制和国家治理的经济基础发生了根本变化。1993年以来，工业化的宏观调控和政府治理体系经过了27年的实践，需要基于新发展模式进行重新设定和积极调整，新发展模式的最突出特征就是"人的全面发展"。这要求政府的宏观资源配置从促进生产转向提供公共服务，从GDP单一经济绩效指标转向包含"人的全面发展"的社会福利目标。为此，需要改革宏观资源配置体系，包括财税体制、金融体制、政府治理体制和相关激励导向，推动社会参与共同构建社会、意识形态、法律等非经济因素作为支持转型的正反馈因素。宏观资源配置体系的改革有利于厘清政府、国企的边界，硬化地方政府的约束，明确政府以公共服务为本的激励目标，并通过政府体制的转型，积极推动国企转型。

宏观资源配置体系改革的当务之急就是：一方面，要提高国家防范系统性风险的能力，建立有助于推动经济转型的新宏观资源配置体系，保障中国经济跨入高收入和高质量的平稳发展阶段；另一方面，基于国家现代化目标完善国

家治理体系,将文化、政治、法律、社会等积极的转型因素平稳地与经济转型协调一致,通过非经济因素的正反馈推动经济体系进入创新、均衡的增长路径。从全球增长的一般规律看,只要名义 GDP 增长保持高于发达国家的均值增长（3%）,保持汇率稳定,中国与发达国家人均 GDP 就会不断收敛,成功跨进高收入国家的行列。总而言之,保持"稳中求进",在宏观稳定的同时,进行适应发展阶段的体制改革,激励国家向高质量现代化国家转型。

（一）宏观资源配置体制改革的着力点

宏观资源配置体制的转变与发展阶段相关联。国际货币基金组织为中国宏观管理框架改革列出了 11 项阶段性评估:（1）从外部需求转向国内需求;（2）从投资转向消费;（3）从工业转向服务业;（4）在资源分配上,从国家导向转向市场和私人部门推动;（5）从过高的企业债务转向可持续的杠杆水平;（6）从财政债务上升（特别是地方政府债务）转向可持续的财政;（7）从金融部门自由化转向改善治理;（8）从增加要素投入转向提高生产率和鼓励创新;（9）从不平等的增长转向更包容的增长;（10）从高污染转向绿色增长,可持续利用能源;（11）从旧式的、间歇性的政府公告,转向及时、清晰易懂的沟通。[①]这些评估指出了宏观资源配置体制改革的方向。

中国政府始终保持非常清醒的头脑,从 2012 年以来提出的新常态、供给侧结构性改革,2015 年签署《巴黎协定》,推动经济向高质量发展转型,制定两步走的现代化目标,重新确立新的发展阶段的社会主要矛盾,制定了国家治理现代化体系建设,把中国经济发展与转型的目标和步骤清清楚楚地摆放在全国及全世界人民眼前。中国发展路径的方向和目标是明确的。方向明确后,需要改变政府治理形态和与之相关的宏观经济资源配置与激励机制,才能推动资源配置向正确的方向转型。

---

① 林卫基,等 . 中国该如何深化改革:IMF 的国际视角 [M]. 北京: 中信出版社, 2018.

（二）政府治理和公共财政体系改革

与政府治理密切相关的就是财政体系。中国已经通过了"税收法定原则"，在国家治理层面迈出了坚实的步伐。随着城市化进程的推进，纳税规模的覆盖面越来越广，特别是在户籍改革后，城市居民转化为城市纳税公民，公民成为社会经济发展的主体，取之于民、用之于民的公共财政收支体系被纳入人大立法体系中，公民通过参与政府公共财政收支体系的决策与监督过程，逐步形成现代政府治理与公共财政体系。政府软预算约束、公共服务与纳税不匹配、公共决策与监督机制缺失等问题，都需要政府对财政体系进行调整与改革。

调整政府治理最好就是从财政入手：一方面，改革基于工业化建构的财政体系；另一方面，通过立法建立规范的政府治理体系，将公民纳入国家治理过程，通过立法、公共决策与监督参与等方式完善政府治理，建立起基于以人民为中心的现代治理体系架构。从财政改革看，首先要重新建立财力和事权相匹配的财政税收体系。这种重新匹配，不仅仅表现在财政收入和公共支出的数字匹配上，更应该体现在城市居民享受服务与纳税责任，以及中央与地方事权、财权的匹配上，否则会导致财税体制缺少可持续发展的韧性和合理性。

公共财政制度改革方向应概括为以下几点：

（1）从流转税为主导的税收体制，转向以直接税和间接税为双支柱的混合型体制，从单一针对企业法人征税转向对自然人和法人共同征税，逐步形成纳税责任与享受公共福利相匹配的格局。

（2）增加地方消费增值税，并将其作为地方的主税种。要从流转税征收环节入手，从生产环节和消费环节征收增值税，即从生产环节继续向企业征税，税率应该继续下降到9%，降低企业的增值税负担，提升企业竞争力。同时，从消费环节开征价外消费型增值税，税率从1%起逐步提高，征收的税收归地方，减轻地方对土地财政的过度依赖，同时通过提高对人的服务质量，聚集人流消费，从中获得税收收入。

（3）强化政府预算和负债硬约束。这需要立法层面和政府监督层面的改革。当然这一改革也需要做债务的技术型处理，因为大量地方债务是为弥补地方财政缺口累积而成的，属于中央与地方收支不匹配的产物，需要矫正。

（4）中央与地方的事权和财力匹配。按服务范围与效率等原则进行中央与地方事权的合理划分，在城市化发展的今天已经无法回避了。中央与地方事权匹配磨合多年已经有很多技术性讨论，但事权改革一直没有落实，"上面请客，下面买单"，买单的钱要靠地方政府负债和卖地来筹集，这是不合理的。中央和地方关系是财税改革的重点，这方面有中国历史上积累的经验，也有大量国际经验可依循，因此是决心问题，而非技术难度问题。[1]

（5）包容性和绿色发展，以及未来社保基金的可持续性，都在挑战当前财政体系的收支状况和运转效率，在构建新的财政体系时，需要将其纳入并予以考量。[2]

（三）货币供给体系改革

宏观资源配置体制最重要的一个方面就是一国的货币供给方式。一国经济如果走内需激励，则货币发行多与国家信用挂钩，以国债为资产作为货币供给的基础；如果走外需激励，多以外汇资产作为货币供给的基础，这样可以稳定汇率，有利于出口。中国1994年开始汇率改革，逐步走向了基于出口导向的工业化，货币供给从主权信用转向了基于外汇资产的货币发行，稳定了汇率，促进了出口。

2013年外汇占款达到顶点后，随着2015年汇率改革，外汇占款显著下降，导致央行缩表。2016年，央行依靠"其他金融机构借款项目"——以其他金融机构的国债等抵押物发行的各类短期、中期借贷便利等，大幅度创造资产，新

---

[1] 魏加宁.如何实现国家治理现代化：对改革基本问题的思考[M].北京：中国发展出版社，2017.
[2] 付敏杰，张平，袁富华.工业化和城市化进程中的财税体制演进：事实、逻辑和政策选择[J].经济研究，2017（12）.

的资产带来的货币创造占比已经逐步弥补了外汇占款下降带来的缺口。通过不断降准提高货币乘数，以扩张 M2（广义货币供应量）的供给。以外汇占款做抵押的货币发行模式是明显的小国模型，类似于货币局制度，可稳定钉住汇率，有利于出口导向，并推动出口—货币供给的良性循环，形成以出口导向为基础的货币供给体系。但是，中国现阶段的出口导向型工业化已逐步结束，汇率按市场定价，货币发行的基础也发生了变化。当前以银行债券做抵押进行再贷款的方式属于过渡模式，应逐步转向以公债为资产的大国信用模型体系，国债作为新的资产来源将逐步进入金融市场。国债收益率作为利率市场化和货币政策指引才是未来大国选择的方向。因此，向基于国债的货币供给体系转型时不我待。这种转型一方面可为中国长期发展筹资；另一方面也可改变依赖外汇占款的货币发行格局，有利于加快利率市场化，推进以国债利率为基准替代基于中期借贷便利（MLF）利率为基准的贷款市场报价利率（LPR）的改革。中国没有快速转向大国货币发行的原因有很多，一个根本原因就是政府软预算约束，财政收支体系存在很多不规范现象。政府治理现代化是货币供给体系转向大国模式的前提。[①]

（四）政府资源配置体系改革

中国赶超成功的重要经验之一就是政府干预资源配置，即"有为政府"，通过产业政策、土地政策、税收优惠政策、选择性金融政策推动招商引资和工业化。中央和地方政府的税收都与工业化高度相关，相关部委也与地方政府相配合，形成了一组激励相容的中央、地方大力发展工业化的纵向资源配置体系，取得了突出的赶超效率。但工业化见顶后，产能过剩、过度污染和负债等问题逐渐暴露。供给侧结构性改革，就是针对这些方面的改革举措之一。

政府资源配置体系改革的一个重要方面是，从直接干预资源配置的产业政

---

① 张平．货币供给机制变化与经济稳定化政策的选择[J]．经济学动态,2017（7）.

策转向激励竞争和创新的"创造环境"式的产业政策。在发达国家，产业政策是功能性干预工具，旨在创造有利于产业发展和创新创造的环境，因此发达国家产业政策往往致力于对小企业的扶持，多集中于改善环境、降低风险等方面，而不是直接采用补贴的方式。增长路径转变后，创新和就业都需要中小企业的大发展，产业政策重点也从干预产业发展转到主体功能区规划，为小企业发展创造条件，在改善基础设施、金融设施、社会公共服务设施等领域加大投入。

政府资源配置体系与政府行政管理体制密切相关，因此也要加快推进行政管理体制改革，转变政府职能。一方面，要从立法层面推动放松行政化管制，特别是以事业单位体制改革为突破口，降低科教文卫体的行政管制，让市场配置资源满足大众的需求，促进服务的升级，满足以人为本、全面发展的需求；另一方面，要提高监管水平，不断提升营商环境质量，迎接规则层面的治理参与，并与国际规则对接，探索中国屹立于世界的相互融合之道。①

（五）构建社会等非经济因素的正反馈机制

鉴于现阶段的宏观资源配置仍然囿于传统工业化的资源配置机制，不可避免地导致混乱状况的出现，这有悖于增长路径转变的阶段性要求。从经济阶段转换的要求看，必须着眼于建设新的宏观资源配置体系：第一，发展目标已经从以物质生产为中心转向以人民为中心，因此，生产供给导向的宏观管理体系要转向消费导向的宏观管理体系。在这一转向的背景下，提高居民收入份额和人力资本回报率，强化消费跨期效率补偿，成为宏观资源配置目标的一个重要方面。第二，发展机制已经从低成本—规模扩张的单一效率标准转向基于多样性—风险分散的经济韧性标准，从而形成效率—韧性较为均衡的宏观资源配

---

① 张平，张自然，袁富华.高质量增长与增强经济韧性的国际比较和体制安排[J].社会科学战线，2019（8）.

置体制。第三,激励方式已经从工业化的产业干预转向竞争政策,特别是将服务部门从管制和低效率中释放出来,以部分市场供给的方式促进服务业升级,强化创新的市场激励。第四,发展战略逐渐从出口导向调整为"大国模型",以内需为主,提升国际分工价值链的地位,增厚出口附加价值。

为了推动增长路径转型,宏观资源配置需要适应性转变,归根结底要坚持两条:第一,要逐步推动政府治理现代化,构建基于城市化发展的资源配置体制,财政、金融、产业政策两套体制并轨,完成协调、监管、配置、激励信号的一致性,实现主体目标的一致性,从根本上转变到服务以人为中心的内需发展;第二,重构国家发展目标,从单一的 GDP 绩效标准转向以人为中心的新的国家福利目标,其中除了包容性、可持续的经济效率目标,还要将政治、文化、社会、绿色等非经济因素纳入国家福利目标体系。

经济、政治、文化、社会、绿色"五位一体"的新国家福利目标的实现,需要一组非经济类因素参与转型过程,构造正反馈机制,推动经济增长向高质量发展模式转型。国内涉及这方面的研究已经有很多,例如刘世锦等在《陷阱还是高墙?》中提出:"以促进社会成员最大范围、最深程度、更高质量参与工业化、现代化进程为目标,着力推进相关领域改革取得突破;其要点可概括为:扩大参与机会,提升参与能力,完善鼓励创业、创新的制度和政策,创造稳定的参与预期的法治环境。"[1] "高质量发展是一个总括性理念,经济高质量是社会高质量和治理高质量的输出","城市化的本质是福利社会",其转型的核心是要发展出"知识中产阶级"。知识中产阶级的一个重要角色就是参与转型,形成"正反馈"的群体理论。[2] 高质量转型需要社会成员的广泛参与,并从中获益,构造这种正反馈机制才能有效地推动目标、路径方向和机制的成功转型。

---

[1] 刘世锦,等.陷阱还是高墙?[M].北京:中信出版社,2011:31-32.
[2] 高培勇,等.高质量发展的动力、机制与治理[J].经济研究,2020(4).

第二篇

新发展格局
提升经济发展水平的战略抉择

"十四五"时期中国经济新增长潜能

刘世锦　王子豪等[①]

改革开放至今，中国经济经历了长时间的快速增长，取得了举世瞩目的成就。在刚刚过去的2019年，中国人均发展水平已突破一万美元，GDP接近100万亿元人民币。但与高收入经济体相比，从人均上看，中国的发展并不充分，经济增长的质量和效益存在较大差距。如何成功跨越中等收入陷阱，进入高收入社会，已成为当下迫切需要研究的议题。十九大报告提出，我国到2035年基本实现社会主义现代化的目标，并指出"我国社会主要矛盾已经转化为人民日益增长的美好生活需要和不平衡不充分的发展之间的矛盾"。在未来追赶高收入经济体的进程中，如何准确把握人民对美好生活的需要，实现更为平衡和充分的发展，意义重大而深远。本文立足于终端需求视角，利用发达经济体终端需求结构可比性和趋同性强的特点，分析高收入经济体终端需求标准结构演变路径，通过国际和历史比较，展望我国全国层面和省级层面终端需求结构未来的变化方向，并基于投入产出模型量化分析终端需求分项变化对分行业总产出的拉动作用，进而从需求侧和生产侧共同探究未来经济新的增长潜能。

[①] 刘世锦系全国政协经济委员会副主任，中国发展研究基金会副理事长，国务院发展研究中心原副主任；王子豪系中国发展研究基金会博智宏观论坛研究员。本文是中国发展研究基金会"博智宏观论坛"中长期发展课题组的研究成果，课题组成员姜淑佳、王路、陈泽昱、史益帆、徐晓龙先后参与了数据处理和初稿撰写。

一、终端需求分析框架的特点及优势

根据对经济循环过程的理解，本文从终端需求（Gross Final Products，以下简称 GFP）视角出发，通过不同经济体相似发展阶段的比较研究，分析中国经济未来新的增长点。GFP 概念是在对现有统计体系中的支出法 GDP 进行重新划分的基础上形成的，其含义严格界定为"GDP 当中不再直接进入下一个生产过程的产品"（刘世锦，2015）。按此定义，GFP 具体包括居民消费、政府消费和非生产性投资（或消费性投资）。其中，非生产性投资是指房地产投资、基础设施投资和服务业投资中与民生直接相关的部分。与 GDP 分析框架相比，GFP 分析框架在中长期增长研究方面具有以下三个方面的明显优势。

第一，GFP 是发展的最终目的，与消费者更具"亲近性"。从支出法角度看，GDP 由最终消费、资本形成和净出口组成，用以度量一定时期内全社会的新增价值。如果把视野放宽就会发现，真正与消费者直接发生关系的、被"消费"的，只是 GDP 当中的部分产品，即 GFP 对应的部分。另一部分产品，如机器设备、厂房等，则重新返回下一个生产过程，属于生产性投资，只是发展的手段。此外，目前的统计口径把住宅、基础设施列为投资，与其固有的消费属性形成矛盾，也与人们的日常经验相悖。因此，从统计角度看，GFP 涵盖居民消费、政府消费和非生产性投资，测度的是一国政府和居民在衣食住行、文娱教卫等方面的支出。通俗地说，GFP 体现了经过复杂的经济活动后"最终留下的那些东西"。

第二，GFP 是经济增长的出发点和最初驱动力，能够更好地判断一个经济体的增长规模、质量和效率。在整个国民经济循环流程中，GFP 具有源头性质。GFP 各个组成部分的变动，将会带动长短不一的投入产出链条的变动。反过来看，每一类中间产品的直接消耗和完全消耗也都最终追溯到某一种终端需求。也正是 GFP 驱动着庞大的投入产出网络，演绎出日趋复杂的经济社会发展结构。一个经济体的增长实绩，集中表现在终端需求的规模、质量和增长速度上。把握住 GFP，就从源头上把握住了经济增长的可能路径。

第三，GFP 与不同经济体的资源禀赋、竞争优势、国际分工格局等因素关系不大，而与人们的需求偏好和收入水平的关系更直接，因此，在人均收入水平相近的经济体之间，GFP 结构具有更好的可比性。一个经济体呈现什么样的生产结构，很大程度上取决于该经济体的比较优势、资源禀赋。特别是在全球化水平达到空前高度的情况下，几乎所有经济体都或多或少地融入全球分工体系，产业结构差异较大。从生产侧分析增长潜力、结构和路径，通常只能寻找一组产业体系、发展路径类似的样本进行比较，分析范围相对狭窄。而 GFP 能够直接反映不同经济体之间终端需求结构及其演进的相似性，以及终端需求结构随着收入水平提升所呈现的显著趋同性，这一点是人们以往缺少关注的。其隐含的逻辑是，尽管不同经济体的居民在历史、地理、种族、文化乃至制度上差异很大，但随着收入水平的提升，在追求实现美好生活需要上，却表现出相当高的一致性。因此，从 GFP 角度出发，能够更为全面准确地衡量一个经济体的实际发展水平和结构的合理性。

二、高收入经济体终端需求结构的历史演变

（一）高收入经济体的 GFP 结构特征

为了更好地揭示 GFP 结构演变的特点，总结提炼不同经济体向高收入行列迈进时 GFP 结构的特点和典型事实，课题组选择了一些成功迈入高收入行列的经济体进行对比分析。在剔除由各经济体自身制度、文化等因素带来的异常值后，课题组通过总结各经济体相似发展阶段的 GFP 结构特征，构建了由较低收入经济体向高收入经济体历史演进过程的 GFP 标准结构，并在此基础上探讨中国经济未来的新增长点。

根据宾夕法尼亚大学世界表 9.1（Penn World Table 9.1）最新公布的数据和

课题组推算，2019年我国以购买力平价衡量的人均GDP在14600美元左右。[①] 课题组预测，2022年、2025年、2030年、2035年我国人均GDP将分别达到17000美元、20000美元、26000美元和32000美元左右，其终端需求的结构性变化反映的正是我国短、中、长期的发展趋势。GFP分项的变化重点揭示的是一个相对增长概念，因为分项占比的上升实际上体现的是这一分项的增长速度要快于整体的增长速度，也就是说，这一分项对经济增长的贡献率在提升，也可以看作新的增长点。因此，短、中、长期GFP结构的变化趋势反映的是不同时期的结构变化方向和新的增长点，所以需要相应的政策环境来引导和释放这些新的需求，同时避免造成对应有需求的抑制和结构扭曲。

由于数据可得性的限制，本文最终采用了29个样本高收入经济体（如表1所示）。表2展示了主要样本经济体处于相似人均GDP发展水平时所对应的时间节点。这些高收入经济体的成功经验，从不同角度对我国经济结构转型、实现高质量发展、跨越中等收入陷阱具有重要借鉴意义。

表1 样本高收入经济体名录（29个）

爱尔兰	丹麦	加拿大	葡萄牙	希腊
爱沙尼亚	德国	捷克	日本	新西兰
奥地利	法国	拉脱维亚	瑞典	匈牙利
澳大利亚	芬兰	立陶宛	斯洛伐克	意大利
比利时	韩国	马耳他	斯洛文尼亚	英国
波兰	荷兰	美国	西班牙	

---

① 文中采用的人均GDP均为以购买力平价衡量，以2011年不变价美元为口径。

表2 主要样本经济体发展阶段对照

国家	人均GDP达14600美元左右的年份	人均GDP达17000美元左右的年份	人均GDP达20000美元左右的年份	人均GDP达26000美元左右的年份	人均GDP达32000美元左右的年份
中国	2019	2022	2025	2030	2035
美国	1950	1959	1964	1973	1985
丹麦	1964	1969	1978	1994	1999
日本	1973	1978	1986	1990	1995
韩国	1992	1994	1995	2004	2011
英国	1968	1977	1983	1996	2001
德国	1971	1976	1986	1991	1999
法国	1968	1972	1977	1996	2004
澳大利亚	1959	1967	1972	1988	1997

资料来源：宾夕法尼亚大学世界表9.1，课题组测算。

（二）终端需求的数据来源和结构说明

本文数据来源主要包括以下两个部分：

一是投入产出表。美国、丹麦、日本、韩国四国使用的是其官方统计机构[①]定期发布的投入产出表，其时间跨度长达20年以上；其他高收入经济体统一使用的是OECD投入产出数据库（OECD Input-Output Database）2015年公布的世界投入产出表，时间范围为1995—2011年；中国使用的是国家统计局公布的2007年、2012年、2015年及2017年投入产出表和"腾景数研"推算出的

---

① 美国投入产出表数据来源为BEA（U.S. Bureau of Economic Analysis，美国经济分析局）数据库；丹麦数据来源为丹麦统计局（Statistics Denmark）；日本数据来源为RIETI（Research Institute of Economy, Trade and Industry，独立行政法人经济产业研究所）数据库；韩国数据来源为韩国央行（Bank of Korea）。

2019年投入产出数据。

二是分行业投资。各样本高收入经济体投资数据主要使用的是OECD数据库公布的按经济活动统计的固定资本形成口径的投资数据，中国使用的是"腾景数研"构建的非生产性投资数据。

基于上述数据来源，课题组对数据口径和行业分类标准等进行统一处理，测算出用于构建GFP结构的分行业居民消费、政府消费和非生产性投资数据（见表3）。

表3 GFP结构的分行业居民消费、政府消费和非生产性投资数据

	居民消费	政府消费	非生产性投资
GFP分项	食品相关	公共管理	基建
	衣着相关	教育	房地产
	居住相关	卫生、健康和社会工作	个人服务业
	出行相关	其他	公共管理
	日用品		教育
	电子设备及信息通信		卫生、健康和社会工作
	批发零售		
	住宿餐饮		
	金融保险		
	卫生、健康和社会工作		
	教育		
	商业服务		
	文化体育娱乐及其他个人服务		

本文中涉及的GFP分项与具体行业对照标准如下：

一是 GFP 消费分项。GFP 结构中各消费分项主要是在投入产出表中的细分行业基础上进行归类得到的。本文中绝大部分 OECD 经济体使用的是国际标准行业分类（ISIC Rev.3）的投入产出表；中国、美国、丹麦、日本、韩国五个国家使用的是各自官方统计机构公布的投入产出表；具体行业分类的详细程度略有不同，但大致可以归并为与 OECD 投入产出表行业分类一致的口径。具体消费分项与行业的对应关系见表 4。

表4 GFP 消费分项与行业对照表

OECD 投入产出表行业	对应的 ISIC Rev.3 编码	对应的 GFP 分项（居民消费）	对应的 GFP 分项（政府消费）
农业、林业及渔业	1~5	食品相关	其他
食品、饮料制造和烟草业	15，16	食品相关	其他
纺织、皮革和相关产品制造业	17~19	衣着相关	其他
采矿和采石	10~14	居住相关	其他
木材、木材制品、草编制品等	20	居住相关	其他
其他非金属矿物制品制造业	26	居住相关	其他
基本金属制造业	27	居住相关	其他
电力设备的制造	31	居住相关	其他
未另分类的机械和设备的制造	29	居住相关	其他
家具、其他制造业机械设备修理	36，37	居住相关	其他
电力、天然气和水生产及供应业	40，41	居住相关	其他
建筑业	45	居住相关	其他
房地产活动	70	居住相关	其他
焦炭和精炼石油产品制造业	23	出行相关	其他
汽车、挂车和半挂车的制造	34	出行相关	其他
其他运输设备的制造	35	出行相关	其他
纸浆、纸和纸板的制造业	21，22	日用品	其他

（续表）

OECD 投入产出表行业	对应的 ISIC Rev.3 编码	对应的 GFP 分项 （居民消费）	对应的 GFP 分项（政府消费）
化学品及化学制品制造业	24	日用品	其他
橡胶和塑料制品制造业	25	日用品	其他
金属制品制造业（机械设备除外）	28	日用品	其他
计算机、电子产品和光学产品的制造	30~33	电子设备及信息通信	其他
信息和通信	64	电子设备及信息通信	其他
批发和零售业，汽车和摩托车的修理	50~52	批发零售	其他
运输和存储	60~63	运输仓储	其他
食宿服务活动	55	住宿餐饮	其他
金融和保险活动	65~67	金融保险	其他
卫生、健康和社会工作	85	卫生、健康和社会工作	卫生、健康和社会工作
教育	80	教育	教育
机械和设备租赁	71	商业服务	其他
计算机及有关活动	72	商业服务	其他
研究与发展，其他商业活动	73，74	商业服务	其他
公共管理与国防，强制性社会保障	75	商业服务	公共管理
文娱、体育和其他服务	90~94	文化体育娱乐及其他个人服务	其他
雇用家政服务人员的私人家庭的活动	95	文化体育娱乐及其他个人服务	其他

二是非生产性投资分项。GFP 结构中各投资分项是在 OECD 数据库公布的

按经济活动统计的固定资本形成口径的投资数据基础上进行归类得到的，仅保留了属于非生产性投资的部分作为 GFP 分项。具体投资分项与行业的对应关系见表 5。

表 5 GFP 非生产性投资分项与行业对照表

OECD 投资数据行业	对应的 ISIC Rev.4 编码	对应的 GFP 分项 （非生产性投资）
电、煤气和水的供应	40，41	基建
运输和储存	60~63	基建
信息和通信	64	基建
房地产	70	房地产
住宿餐饮	55	个人服务业
文化体育娱乐	92	个人服务业
其他服务活动	93	个人服务业
雇用家政服务人员的私人家庭的活动	95~97	个人服务业
域外组织和机构	99	个人服务业
公共管理与国防，强制性社会保障	75	公共管理
教育	80	教育
卫生与社会工作	85	卫生、健康和社会工作

本文涉及的不同消费层级的定义和划分标准如下：

最终消费按消费层级可分为生存型、享受型和发展型消费。其中，生存型消费是指为了满足人们衣、食、用等基本生存需要的消费，包括食品相关、衣着相关和日用品消费。享受型消费是指人们提高生活水平和质量、以享受需求为目的的消费，包括居住相关、出行相关、电子设备及信息通信、批发零售、住宿餐饮、金融保险、商业服务和文化体育娱乐及其他个人服务消费。发展型消费是指人们为了提升人力资本和健康水平而产生的消费，包括卫生、健康和社会工作消费以及教育消费。表6展示了GFP消费分项与消费层级的对应关系。

表6　GFP消费分项与消费层级对照表

消费类型	生存型消费	享受型消费	发展型消费
GFP消费分项	• 食品相关 • 衣着相关 • 日用品	• 居住相关 • 出行相关 • 电子设备及信息通信 • 批发零售 • 住宿餐饮 • 金融保险 • 商业服务 • 文化体育娱乐及其他个人服务	• 卫生、健康和社会工作 • 教育

（三）高收入经济体终端需求结构横向比较

人均GDP达到14600美元，这也是中国2019年人均GDP所处的发展水平，可获得数据的样本经济体的数量较少，因为多数发达经济体达到14600美元的年代已经较为久远，数据缺失。从图1中可以看到，由于尚未达到成熟阶段，各经济体除了居民食品、衣着相关等基本生存型消费占比较为一致，居民享受型和发展型消费、各项政府消费以及各项非生产性投资之间差异明显。值得注意的是，在发展型消费中，教育与卫生、健康和社会工作的居民消费部分、政府消费部分存在一定的互补性，分别代表居民负担的部分和政府承担的部分，两者需要加总起来看整体趋势。

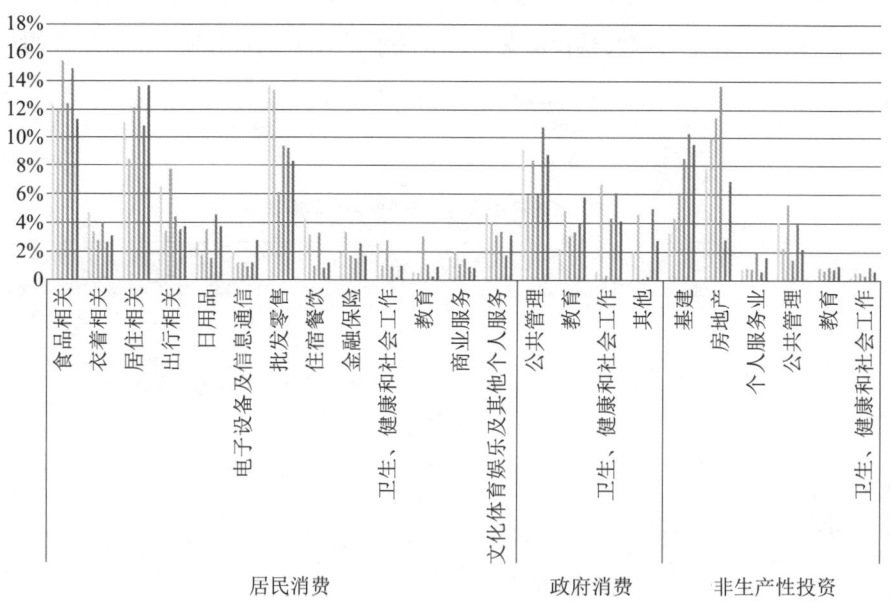

图1 人均GDP达14600美元左右对应的GFP结构比较

资料来源：BEA、RIETI、OECD等数据库，课题组测算。

从图2和图3可以看出，随着发展水平的不断提升，各个经济体的GFP结构的规律性和趋同性开始显现。一方面，GFP分项占比的整体变化趋势较为一致；另一方面，各经济体GFP分项的差异也有所收敛。具体而言，各经济体居民食品相关、衣着相关等生存型消费占比显著下降；居民享受型消费占比显著上升；发展型消费占比整体上升，但是居民消费与政府消费之间的相对份额仍有很大差异性；政府消费中的一般性支出等其他部分占比有所下降；基建和房地产投资占比显著下降；其他几类非生产性投资部门占比略有上升。

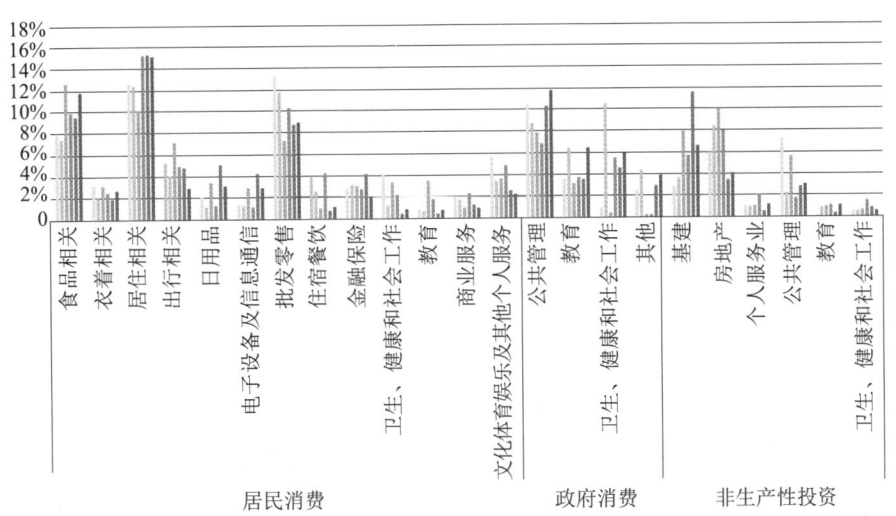

第二篇 / 新发展格局：提升经济发展水平的战略抉择

图2 人均GDP达20000美元左右对应的GFP结构比较

■美国（1964年）■丹麦（1978年）■韩国（1995年）■日本（1986年）■斯洛伐克（2007年）■爱沙尼亚（2010年）

资料来源：BEA、RIETI、OECD等数据库，课题组测算。

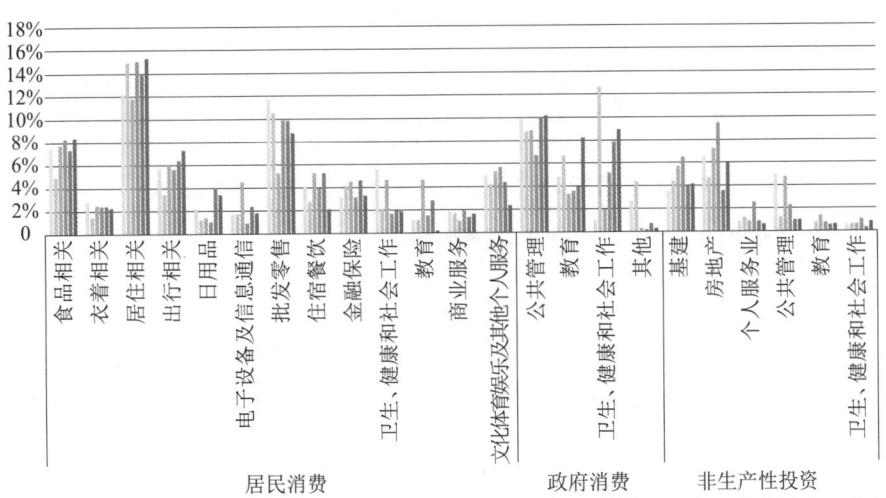

图3 人均GDP达26000美元左右对应的GFP结构比较

■美国（1973年）■丹麦（1994年）■韩国（2004年）■日本（1990年）■英国（1996年）■比利时（1998年）

资料来源：BEA、RIETI、OECD等数据库，课题组测算。

135

图 4 展示了各经济体人均 GDP 达到 32000 美元后的 GFP 结构对比，此时已处于成熟发展阶段，可获得的样本国家数据明显增多。可以看到，除了一些经济体由于当时所处时代的技术背景和自身制度文化所造成的特殊差异，GFP 分项结构已基本趋同。

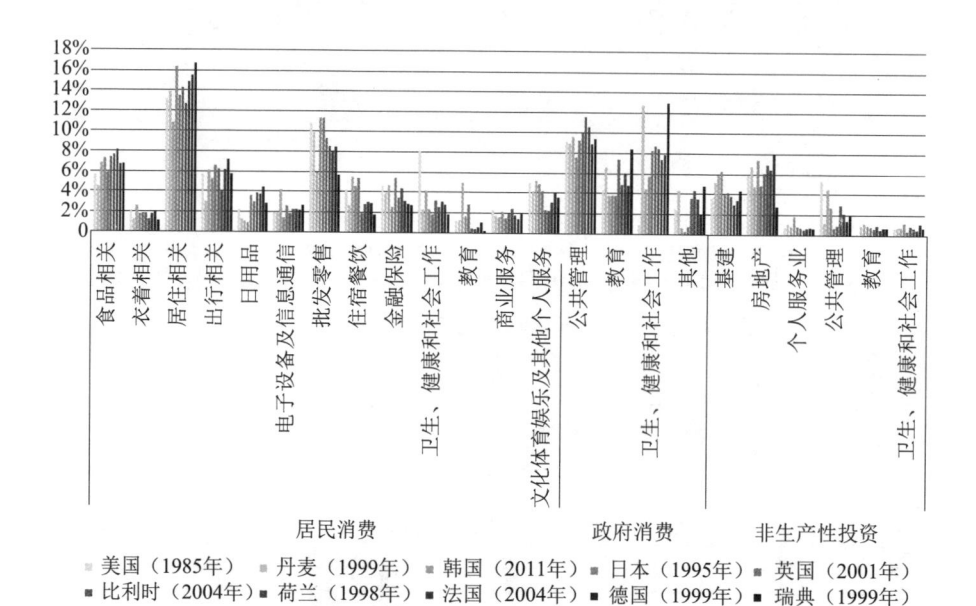

图 4　人均 GDP 达 32000 美元左右对应的 GFP 结构比较

资料来源：BEA、RIETI、OECD 等数据库，课题组测算。

图 4 中几处主要差异的原因如下：电子设备及信息通信的居民消费分项中，韩国的占比明显过高的原因是韩国所处的时间是 2011 年，其他经济体都是在 2000 年前后，技术背景差异明显，而且韩国的电子产业非常发达；卫生、健康和社会工作的居民消费与政府消费部分，美国存在明显异常，这与美国医疗服务费用高昂，居民医疗费用主要由商业医疗保险承担有很大关系；丹麦和瑞典在卫生、健康和社会工作中政府消费过高的原因是，二者都是北欧高福利国家

的典型代表，政府通过财政为公民提供医疗服务和资金支持；在教育的居民消费中，韩国的高占比与其"教育立国"的观念深入人心、韩国居民青睐以课外补习为主的私人教育有较大关系；在基建和房地产投资分项中，可以明显看到同属东亚后发成功追赶型经济体的韩国和日本占比要略高于其他经济体；美国的投资数据较为特殊，分为私人部门投资和政府部门投资，但是OECD数据库中分行业的投资数据难以对两者进行明显区分，从而导致分行业投资的数据可能存在一些异常，如教育投资占比显著偏低等。

（四）典型发达经济体终端需求结构演进路径

上述样本经济体的增长历程和制度文化特点，大致可以划分成三类：先发成熟经济体、欧洲模式发达经济体和后发成功追赶型经济体。本部分选取一些有代表性的高收入经济体进行深入分析，以人均GDP为14600美元左右（与中国2019年相同水平）的发展阶段作为起点，一方面对比中国与其相同发展阶段的GFP结构差异，另一方面观察这些高收入经济体GFP结构的演变规律。

1. 先发成熟经济体

美国是先发成熟经济体的代表，一直处于全球科技创新和经济增长的前沿。美国的相关数据可得性强，时间跨度大，涵盖了人均GDP从14600美元至54800美元左右的发展阶段（见图5）。

通过对比中美两国相似发展阶段可以发现：生存型消费中的食品相关和日用品占比基本一致，中国的衣着相关占比略低；中国的享受型消费普遍偏低，如居住相关、住宿餐饮、商业服务、文化体育娱乐及其他个人服务等，而电子设备及信息通信的占比偏高则与所处时代的技术背景差异有关；美国发展型消费中的卫生、健康和社会工作部分较为特殊，居民部分负担较重，这在前文中也有分析。从教育与卫生、健康和社会工作的居民消费、政府消费和非生产性投资部分可以看出，中国对这些领域的重视程度要高于美国同期；中国的基建投资、房地产投资占比显著偏高。

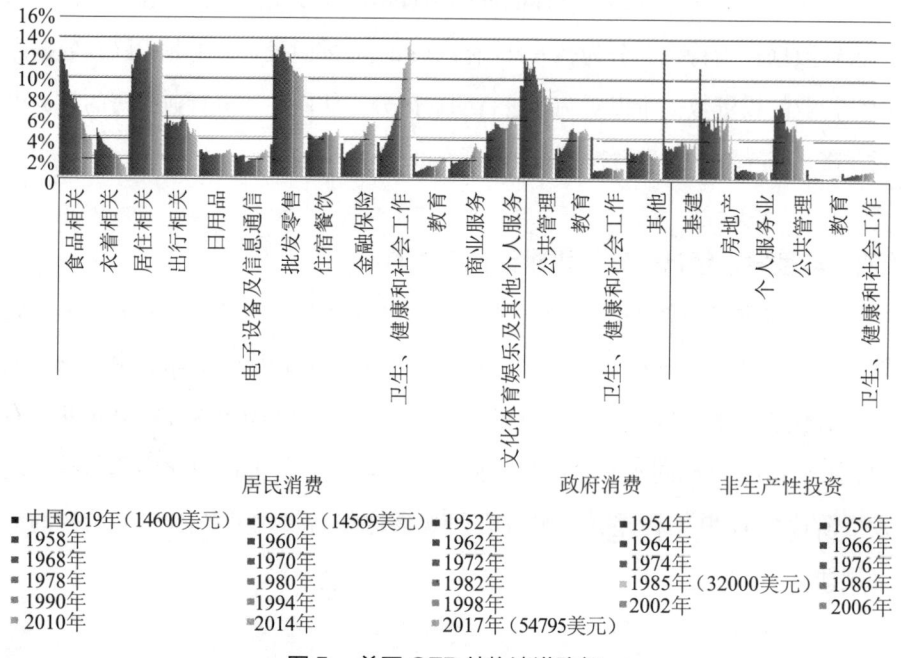

图 5　美国 GFP 结构演进路径

资料来源：美国 BEA 数据库，OECD 数据库，课题组测算。

随着人均 GDP 水平的不断提高，美国 GFP 结构的变化呈现以下特点：一是食品相关和衣着相关等生存型消费占比持续下降；二是享受型消费占比大部分上升，而出行相关占比的先升后降可能与人均 GDP 达到一定水平后汽车保有量相对饱和有关；三是尽管发展型消费中存在政府和居民之间不同分配的问题，但整体占比都呈现上升态势；四是政府的公共管理等一般性开支占比持续下降；五是在非生产性投资中，房地产投资占比逐步下降，基建投资占比基本稳定，公共管理和国防投资占比下降，卫生、健康和社会工作投资占比上升，其他部分占比相对稳定。此外，尤为明显的是中美两国批发零售的居民消费占比存在显著差异，这将在下文进行详细分析。

2. 欧洲模式发达经济体

丹麦是欧洲模式发达经济体的代表，同时也是典型高福利经济体。丹麦的数据覆盖了人均GDP从14000美元到43500美元左右的发展阶段（见图6）。

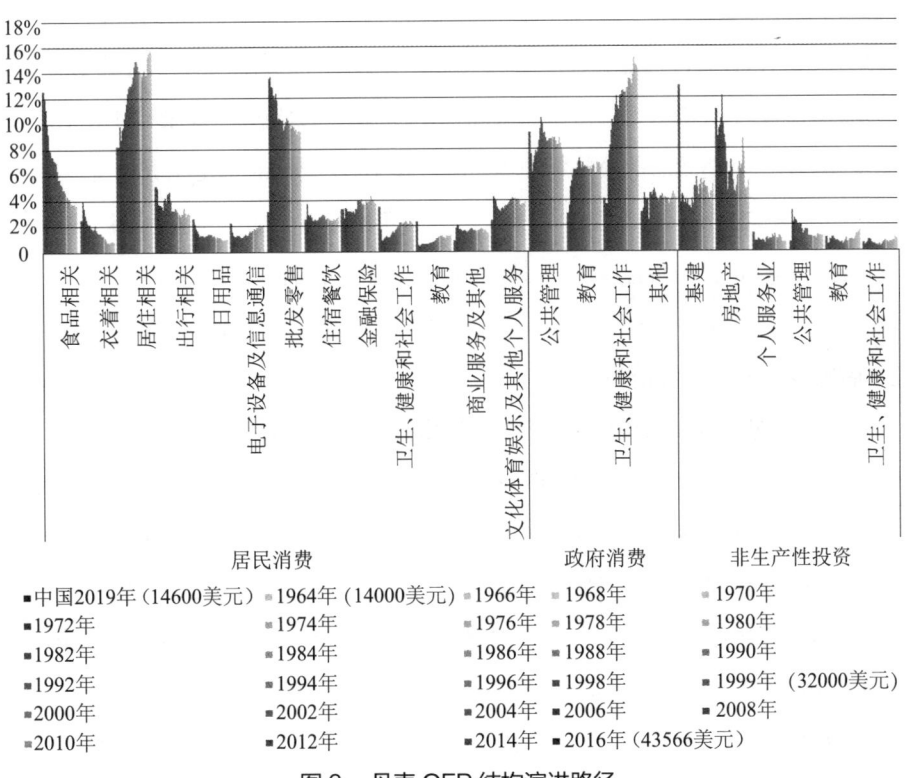

图6 丹麦GFP结构演进路径

资料来源：丹麦统计局，OECD数据库，课题组测算。

图6显示，丹麦在1964年左右达到与中国2019年相似的发展阶段。通

过对比发现，两国的生存型消费占比差异较小，其他部分差异较大。具体而言，中国的享受型消费占比普遍偏低；在发展型消费部分，中国总体偏低，丹麦高福利经济体的特征在这里尤为明显，体现在政府对于教育及卫生、健康和社会工作的高投入；中国的基建投资占比显著偏高，房地产投资占比也略高。

随着人均GDP水平的不断提高，丹麦GFP结构的变化呈现以下特点：一是食品和衣着相关等生存型消费占比下降；二是享受型消费中除居民出行相关和批发零售消费，占比大多呈现出明显的先升后稳态势，批发零售消费的占比同美国一样也在下降，而出行相关占比下降的原因与美国类似，可能与汽车保有量初步饱和有关；三是发展型消费中的居民消费部分同样呈现先升后稳态势，但是政府消费部分中教育的占比先大幅攀升后趋稳，而卫生、健康和社会工作占比持续上升；四是政府的公共管理等一般性开支占比先升后降；五是在非生产性投资中，房地产投资占比整体下降，但中间年份存在一定程度的回调，基建投资占比基本稳定，公共管理投资占比下降，其他部分占比相对稳定。

3. 后发成功追赶型经济体

日本和韩国是典型的后发成功追赶型经济体，它们成功跨越中等收入陷阱，跻身高收入经济体行列，且与我国同属东亚文化圈，在文化和社会结构等方面具有一些相似特点。改革开放以来，我国经济经历长达30多年的高速增长。自2010年起，我国经济增速从年均10%左右的高速增长平台逐步下移至6%~7%的中高速增长平台，并围绕这一平台上下波动。日、韩两国同样也发生过相应的增长阶段转换（见图7、图8）。

如图7所示，日本在20世纪60年代初至70年代初实现了年均9%左右的高速增长。"第一次石油危机"爆发后，日本经济增速逐步下行至4%左右的中速增长平台，其转换期的中高速增长和稳定期中速增长共持续了约20年时间。在20世纪90年代初的房地产泡沫破裂后，日本经济增速再次下台阶，叠加人口老龄化等因素，其经济进入年均增长1%左右的成熟阶段。

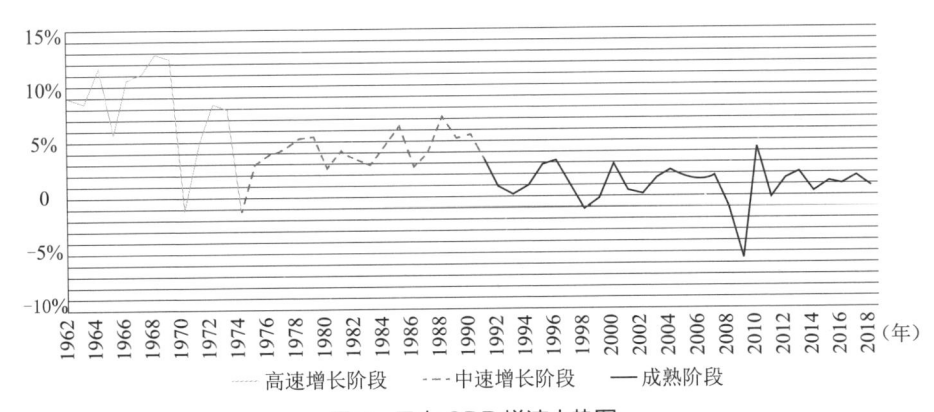

图 7　日本 GDP 增速走势图

资料来源：世界银行数据库，课题组测算。

如图 8 所示，韩国在 20 世纪 60 年代至 90 年代中期实现了年均 8% 左右的高速增长。亚洲金融危机冲击过后，韩国的经济增速下移至 5% 的中速增长平台，并维持约 10 年时间。2008 年受国际金融危机的冲击，韩国经济增速再次下一台阶，目前已进入年均增长 3% 左右的成熟阶段。

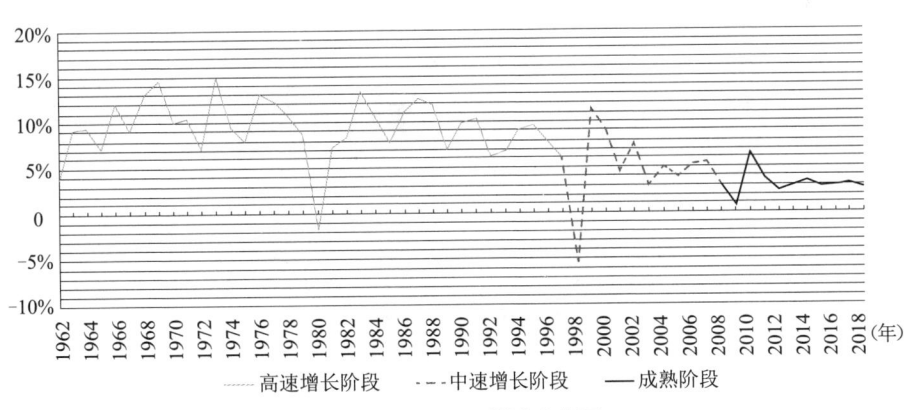

图 8　韩国 GDP 增速走势图

资料来源：世界银行数据库，课题组测算。

日、韩两国经济都经历过两次增速换挡，它们在此过程中的 GFP 结构演化路径对我国具有较大的借鉴价值。

（1）从高速增长阶段向中速增长阶段的转换

图 9 和图 10 显示，日本在 1973 年、韩国在 1992 年达到与中国 2019 年相似的发展水平。对比相同发展阶段可以看到，三国的食品相关、衣着相关等生存型消费占比基本一致；中国的享受型消费占比普遍低于日、韩两国，但与美国、丹麦不同的是，中国的居民金融保险消费占比要高于日、韩；把发展型消费中的居民部分和政府部分结合起来看，中国的教育与卫生、健康和社会工作部分占比高于日、韩，高出部分主要由居民负担；中国基建投资占比仍然高于日、韩，但与欧美经济体之间的差距有所缩小；而在房地产投资占比方面，中、日、韩三国的占比相近，与欧美经济体明显不同。

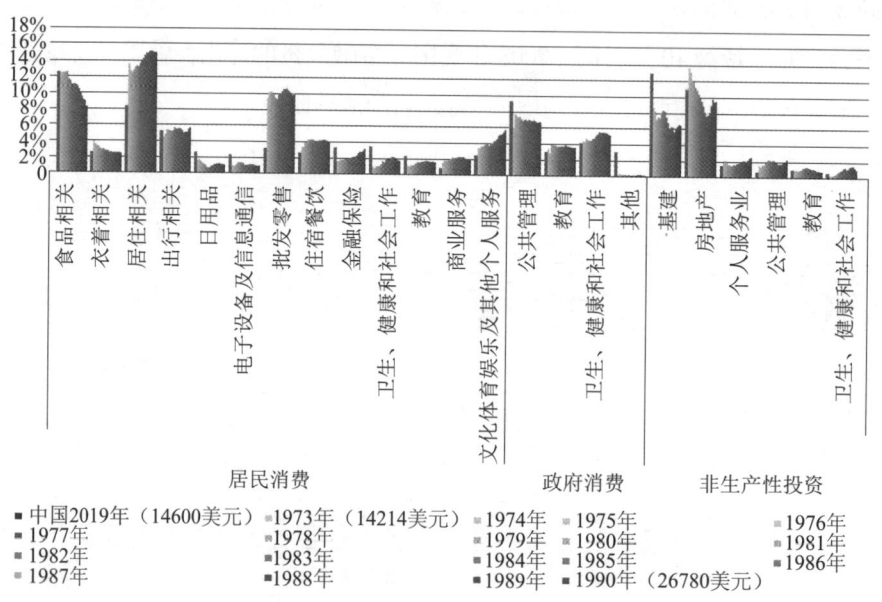

图 9　日本经济由高速增长向中速增长转换时的 GFP 结构变化

资料来源：RIETI 数据库，课题组测算。

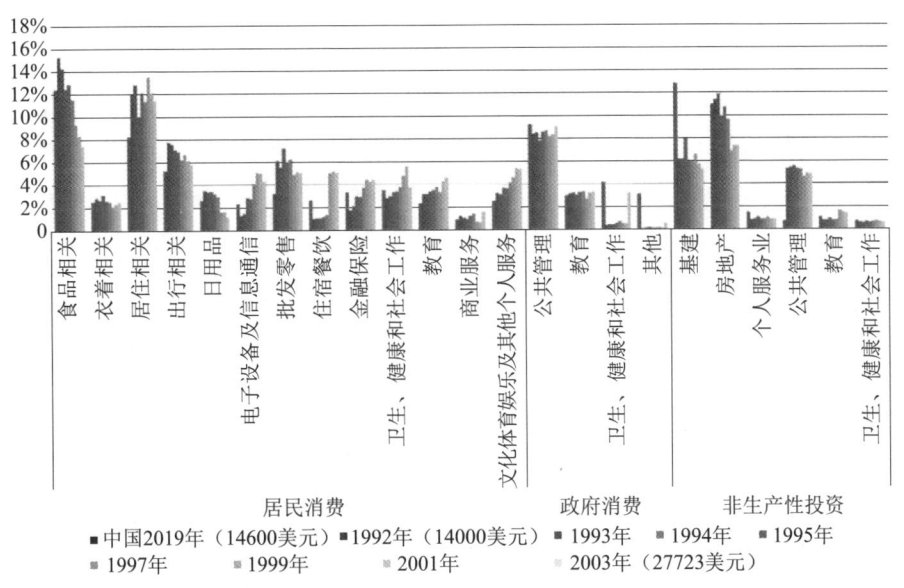

图 10 韩国经济由高速增长向中速增长转换时的 GFP 结构变化

资料来源：韩国央行，OECD 数据库，课题组测算。

比较日、韩两国从高速增长阶段到中速增长阶段末期的 GFP 结构的演变路径，呈现以下特点：一是在食品相关、衣着相关和日用品等生存型消费方面，两国占比均在下降；二是两国享受型消费中居住相关、住宿餐饮、商业服务、文化体育娱乐及其他个人服务占比整体呈现上升态势，但日本的居住相关、住宿餐饮、商业服务占比表现的是先升后稳，而韩国的居住相关和商业服务表现的是"波动上行"，两国金融保险占比持续上升；三是在出行相关的居民消费方面，日本的占比保持稳定，而韩国的占比同美国、丹麦一致，持续下降；四是在电子设备及信息通信居民消费方面，韩国的占比在 20 世纪 90 年代后迅速攀升，这是由于技术变革，而日本处在 90 年代之前，占比变化不明显；五是在发展型消费方面，教育及卫生、健康和社会工作占比整体上升，但日本的居民和政府部分的占比均呈现先升后稳态势，这可能与日本"人口老龄化、社会少子化"现象导致的学龄人口数量下降有关；六是在非生产性投资方面，两国的房地产和基建投资占比均整体下降，其他投资占比变化相对较小。

（2）从中速增长阶段向成熟阶段的转换

在维持 10~20 年的中速增长后，日本和韩国的经济增速再次放缓，由中速增长阶段转向成熟阶段。从图 11 和图 12 可以看出，日、韩两国从中速增长阶段末期到成熟阶段时期的 GFP 结构主要变化体现在：一是居民的生存型消费占比继续下降；二是居民的享受型消费有升有降，稳定性有所提升；三是发展型消费占比继续上升，其中政府的倾斜力度持续加大；四是在基建和房地产投资方面却因国而异，日本的占比均继续下降，而韩国的基建投资占比先升后降，房地产投资占比先降后升。

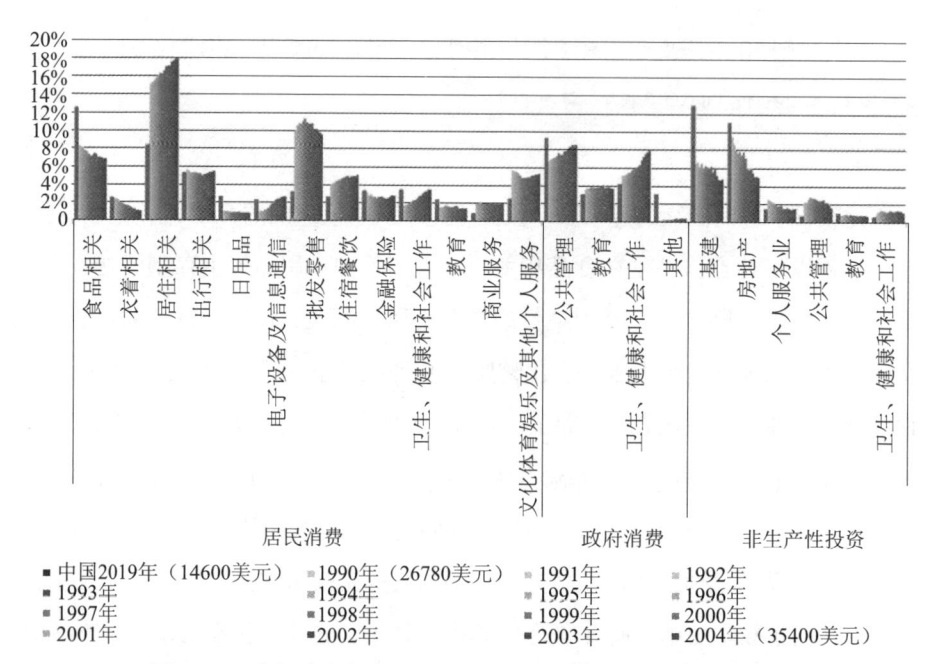

图 11 日本经济由中速增长向成熟阶段转换时的 GFP 结构变化

资料来源：RIETI 数据库，课题组测算。

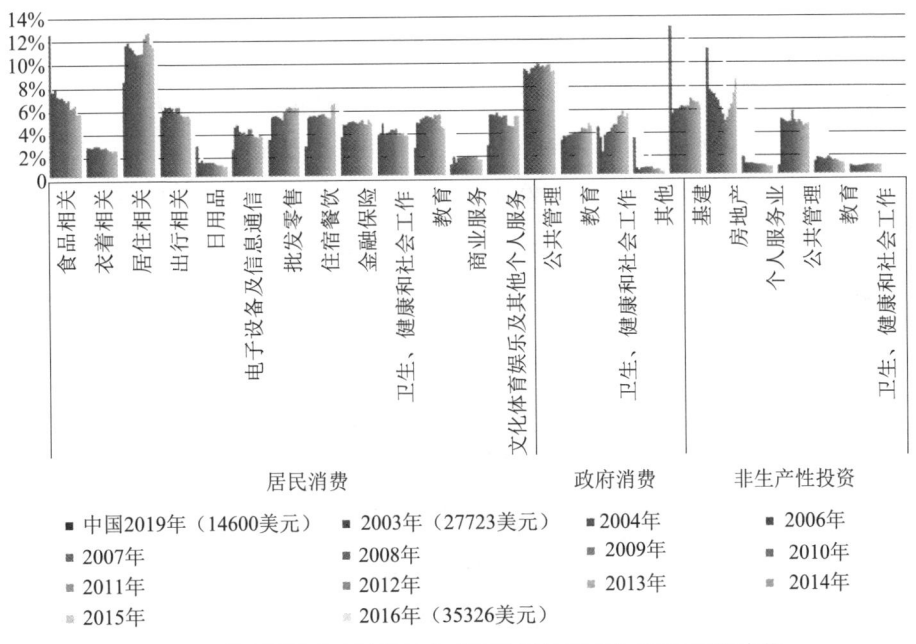

图 12　韩国经济由中速增长向成熟阶段转换时的 GFP 结构变化

资料来源：韩国央行，OECD 数据库，课题组测算。

三、中国终端需求标准结构的未来演进方向

前文已经展示了随着人均 GDP 的不断提高，不同经济体的 GFP 结构呈现较强的趋同性和一致性。课题组对样本高收入经济体在相似发展阶段时的 GFP 结构进行统一标准化处理，在剔除各国自身因素带来的 GFP 分项占比异常值后，构建了高收入经济体 GFP 标准结构演变路径。该标准结构可以更直观地展现我国 GFP 结构与高收入经济体间的差距和未来演进的方向。

课题组认为，造成不同高收入经济体在相似发展阶段 GFP 结构差异的原因主要有两个方面。一是口径差异。比如，不同经济体投入产出表编制时所采用的不同价格类型造成一定差异。价格类型包括生产者价格、购买者价格和基准

价格等。还有不同经济体行业分类标准不同造成的差异，比如不同分类标准中大类行业中包含的内容不尽相同。此外，不同经济体所处的年代差异可能会造成一定误差，比如，较早年代的统计方法相对粗糙和简单。二是各个经济体自身制度、规模、地理位置、文化等方面的不同带来的差异。

统一标准化处理的手段主要分为定性分析主导和定量分析主导两类。定性分析主导方法的逻辑是，通过对比不同时间节点高收入经济体相似发展阶段的结构，可以发现终端需求结构具有一定的相似性，尤其是随着发展水平的提升趋同性变得更加明显。更为重要的是，不同高收入经济体的 GFP 分项随着发展水平的提升而呈现的变动趋势具有较强的一致性。基于上述逻辑，可以在每个时间节点上先寻找不同经济体 GFP 结构的共性，比如对于某一特定 GFP 分项，29 个样本经济体中绝大多数的占比都处于一个非常相似的区间，那么我们认为此区间的平均值可以作为这个 GFP 分项的标准值。对于占比不同于这个区间或与这个区间差距较大的经济体，需要进行具体分析。首先需要通过此经济体前后时间序列对比分析判断其是否为异常值，然后分析出现偏差的原因，这样往往能够找到较为合理的解释，如前文提及的美国私人医疗消费占比过高、北欧高福利经济体公共服务的高占比、后发成功追赶型经济体的高投资驱动，以及特定时代背景下的技术水平差异等。

定量分析主导方法的重点在于建模。我们把人均发展水平看作自变量 x，把 GFP 分项占比看作因变量 y，然后确定以下三个关键参数。一是特定差异值，也就是不同经济体自身因素带来的差异，它会随着发展水平的变化而变化。二是标准变化率，是在假定所有经济体既无自身差异，也无统计误差的情况下，每一单位的变动会使 GFP 分项占比产生多大幅度的相应变动。这个参数是一个非线性函数，有些情况下 GFP 分项占比可能呈现衰减式上升或下降。三是误差，也就是不规则项，是由统计口径、年代差异等多种因素造成的。基于上述的变量和参数设定，我们就可以通过不同经济体的发展水平和 GFP 分项占比数据进行建模，从而找出一个最优的标准结构。

首先，GFP标准结构使用的数据时间跨度大，涉及经济体多，各经济体文化制度和所处年代的技术背景存在不同程度的差异。在构建GFP标准结构过程中，课题组在一定程度上考虑并剔除了各经济体因自身制度和文化、所处年代技术背景等因素带来的差异，但仍有局限性。例如，我们仅考虑了所处年代技术背景对电子设备及信息通信消费的影响，并未考虑其对文化体育娱乐等消费的影响。事实上，技术背景的变化会产生一系列新的需求场景，如早些年代的文化体育娱乐消费中不包括网络游戏和直播等，但近年来这些消费活动却成为发展迅猛的需求增长点。

其次，不同经济体由于"特殊国情"带来的结构差异较为明显，如我国基建投资与房地产投资占比远高于欧美发达经济体，但通过观察以日本、韩国为代表的同属东亚文化圈的后发成功追赶型经济体，发现它们的房地产投资占比甚至比中国还略高一些，基建投资也高于欧美发达经济体。然而，从总体和长期看，正如图13、图14所显示的，日、韩的GFP分项变化趋势与OECD高收入经济体（不含日、韩）的变化趋势基本一致，这说明高收入经济体的GFP结构演变经验对日、韩同样适用。在诸多差异客观存在的情况下，我们需要找到某些共性特征和基准答案，才能准确把握高收入经济体GFP结构演进对我国发展的可借鉴意义。

图15展示了中国与高收入经济体GFP标准结构位于相似发展阶段时的对比，以及标准结构从14600美元到32000美元的演进路径，大致相当于中国2019—2035年的时间区间。其中，17000美元、20000美元、26000美元和32000美元大致相当于中国2022年、2025年、2030年和2035年的发展水平。由于所处时代不同，终端需求结构将会存在一些差异，但仍能清晰地看到现阶段我国终端需求的结构状态和未来发展方向。

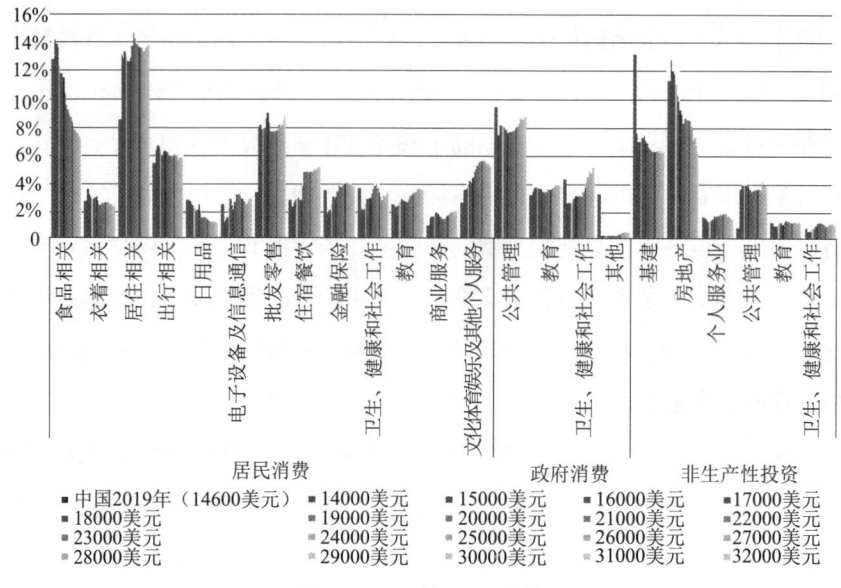

图 13 日、韩 GFP 结构

资料来源：韩国央行，RIETI 数据库，课题组测算。

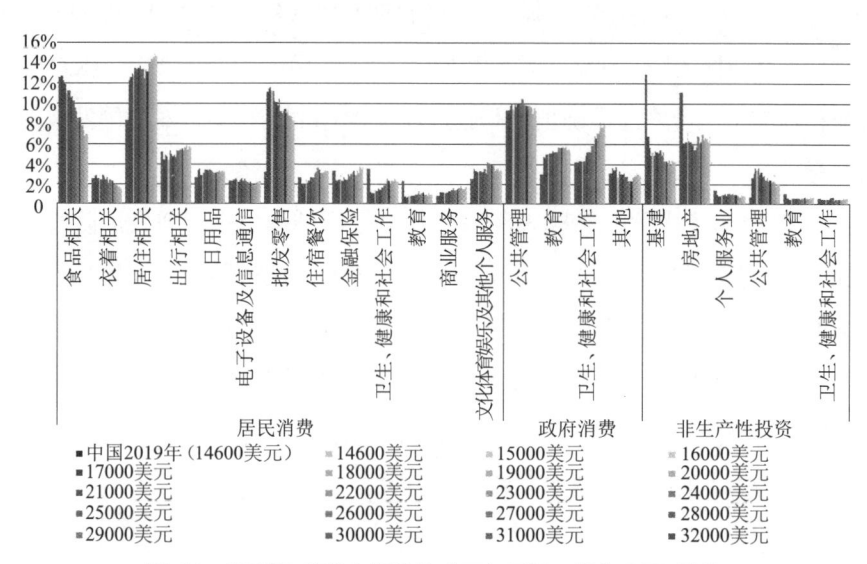

图 14 OECD 高收入经济体（不包括日、韩）GFP 结构

资料来源：BEA、RIETI、OECD 等数据库，课题组测算。

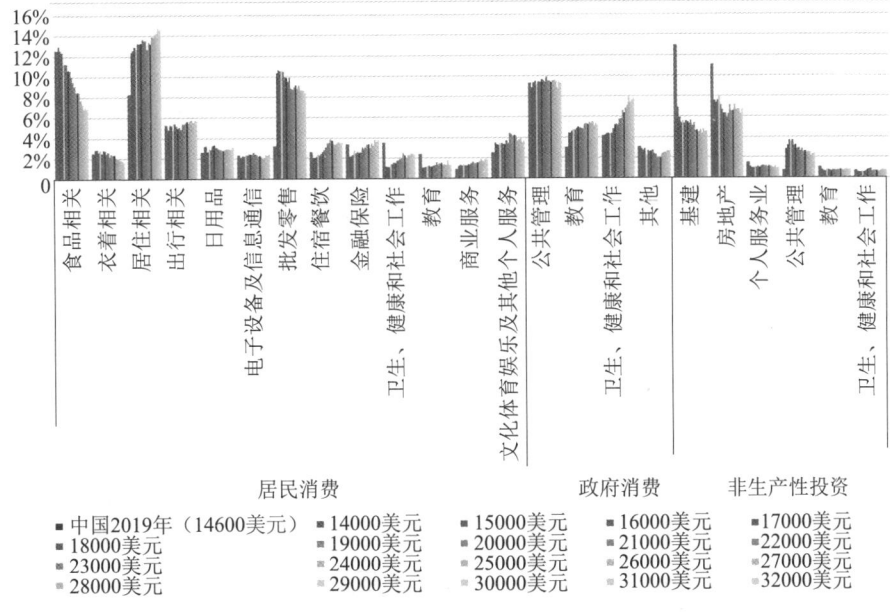

图 15　中国与高收入经济体 GFP 标准结构比较

资料来源：BEA、RIETI、OECD 等数据库，课题组测算。

一是当前我国居民的生存型消费占比与标准结构基本一致，参考标准结构未来演变趋势，我国食品相关消费占比仍将持续较大幅度下降；衣着相关消费占比也会持续下降，但降幅明显低于食品相关消费；日用品消费占比保持基本稳定态势。占比下降并不意味其消费总额减少，事实上，随着人均收入的持续上升，相关消费也会升级，消费总量是在增加的。但是由于居民享受型、发展型消费的增长更为迅速，将对生存型消费的占比产生一定的挤出效应，这与恩格尔定律的含义较为相似。

二是当前我国居民享受型消费占比整体低于标准结构。从具体分项看，在居住相关的居民消费方面，我国当前占比仅相当于标准结构的 2/3，显著偏低，这可能主要是由于我国对自有住房租金核算部分有所低估，此外也可能存在我国房地产租赁及房地产相关服务水平相对较低的原因。参考标准结构未来的演变趋势，我国居民居住消费占比将会逐步上升，其可能隐含的逻辑是，居民在对居住物理空间需求得到满足后，对于物理空间内的便利设施、耐用消费品及相关配套服务的需求会持续增长。在商业服务居民消费方面，我国当前占比明显低于标准结构，未来其占比将持续上升。标准结构显示，文化体育娱乐及其他个人服务占比在上升至一定水平后会有所回调，但我国未来一段时期在该项消费占比上将呈现上升态势。

在电子设备及信息通信的居民消费方面，我国当前占比同样稍高于标准结构，但是此项消费与所处时代的技术背景高度相关，标准结构中的大多数经济体所处的年代较早，与当下技术水平差异明显。标准结构显示，未来整体变动幅度较小，这或许对我国未来发展的指引性较弱。随着人均收入水平的提升和科技的进步，居民对于电子产品和信息通信的需求会持续增长，但电子产品及服务的国产化率逐步上升会带来相对价格的下降，同时信息通信等相关费用也会降低。从长期来看，电子设备及信息通信消费的占比可能呈现趋稳态势。这与电子设备及通信方面较为领先的韩国先升后降的趋势相似，但也不排除新的重大技术变革带来占比大幅上升的可能性。

在出行相关居民消费方面，我国当前占比略高于标准结构。根据发达经济体经验，未来一段时间内仍有一定程度的上升空间，但随着人均汽车保有量上升，此项消费将逐步趋稳。在住宿餐饮消费方面，我国当前占比略高于标准结构，未来将呈现先升后稳态势。金融保险消费占比呈现持续上升态势，但是考虑到当前我国此项占比已经高于同期标准结构，未来可能缓慢上升或趋于稳定。

在批发零售居民消费方面，我国当前占比与标准结构差异明显。这里批发零售居民消费的含义并不是指特定的实物消费，而是居民所有消费中属于流通环节的附加费率，反映的是生产者价格与购买者价格之间的差异。中国此项占比低的原因可能与三个因素有关：（1）我国以往"重生产、轻流通"的发展方式，造成流通服务业发展整体落后；（2）农村地区的"自给自足"模式，导致一定程度上的统计偏误；（3）我国人力成本较低。从标准结构的变化趋势看，批发零售居民消费占比会持续下降，可能是流通环节的附加费率会随着发展阶段的提升而有所下降，同时电商平台、直播带货和物流的发展与应用会显著降低流通成本。考虑到当前的结构性差异，未来我国批发零售居民消费的占比随着统计的完善可能会先出现一定的"补课式"上升，达到一定水平后再放缓。

三是当前我国发展型消费整体上要高于标准结构，但是政府支出倾斜力度不足，居民负担部分相对较重的现象仍然存在。在居民消费部分，我国的教育及卫生、健康和社会工作的占比显著高于标准结构。从标准结构演变方向看，两者未来呈现先升后稳的态势。考虑到当前我国这两项的占比已经偏高，未来持续上升的可能性较小，预计卫生、健康和社会工作居民消费占比会有所下降，而教育居民消费占比由于课外补习和新兴教育模式（比如线上教育等）的迅速发展会呈现先升后降的态势。在政府消费部分，我国的教育占比显著低于标准结构，卫生、健康和社会工作的占比与标准结构相近。根据标准结构演变判断，未来这两者将呈现持续上升态势，其中卫生、健康和社会工作的占比上升幅度更大，而其他政府消费部分占比将有所下降，这意味着政府的消费性支出应向公共服务领域倾斜，缩减一般性开支等其他支出。

四是与标准结构相比，当前我国基建投资和房地产投资占比明显偏高，公共管理投资占比偏低，其他非生产性投资占比偏差不大。在基建投资占比方面，我国约为相同发展水平标准结构的两倍，这种 GFP 结构严重扭曲状况的调整势在必行。标准结构的演变路径也指出了基建投资占比未来会呈持续下降态势。在房地产投资占比方面，尽管我国当前的占比显著高于标准结构，但是从前文分析中可以看到，我国与东亚后发成功追赶型经济体的日本、韩国较为一致。不过标准结构和日、韩两国此项未来演变路径均呈现整体下降态势，预计未来我国房地产投资占比也会相应下降。在公共管理投资占比方面，尽管标准结构的演变路径呈现下降趋势，但考虑到当前我国与相同发展水平的标准结构差距较大，预计未来会先出现较长一段时间的"补课式"增长，然后趋于稳定。其他非生产性投资占比，从标准结构来看未来变化较小，预计中国未来这几项会与标准结构的变化趋势大体相同。

从短期看，未来5年，在我国GFP结构居民消费部分中，食品相关、衣着相关占比会有所下降，日用品、电子设备及信息通信，卫生、健康和社会工作占比会基本保持稳定或略有下降，居住相关、出行相关、住宿餐饮、商业服务、文化体育娱乐及其他个人服务、批发零售、金融保险、教育占比会有所上升。在政府消费部分中，教育及卫生、健康和社会工作占比会有所上升，其他消费性支出会有所下降。在非生产性投资部分，基建投资、房地产投资占比会有所下降，个人服务业投资占比基本保持稳定，公共管理投资、教育投资，卫生、健康和社会工作投资占比会有所上升。

四、中国国内区域终端需求结构的演进方向

GFP分析框架不仅适用于国际间的比较，也适合于国内省级乃至市级行政单元的比较。从体量上看，中国多数省级行政区的规模不亚于上述一些发达经济体。因此，高收入经济体GFP标准结构的演变路径，对分析我国省级行政区的发展趋势同样具有重要意义。

（一）测算中国省级行政区按购买力平价衡量的发展阶段

在上文中我们采用按购买力平价计算的人均GDP（2011年不变价美元）作为衡量发展阶段的标准，在区域层面仍然使用相同方法。但宾夕法尼亚大学世界表9.1中只有中国全国数据，并无31个省市自治区具体数据。课题组在《经济学人》杂志公布的2010年按购买力平价计算的中国31个省市自治区现价人均GDP的截面数据基础上，先是把截面数据转换到与宾夕法尼亚大学世界表9.1一致的口径，然后统筹考虑31个省市自治区的经济实际增长速度、物价水平累计变化和人口总量变化等变量因素，推算出了2012—2019年中国

31个省市自治区按购买力平价计算的人均GDP（2011年不变价美元）数据。结果显示，2012年，全国31个省市自治区的人均GDP处于5000~33000美元的区间，简单平均值在11000美元左右；到2019年整体上升到7000~45000美元的区间，简单平均值在16000美元左右。

（二）中国省级层面终端需求结构横向比较

为了探究GFP结构在区域间的差异和发展规律，课题组基于国家统计局公布的2012年全国31个省市自治区投入产出表和非生产性投资完成额数据，测算出统一数据口径、统一行业标准的居民消费、政府消费和非生产性投资分项数据，并以此构成各个省市自治区的GFP结构。基于31个省市自治区2012年GFP结构的截面数据，我们可以按照不同发展阶段、不同地理区域和不同城市群等属性进行归类、对比和分析，以直观反映出不同类别之间的差异。

1. 按照不同发展阶段进行分类

课题组根据全国31个省市自治区的人均GDP水平，划分了三个不同的发展阶段，即10000美元以下、10000~20000美元和20000美元以上，并在剔除各省市自治区因自身因素导致的异常值后，把处于同一发展阶段省市自治区的GFP结构进行合并和标准化处理，构建了三个发展阶段的GFP标准结构。

在20000美元以上发展阶段的省市包括：上海（33293美元）、北京（27793美元）、天津（26404美元）和江苏（24566美元）。

在10000~20000美元这一发展阶段的省市自治区包括：内蒙古（16654美元）、浙江（16167美元）、广东（16024美元）、山东（15498美元）、辽宁（13619美元）、福建（13172美元）和吉林（11114美元）。

在10000美元以下这一发展阶段的省市自治区包括：重庆（9860美元）、陕西（9616美元）、河北（9540美元）、宁夏（9351美元）、湖北（8967美元）、山西（8652美元）、黑龙江（8478美元）、河南（8045美元）、湖南（8006美元）、青海（8005美元）、四川（7748美元）、新疆（7602美元）、海南（7434美元）、江西（7204美元）、安徽（7114美元）、广西（6411美元）、云南（5928美元）、西藏（5503美元）、甘肃（5286美元）和贵州（4455美元）。

从图16可以看出，不同发展阶段的省市自治区间GFP结构存在明显差异，同时，随着发展阶段的变化呈现明显的规律性。考虑到样本数据量相对较少，标准结构中仍存在一定不准确、不合理的地方。

不同发展阶段分类的省市自治区GFP结构呈现出以下规律：一是随着人均GDP的提升，居民的食品相关和衣着相关等生存型消费占比均有所下降，其中食品相关消费占比随着发展阶段的提升而降幅逐渐加大；二是居民的享受型消费占比基本呈全面上升态势，但批发零售的居民消费占比变化不大；三是发展型消费占比整体上升，但居民消费部分中教育的占比先升后稳，卫生、健康和社会工作的占比先升后降，这意味着随发展水平的提升，政府消费性支出更多地向民生领域倾斜，为居民"减负"；四是政府消费中的公共管理等一般性支

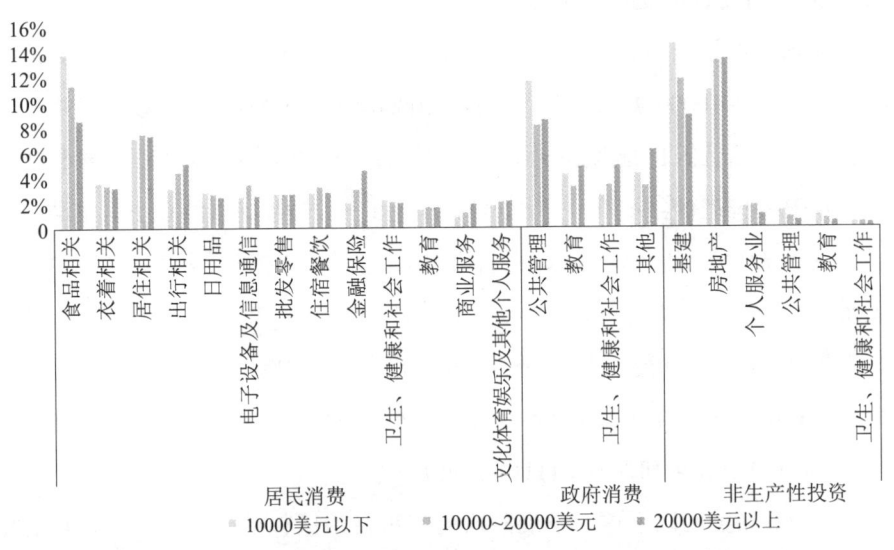

图16 31个省市自治区按不同发展阶段分类的GFP结构

资料来源：省市自治区统计局，课题组测算。

出呈逐步下降态势，尤其是10000美元以下的省份占比过高，20000美元以上省份的占比则趋于稳定，所有省份的其他政府消费占比均有所上升；五是基建投资占比下降，发展水平越低的省份占比越高；六是房地产投资占比先升后稳，可能达到一定发展水平后会趋于稳定；七是其他非生产性投资占比呈一定的下降态势，这可能是因为其绝对量增速相对较低，占比也被相应拉低，背后反映的可能是相对高收入地区投资需求逐步呈现饱和状态。

2. 按照四大区域进行分类

基于31个省市自治区的地理属性，课题组划分了四大区域，即东部地区、中部地区、西部地区和东北地区。在剔除各省市自治区因自身因素带来的异常值后，把处于同一区域省市的GFP结构进行合并和标准化处理，构建了四大区域的GFP标准结构（见图17）。

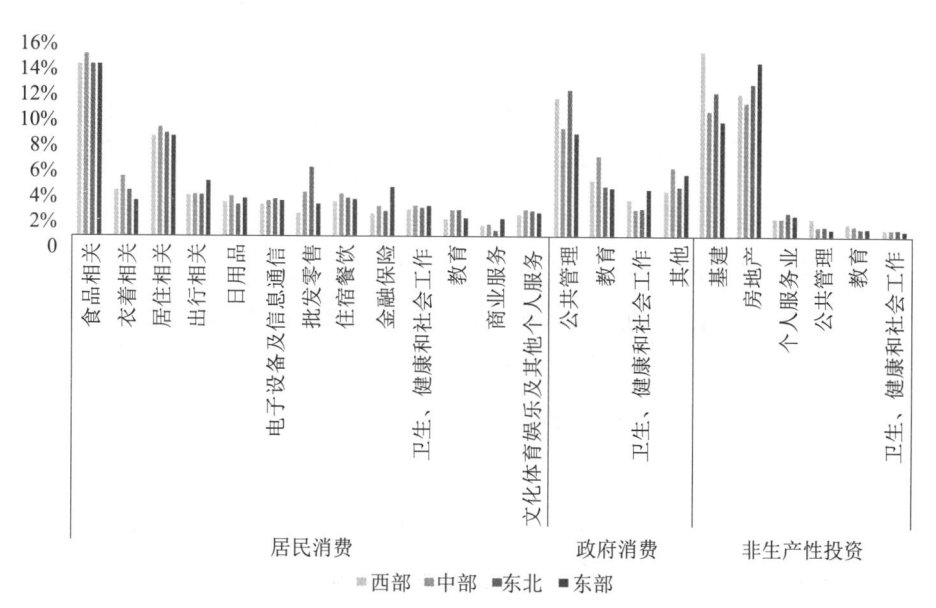

图17 31个省市自治区按四大区域分类的GFP结构

资料来源：省市自治区统计局，课题组测算。

从图 17 可以看出，不同区域的 GFP 结构存在一些明显特点。

在生存型居民消费中，食品相关和衣着相关消费的占比均是中部地区最高，西部地区次之，东北地区再次之，东部地区最低；而日用品消费占比方面则是中部、东部较高，西部、东北较低。

在享受型居民消费方面，东部地区出行相关、商业服务和金融保险这三项占比遥遥领先，中部地区居住相关、住宿餐饮和文化体育娱乐及其他个人服务这三项占比最高，东北地区电子设备及信息通信和批发零售这两项领先，西部地区则基本上占比偏低。

在发展型消费中，在教育方面，中部和东北地区的居民消费占比相对较高，西部和东部地区占比相对较低；中部地区政府的教育消费性支出显著高于其他区域，接下来依次为西部、东北、东部。在卫生、健康和社会工作方面，西部地区的居民消费占比偏低，其他三大区域占比较为一致；东部地区政府对卫生、健康和社会工作的消费性支出显著高于其他区域，其次是西部，而中部和东北相对较低。

在政府公共管理的消费性支出方面，东北和西部地区占比较高，中部和东部地区占比较低；在政府其他消费性支出方面，中部和东部地区占比较高，西部和东北地区占比较低。

在基建投资方面，西部占比大幅领先，其次是东北和中部地区，东部最低；在房地产投资方面，东部地区占比最高，而后依次为东北、西部和中部地区；在其他非生产性投资中，东北地区个人服务业与卫生、健康和社会工作投资占比最高，西部地区教育和公共管理投资占比最高，东部地区除个人服务业投资，均为最低。

总的来看，终端需求结构在我国区域间和省级层面存在显著差异。与高收入地区相比，低收入地区主要展现了两个方面的特征：一是居民消费水平的差异。从图 17 和图 18 中可以明显看到，低收入地区的消费能力有限，以生存型消费为代表的必选消费占比较高，以享受型、发展型消费为代表的可选消费占比较低，这主要是收入水平差异导致的。二是政府职能上的差异。低收入地区呈现的典型特征是政府主导的基建投资占比更高，政府的行政开支占比较高，而教育、卫生和社保等公共服务领域的开支显著偏低。

（三）中国省级行政区与高收入经济体终端需求标准结构的对比

前文构建了三个不同发展水平的GFP标准结构，包括10000美元以下、10000~20000美元和20000美元以上三个区间。本部分将每个区间的标准结构与处在相同发展水平的高收入经济体GFP标准结构进行对比分析，可以清楚地看到GFP结构的调整方向和发展趋势（见图18、图19和图20）。

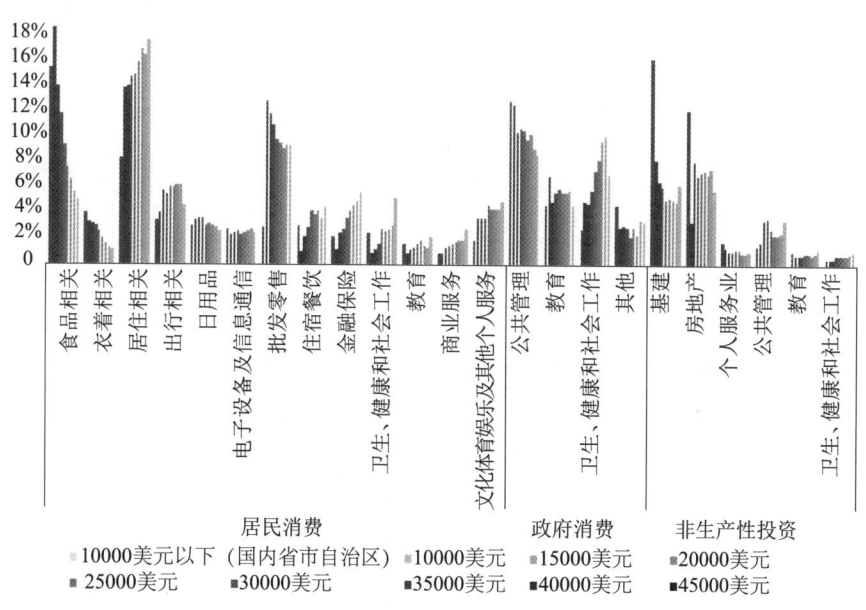

图18 10000美元以下省市自治区与高收入经济体标准结构比较

资料来源：省市自治区统计局，课题组测算。

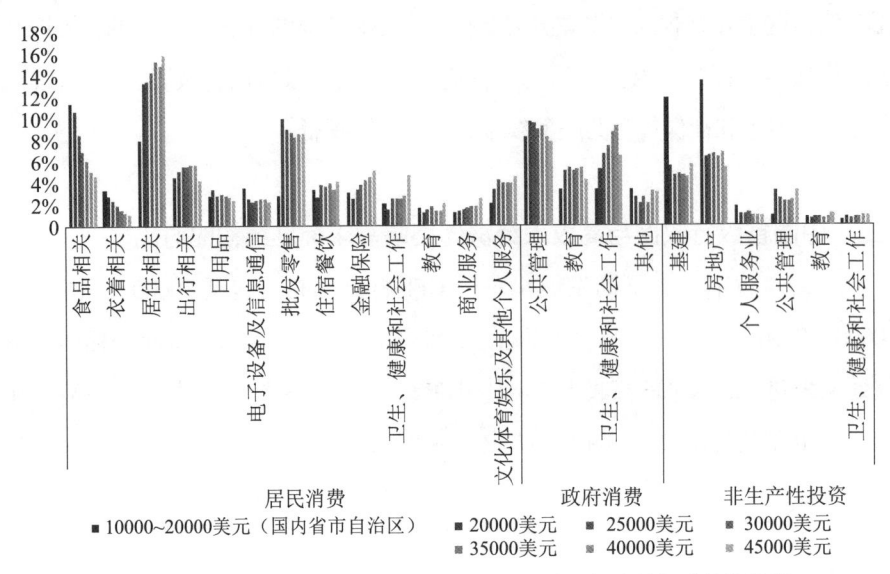

图 19　10000~20000 美元省市自治区与高收入经济体标准结构比较

资料来源：省市自治区统计局，课题组测算。

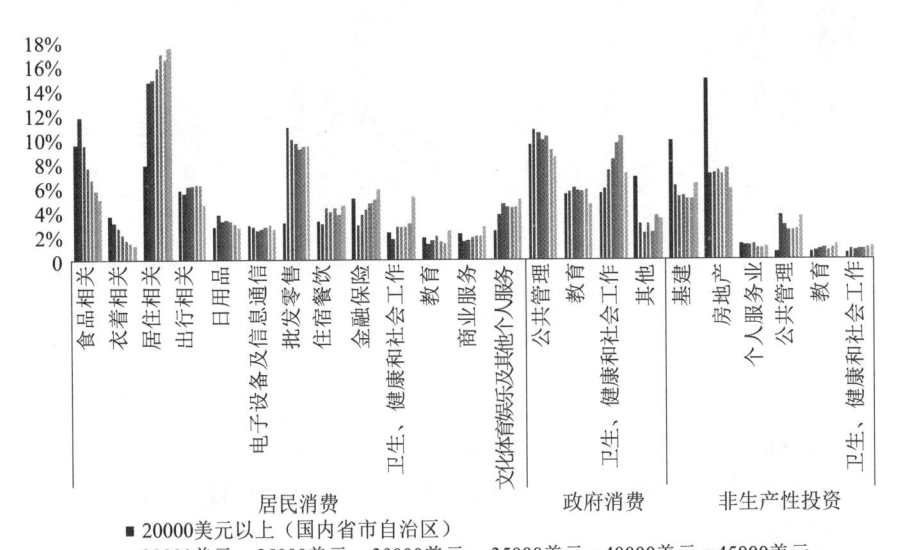

图 20　20000 美元以上省市自治区与高收入经济体标准结构比较

资料来源：省市自治区统计局，课题组测算。

从图 18 到图 20 可以看出，三个区间的 GFP 结构与高收入经济体标准结构的比较具有以下特征。

在居民生存型消费方面，人均收入 20000 美元以上和 10000 美元以下省市自治区的占比均低于标准结构，10000~20000 美元省市的占比略高于标准结构。从未来的发展趋势看，居民的食品和衣着相关消费占比将持续下降，日用品消费占比基本保持稳定态势。

在居民享受型消费方面，三个区间省市自治区的消费占比普遍低于标准结构，未来这方面的需求具有相当可观的增长潜力。从具体分项来看，在出行相关方面，20000 美元以上省市自治区占比不亚于标准结构，但 10000~20000 美元和 10000 美元以下省市自治区占比明显不足，预计未来均会出现上升态势。由于所处年代技术背景的差异，我国各省市自治区电子设备及信息通信消费占比高于标准结构，未来大幅上升的可能性较小。在住宿餐饮方面，三个区间省市自治区的占比均高于标准结构，但长期来看，占比还有一定上行空间。在文化体育娱乐和其他个人服务方面，三个区间省市自治区占比均显著偏低，未来有较大增长潜能。在商业服务方面，20000 美元以上省市自治区占比高于标准结构，但其他发展阶段的省市自治区占比偏低，未来应呈现持续上升态势。在金融保险方面，三个区间居民消费均高于同期标准结构，其中 20000 美元以上省市自治区占比更是明显超出，所以未来上升潜力更多的是在 20000 美元以下的省市自治区。居住相关和批发零售占比所显示的异常上文已有具体分析，从未来趋势看，前者占比应有一定的增长空间，而后者占比可能会先补增后放缓。

在教育及卫生、健康和社会工作等发展型消费方面，三个区间省市自治区的居民消费占比均高于标准结构，负担相对较重；而在政府消费部分，20000 美元以上省市自治区政府投入部分较为合理，而其他区间省市自治区的政府投入则明显不足。从未来发展趋势上看，所有省市自治区都应持续加大资源倾斜力度，提高政府消费在教育和卫生、健康和社会工作等民生领域的占比。居民对卫生健康和社会工作的消费占比也会持续提升，对教育的消费占比增长速度虽然也呈一定上升趋势，但幅度较缓。

在非生产性投资方面，三个区间省市自治区对房地产和基建投资的占比均显著偏高，对其他公共管理领域的投资占比偏低，未来应推动结构性调整，降低房地产和基建投资占比，提高公共管理，教育，卫生、健康和社会工作的投资占比。在个人服务业投资方面，当前三个区间省市自治区的占比均不低于标准结构，未来可能会保持稳定。

五、终端需求结构变化对行业产出的影响

本文第三部分分析了我国未来终端需求结构的变化方向，从需求的角度寻找新的增长点。而GFP具有源头性质，其分项的变动会通过行业间复杂的投入产出链条，拉动各个行业产出的变化。本部分基于我国投入产出系数，测算了每一单位终端需求分项的变化分别会拉动多少相关行业总产出的变化，具体计算方法如下。

我国投入产出表可以分为四个矩阵：中间使用部分矩阵 X，最终使用部分矩阵 Y，要素投入部分矩阵 V 和一个空出的矩阵。其具体形式为：

$$T = \begin{pmatrix} X & Y \\ V & 0 \end{pmatrix}$$

行业 H_k 的总投入可以表示为：

$$H_k = \sum_{i=1}^{n} X_{i,k} + V_k$$

其中 $X_{i,k}$ 表示行业 i 的中间产品投入到行业 k 的生产的部分。

因此该行业的总产出可以表示为：

$$H_k = \sum_{j=1}^{n} X_{k,j} + Y_k$$

直接消耗系数的计算公式为:

$$A_{i,j} = \frac{X_{i,j}}{H_j}$$

完全消耗系数矩阵为直接消耗加上全部间接消耗:

$$B = A + A^2 + A^3 + \cdots$$

因此:

$$B = (I-A)^{-1} - 1$$

当某一行业的最终需求变动为 dY 时,将会引起相关行业总产出的变动:

$$dH = (B+I)dY = (I-A)^{-1}dY$$

基于该公式,可量化分析终端需求分项变化对相关行业总产出的拉动作用。

课题组利用我国投入产出系数,测算了每一单位终端需求分项占比的变化对相关行业总产出的拉动作用。结合本文第三部分的分析,表 7 汇总了未来每个终端需求分项的单位变化主要影响的 5 个行业。以居民消费的食品相关分项为例,未来食品相关的居民消费总量每下降一个单位,将分别影响农林牧渔业,农副食品加工业,食品制造业,化学原料及化学制品制造业,酒、饮料和精制茶制造业 5 个行业总产出下降 0.78、0.59、0.27、0.13 和 0.11 个单位。

需要注意的是,GFP 分项占比下降并不意味着总量下降,而是反映此分项的增长速度要慢于 GFP 整体的增长速度。同理,GFP 分项拉动的行业总产出的变化并不意味着总量的下降,而是行业增速面临一定的下行压力(见表 7)。

表7　GFP分项的变化方向及对行业总产出的影响

终端需求分项		未来变化方向	拉动的行业	行业总产出变动（上升或下降）
居民消费	食品相关	显著下降	农林牧渔业	0.78
			农副食品加工业	0.59
			食品制造业	0.27
			化学原料及化学制品制造业	0.13
			酒、饮料和精制茶制造业	0.11
	衣着相关	显著下降	纺织服装、鞋、帽制造业	0.82
			纺织业	0.65
			皮革、毛皮、羽毛（绒）及其制品业	0.29
			农林牧渔业	0.24
			化学原料及化学制品制造业	0.21
	居住相关	显著上升	房地产业	0.77
			电力、热力的生产和供应业	0.13
			银行业、证券业和其他金融活动	0.12
			电气机械及器材制造业	0.12
			商务服务业	0.08
	出行相关	小幅上升	汽车制造业	0.62
			道路运输业	0.38
			石油加工、炼焦及核燃料加工业	0.18
			石油和天然气开采业	0.11
			银行业、证券业和其他金融活动	0.11
	日用品	持平	医药制造业	0.64
			化学原料及化学制品制造业	0.42
			文教体育用品制造业	0.25
			农林牧渔业	0.18
			批发零售业	0.12

（续表）

终端需求分项		未来变化方向	拉动的行业	行业总产出变动（上升或下降）
居民消费	电子设备及信息通信	持平	计算机、通信和其他电子设备制造业	0.98
			信息传输、软件和信息技术服务业	0.73
			商务服务业	0.10
			有色金属冶炼及压延加工业	0.09
			电气机械及器材制造业	0.09
	批发零售	持平	批发零售业	1.03
			商务服务业	0.13
			房地产业	0.09
			银行业、证券业和其他金融活动	0.07
			道路运输业	0.04
	住宿餐饮	显著上升	餐饮业	0.92
			农林牧渔业	0.35
			农副食品加工业	0.32
			批发零售业	0.11
			住宿业	0.09
	金融保险	小幅上升	银行业、证券业和其他金融活动	0.72
			保险业	0.50
			商务服务业	0.12
			房地产业	0.10
			信息传输、软件和信息技术服务业	0.06
	文化体育娱乐及其他个人服务	小幅上升	居民服务、修理和其他服务业	0.74
			娱乐业	0.13
			化学原料及化学制品制造业	0.11
			房地产业	0.11
			广播、电视、电影和音像业	0.06

（续表）

终端需求分项		未来变化方向	拉动的行业	行业总产出变动（上升或下降）
居民消费	商业服务	显著上升	商务服务业	0.82
			公共设施管理业	0.11
			公共管理和社会组织	0.11
			银行业、证券业和其他金融活动	0.10
			化学原料及化学制品制造业	0.10
居民和政府消费	卫生、健康和社会工作	上升	卫生	1.00
			医药制造业	0.44
			批发零售业	0.12
			农林牧渔业	0.11
			化学原料及化学制品制造业	0.08
	教育	上升	教育	1.01
			化学原料及化学制品制造业	0.05
			银行业、证券业和其他金融活动	0.05
			房地产业	0.04
			商务服务业	0.03
政府消费	公共管理	持平	公共管理和社会组织	0.90
			公共设施管理业	0.09
			商务服务业	0.06
			信息传输、软件和信息技术服务业	0.06
			银行业、证券业和其他金融活动	0.06
	其他	持平	科学研究、技术服务和地质勘查业	0.46
			道路运输业	0.18
			商务服务业	0.17
			银行业、证券业和其他金融活动	0.14
			农林牧渔业	0.13

（续表）

终端需求分项		未来变化方向	拉动的行业	行业总产出变动（上升或下降）
非生产性投资	房地产	显著下降	建筑业	0.84
			非金属矿物制品业	0.20
			房地产业	0.19
			黑色金属冶炼及压延加工业	0.14
			化学原料及化学制品制造业	0.12
	基建	显著下降	建筑业	0.80
			非金属矿物制品业	0.19
			黑色金属冶炼及压延加工业	0.15
			化学原料及化学制品制造业	0.13
			计算机、通信和其他电子设备制造业	0.13
	公共管理	持平	建筑业	0.64
			信息传输、软件和信息技术服务业	0.32
			非金属矿物制品业	0.16
			计算机、通信和其他电子设备制造业	0.13
			黑色金属冶炼及压延加工业	0.12
	教育	持平	建筑业	0.75
			科学研究、技术服务和地质勘查业	0.22
			非金属矿物制品业	0.18
			化学原料及化学制品制造业	0.14
			黑色金属冶炼及压延加工业	0.14
	卫生、健康和社会工作	持平	建筑业	0.72
			非金属矿物制品业	0.17
			信息传输、软件和信息技术服务业	0.16
			计算机、通信和其他电子设备制造业	0.14
			黑色金属冶炼及压延加工业	0.14

（续表）

终端需求分项	未来变化方向		拉动的行业	行业总产出变动（上升或下降）
非生产性投资	个人服务业	小幅下降	建筑业	0.76
			非金属矿物制品业	0.18
			信息传输、软件和信息技术服务业	0.16
			黑色金属冶炼及压延加工业	0.14
			计算机、通信和其他电子设备制造业	0.13

资料来源：国家统计局，课题组测算。

根据课题组测算，未来3~5年我国购买力平价人均GDP将达到17000~20000美元的区间。通过前文中提到的定量分析主导方法，也就是对OECD高收入经济体GFP结构数据和我国GFP结构历史数据建模，课题组测算了未来我国GFP结构的演变路径对行业总产出的综合影响（见表8）。需要注意的是，本部分仅是从扩大终端内需、优化终端内需结构的角度分析对行业总产出的影响，但行业总产出同时也受到生产性投资、存货投资和外需的影响，如一些出口导向型行业，其终端需求占比在下降，但是出口增长很快，这种情况下其拉动行业总产出的增速是在上升而非下降。表8显示，未来3~5年，终端需求结构变化拉动的加速发展的行业主要集中在生活性服务业、生产性服务业和高技术设备制造业，对绝大部分制造业增长的拉动作用相对稳定，而纺织、食品等行业则可能面临一定下行压力。

表8 终端需求变化对行业产生的综合影响

受终端需求变动影响	行业
较强向上拉动	卫生，金融业，居民服务、修理和其他服务业，批发零售业，餐饮业等行业

（续表）

受终端需求变动影响	行　业
温和向上拉动	教育，商务服务业，娱乐业，医药制造业，住宿业，运输业，新闻出版业，广播、电视、电影和音像业，房地产业，计算机、通信和其他电子设备制造业等行业
相对平稳	通用设备制造业，采矿业，文教体育用品制造业，化学纤维制造业，烟草制品业，金属制品业，汽车制造业，橡胶和塑料制品业，黑色及有色金属冶炼及压延加工业，酒、饮料和精制茶制造业，皮革、毛皮、羽毛（绒）及其制品业，非金属矿物制品业等行业
可能面临下行压力	纺织服装、鞋、帽制造业，纺织业，化学原料及化学制品制造业，食品制造业，农副食品加工业等行业

资料来源：国家统计局，课题组测算。

六、促进终端需求持续增长和结构优化的战略与对策

从国际比较的视角看，与高收入经济体相比，我国终端需求水平提升空间依然很大，结构调整优化任务艰巨。终端需求在整个经济循环流程当中具有源头性质，其结构变化实际上折射的是未来经济社会发展的潜力和方向。从这个意义上说，促进终端需求的数量增长和结构优化，是满足人民群众日益增长的美好生活需要、实现高质量发展的集中体现。为此，应从长计议，制定并实施一系列有利于终端需求持续增长和结构优化的战略和政策。

注重质量效益，保持适当增速，促进终端需求稳定可持续增长。终端需求结构的持续升级和结构优化，是以其总量增长为基础的。中速稳定增长期是中国经济下一步的新场景，发展仍然是硬道理。因此，必须加快经济转型，推动质量变革、效率变革、动力变革，全面提高要素生产率，充分发掘增长潜力，把终端需求的蛋糕持续做大。

扩大中等收入群体，实施中等收入群体倍增战略。概括地说，中速增长期

的增长动能可以区分为两种类型：一种是"补短型增长"，另一种是"升级型增长"。补短型增长是指低收入阶层追赶中高收入阶层而带动的增长，关键是如何扩大中等收入群体。根据课题组测算，按国家统计局的标准，目前中国中等收入群体的规模在4亿人左右，还有9亿多人处于低收入阶段。从前文也可以看出，一方面，我国当前整体的人均收入水平距离高收入经济体还有相当大的差距；另一方面，我国地区间人均收入水平也有很大的差异。因此，提升低收入阶层的收入水平，缩小他们与中高收入阶层的差距，是终端需求增长最大的潜能所在。

推动消费结构升级，基本需求从重数量向重质量转变，提高享受型、发展型等服务消费比重。我国产业结构、消费结构和城市化进程已从数量扩张阶段逐步转向质量提升阶段，更好地满足人民群众日益增长的美好生活的需要，就要在中速增长平台上实现高质量发展，促进终端需求结构的持续优化。对居民的基本需求，要从重数量向重质量转变，由"有没有"向"好不好"方向转变。与此同时，稳步提高享受型、发展型等服务消费比重。一方面，应加快提高国内供给能力和质量，以适应居民消费结构升级需求；另一方面，适当增加进口，让中国消费者分享到更多国际优质的商品和服务，提高我国开放型经济的均衡性、稳定性。

优化投资内部结构，降低基建和房地产投资比重，逐步纠正终端需求中的结构性扭曲。地方政府要加快形成与高质量发展相适应的政绩观、目标体系和预算约束机制，改变以大干快上基建投资拉动经济增长的简单观念，逐步降低基建投资比重，与其他领域的发展相平衡，与防范化解财政金融风险的要求相适应，更多地从投资回报率角度来评估投资决策。在基建投资内部优化资源配置，更多地向以5G、人工智能、工业互联网、物联网等为代表的新型基础设施倾斜，为产业转型升级和先进技术的发展提供有利条件。要保持战略定力，坚持"房住不炒"的正确导向，加快建立多主体供给、多渠道保障、租购并举的住房制度，形成房地产稳定发展的长效机制。

转变政府职能，加快建设公共服务型政府，推动以人力资本提升为导向的社会政策体系改革。政府职能转变要与经济由高速增长阶段转向高质量发展阶段相适应，坚持让市场在资源配置中发挥决定性作用，大幅降低由诸多不当行政性干预造成的制度性交易成本。在应该由政府发挥作用的领域，切实提高行政效率，降低政府行政性支出比重，以改善民生为主要方向，加快建设公共服务型政府。健全完善社会保障体系，在就业、医疗、养老等方面，加快完善覆盖全国的"保基本"社会安全网，尤其要重视机会公平，发展公平而有质量的教育，进一步提升人力资本。

双循环赋能经济增长的质量与效率

江小涓　孟丽君[①]

改革开放以来，中国以年均 9.7% 的高速度持续增长了 40 年，改革与开放是中国增长表现优异的两个关键驱动因素。其中，构建大口径外循环、较大规模利用国内国外两种资源、两个市场发挥了重要作用。现在，中国发展进入新时期，要素禀赋与 40 年前相比发生根本变化，经济规模、贸易规模、资金跨国流动规模等均居世界前列。国际经济政治环境也发生很大变化，我们与发达经济体的关系从互补为主转变为互补与竞争并存。综合考虑各方面变化，今后中国经济发展中，国内国际两个循环的各自地位和相互作用与前 40 年有很大不同。本文分析今后我国发展的有利和约束条件，分析全球产业链、创新链调整发展趋势，分析今后内循环为主、外循环赋能、双循环畅通的新特点新要求，并就如何实现更高水平的国民经济循环体系提出相关的体制和政策建议。

一、全球产业链与外循环的重要性

（一）全球产业链形态的外循环

20 世纪 80 年代末，对外贸易是拉动世界各国经济增长的主要动力之一。

[①] 本文作者江小涓系清华大学公共管理学院院长，全国人大常委会委员、社会建设委员会副主任委员；孟丽君系清华大学公共管理学院博士后。

由于国家或地区间自然禀赋和其他资源的差异，各国或地区通过国际贸易分享分工专业化带来的利益。一个国家或地区通过对自身资源的分析，与其他国家或地区相互比较，总能找到自身具有比较优势的产品。产业在全球范围内根据比较优势分布，与产品相关的完整产业链相应地在一个国家或地区内形成。进入 20 世纪 90 年代，伴随网络时代的到来与信息技术的发展，通信成本和交易成本持续下降，运输技术压缩空间的"时间距离"并大幅度降低运输成本。跨国公司为了利用发展中国家的劳动力优势和市场优势，将产业价值链中可分解制造和组装的部分从发达国家转移到发展中国家，促进国际分工从最早的不同产业的全球分工，到产业内全球分工，又发展到企业内的全球分工，形成了全球范围内的产业链。[①] 全球产业链的形成，部分是因为链上的国家"不会全部制作"，只能加入全球产业链之中制作其中一部分；部分是因为"会做但不是最好"而谋求全球分工合作的利益，主要是规模经济利益和专业化利益。[②] 据统计，全球贸易中的 2/3 以上是由全球价值链推动的。[③] 全球价值链的出现推动国际分工深化和协调产业转移，促进一国的经济发展。进口投入品和国内产品之间的互补性会导致生产率的提高，这与从较低价格或更高质量的国外投入品中获得的直接收益相比具有更大的意义。[④]

[①] 李晓华. 对华为禁运与全球价值链的崩塌风险 [EB/OL]. [2019-05-24]. https://baijiahao.baidu.com/s?id=1634418910643598431&wfr=spider&for=pc.

[②] Los, B., M. Timmer, and G. de Vries., "How Global Are Global Value Chains? A New Approach to Measure International Fragmentation," *Journal of Regional Science*, vol.55, NO.1, 2015, pp.66-92.

[③] 参见联合国贸易和发展会议（UNCTAD）："World Investment Report 2013:Global Value Chains, Investment andTrade for Development", 2013 年 6 月 26 日, https://unctad.org/en/PublicationsLibrary/wir2013_en.pdf.

[④] Goldberg, P. K., A. K. Khandelwal, N. Pavcnik, and P. Topalova, "Imported Intermediate Inputs and Domestic Product Growth: Evidence from India," *The Quarterly Journal of Economics*, vol.125, NO.4, 2010, pp.1727-1767.

（二）中国经济增长与外循环的重要作用

对国民经济"内循环""外循环"通常有两种理解。一种从国民经济核算的角度，将内循环理解为"内需"，相应地将外循环理解为"外需"；[1]另一种从产品市场和资源供给的角度，将内循环理解为向国内市场提供产品服务和使用国内生产要素，将外循环理解为向国外市场提供产品服务和使用国外的生产要素。[2][3]其中，内循环的含义和所指现实状况相对稳定，而外循环的特点和意义变化较大。下面就这两种角度分别做分析。

基于GDP支出法核算恒等式进行因素分解，是标准经济学分析框架中估算内需外需贡献的基准方法。支出法核算的GDP包含消费总额、资本形成总额、货物与服务净出口三部分。整体的增长可以分解为各个部分增长之和，各个部分的增长占整体增长的比重就是其对整体增长的贡献率。这种方法以消费和投资表示内需，以净出口表示外需，逻辑关系清楚。例如，一国如果投资5亿元，消费5亿元，出口2亿元，国内总产出就是12亿元；但如果同时还进口了2亿元，那么国内投资或消费中就有2亿元不是国内生产的，应剔除，即外需中的出口被内需中的进口抵消，贡献为零，国内总产出就是10亿元。但用净出口衡量的出口贡献是"净外需"，虽然精确反映了GDP核算中的恒等关系，却未能恰当反映国际贸易对一国经济增长的重要意义。一个简单的反问是：一个完全无国际贸易的国家，与一个有大量进口和大量出口但两者相等、净出口为零的国家，两者的增长机理相同吗？再看前面的举例，如果不发生2亿元进口和2亿元出口，国内的投资和消费很可能既达不到各自5亿元的规模，生产和消费结构也会不同。因此仅看净出口为零就认为外需没有贡献是很不恰当的。

---

[1] 徐奇渊. 双循环新发展格局：如何理解和构建 [J]. 金融论坛，2020（9）.
[2] 王建. 走国际大循环经济发展战略的可能性及其要求 [J]. 动态清样（新华社内部刊物），1987.
[3] 汤铎铎，刘学良，倪红福，杨耀武，黄群慧，张晓晶. 全球经济大变局，中国潜在增长率与后疫情时期高质量发展 [J]. 经济研究，2020（8）.

恒等关系只是增长结果的静态表达，隐含假设是总需求各个部分相互独立、互不影响，这明显不符合实际，反映不出各因素之间的动态关系。

基于产品市场和资源供给的角度，外循环（出口和进口）能够利用国外市场和国外资源，对经济增长、就业、结构升级和技术进步有多方面的重要意义，包括出口劳动密集型产品能够更多吸纳就业，出口商品参与国际竞争产生压力动力，出口获得外汇能够进口能源资源和先进技术设备，引进资金能带来先进技术和管理经验，对外投资能扩大海外市场，等等。这些具体表现将在后面做详细的分析。

这里我们用外贸依存度这个指标，从宏观上分析外循环在我国经济总体循环中的比重及其地位变化。外贸依存度定义为一国对外贸易总额与国内生产总值的比重，用于衡量该国经济增长与国外资源和市场的关联程度，比重的变化意味着外循环地位的变化。外贸依存度还可以分解为出口依存度和进口依存度。出口依存度即出口总额与国内生产总值之比，反映了国外市场的重要性；进口依存度即进口总额与国内生产总值之比，反映了国外供给的重要性。[1]

图 1 显示的是改革开放以来我国外贸依存度、出口依存度和进口依存度的变化。改革开放以来，中国的外贸依存度明显上升，从 1980 年的 14.1% 上升到 2006 年的最高值 64.5%，2019 年又回落至 35.6%，但仍然显著高于改革开放初期的水平。出口依存度和进口依存度的变化也是相似轨迹。总体上看，外循环在国民经济中的地位显著加强，同时也呈现出从低到高再有所降低的波动。

---

[1] 除了用外贸依存度表示外循环的地位和贡献，还有学者用出口贸易增加值等其他方法来表示。相关分析可以参见：沈利生、吴振宇（2003），王直（2007），刘亚军（2010）。

图 1 中国外贸依存度

注：图中的贸易指货物贸易与服务贸易。
资料来源：世界银行。

（三）大国经济中的外循环：发展常态与特点

本部分做一点国际比较。下面图 2、图 3 和图 4 分别列出改革开放初期、中期以及目前我国外贸依存度、出口依存度和进口依存度三项指标，并与人口 1 亿以上的大国进行比较。人口大国之间在市场规模、消费结构和产业体系等方面有相似性，可比性较强。

第一，大国外贸依存度普遍提高。过去 40 年，经济全球化较快推进，各国外贸依存度都有明显提高。图 2、图 3、图 4 显示，这些国家的平均依存度从 1980 年的 28.1%，提高到 2006 年的 46.9%，后略有回落，2019 年为 43.1%。总体上看，对外贸易的地位显著提升，外循环的作用显著加强。

第二，中国外贸依存度排序上升位置正常。过去 40 年，中国外贸依存度在大国中排名由低至高再到中等水平。1980 年，外循环在我国经济中地位较低，外贸依存度仅为 12.42%，在所有大国排名最后，比大国平均外贸依存度 28.19% 低近 16 个百分点。2006 年，我国外贸依存度较 1980 年提高近 5.2 倍，达到了 64.48%，在所有大国中仅次于菲律宾，排名第二位，高出大国平均外贸依存度 17.6 个百分点，这也是外循环在中国经济中地位最为显著的时期。此后，外循环的地位又有明显下降，到 2019 年排名居中偏后，比大国平均外贸依存度低 7.5 个百分点。总体上看，外循环在中国经济中的地位符合大国的一般规律：在发展水平较低时依存度较低，在快速发展中排名显著提升，经济增长趋于稳定后排名也开始降中趋稳。2019 年，美国的外贸依存度为 26.39%，2018 年日本为 36.82%，[①] 都低于大国的平均水平。

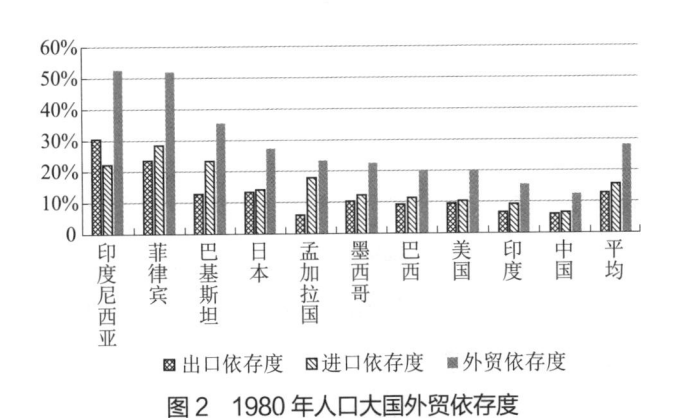

图 2　1980 年人口大国外贸依存度

资料来源：世界银行。

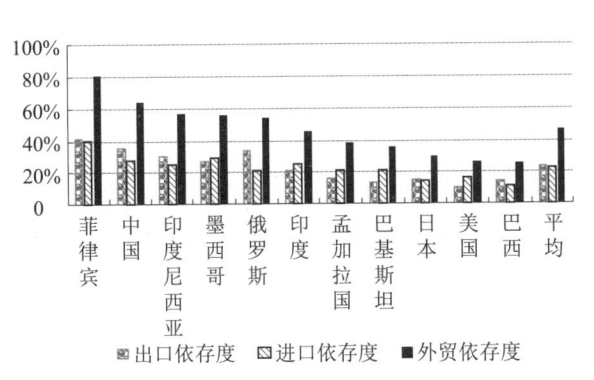

图 3　2006 年人口大国外贸依存度

资料来源：世界银行。

---

① 2015—2018 年，日本外贸依存度均在 30% 以上，预计 2019 年日本外贸依存度在 30% 左右。

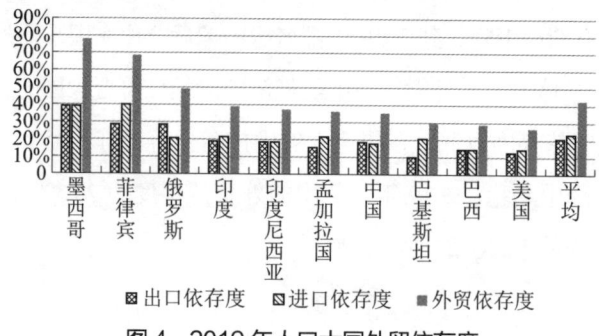

图4 2019年人口大国外贸依存度

资料来源：世界银行。

上述分析表明，从对外贸易对经济增长的影响看，外循环在中国经济过去40年增长中发挥了重要作用，目前处于大国的平均水平和正常状况。

现在，我国已积累了比较雄厚的物质基础，综合国力居世界前列。从经济总量看，2019年GDP总量已接近100万亿元，是世界第二大经济体，有了超大规模的经济基础。从产业体系看，我国是世界唯一拥有联合国产业分类中全部工业门类的国家。从消费需求看，我国是全球第二大市场，中等收入群体超过5亿人，人均GDP迈过1万美元，可以提供国内产业所需要的各类市场。从科技能力看，我们的科技水平不断提升，研发规模达世界第二位，大规模生产能力可以有效分摊高额研发费用，使更多的创新在成本上可行。综合各方面条件，经济发展更多地转向依靠内循环，这既是过去几年的现实变化，也符合经济发展的内在规律。这个状况会相对稳定，中国增长呈现出大国在这个阶段的共同特点。

二、要素禀赋失衡、外循环赋能与资源均衡配置

（一）要素禀赋失衡与大规模外循环

改革开放的前30年，我国对外贸易高速增长，外贸依存度在2006年高达

近64.5%，其中出口依存度更是高达36%。这对一个十几亿人口的大国来说，实属很高了。导致外循环"失常"高比重现象的主要原因，是我国要素禀赋严重失衡，较快增加就业和经济持续较快增长，必须有大口径的外循环。

改革开放伊始，我国要素禀赋极度失衡，几种主要生产要素占全球的比重畸高畸低，其中：劳动力极为富裕，1980年我国劳动力占世界劳动力总量的比重高达22.4%；而资金和技术极为短缺，资本形成总额占全球资本形成总额的比重仅为2%，研发投入仅为0.5%；耕地、淡水和石油资源分别占7%、6%和1.5%。如此失衡的要素禀赋，无法将较多劳动力吸纳到现代经济部门，潜在巨量内需无法实现，高比例的劳动力在农业部门隐性失业，收入极低。

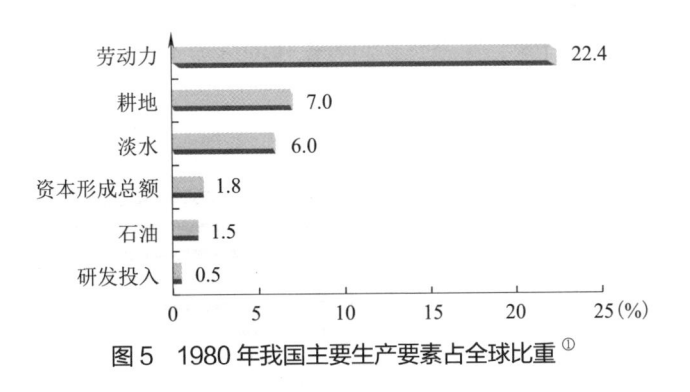

要素	比重(%)
劳动力	22.4
耕地	7.0
淡水	6.0
资本形成总额	1.8
石油	1.5
研发投入	0.5

图5　1980年我国主要生产要素占全球比重[①]

此时，扩大外循环均衡要素配比就是必然选择。按照微观经济理论，当各种生产要素的边际产出相同时，要素配置的效率最高，因此需要尽快增加短缺要素的供给，提高全要素生产率。从供求理论看，短缺要素能获得较高回报，富裕要素只有较低回报，需要尽快增加资金和技术供给，提高劳动收入。按照要素禀赋理论，富含富裕要素的产品成本相对较低，在国际市场上有竞争力。这些理论分析的指向明确：我们应该大量出口劳动密集型产品，进口先进设备、

---

① 江小涓.新中国对外开放70年[M].北京：人民出版社，2019.

原材料，引进资金和技术。大口径外循环拓展了内循环的生产边界，促进了经济持续较快增长。具体表现在以下四个方面。

1. 外循环吸纳就业能力强

我国出口产业集中在劳动密集的产品和加工环节，吸纳就业能力明显强于面向国内的产业。在我们外循环比重最高的 2006 年，百万元工业增加值的就业密度（就业人数/百万元增加值），工业全行业平均为 6.73，而主要出口产业高得多，纺织业为 12.74，服装、鞋帽制造业为 18.29，家具制造业为 14.12，皮革、毛皮、羽毛（绒）及其制品业为 17.36，文教体育用品制造业为 21.52，通信设备、计算机及其他电子设备制造业为 7.42。因此，扩大出口能够更高比例地扩大就业，在当时，同等规模的内需不可能吸纳如此多的劳动力（见图 6）。

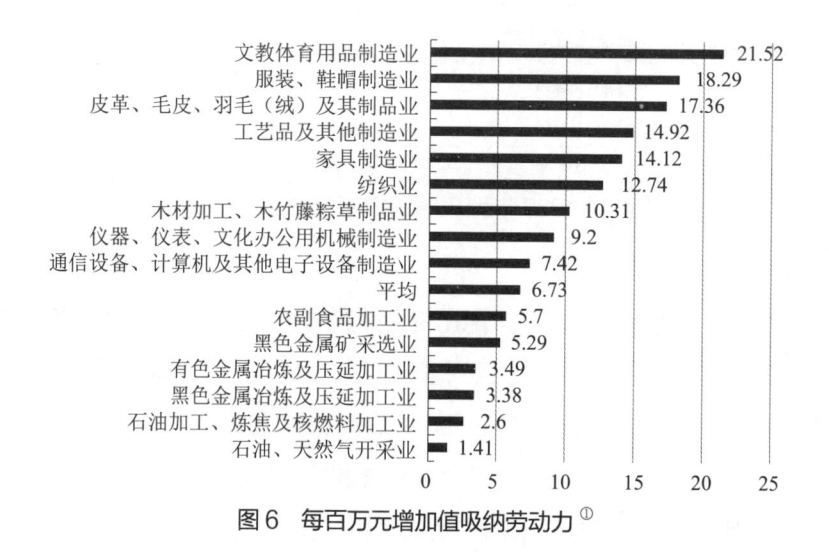

行业	数值
文教体育用品制造业	21.52
服装、鞋帽制造业	18.29
皮革、毛皮、羽毛（绒）及其制品业	17.36
工艺品及其他制造业	14.92
家具制造业	14.12
纺织业	12.74
木材加工、木竹藤棕草制品业	10.31
仪器、仪表、文化办公用机械制造业	9.2
通信设备、计算机及其他电子设备制造业	7.42
平均	6.73
农副食品加工业	5.7
黑色金属矿采选业	5.29
有色金属冶炼及压延加工业	3.49
黑色金属冶炼及压延加工业	3.38
石油加工、炼焦及核燃料加工业	2.6
石油、天然气开采业	1.41

图 6　每百万元增加值吸纳劳动力[1]

---

[1] 江小涓. 大国双引擎增长模式——中国经济增长中的内需和外需[J]. 管理世界，2010（6）.

2. 外循环提高低收入者收入

在很长时期内，沿海出口企业是我国农村劳动力向城市流动和增加收入的主要渠道。他们在出口部门获得的报酬也相对较高。笔者的研究表明，2004年，在沿海以出口为主的6个城市中，制造业中农民工的收入高出内地1/3以上。还有，外资企业中农民工的工资也明显高于同类内资企业。2007年，外资单位、国有单位和城镇集体单位职工平均工资分别为27942元、26620元和15595元。[①] 这是一个较为普遍的现象：在发展中国家，出口型企业、外资企业提供的劳动报酬虽然远远低于其在母国的水平，但在东道国却是相对最高的。考虑到大量的流动劳动力原本是国内收入最低的群体，外循环对提高低收入者收入、改善收入分配有积极作用。

3. 外循环进口能源资源

出口得到的外汇能够进口短缺的能源和原材料，支撑国内产业发展。例如农产品进口可以看作是进口土地和淡水资源。据联合国粮农组织的测算，21世纪初期以粮食贸易为载体间接交易的淡水量，相当于全球粮食生产用水的13%，日本通过农产品贸易进口的淡水量超过自身农作物灌溉用水。2006年我国进口大豆3150万吨，如果在国内种植需要耕地1810万公顷，相当于黑龙江省大豆种植面积的5倍。2018年我国进口大豆8803万吨，如果在国内种植需要耕地4633万公顷，相当于黑龙江省大豆种植面积的13倍。这些耕地资源可用于种植其他高经济价值农作物。总之，进口资源密集型产品显著缓解了我国短缺要素对发展的约束。

4. 外循环引进先进技术设备

多年来，机电产品进口占我国进口商品的比重约为一半，主要是成套设备、

---

① 江小涓. 中国开放30年：增长、结构与体制变迁[M]. 北京：人民出版社，2008.

关键单机和先进仪器仪表等,持续提升我国产业装备水平。高技术产品的进口比重也持续增长,其中包括投资品、中间产品和消费品三部分,对我国技术装备水平、最终产品水平和消费水平的提升有重要贡献(见表1)。

表1 历年进口商品结构变化①

年份	机电产品(%)	高新技术产品(%)
1985	43.6	
1990	40.2	
1995	44.8	16.53
2000	45.7	23.33
2005	53.1	29.95
2010	47.3	29.6
2015	48.0	32.6
2016	48.6	33.0
2017	46.3	31.7
2018	45.2	31.4
2019	43.7	30.7

资料来源:国家统计局历年统计公报。

总之,由于改革开放初期要素禀赋的严重失衡状况,高比例的外循环是中国发展模式的显著特点。

(二)要素禀赋变化与内外循环调整

在40年增长中,我国要素禀赋持续变化。劳动力净增长从缓慢到停滞再

---

① 1992年以前,我国高新技术产品进口数量较少。

到下降，到 2018 年，劳动力占全球的比重降至 20%。同时，投资能力持续快速增长，资本成为最富裕要素，我国资本形成总额占全球资本形成总额的比重已经高达 26%，研发投入紧跟其后达到 21.2%，两者的比重都超过了劳动力。几类自然资源要素的短缺则更为突出（见图 7）。

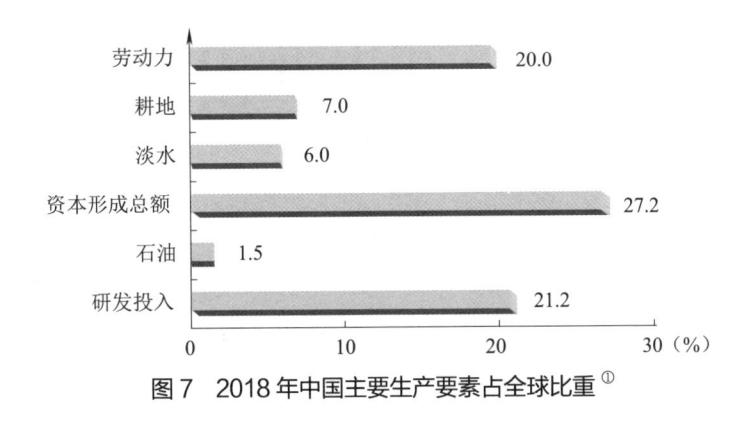

要素	占全球比重(%)
劳动力	20.0
耕地	7.0
淡水	6.0
资本形成总额	27.2
石油	1.5
研发投入	21.2

图 7　2018 年中国主要生产要素占全球比重[①]

比较图 5 与图 7，我国要素禀赋结构明显变化，通过外循环解决劳动就业和引进资金技术的压力明显减弱。与此同时，耕地、淡水和石油资源短缺的问题更加突出。这就解释了为什么在最近十多年，中国的外贸依存度总体持续下降，但是石油、大豆等初级产品的进口却持续上升。

图 8 显示的是我国过去 40 年的石油进口依存度，即石油年净进口量占年石油消费量的比重。从 2006 年开始，我国石油进口依存度就超过 60%，目前已经高达近 80%，这表明国内石油供给量与我们庞大的经济体量对石油的需求明显不匹配，要依靠国际循环补充缺口。

---

① 江小涓. 新中国对外开放 70 年 [M]. 北京：人民出版社，2019.

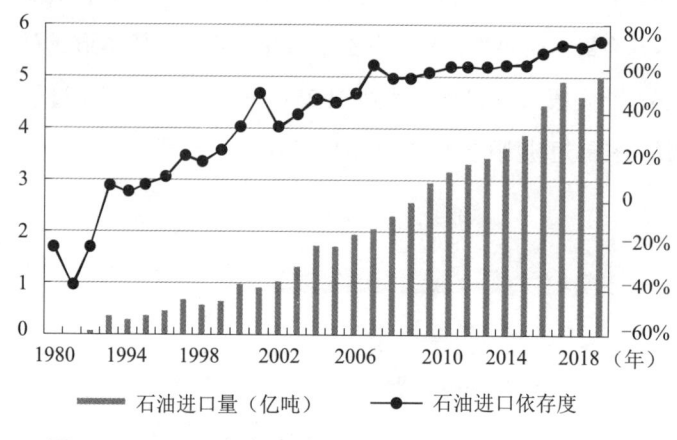

图8 1980—2019年中国石油进口量与石油进口依存度

资料来源：1980—2017年数据来源于《中国统计年鉴》与前瞻数据库，2018—2019年数据根据公开数据整理得到。

图9是过去40年中国GDP、对外贸易、吸收外资和对外投资分别占世界GDP总额、对外贸易总额、吸收外资总额和对外投资总额的比重，这组关系呈现出三段式特点，清楚地映射出国内要素禀赋变化对国内循环和国际循环的影响。第一段是20世纪80年代我国对外开放的初期阶段，对外贸易和吸收外资占全球对外贸易和外资流入的比重，低于我国GDP占全球GDP的比重，表明外循环对经济增长的带动作用有限。第二段是20世纪90年代和21世纪前10年，我国对外贸易占全球比重总体上高于GDP占全球的比重，吸收外资的比重更是超高，表明外循环对增长的带动作用显著。第三段是最近10年，对外贸易、吸收外资和对外投资的比重都低于GDP的比重，表明外循环的作用有所减弱。同时，最近10年，我国对外投资增长很快，占全球比重与对外贸易占全球比重相比高低互现，这个特点与图7显示的我国投资能力成为占全球比重最高的生产要素这个特点直接相关。资金作为国内相对富裕要素会在全球寻求更高收益的配置，可以预计，我国作为对外投资大国的地位还会继续上升。

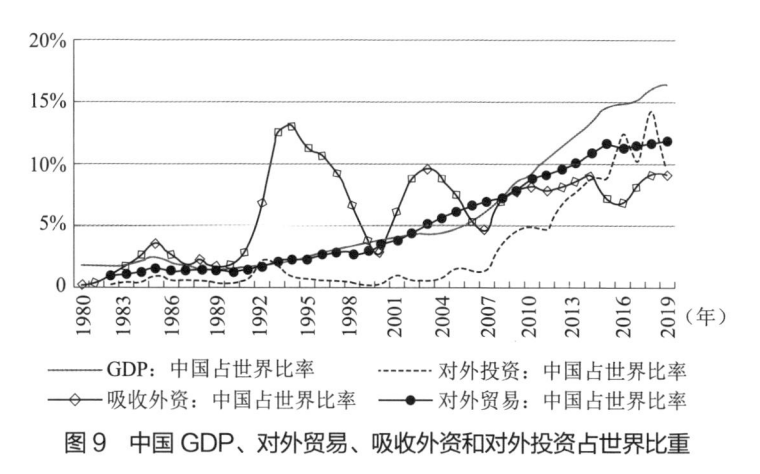

图 9　中国 GDP、对外贸易、吸收外资和对外投资占世界比重

资料来源：中国 GDP 和对外贸易数据来源于世界银行，吸收外资与对外投资数据来源于联合国贸发会议。

总体上看，改革开放 40 年后，我国通过外循环均衡配置资源的压力减弱，经济规模也今非昔比，外循环已经带不动如此体量的内循环，内循环为主成为必然选择。

三、全球分工调整升级与双循环畅通高效

当下，全球范围内的产业分工继续扩展和深化，从产业链向创新链延伸。在信息技术支撑下，各国经济多链相连，结链成网，向立体形态演进。今后我们扩大开放，要从纠正要素禀赋失衡转为在更深层次和更高水平上参与全球分工，增强自主创新能力，提升国际竞争力。

（一）全球化在调整中发展，更多资源全球配置

1. 制造业全球产业链的"内卷"与"回缩"

20 世纪 80 年代初以来，跨国公司为了利用发展中国家的劳动力优势和市

场优势，将产业价值链中可分解制造和组装的部分从发达国家转移到发展中国家，推动了全球分工体系的快速发展。经过30多年的发展，制造业全球化进程有所减缓，有些方面出现停滞甚至倒退。原因有以下几个方面。

第一，产业链全球分工有抵达"边界"的倾向。产品构造和技术结构决定了每类产品合理解构为不同部分在多国制造有其限度，越过这个边界，全球分工的收益下降、成本上升，再继续细分和转移的必要性、合理性下降。例如汽车产业，全球化最高的几种车型，海外制造的重要零部件已经超过100种，产业价值链上的国家超过17个。在技术和产品架构没有根本改变之前，很难设想再如同以往继续推进全球分工的细化和深化。

第二，产业链上东道国有"内卷"倾向。许多东道国特别是发展中东道国，初始阶段仅能接纳全球分工体系中的一小部分。随着本土生产技术的提升和人力资本的积累，这些国家开始力争在本土延伸产业链，提升价值链，构建相对完整的产品生产能力。这种努力一方面增加了本土制造部分在全球产业链中的长度和宽度，增加生产、扩大就业、提高收入；另一方面也导致全球分工体系的一部分转为本地体系，使全球产业链向部分国家内部收敛，从向外延伸转变为"向内卷起"。

第三，产业链上输出国有"回缩"倾向。这些国家推动"产业回归"和"再工业化"，力促其离岸生产转回母国生产。由于技术进步特别是自动化技术、人工智能等技术的发展，许多制造和服务环节由劳动密集型转变为技术和资金密集型，发达国家劳动力昂贵的制约因素被弱化，竞争力有所回升。因此，许多国家多年呼吁制造业回归但效果并不明显，因此彼时并不具备经济合理性。目前条件下，有了"回缩"的现实趋势。

上述几个变化，使得已经持续30年的大规模国际产业转移速度有所放缓，从海外撤回资金的速度有所加快。制造全球化进入了一个调整时期。

下面我们通过跨国指数的变化来说明上述变化。跨国指数由三个指标构成：第一个指标是海外资产比重，即跨国公司在海外的资产占其全部资产的比重；第二个指标是海外市场比重，即海外市场占跨国公司全部市场的比重；第三个指标是海外雇员比重，即跨国公司在海外的雇员占其全部雇员的比重。这三个指标的简单平均数，就是跨国指数。表2是2009年和2016年全球最大25家跨国公司的跨国指数。可以看出，2009年的跨国指数高达56%，其中两项子指标超过60%；到2016年，跨国指数有明显下降，三个子指标也全部下降。

表2 2009年与2016年跨国指数

	2009年跨国指数（%）	2016年跨国指数（%）
海外资产比重	60.20	52.24
海外市场比重	61.63	53.07
海外雇员比重	46.89	41.26
跨国指数	56.67	48.86

资料来源：江小涓. 科技全球化改变世界：趋势与特点[J]. 内部讨论稿.

2. 服务业全球产业链加速延伸

在制造业全球价值链分工有所减速的同时，服务全球化继续推进。在金融行业，过去40年，跨国并购、跨国证券投资、跨国借贷等快速增长。其间，每一次全球经济和金融危机，都伴随着较大规模的跨国金融交易，因为出现危机的国家、企业和金融机构，内部危机深重，需要借助外力克服困难走出困境，这就促使金融全球化持续推进。2008年金融危机后，多国银行系统的全球化程度明显提高。再如，许多生产性服务业都是高度全球化的，特别是借助数字技术，研发全球化、资产管理全球化、生产者服务平台全球化等新的全球化形态和商业模式实现了快速推进。这些进展推动服务贸易快速发展，在制造业贸易占全球比重上升停滞时，服务业占世界贸易总额的比重持续上升。

3. 科技全球化与全球创新链加快发展

科技全球化是指技术和技术创新能力大规模地跨国界转移，科技能力中越来越多的部分跨越国界成为全球性的系统。随着科技全球化的发展，对各类国家、各类企业来说，外部技术资源的重要性总体上增加，形成国际技术合作和创新网络。

过去30年，由于以下原因，全球科技创新合作日益密切。

首先，独自创新难度加大。技术升级的速度加快，技术系统的复杂性增加，新技术新产品研发费用上升，而产品生命周期却在不断缩短。最近几十年，研发活动的生产率呈现下降趋势，相同水平的技术进步需要越来越多的研发投入。笔者此前的研究表明，当代的创新投入与以前的创新投入，在产出效率方面并没有提高。① 不断下降的研发生产率要求研发投入必须更快增长，使得企业独自开发新技术日益困难，不可持续。例如大家耳熟能详的摩尔定律表明，计算机芯片上的晶体管数量将每两年增加一倍，然而今天要将芯片密度增加一倍，需要的研究人员比20世纪70年代初期增加了18倍，劳动生产率明显下降。② 在这种情形下，以专业化分工与合作提高创新活动的劳动生产率，就成为业界的共识和行动。每个专业化研究团队只专注于研发中的某个部分，以提高研发效率，多个团队通过合作协同完成整体任务，由此形成了全球性的研究和创新网络。

其次，信息技术提供了合作创新的新方式。现代信息技术能够将相距遥远的创新专家联系在一起，并用数字化方式实时共享研发进程。世界知识产权组织采用大数据方法追踪了世界上最大的科技集群，研究全球范围内的创新如何相互交织在一起。研究发现，21世纪之前，仅三个国家（美国、日本和德国）就贡献了全球所有专利活动的2/3；若将其余西欧经济体包括在内，这一比例则达到90%左右。然而在21世纪，特别是最近10年，借助全球研发网络，世界其他地方贡献了所有专利活动的1/3以及科学出版物的一半。③

一个常见的误解是，利用外部技术资源的国家都是本身自主技术能力不足

---

① 江小涓.高度联通社会中的资源重组和服务业增长[J].经济研究，2017（3）.
② 世界知识产权组织.2019世界知识产权报告：创新版图，地区热点和全球网络[R].
③ 世界知识产权组织.2019世界知识产权报告：创新版图，地区热点和全球网络[R].

的国家。而实际情况是,技术出口大国往往也是技术进口大国,只有双向高度参与全球创新链,才能为自己带来最强的技术能力。图10显示的是美国、中国和印度三国信息和通信技术专利进出口情况。可以看到,美国的专利进口和出口大致平衡,中国和印度都是出口明显大于进口。这并不能说明中国和印度的信息和通信技术产业水平高于美国。美国这样的技术强国却大量引进技术,这并不难理解。在代表最高技术水平的产业中,产品各部分都需要达到相应的高水平,如果是大型复杂产品系统,整机企业、关键设备企业、零部件供应商等产业链中的各部分,技术水平和产业特性需要同步迭代和平行发展。越是最高水平的产品,越是需要集成全球最高水平的技术能力,因此这类产品的全球技术网络密集。由此,最终产品生产国往往既大量出口高技术产品,又大量进口高技术零部件,成为全球创新链中的双向贸易大国。美国信息和通信技术产业水平高,一个重要原因就是大量从全球获得高水平技术资源。

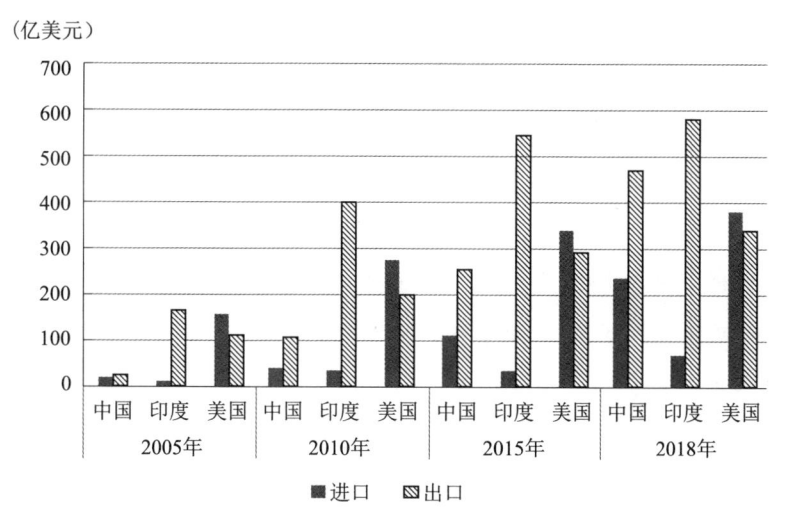

图10 中、美、印三国信息和通信技术专利的进口与出口

资料来源:联合国贸发会议。

（二）畅通内外循环，双向集成全球资源

全球化的历史表明，每次全球经济出现较大波动之后，就会有更多资源在全球范围内进行重组，这正是"好的国家和企业"加快发展的机遇。可以预计，在新冠疫情得到控制、全球发展进入"疫后时期"后，全球产业重组会比"正常"时期更为密集活跃，在全球市场上配置的资源也会更多。国内产业应该以更大力度畅通内外循环，在更多领域中集成全球资金、知识、技术、信息和人力资本，加快提升自身技术水平，提高国际竞争力。

1. 内向集成全球资源

经过几十年发展，我国国内资金供给能力显著增强，出现了不再需要引进外资的观点。然而，从全球化实践看，全球资源配置远远超出了"互通有无""多余出口，短缺进口"这个角度。在全球资金流动中，资金充裕国家既大量对外投资，也大量吸收外资。美国是全球资金供给最充分的国家，是对外投资最多的国家，同时也是全球吸收海外投资最多的国家。这是因为资金流动的意义远不只是调节各国的资金盈缺。资金流动对投资者来说，是风险扣除后回报最高的投资机会；对融资者来说，是成本最低的资金来源。[1] 在全球投资者看来，综合考虑安全性、流动性和收益性，投资美国是合理选择。从微观层面看，在每一个细分市场上，各个企业持有的优势资源是不同的。每个企业要在激烈的竞争中不断增强自身优势，都需要不断重组内外部各种资源。从我们的情况看，现在我们吸收外资投资，主要并不是为了带来资金，而是要获得随资金流入的各种竞争要素，如技术、全球网络、经营理念、研发能力等。从图 11 可以看到，外商投资企业在我国各类技术活动水平均高出全国平均水平，表明吸引外资带来了较多的技术资源，外商投资企业成为带动我国技术向更高水平创新阶段迈进的重要力量。

---

[1] 江小涓. 中国开放 30 年：增长、结构与体制变迁 [M]. 北京：人民出版社，2008.

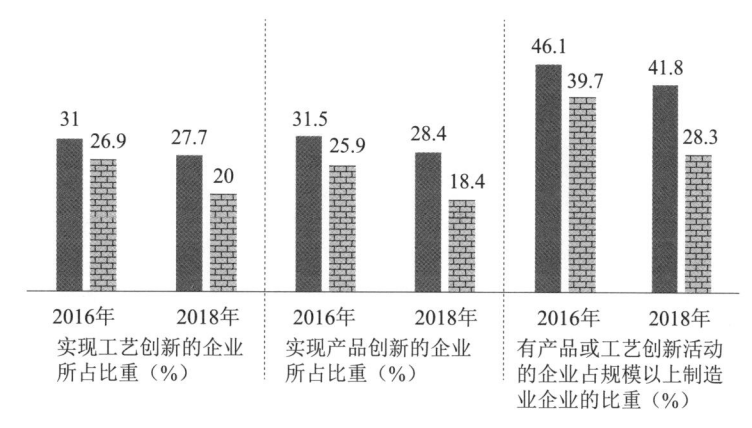

图中数据:
- 实现工艺创新的企业所占比重(%): 2016年 外商投资企业31, 全国26.9; 2018年 外商投资企业27.7, 全国20
- 实现产品创新的企业所占比重(%): 2016年 外商投资企业31.5, 全国25.9; 2018年 外商投资企业28.4, 全国18.4
- 有产品或工艺创新活动的企业占规模以上制造业企业的比重(%): 2016年 外商投资企业46.1, 全国39.7; 2018年 外商投资企业41.8, 全国28.3

图 11　2016—2018 年外商投资企业对全国规模以上制造业企业产品工艺创新贡献度

注：外商投资企业各项数据包含港澳台投资企业数据。

资料来源：国家统计局。

2. 外向集成全球资源

国内企业的对外投资快速增长，走出去在全球集成资源，这也是可以预期和分析的现象。

第一，提高资金收益。国内资金成为相对充裕的生产要素。我国持续多年的高积累率，存量资本和每年新增储蓄达到巨大规模。2018 年，我国资本形成总额达到 39.7 万亿元，约合 5.4 万亿美元，占全球资本形成总额的比重已达 27.2%。与我国 6% 的淡水资源、7% 的可用土地资源、5% 的能源资源相比，甚至与 20% 的劳动力资源相比，资本已经是充裕要素。相对于土地、淡水、环境容量等自然资源的日益稀缺，面对日益提高的劳动力成本，相当部分的资金继续在本土配置，会达不到最佳状况，降低资金收益。在这种情况下，投资者开始向外转移，寻求有更高回报的投资地点，这是资本追逐利润的必然结果。这种转移有利于阻止本土投资收益率的持续下降，稳定资本收益。因此，对外投资加速有其内在的强劲动力。从图 12 可以看出，中国作为跨国投资东道国的地位和作为跨国投资输出国的地位，已经显现出替换趋势。

图 12　1980—2019 年中国对外直接投资与实际利用外资

资料来源：国家统计局。

第二，缓解产能过剩。我国过剩产能中有相当一部分技术和产品并不落后，适应一些发展中国家的市场需求。通过对外投资重新配置这些生产能力，是促进国内结构调整的重要途径。从一些发达国家和先行的发展中国家的经验看，当它们处于我们现在这个结构转换期时，也将大量设备向海外转移，促进国内结构调整和升级。

第三，贴近市场。这对复杂产品和成套设备至关重要。这类商品以出口方式进入国际市场的一个重要缺陷，是生产不能贴近市场，不能及时按用户要求提供个性化的设计、制造和售后服务，某些产品的竞争力因此而打折扣。"走出去"在当地设厂生产，能够使低成本的优势和贴近市场的优势叠加，增强产品的竞争力。与此同时，近些年来我国出口商品面临的贸易摩擦增多，企业出口成本上升，出口前景不稳定，从出口转向对外投资是许多企业的应对之策。[1]

3. 发挥产业链中的优势

前文我们说过，全球产业链的形成，部分是因为链上的国家"不会全部制作"，只能加入全球产业链中制作其中一部分；部分是因为"会做但不是最好"，从而谋求全球分工合作的利益。[2] 两种因素今后都会继续存在。特别是科技全球化继续推进，高技术产品越来越复杂，技术与产品迭代越来越快，不同部分的制造者发挥特长接续生产，互为供求，将继续成为常态并得到加强。[3]

经过多年开放式发展，我国在全球产业链中的地位超过了我们在全球 GDP 中的地位。图 13 展示了中、美、德三国在全球产业链中的重要性，图中国家所在的圆圈大小表示其在全球产业链中的相对地位。可以看出，我国在全球产业链中的地位排名第一，超过我国 GDP 在全球第二的排名。与任何国家相比，我国产业在全球产业链上的份额最大，在全球产业链中已经有重要位势。许多产业较高比重的市场和资源在国外，必须内外循环畅通整个产业才能有效运转。同时，全球产业链的波动对我们影响也最大。因此，推动全球产业链发展和维护全球产业链安全，是与我们自身发展直接相关的重大利益。

---

[1] Ma, A. C., and Ari Van Assche. 2010. "The Role of Trade Costs in Global Production Networks Evidence from China's Processing Trade Regime." World Bank Working Paper 5490, World Bank, Washington, DC.

[2] Los, B., M. Timmer, and G. de Vries. 2015. "How Global Are Global Value Chains? A New Approach to Measure International Fragmentation." *Journal of Regional Science*, vol.55, NO.1（2015）, pp.66-92.

[3] Keller, W., and S. R. Yeaple. 2013. "The Gravity of Knowledge." *American Economic Review*, vol. 103, NO.4（2013）, pp.1414-44.

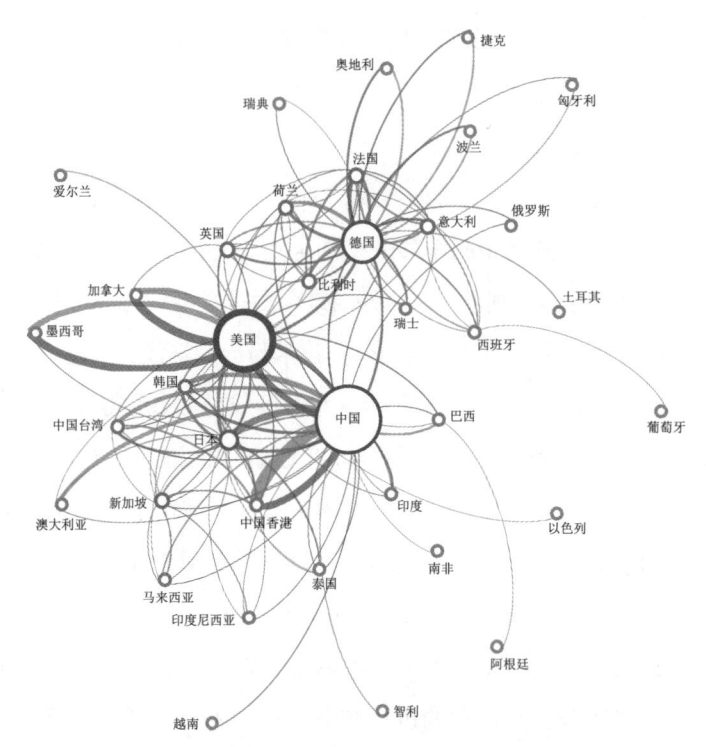

图 13　全球以贸易量衡量的生产中心经济体情况

资料来源：世界银行：2017 年全球价值链发展报告 [R/OL]. https://www.wto.org/english/res_e/booksp_e/gvcs_report_2017.pdf.

4. 增强在创新链中的地位

21 世纪以来，中国在全球创新网络中的地位显著提升。全球创新网络在很大程度上是通过企业研发的国际化形成的。跨国公司是全球创新网络的重要载体。[①] 据笔者对在华跨国公司研发机构的调研，这些研发机构已经从 20 世纪末

[①] Branstetter, L., B. Glennon and J.B. Jensen. "Knowledge Transfer Abroad: The Role of US Inventors within Global R&D Networks." Working Paper No. 24453. Cambridge, MA: National Bureau of Economic Research, 2018.

期的"母公司技术当地化服务"为主，转向21世纪前10年的"母公司技术当地化服务＋研发适合当地新产品"，再转向最近10年的"母公司技术当地化服务＋研发适合当地新产品＋参与公司全球研发网络"三者并重。世界知识产权组织的调研也显示出中国在跨国公司全球研发网络中重要性的提升，20世纪最后10年，在全球创新网络中，中国只贡献了大约1%的专利，而在2015—2017年，中国贡献了大约15%的专利（见图14）。中国的一些城市更是成为全球创新合作网络中的关键节点，在信息和通信产业全球十大创新网络中，北京、上海都已经处于其中（见图15）。因此，推动全球创新链发展并更多地融入其中，对我们有重要意义。与此同时，全球创新链的波动和断裂对我们的影响也可能很明显。

今后一段时期，全球创新链还将发展，我们的机会依然很多；同时，利用断链方式打击我国在制高点上的创新能力，也会时常发生。在这种复杂情形

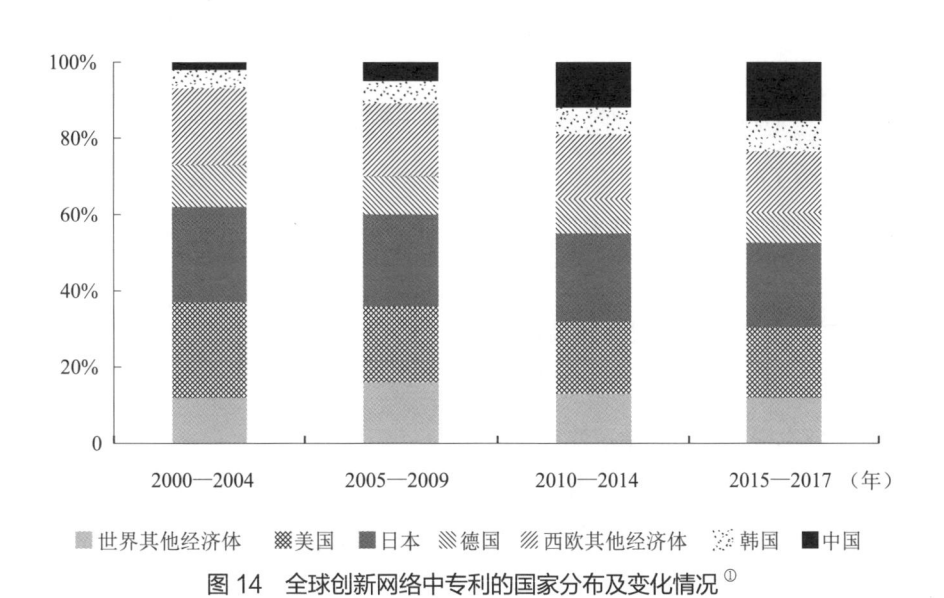

图14　全球创新网络中专利的国家分布及变化情况[1]

---

[1] 世界知识产权组织. 2019世界知识产权报告：创新版图，地区热点和全球网络[R].

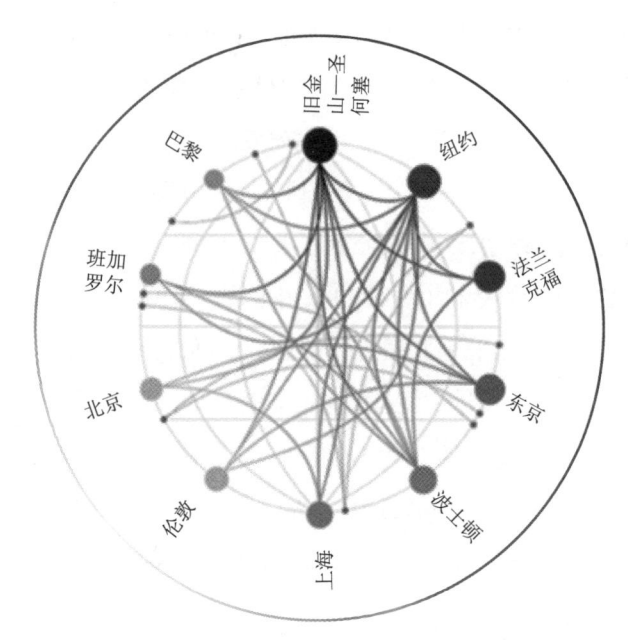

图 15　全球创新网络中中国的位势：北京、上海进入信息和通信产业前 10 名[1]

下，我们不应该做极端化的选择，而要以最大努力参与到全球创新链中，获得全球创新分工的利益，同时以最大努力自主创新，形成"对赌"及"备胎"能力，提高应对断链事件、保持技术供给可持续的能力。

（三）数字技术时代的双循环与主导性

1. 数字技术提升双循环稳定性和安全性

我国数字经济快速发展，越来越多的产品、企业和产业进入数字时代。今后数字经济将继续全面发力，数字化消费将向新领域延伸，继续创造重量级新消费形态。在数字经济发展中，我国产业处于有力的竞争地位。数字经济的规

---

[1] 世界知识产权组织. 2019 世界知识产权报告：创新版图，地区热点和全球网络[R].

模效应和范围效应极为显著,这源于许多数字产品和服务的初始成本很高而边际成本很低,大市场有明显优势。我国人口数量最多,接入互联网的绝对人数和相对比例都很高,网民规模、手机网民规模和社交网站活跃用户分别超过10亿、10亿和7亿,远远超过任何一个国家,也超过美国和欧洲相加的数字,滋养培育出了许多全球极具竞争力的数字企业。

对双循环来说,更重要的是数字化将向产业链、销售链扩展,提升全链条资源配置效率。数字化网络平台能够聚合产业链上多环节、多种类企业和多种生产要素,为各方提供多种类型的交互机会,提供业内所需的各种服务。在特殊时期,如此次新冠疫情期间,当原有的产业链断裂时,平台可以智能化地在供需双方之间进行匹配,迅速寻找替代或调整方案,快速补链接链。与传统的线下单点连接的产业链相比,数字化平台能形成多点连接的产业网链,使全球分工体系的稳定性和安全性大大提高。

2. 我国数字化企业优势明显

在我国,数字产业仅在国内市场就能同时获得规模和竞争的双重效益,迅速提升服务和技术水平,成为有全球竞争力的产业。[①] 近些年,我国形成一批在国内外都堪称行业标杆的先进数字制造企业。从2018年开始,世界经济论坛与麦肯锡合作评选领跑第四次工业革命的"灯塔工厂",这些工厂分布于全球各地的各个行业,通过全面应用数字技术,优化业务流程,改变了生产部门员工的工作方式和技术利用方式,实现了运营系统的创新。其中,中国上榜企业最多,达到16家,占比29.63%(见表3),灯塔工厂的国家分布见图16。这充分表明了40年来我国企业的发展与进步,展示了以我国企业为引领组建或推

---

① He, S., G. Fallon, Z. Khan, Y.K. Lew, K.H. Kim and P. Wei, "Towards a new wave in internationalization of innovation? The rise of China's innovative MNEs, strategic coupling, and global economic organization." *Canadian Journal of Administrative Sciences*, vol.34, NO.4(2017), pp.343-355.

动全球数字化产业链、创新链的乐观前景。

表3　54家"灯塔工厂"中的中国境内企业（截至2020年9月）

工厂名称	所属行业	公布时间
阿里巴巴犀牛智造	科技公司+服装行业	2020.09
美光科技	半导体存储器行业	2020.09
美的集团	家电行业	2020.09
联合利华	家化行业	2020.09
宝山钢铁	钢铁制品	2020.01
福田康明斯	汽车行业	2020.01
海尔沈阳冰箱互联工厂	电器	2020.01
强生DePuy	医疗设备	2020.01
宝洁	消费品	2020.01
潍柴	工业机械	2020.01
上汽大通C2B定制工厂	汽车制造	2019.07
丹佛斯商用压缩机工厂	工业设备	2019.01
富士康	电子设备	2019.01
博世	汽车零部件	2018
海尔中央空调互联工厂	家用电器	2018
西门子	工业自动化	2018

资料来源：根据世界经济论坛（WEF）2020年9月25日发布的报告"Global Lighthouse Network:Four Durable Shifts for a Great Reset in Manufacturing"整理所得。网址：https://www.weforum.org/whitepapers/global-lighthouse-network-four-durable-shifts-for-a-great-reset-in-manufacturing。

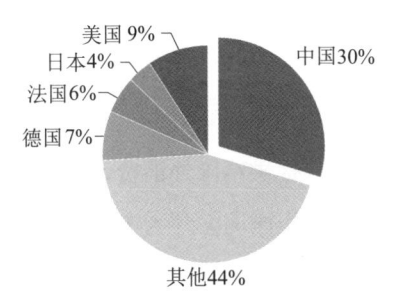

图 16　主要国家"灯塔工厂"数量

注：其他国家包括爱尔兰、巴西、沙特阿拉伯、土耳其、新加坡、意大利、印度尼西亚（以上国家均有 2 个"灯塔工厂"）；阿联酋、丹麦、芬兰、韩国、荷兰、捷克、罗马尼亚、瑞典、印度、英国（以上国家均有 1 个"灯塔工厂"）。

资料来源：笔者根据世界经济论坛与麦肯锡共同撰写的《全球"灯塔工厂"网络：来自第四次工业革命前沿的最新洞见》整理所得。

四、深化改革开放和更高水平双循环

（一）以高标准市场体系促进高质量内循环

我们需要的内循环是高质量的内循环，以下几个方面的改革需要加快推进。

1. 更好发挥竞争政策的基础性作用

畅通内循环，首先要解决好国民经济循环中供给与需求的匹配问题。过去多年我们处于数量扩张为主的时期，以大量的资源投入扩大生产能力，带动增长。现在我们进入增长质量提升时期，不仅要投入生产要素，还要决策怎么优化结构、怎样提升全要素生产率、如何在激烈的竞争中获得发展能力。政府补贴困难企业在特殊时期可能确有必要，长期实施这类政策就是扶持低效率和无竞争力的企业，而这些企业原本应该通过竞争被淘汰，否则不利于提升资源配置效率。今后要更多发挥竞争政策的基础性作用，培育公平竞争环境，让市场机制更多发挥配置资源的基础性作用，促进好企业做大做强，提升整个产业的竞争力，实现高质量的内循环。

2. 优化内需结构，扩大消费比例

以前我们生产的很大部分提供给国外消费者，当外需重要性下降时，提高国内居民消费率很重要，这是中国内循环为主带动持续发展的重要因素。过去多年，我国最终消费率和居民消费率都明显低于世界平均水平和发展中国家的平均水平，最近几年有所上升，2019 年达 55.4%，[①] 但还是低于同期世界平均水平（78.71%）和发展中国家水平（73.9%）。长期低消费率、高投资率，大量生产能力失去需求支撑，产能大量过剩，企业效益下降，金融风险加大。提高消费率，要从促进就业、提高收入和改善收入分配、完善鼓励消费政策、完善社会保障制度等方面着手，短期刺激政策和长期制度安排相结合。[②] 其中尤为重要的是，出口产业是农村转移劳动力的主要就业岗位和收入来源，外需减少对这部分群体会产生更为明显的影响，需要更大力度的制度和政策措施保障其就业和收入，包括改革城乡二元土地制度，加快推进农村集体建设用地入市和宅基地流转，赋予农村居民更多的财产权利，增加财产收益。农地入市、宅基地流转获取的收入，应优先用于完善相应地区农村人口的社保体系，解除后顾之忧，使他们与城里人一样不再依赖于土地保障，而是有更为有效和稳定的社会安全网托底，提高其消费能力和实际消费水平。

3. 积极推进人口城镇化

加快新型城镇化进程是扩大内需的重要举措。以往多年，城镇化滞后于工

[①] 最终消费率和居民消费率数据来源于世界银行，其中世界平均水平最终消费率包括 175 个国家，发展中国家主要包括：中国、马来西亚、巴西、埃及、印度、菲律宾、俄罗斯、泰国、印度、孟加拉国。

[②] 李实，Terry Sicular，Finn Tarp. 中国收入不平等：发展、转型和政策［J］. 北京工商大学学报（社会科学版），2020（4）.

业化，大批农村户籍的劳动力支撑了工业化进程，却不能完全进入相应的城市型消费之中，消费增长相对缓慢。要加快流动人口的市民化进程，促进与城镇稳定生活条件相匹配的多种消费增长，释放出大量需求，包括服务消费需求、城市建设和住宅需求，科技、教育、卫生、文化服务的需求等。[①]这是巨量需求空间，也是改善民生的重大举措和促进社会公平的根本性改革。城市规模、城市结构、城市容积率、社区布局、产业布局等，都要充分考虑与新市民需求的匹配度，加快推进住房、教育、医疗、社会保障等基本公共服务的均等化，健全财政转移支付同农业转移人口市民化挂钩机制，打通农村社保和城镇居民社保的衔接。长期看，户籍制度应逐步转为人口居住地登记制度。

（二）以高水平开放体制促进高质量外循环

1. 向"中性"开放体制转变

改革开放以来，我们的开放政策一直倾向于鼓励出口、限制进口，鼓励资金流入、限制资金流出，倾向于给外资企业更多优惠。这种倾向性是由我国国情、发展阶段和产业竞争力决定的，也是许多国家在相同发展阶段采用的战略。经过40年改革开放，各方面的条件和环境已经发生很大变化，社会主义市场经济体制初步建立，我国经济发展进入一个新阶段，可以向"中性"开放体制转变，更有效地利用两种资源、两个市场。

一是在出口和进口之间保持"中性"。通过出口扩大市场、获得规模经济和分工的益处，与通过进口引进各种资源、提升国内产业技术水平和竞争力，两者同等重要。二是要在吸收外资和对外投资之间保持"中性"。吸收外资带来的资金、技术、先进产品、管理经验等，与对外投资带来的投资收益、出口扩大、当地生产和技术获得等，两者同等重要。三是要在外资企业和内资企业

---

① 郑得坤，李凌.城镇化，人口密度与居民消费率[J].首都经济贸易大学学报，2020（2）.

之间保持"中性"。两类企业都能促进国内经济发展和国际竞争力的提升，公平竞争能筛选出综合竞争力较强的企业，促进整个产业提升效率和竞争力。"中性"有利于市场在全球资源配置中发挥决定性作用，提高资源配置效率，实现高质量的外循环。

2. 从政策性开放转向制度性开放

40年来，我们针对不同时期、不同地区、不同行业，用差别性的政策引导开放。经过多年改革开放，我们基本具备了制度性开放的条件和环境，今后要致力于使制度性开放体制更加完善和相对定形。要继续完善涉外经济法律法规体系，坚持各类经济主体地位平等、对各类财产权平等保护的原则，提高法律实施和执法水平。在制度设计过程中，要立足国情，也要开放借鉴。开放型市场经济不少国家已经实践多年，我们不需要也不可能从头开始不断试错，而是应该结合国情充分借鉴，少走弯路。

3. 深入研究高水平贸易规则的影响

由于世界贸易组织主导的多边体系作用减弱，一些新的高标准贸易协定出现。2018年以来，美国、欧盟和日本等先后签署了一些高标准自由贸易协定，如日欧EPA（经济伙伴关系协定）、美墨加协定、欧加FTA（自由贸易协定）、CPTPP等。这些贸易协定涉及零关税、服务业开放、服务贸易、电子商务及市场准入、知识产权保护、环境保护等，这些协定全部生效后，将覆盖55%以上的国际贸易和国际投资，推动相关领域新一轮全球化进程。我们继续扩大开放，绕不过这些方面的要求。在开放制度建设中，一方面要着眼于国际经贸体系和贸易投资规则的调整，及早研究这些标准的影响和对策，推进建设与其相衔接的制度体系；另一方面要着眼于我们自身优势、特点和需求，推出我们主导的高标准规则体系，在进一步的开放中有匹配度和掌握主动权。

（三）以高起点改革创新，促进双循环均衡高效可持续

1. 加快要素市场改革

在双循环中，国内基本经济变量失衡和市场扭曲带来的影响超出国界，负面影响被放大。例如当价格不能及时反映某种要素的市场供求和机会成本时，企业就会超量使用，还会大量出口。再如，国内企业可以在国内融资，可以引进外资，还可以到海外投资，如果国内金融业配置资金的效率不能有明显改善，国际投融资行为就会超常发生。还有，海外各大证券市场都在努力成为中国优质企业上市地点，各个交易所都在积极争抢中国的上市资源。如果我们的证券市场不能做到高效透明规范，我们的优质企业就会到海外上市。今后改革要有高起点，纠正要素市场上的种种制约和扭曲，才可能在国内国际双循环中高效配置资源。

2. 加快企业改革

当企业可以在全球市场配置资源时，国内企业改革不到位产生的不当行为会蔓延到国外市场。例如，以往出现的国有企业在投资经营中重扩张轻风险、导致企业大量亏损的行为，有可能伴随着我国企业海外投资的增加而大量出海。要加快企业改革，平衡"动力"和"约束"机制，使内需外需都能够建立在有效控制风险的基础上。要对所有企业一视同仁、平等对待，制定并实施对所有企业平等保护、公平竞争的法律和政策，任何企业都不能从免于竞争的保护中获取特殊利益，消除由不公平竞争引起的国内国外资源错配。

3. 加快自主创新

现在，我们想以引进方式获得"跟跑"中的尖端技术，难度越来越大。当前国际环境中的负面因素导致这类问题集中浮现，但其深层原因在经济理论中是可分析、可预测的。尖端技术市场属于寡头甚至垄断市场，持有方有控制力。

而我们除了"最大的用户和市场"这个优势，往往并不具备"相互持有撒手锏"这种互惠和"对赌"能力。这些与以前大量引进"竞争性"技术的情形有本质不同，因此不能寄希望于国际环境改善能带来问题的根本解决。同时，我们"并跑""领跑"的技术不断增加，技术开发进入高度不确定状况，无人领航，无产业链条，市场需求不明，甚至不知是否有人跟随。今后的科技创新，需要同时发挥好市场和政府两只手的作用。一方面，要更好发挥市场在技术研发领域配置资源的基础性作用，特别要发挥民营企业和新型研发机构的重要作用。经验表明，民营经济在高技术领域的创新具有更大潜能。另一方面，政府要加大基础研究投入，持之以恒地支持原创性研究，为技术创新提供源泉。要发挥集中力量办大事的制度优势，对"卡脖子"的关键环节开展集中攻关。要促进创新要素市场化配置和聚集，打破体制机制和政策上的束缚和阻隔，推动创新要素在全国范围内合理流动、优化配置。还要加强创新基础设施建设，加强人才培养，加强知识产权布局和保护，支持标准制定，加大政府采购力度，等等，形成良好的创新环境。

4. 加快创造更好的发展环境

促进更高水平的双循环，政府要从传统的制定产业政策为主向营造高质量竞争环境为主转型。致力于维护市场秩序、反垄断和不正当竞争、提升要素供给质量、研究和发布行业发展信息等，依照法律从环保、节能、产品安全和国家安全等角度进行必要的行业准入管理。大幅度减少或取消产业补贴，必要的补贴要提高透明度，符合公平竞争原则。总之，要以更大力度推进市场体系和竞争制度建设，营造适应高水平双循环要求的发展环境。

综上所述，本文的分析表明，内需为主、外需赋能、双循环畅通，是我们今后发展阶段的新特点。促进两个循环更加协调、更高水平、更可持续，是国内改革和对外开放的长期目标和战略任务。

如何完成金融市场化改革

黄益平[①]

一、经济发展新阶段的金融挑战

我国在 2021 年实现第一个百年目标之后，下一个目标是到 2035 年基本实现现代化，并最终在 2049 年实现第二个百年目标，建成社会主义现代化强国。与过去四十几年的经历相比，未来 15~30 年的经济发展环境会发生很大的变化。第一，我国已经从改革初期的低收入经济体变成中高收入经济体，2019 年人均 GDP 达到 10410 美元，已经非常接近高收入经济的门槛。第二，过去世界经济处于全球化的过程中，投资和贸易体系不断开放，但未来国际经济体系如何演变，存在很大的不确定性。第三，中国在改革开放的头 30 年享受了人口红利，劳动年龄人口比重持续上升，抚养比不断下降，不过自 2010 年开始，人口红利已经逆转，老龄化成为一个重大挑战。

低成本优势对于支撑过去几十年的经济发展发挥了十分重要的作用。1978 年，中国是全世界最贫穷的经济体之一，人均 GDP 只有 200 美元左右。由于生产成本极低，只要能够生产出有一定质量的产品，就具有很强的国际竞争力。在改革开放的头 30 年，虽然生产成本和产品质量在不断提升，但低成本优势这个基本特点并未改变。未来 15 年中国经济如果能够保持可持续增长，其发

---

① 本文作者黄益平系北京大学国家发展研究院副院长，中国经济 50 人论坛成员。

展轨迹将会发生重大变化：成本大幅提高之后，创新就变得更为关键，这样才有可能保持竞争力；国际市场扩展空间收窄，国内需求要发挥更大的作用；老龄化减少劳动供给，人工智能的重要性提升；归根结底就是增长模式要从要素驱动型走向创新驱动型。

但当前的金融体系尚不能完全适应经济增长模式的转变。改革开放刚刚开始的时候，中国只有一家金融机构，即中国人民银行，它既是中央银行，也是商业银行。这主要是因为在计划经济年代，资金的调配都是由中央计划决定的，对金融中介的需求很少。但改革就意味着中国经济要逐步走向市场经济，金融功能变得不可或缺。因此，从1979年开始，政府就开始建立中国银行、中国农业银行等国有专业化银行以及一批全国股份制商业银行。1984年初，原来的中国人民银行一分为二，商业运营部分成为今天的中国工商银行，而宏观管理部分则成为新的中国人民银行。1990年，深圳证券交易所和上海证券交易所分别成立。

今天，中国的金融体系呈现三个非常突出的特征，即"规模大、管制多、监管弱"。无论看金融机构的数量还是金融资产的规模，中国的金融体系已经排在全球的前列：商业银行资产全球第一、股票市场市值全球第二、债券市场市值全球第三。目前银行业机构就超过4000家，四大国有商业银行的资产规模每年都排在全球前十位甚至前五位。M2（广义货币供应量）可以被看作金融资产的宏观变量，中国的M2总量已经超过美国，名列全球第一；M2与GDP之比超过200%，在全世界排在第三位。当然，M2规模大同时也反映了两个基本事实：一是中国的金融体系由银行主导，资本市场的重要性相对较低；二是经济杠杆率比较高。毫无疑问，从数量指标看，今天中国的金融体系与1978年的单个机构相比，已经发生了翻天覆地的变化。

但政府依然对金融体系的运行保持了相对普遍的干预。反映政府干预程度的金融抑制指数从1980年的1.0下降到2015年的0.6，这清晰地表明了金融政策在不断地朝着市场化的大方向过渡，政府的干预程度在逐步降低。但与其他转型国家相比，中国金融市场化的速度比较慢，同期俄罗斯的金融抑制指数从 1.0 下降到 0.4，而且俄罗斯的金融改革要比中国起码晚 10 年。在 2015 年有金融抑制数据的 130 个国家或地区中，中国的金融抑制指数排在第 14 位，政府对金融体系干预的程度不仅超过世界平均水平，甚至超过低收入国家的平均水平。具体的抑制性金融政策包括对利率、汇率的干预，对资金配置的指导，对大型金融机构的控股，以及对跨境资本流动的管制。

中国的监管体系也比较弱。这一点过去关注比较少，主要是几十年来金融体系一直比较稳定。中国可能是大型新兴市场经济中唯一一个没有发生过系统性金融危机的国家，但这不一定就意味着中国的监管是行之有效的。事实上，过去维持金融稳定主要靠两点：一是经济持续高增长，二是政府兜底。1997 年亚洲金融危机期间，商业银行的平均不良贷款率超过 30%，但因为大多数银行都是国有的，因此没有发生挤兑，政府可以非常从容地剥离坏账、补充资本金、引入国际战略投资者并最终使其上市。之后多年的高速经济增长，又相对容易地消化了之前剥离出来的坏账，同时进一步改善了银行的资产负债表。但这一套做法现在变得越来越难以持续，近年来金融的许多领域都暴露出风险，政府也无法再对所有的问题兜底。

这样一个"规模大、管制多、监管弱"的金融体系的形成，有其独特的经济与制度背景。中国的经济改革政策通常被称为渐进改革或摸着石头过河，其实最为实质的策略是双轨制改革。双轨制指的是计划一轨、市场一轨，或者国企一轨、民企一轨。实行双轨制的目的主要是实现平稳过渡，一方面向市场经济过渡，另一方面尽量保持社会与经济的稳定。但双轨制有一个约束，就是国企效率相对较低，持续运行就需要外部支持。这样就形成了改革期间产品与要素不对称的市场化策略，要素市场扭曲，包括金融抑制政策，实际是支持双轨制改革的重要手段，大量廉价的资金被配置给国企，其实就是一种变相的补贴。

不过这一套看起来问题不少的金融体系，在过去几十年并未妨碍中国实现高速经济增长与金融基本稳定。这个观察表面看起来与传统的金融自由化理论不太一致，主要是因为金融市场并不总是有效的。俄罗斯采取的休克疗法有一个重要假设：只要放弃计划经济的手段，市场经济就会有效运转。但事实上市场机制是逐步形成的，不可能一蹴而就。实证研究也表明，中国抑制性的金融政策在20世纪80年代、90年代对经济增长有促进作用，但进入21世纪之后就变成了负面影响。这是因为，在一个有效的金融市场，金融抑制会降低资源配置的效率，遏制金融发展，因此对经济增长是不利的。但如果金融市场并不是有效的，尤其是如果监管框架并不成熟，适度的政府干预可能有利于提高资源配置的效率、支持金融稳定。这可能是过去中国政府对金融体系的干预没有严重影响宏观经济表现的主要原因。

但现在这个机制无法持续下去。首先，金融不支持实体经济的问题在最近几年已经变得相当突出。在微观层面，中小微企业融资难的矛盾变得越来越尖锐。虽然监管部门采取了很多政策措施，但是这个问题并没有得到根本性的缓解。现在中小企业在就业、创新与增长中的作用越来越大，如果融资的问题不能解决，增长的可持续性就无法保证。同样重要但过去关注比较少的是普通老百姓投资难的矛盾，总体看来，中国经济中可投资的资金很多，能够购买的资产却很少。一方面，这很容易造成资金快速流动的现象，引发金融风险；另一方面，居民的资产性收入占比很低，在老龄化日益加剧的背景下，也会影响未来的消费增长。在宏观层面，金融的效率似乎也在不断下降。边际资本产出率一直在上升，即每生产一个新的单位的GDP所需要的资本投入的单位数量在不断增加，2007年为3.5，2019年已经超过6.0。如果这个趋势不改变，最终可能造成经济停滞不前的后果，再多的资本投入也不会形成新的产出。

其次，金融风险也变得越来越大。最初关注到这个问题是因为全球金融危机以来中国非金融负债与GDP之比上升了100多个百分点，非金融企业的杠杆率尤其高。纵观几百年的金融危机历史，高杠杆率是一个重大的风险因素。这才有2016年政府出台"三去一降一补"中的"去杠杆"政策。但实际上过去几年金融风险确实在各个领域不断出现，一开始是股票市场急剧回调，然后是债券市场违约率上升，影子银行与数字金融快速扩张，资本外流，货币贬值压力大幅上升，最近几年中小银行风险高涨。风险点如此之多，引发了对系统性金融危机的担忧。一开始把改革的重点放在改善监管政策的协调方面，2017年、2018年采取了一些具体的步骤，包括成立国务院金融稳定发展委员会、合并银监会和保监会等。但现在看，防范金融风险的任务尚未圆满完成。

改革四十几年来渐进的金融改革，形成了一个庞大的金融体系，但也保留了普遍的政府干预。这样一套看上去并非完美的市场化改革方案，在支持经济增长与维持金融稳定方面的效果并不差。因为不彻底的金融改革，既是与当时的制度环境妥协的结果，实际上也是适合当时的市场条件的。在一个市场机制尚未成熟的经济中，盲目放开金融市场，有可能造成混乱局面。保留适度的政府干预，同时持续减少这样的干预，虽然会有一些效率损失，但总体的效果反而更好。这段经历可能为金融改革理论提供了一个十分重要的启示，任何政策选择都会有正、反两个方面的效应，绝对好和绝对坏的政策很少。改革决策就是要选择那些适合当时、当地的环境并且利大于弊的政策举措。

但现在经济发展进入了新阶段，金融改革也需要继续往前走。下一步金融改革主要有两大任务：一是改善金融对实体经济的支持，二是守住不发生系统性金融危机的底线。这就要求金融体系要完成向市场的过渡，终结双轨制改革，终结不对称的市场化，真正实现让市场机制在金融资源配置中发挥决定性作用的政策目标。但过去四十几年间积累的金融改革的一些成功经验，未来仍然会有价值。完成市场化改革，不能一放了之。往前推进改革的时候仍然需要选择那些适合中国实际的政策安排，尽可能选择那些正面效应大、负面效应小的政策，循序渐进地实施。最终市场化的金融体系，很可能会有很多反映中国经济实际的特点，而不是欧美金融模式的简单翻版。

二、改善金融对实体经济的支持

改革期间普遍存在的抑制性金融政策，肯定会造成一定程度的效率损失，所以出现金融不支持实体经济的现象并不奇怪。双轨制改革本来就意味着对待国企和民企的政策并非完全一致。但金融不支持实体经济这个矛盾变得比较突出，主要是全球金融危机之后的事情，尤其是在2013年之后。全球金融危机前后发生了许多变化，国内外经济增速大幅放缓，国内劳动力供给不断减少，同时中国的人均GDP从中低水平快速提高到中高水平。一大批原来生龙活虎的制造业企业一下子陷入了困境，这在中国经济发展的龙头地区——长江三角洲和珠江三角洲，表现得尤其突出。这可能是最终需求萎缩与生产成本上升两方面挤压的结果。所以，金融不支持实体经济的一个原因可能是实体经济低迷不振，经济回报下降，金融也就很难发挥作用。

但其实还有一个更为重要的原因。全球金融危机以后，中国经济增长模式从要素投入型走向创新驱动型，但金融体系尚未实现转型，无法适应新的增长模式的需要。各国的金融体系大致可以分为两类：一类是金融市场主导，另一类是商业银行主导。前者的代表是美国、英国，后者的代表是德国、日本。当然，这个分类也是相对的，即便在美国、英国，资本市场在非金融企业外部融资中的比重也没有超过一半，而这个比例在德国和日本只有15%左右。中国的比例和德国、日本差不多，也就是说，中国的金融体系也是商业银行主导的。一般而言，商业银行更擅长支持粗放式增长，而资本市场则在支持技术创新和产业升级方面有明显优势。当然，这也不是绝对的，德国、日本在技术和产业方面也应该算是全球领先的。

但中国的金融体系，既有银行主导的特点，又有政府干预的做法，在支持创新方面就有点力不从心。过去这套金融体系在支持经济增长方面没有出现很大的问题，是因为经济活动的不确定性相对比较小。低成本优势基础上的粗放式扩张的基本特点，是技术、产品和市场都是相对成熟的，只要能够生产出来，在市场上就有竞争力。金融服务的关键就是动员大量的廉价资金投入制造业。中国这套金融体系，可能在资源配置上有效率损失，但将储蓄转化为投资的有效性很高，在不确定性比较小的前提下，资金配置失败的风险不大。只要有基本的技术和管理能力，只要注入资金，经济活动就可以扩张。

但现在经济环境发生了改变，低成本优势丧失之后，可持续的经济增长需要依赖技术创新和产业升级，这实际就是所谓的"中等收入陷阱"，即绝大部分国家能够从低收入上升到中等收入，但能够迈过高收入门槛的很少。大多数国家缺乏的是创新能力。但创新能力并非仅仅是技术问题。18世纪英国发生工业革命之前的几十年，蒸汽机技术早已成熟，但这项新技术需要等待金融革命才能引爆工业革命。没有大量廉价资金的投入，技术是无法转化为产业的。所以经济历史学家希克斯说，工业革命需要等待金融革命才能发生。这一点对我国当前经济发展有很重要的启示意义，如果没有金融的有效支持，创新驱动型的经济增长一定步履艰难。

2013年以来，政府努力克服"金融不支持实体经济"的一个重要着力点是解决中国小微企业融资难、融资贵的问题。可惜的是，虽然政府连年出台政策措施，但这个问题并未得到彻底的解决。这个问题不解决，中国的可持续增长就会有问题，也就很难跨越"中等收入陷阱"。以中小微企业为主体的民营企业在中国经济中的地位已经举足轻重，它们贡献了超过60%的GDP增长、超过70%的企业创新和超过80%的城镇就业。也就是说，中小微企业融资难的局面不改变，企业创新就会举步维艰，城镇就业就很难保障，经济增长也就无法持续。正是从这个意义上说，在很多国家，普惠金融的主要意义是保障中小微企业和低收入人群获得金融服务的平等权利。在我国，它则事关经济发展和社会稳定的大局。

造成中小微企业融资难的原因很多，集中体现在如下四个方面：

第一，产权歧视。我国经济改革的基本策略"双轨制"其实就是区别对待国企、民企，虽然初衷是维持改革期间的平稳过渡，最终给民企创造更大、更为宽松的发展空间，但事实上，要素市场扭曲特别是抑制性金融政策的一个重要目的，就是给国企提供变相的补贴。最近一段时期，许多银行高管都认为产权的作用已经不再重要，但银行为何仍然在资金配置中偏好国企？据说是因为一旦国企发生经营困难，政府就依然会帮助重组、并购，最终贷款还是会得到偿还。而如果民企发生经营困难，大概率是会破产，银行贷款也就打水漂了。尽管银行高管把这样的决策看成纯粹的信用风险决策，但造成差异的背后还是产权和政府对不同企业的不同责任。这个现象不改变，要缓解中小微企业融资难的问题，难度很大。

第二，获客难。中小微企业的特点是数量大、规模小、不确定性大、地理分布分散。要找到这些潜在的客户并为它们提供相应的金融服务，挑战很大。商业银行的做法是开办许多分支行，只有当分支机构离这些潜在的客户足够近，才有可能提供金融服务，但这也意味着成本很高。如果业务量不够大，对商业银行来说可能是得不偿失的。在金融领域存在一个"二八法则"，说的就是金融市场上最顶层的20%的客户提供大约80%的市场份额，服务这些客户相对容易，回报也高；服务剩下的80%的客户的成本很高，回报又低。这大概是普惠金融难做的一个基本原因。

第三，风控难。金融交易的最大困难是信息不对称，服务中小微企业，这个矛盾更加突出。传统商业银行做信用风险评估，通常采用三种方法：第一，历史财务数据，具体说就是三张表——资产负债表、利润表和现金流表；第二，抵押资产，即贷款人将房地产押给银行，获取贷款，这样就降低了银行的风险；第三，关系型贷款，即通过银行信贷员的长期跟踪，了解借款人的各种软信息。大体而言，这些方法对于解决我国目前面临的中小微企业融资难的问题帮助不大。大多数中小微企业既缺乏完整的财务数据，也没有足够的固定资产，关系型贷款可能有效，但对银行而言，成本过高，很难做大规模。银行缺乏有效的风控手段，自然很难大量提供融资服务。

第四，利率扭曲。过去几年，监管部门一直致力于降低中小微企业的融资成本，经常将降低贷款利率作为明确的监管要求。这样的政策，动机很好，但执行效果值得商榷。金融交易的一个基本条件是市场化风险定价，即资金成本要能够覆盖风险，这样的金融交易才能商业可持续。行政性要求压低贷款利率，很可能造成事倍功半甚至适得其反的结果。因为回报太低，贷款无利可图，银行就不会真的有积极性去扩张业务，要么迫于监管压力，不得不为之，要么阳奉阴违，表面一套、背地一套。无论如何，人为地将融资成本压得太低，反而会进一步加剧融资难的矛盾。

过去这段时期，如果说中小微企业融资环境有所改善，主要是两个方面的因素起作用。一是政策层面的努力。央行通过定向降准和直接注入资金等手段，为服务中小微企业的银行提供流动性支持。监管政策要求从原先的"两个不低于"，到后来的"三个不低于"，再到现在的"增量降价、提质扩面"，核心就是要求金融机构增加对中小微企业和"三农"增加贷款服务，同时降低贷款利率。这些措施起码在短期内确实增加了中小微企业贷款，改善了它们的融资环境。二是机构层面的创新。最为突出的是数字普惠金融，特别是大科技信贷，即大科技公司利用大科技平台和大数据风控，为大量的中小微企业提供贷款走出了一条独特的道路。首先是利用大科技平台的长尾效应，低成本地获取海量的用户；用户在大科技平台上留下数字足迹，累积成大数据，既可以用于实时监测平台上借款者的经营状况，还能用来支持大数据风控；大科技公司还可以利用其平台及其生态系统做还款管理，进一步遏制道德风险问题。根据北京大学数字金融研究中心、国际货币基金组织和蚂蚁集团研究院的联合研究，基于大数据及其学习模型的大科技信用风险评估方法预测违约率的可靠度，远超基于传统数据和打分卡模型的传统银行信用风险评估方法。无论是大数据还是机器学习模型，都能有效提升风险评估的可靠度。更重要的是，即便没有财务数据或者央行征信信息，大科技信用风险评估方法也依然能够比较可靠地预测违约率，这就意味着许多缺乏银行贷款资质要求的中小微企业，都有可能获得贷款。

这个大科技信贷模式是由阿里小贷首创，形成了独特的"3-1-0"业务模式，即三分钟线上申请，一秒钟资金到账，零人工干预。大科技信贷的业务模式现在已经在许多国家落地，但中国的规模做得最大，质量可能也最好。三家新型互联网银行包括微众银行、网商银行和新网银行，现在已经分别能够每年发放1000万笔左右的小微和个人贷款，同时还将不良率控制在2%以下，明显低于银行同类贷款的不良率。可以说，大科技信贷是一个非常突出的中国故事，同时也是一项具有世界意义的前沿金融创新。

但从宏观层面看，大科技信贷在总信贷中所占的比重还非常小。要从根本上解决中小微企业融资难、金融不支持实体经济的问题，需要多管齐下。政府也需要积极努力改善政策环境，支持金融机构更好地服务中小微企业。

首先，终结"双轨制"改革策略，实现所有权中性。产权歧视的政策不消除，中小微企业的融资和经营环境就很难从根本上扭转，公平竞争也无从谈起，即便制定再多的监管政策要求，也只能是事倍功半。毫无疑问，过去"双轨制"改革策略是成功的，但"双轨制"是一个过渡期策略，不是长期的制度安排。在中国境内注册的企业，无论国有、民营还是外资，都是中国的企业，都在中国创造就业、支持增长，理应一视同仁，更何况今天民营企业在中国经济中的作用已经远远超过了国有企业。

其次，真正实现市场化的风险定价。金融交易的一个基本前提是资金回报要能够覆盖风险，否则金融交易就无法持续。如果决策部门希望降低中小微企业的融资成本，其实有很多选择：一是放松货币政策，降低政策利率或者增加流动性供给；二是增加金融业的竞争，提供金融效率，同时合理挤压金融部门的利润空间；三是改善金融机构的风控能力，比如利用大科技信用风险评估方法，精准判断违约概率，降低融资成本。中小微企业融资不是政策性金融，也不是慈善事业，只有市场化的风险定价，才能做到商业可持续。长期依靠行政命令，很难达成政策目的，甚至会适得其反。

再次，发展资本市场，提高直接融资的比重。资本市场在支持不确定性大的创新活动方面有独特的优势,大力发展资本市场是适应经济增长模式转型的一个重要方面。许多创新型初创企业,有知识,有理念,但缺乏资产与经验,而天使基金、创投基金甚至股权基金等,识别创新项目的前景与风险的能力比较强,同时也可以与创业者共担风险,甚至可以提供相应的指导和支持。

最后,支持金融创新,更好地服务中小微企业、创新型企业。前面提到的大科技信贷是一个比较成功的案例,但新型互联网银行也仍然面临许多困难,比如因为不能远程开户,资金比较缺乏。如果这些银行可以与传统银行合作,也许可以提供很多的中小微企业贷款。另外,大科技信贷服务的小微企业的规模都特别小,服务大一些的企业可以通过数字供应链金融的做法。商业银行也可以尝试许多创新,包括利用自己的平台与数据开展大科技信贷业务,同时还可以推进科技子行、投贷联动等业务模式。

三、守住不发生系统性金融危机的底线

我国金融体系面临的另一个重大挑战是能不能守住不发生系统性金融危机的底线。世界经济历史表明,系统性金融危机对一国的长期经济增长表现会造成非常负面的影响。我国过去维持金融稳定主要是靠政府信用背书,但最近几年的实践表明,我国监管部门在防范金融风险方面的作用十分有限。而随着金融市场的规模扩大、种类增加、复杂性提高,政府兜底变得越来越难,将来维持金融稳定要更多地依靠金融监管。

2015年,国内展开了一场关于金融监管框架改革的大讨论,辩论我国应该实行大央行制、采用双峰模式,还是保留分业监管的格局。我也写了一篇文章,题为《呼唤国家金融稳定委员会》,关注的焦点是如何改善政策协调。因为当时央行、银监、证监、保监各管一摊,各扫门前雪,谁发牌照谁监管,一些交叉业务成了三不管的空白地带,引发了不少风险。股票投资者到银行,信托部

门加杠杆,银行利用基金公司的通道投资非标产品,互联网金融更是一个全新的业态,这些都没人管。2017年,国务院金融稳定发展委员会成立。2018年,银监会和保监会合并,政策协调有所改善。

但现在我对我国金融监管主要矛盾的看法发生了变化。2015年起,金融领域接二连三地"爆雷"。一开始是股价崩盘。股市发展了30年,并未形成稳健投资的渠道。然后是保险行业,部分机构在相当长时期从事违反保险法规定的经营行为。再后来是随着去杠杆政策的落地,影子银行收缩,对中小微企业融资造成很大影响。而随着互联网金融整治措施的落地,P2P(点对点网络信贷)行业几乎发生了系统性的崩塌。最近又有一大批中小银行被发现长期存在违法、违规行为,平均不良率非常高。可以说,除了大型国有金融机构,几乎所有的金融机构都发生了或大或小的风险事件。

有意思的是,每次金融风险一爆发,大家都非常一致地把矛头指向从业人员,说他们"胡作非为""庞氏骗局"等。经济学家哈耶克曾说过:"坏的制度会让好人作恶,好的制度能让坏人从良。"以此类推,如果个别金融机构出了问题,可以主要从管理层或董事会找原因,但如果一大批机构同时出了同样的问题,恐怕就需要更多地从规则上找根源。数百家中小银行长期存在经营不规范甚至违法行为,监管部门恐怕难辞其咎。P2P行业从2007年起步,累计发展到6000多家,但2016年之前监管部门没有给它们划定任何经营边界与规则。

我国当前分业监管的框架是在1992年之后逐步形成的,之前是集中统一的监管体制。1992年证监会成立,1998年保监会成立,2003年银监会成立,形成了以"一行三会"为核心的监管体系。从表面上看,中国的这一套监管体系与市场经济国家相比,差异已经不大。一方面,监管政策与制度安排基本上应有尽有,比如资本充足率要求、存款保险机制、央行最终贷款人制度、宏观审慎评估体系以及金融消费者权益保护政策等;另一方面,金融监管的常见做法已被普遍运用,比如信息披露程序、现场与非现场调查以及压力测试等。

但从实际效果看,差距还非常大。有不少政策有名无实,比如银监部门对于银行向关联机构输送资金有非常严格的限制，但似乎并没有管住包商等银行长期存在这样的做法。"有法不依"的原因可能很多，比如能力不足、意愿不高或者干扰过多。一个突出的问题是，"一行三会"是监管部门，也是政府的组成机构，有不少政府行为的特征：一是它们既要管监管，又要管发展；二是监管政策经常需要配合宏观调控；三是它们对违约与破产的接受度比较低；四是施政具有很强的运动式特点。中央要求守住不发生系统性金融危机的底线，有监管部门的官员就表示要把金融风险压到零。

现在亟须对金融监管进行一场彻底的改革，关键是要尊重金融规律，让金融监管回归初心。既然规章制度已经到位，监管手段也已经掌握，现在需要做的就是把监管落到实处。可以从理解金融监管的 ABC 开始，即金融监管应该做什么、不应该做什么，以及应该如何做。具体可以考虑采取如下几个方面的改革措施：

第一，明确监管的政策目标。金融监管的目标应该就是保障公平交易、保护金融消费者、维持金融稳定。其他一些政策目标，比如资产价格的水平、宏观经济的波动、金融行业的发展等，都不是金融监管部门的责任，这些政策目标与监管政策的目标并不总是一致，有时候甚至会出现直接的对立。所以，首先可以考虑把发展的责任从监管部门分离出来，监管机构成为被监管对象的行业领导者，很容易产生道德风险问题。

第二，把金融监管部门从政府的序列中独立出来。金融监管既有明确的政策目标，也是一门专业性很强的技术活。当然，独立性要以明确的责任作为前提条件。至于监管部门是向国务院还是向全国人大负责，可能并不重要，重要的是按照已经确定的政策目标来评价它们的工作，但不要干预它们的具体举措。另外，监管独立性并不意味着监管机构与政府部门之间完全隔绝，恰恰相反，平时它们就应该保持紧密的日常沟通。

第三，监管政策一定要追责。这几年金融体系出了很多风险，但几乎很少有监管官员为此承担责任，这样他们就缺乏必要的负面激励。当然，在一些领域，监管追责确实有一定的难度，P2P行业的监管主体起初一直没有明确，银行的许多违规行为与政府的支持纠缠在一起。因此，追责的前提，一是明确职责，二是确保独立性。在这两个条件下如果还没有做好，就必须承担相应的行政、经济甚至法律责任。

第四，增加监管部门的编制与经费。这些年监管效果不好，还有一个重要原因是监管资源严重短缺。人手不够，"顾不过来"就很正常。比如，1999年末我国金融业总资产大概是15.5万亿元，到2019年三季度末上升到312.5万亿元，翻了19倍。如果看市场结构、产品种类以及投资者数量，金融行业的复杂性更是明显增加，但在此期间，监管部门的编制完全跟不上这样的变化。

四、金融改革需要继续往前走

中国的金融改革已经持续了四十几年，总体看来是成绩很大，问题也不少。这些成绩与问题应该放在经济改革的大背景下来看，许多政策措施都是决策者在当时环境下权衡甚至妥协的结果。1978年底开始改革开放，当时不可能提市场经济，只能一步一步地往前走，"双轨制"改革策略也好，抑制性金融政策也罢，都是这样产生的。现在回过头看，起码从实现经济增长、保持金融稳定的角度看，效果相当不错。

但过去行之有效的金融政策现在遇到了新的坎儿。一方面，金融支持实体经济的力度越来越弱；另一方面，系统性金融风险显著抬头。这两个方面的问题处理不好，都有可能导致改革以来强劲的经济增长的终止。所以，金融改革需要继续往前走，从大的方向来说，就是要完成金融市场化改革的进程。今天出现金融不支持实体经济的矛盾，客观地看，是因为经济增长模式从要素投入型转向创新驱动型，旧的金融模式不能适应新的经济模式。所以需要金融创新，通过发展资本市场、运用数字技术及创新银行业务等，改善对创新型企业、中小微企业的金融支持。

但最迫切需要做的,是要学会尊重市场规律。"双轨制"策略所隐含的产权歧视,其实是造成民营企业融资困境的一个重要原因。监管部门不断地强迫金融机构降低融资成本,以为是在帮助中小微企业,实际反而令融资难问题的破解变得更为困难。一味地靠政府兜底控制金融风险,很难持续,甚至会加剧道德风险问题。政府给监管政策赋予发展的责任、宏观调控的责任,最后演变成市场纪律被明显削弱,不仅资本市场的质量很难提高,金融风险也很难得到有效控制。

二次房改推动经济新一轮增长

徐 远[①]

一、战略机遇的内涵发生了重要变化

2020年初暴发的新冠疫情，为全人类按下了暂停键。新冠疫情不仅是百年来全球最重要的公共卫生事件，还恰逢旧世界秩序的瓦解和新世界秩序的萌芽。客观上讲，新冠疫情让世界的演化加速，标志着世界秩序正式进入重建阶段。

中国疫情暴发较早，防控相对很成功。面对疫情，中央确定了疫情防控第一的底线，确保人民群众生命财产安全，以"六保"作为2020年全年工作的总基调，取得了举世瞩目的成绩。2020年第二季度中国经济已经开始反弹，全年有望保持2%左右的正增长，有望成为全球主要经济体中唯一保持正增长的国家。

疫情防控和经济增长的成绩，为中国赢得了宝贵的思考时间。展望未来五年，我国经济处于重要的战略转型期。能否适时启动重大经济改革，找到新的经济增长模式，启动新一轮高质量的、可持续的经济增长，不仅事关"十四五"的成绩，还事关党的中长期目标的实现，事关能否在2035基本实现现代化、在2050年全面建成社会主义现代化。

历史洪流如逆水行舟，不进则退。外部环境和内部环境都瞬息万变，战略机遇的内涵在发生变化。冷静的思考和坚决的行动，是中华民族伟大复兴

[①] 本文作者徐远系北京大学国家发展研究院教授。

的必要条件。

二、中国发展阶段的基本判断

中国经济发展的现状，是思考未来战略的逻辑起点。目前，中国人均 GDP 约为 10000 美元，大约是 2000 年的 10 倍，是同期美国的 1/6，日本的 1/4，比世界平均水平略低。[①] 这组简单的数据包含了三层信息：

第一，新世纪以来，中国经济获得了长足发展，从一个"人口大国，经济小国"成长为"人口大国，经济大国"，目前已经是世界第二大经济体。

第二，中国依然是发展中国家，人均 GDP 依然略低于世界平均水平，发展依然是中国经济的主题。

第三，中国的收入水平，离发达国家依然有很大的差距，产业升级、提高收入还有很大的空间。

对于这三层信息，我们要有一个基本的、正确的解读。这个解读既是对过去经验的总结，也有助于思考未来的发展战略。

首先，新世纪以来，中国经济发展的主要驱动力量是克服各种困难和阻力，实现大规模的工业化。对外加入世界贸易组织，加入国际商品市场大循环，对内启动住房商品化改革，带动基础设施建设，同时带动大件消费品等国内消费市场的发展，是过去 20 年中国经济的基本驱动力。这种驱动力，可以简要概括为"对外入世，对内房改"。

其次，中国虽然已经是第二大经济体，但依然是发展中国家，人均收入甚至略低于世界平均水平。中国是人口大国，幅员辽阔，国内经济发展很不平衡，

[①] 2019 年世界人均 GDP 为 1.14 万美元，美国为 6.51 万美元，日本为 4.02 万美元，中国为 1.03 万美元。数据来源：世界银行。

城乡差距、地区差距很大。城乡和地区差距，既是问题，也是机遇，说明未来经济进一步增长的空间很大。如何用城市带动乡村，用先进地区带动落后地区，既帮助落后，又扶持先进，实现互惠互利、高效发展，是需要认真思考的问题。需要防止的是简单补贴落后地区，补贴低收入人口，不要让落后地区成为先进地区的负担，而是要实现高效协同发展。

最后，中国的收入水平还有巨大的提升空间。中国目前是世界的工厂，拥有世界上最全的工业门类，在世界产业链中占有重要位置。但是，中国面临着产业升级的巨大挑战。只有通过产业升级，提高中国企业的附加值，才能进一步提高收入水平。

三、中国经济转型的底层逻辑：从工业化到城市化

中国经济的现状，特别是结构性特征，蕴含着未来经济发展的大方向。中国经济有两大基本结构性特征。

第一，在产业结构上，中低端制造业发展较快，高端制造业和现代服务业相对滞后。进一步发展的方向是进行产业升级，发展高端制造和现代服务业。

第二，在空间地理布局上，城市化总体水平依然比较低，而且城乡差距很大，城市之间的差距也很大。进一步发展的方向是提高城市化水平，并且提高城市的质量，以高质量的城市化带动农村，带动落后城市。

这两大特征看起来复杂，其实有一个共同的抓手，就是进一步城市化。一方面，通过城市化可以促进创新，培育市场，同时提高效率，节约成本，发展高端制造业和现代服务业。另一方面，通过城市化可以促进要素的合理流动，减小城乡差距，促进区域协调发展。

发展高端制造业和现代服务业有很多措施，包括产业政策、财政政策、金融政策。不容忽视的是，高端制造业和现代服务业终究依靠创新，依靠人才，

依靠市场力量的驱动,而城市是孕育市场、孕育人才的最好平台,会助力形成创新高效的生态系统,这是高端产业最重要的土壤。离开了健康的创新生态系统,高端制造和现代服务业的发展就会缺乏持久的动力。

城市生态系统可以促进人才、资金、技术等要素的合理流动,减小城乡差距,促进区域协调发展。2019年8月26日召开的中央财经委员会第五次会议,强调在新形势下,要根据各地区的条件,走合理分工、优化发展的路子,形成优势互补、高质量发展的区域经济布局;要发挥各地区比较优势,促进各类要素合理流动和高效集聚,增强创新发展动力,增强中心城市和城市群等经济发展优势区域的经济和人口承载能力,增强其他地区在保障粮食安全、生态安全、边疆安全等方面的功能。

这次会议指出,新形势下区域经济发展的基本指导思想,是合理分工、优势互补,发挥各地区的比较优势。这里需要避免的是追求低水平上的平等,失去对高水平发展、对经济效率的追求。对中国这样的发展中大国而言,发展才是硬道理,发展是解决一切问题的大前提。通过提高社会生产力水平,做大社会财富总量,才能真正照顾落后地区。

客观上,我国的经济发展分为上下半场:上半场是工业化,下半场是城市化;上半场是以工业化带动城市化,下半场是以城市化带动进一步的工业化。这一上下半场的分割,有客观的历史原因。

我国是后发国家,在经济起飞的早期可以通过引进先进国家的工业技术和经验,实现快速的工业化。1998年启动住房商品化改革,2001年加入世界贸易组织,这一内一外两大措施加速了中国的工业化;工业化的发展,带动了城市化,这是经济发展上半场的基本动力机制。这一时期的城市化是被动的,是被工业化带动的。而且,由于户籍制度的约束,基本公共服务的不配套,城市化是滞后于工业化的。工业化超前,城市化滞后,是目前我国经济发展的一个基本特征。

随着收入的提高和初级、中级工业化的基本形成,后发优势的力量开始消退,更加需要依赖自发的创新动力。这时候,城市作为创新生态系统的作用就越来越重要。只有在城市的创新生态系统中，交易成本才会不断降低，人才才会层出不穷，创新才会不断发生，我们希望的高端制造和现代服务才会有坚实的基础。城市不仅能留住人才，还能不断孕育人才，是人力资本的最好容器和摇篮。

从产业角度看，高端制造业和现代服务业是一体的。高端制造离不开高质量的创新、研发和售后服务，这些可以归入现代生产性服务业的范畴。现代服务业还包括教育、医疗、通信、娱乐等生活性服务业。不管是生产性服务业还是生活性服务业，都离不开城市特别是大城市的发展。中小城市和偏远乡村是不可能大规模发展顶尖的生产性服务业和高质量的生活性服务业的。

因此，经济进一步发展的大方向，就是推进城市化，增强中心城市和城市群的经济和人口承载能力，促进资金、人才、劳动力等生产要素在更大范围内的流动，优化资源配置，让城市成为人才、创新、科技的摇篮，提高全社会的财富创造能力的同时，促进收入更加合理地分配。

四、"二次房改"与"二次开放"并举，推动新一轮经济增长

思考当前的改革措施，要借鉴过去的成功经验。面对新冠疫情，面对大幅的经济减速，理想的政策，是在促进短期经济复苏的同时，夯实长期经济增长的基础，这同时有利于长期社会综合治理的改善。

2020年已经出台的政策，可以分为三类。一是以保障民生、扶持中小微企业、帮助抗疫企业为主的政策，这些政策可以帮助缓解经济病痛，但是谈不上从根本上培育长期经济发展的潜力。二是扩大基建的政策，这些政策可以对抗短期经济下行，同时对长期增长潜力也有好处。但是，目前我国基础设施存量已经比较大，基建扩张空间不大，扩张太快容易形成低效建设，操作不当容易产生副作用。三是支持科技产业的政策。科技进步是未来产业升级的核心，这类政

策的方向毋庸置疑。但是科技产业依赖于技术进步和产业自身的发展规律，速度不可控。科技战略主要是长期发展战略，需要防止依赖长期战略解决中短期问题。

以史为鉴。我国不是第一次经历大幅经济减速，也不是第一次经历严重公共卫生事件。1998—1999 年的经济大幅减速和 2003 年的非典疫情，可谓前车之鉴。当时为了对抗经济下行，我国推出了两大改革措施：一是对内推出住房商品化改革，以此带动基础设施建设和国内消费品市场的发展；二是对外加入 WTO，扩大对外开放，加入全球商品流动市场。这两大改革，形成了对内对外的双轮驱动，为经济注入强大动力。

2003 年，中国暴发了非典疫情，但是对经济总体影响不大。中国之所以能够快速走出非典疫情的影响，与当时的两大经济动能有关。对外，中国刚刚加入 WTO 不久，出口企业活力旺盛；对内，住房商品化改革刚刚启动，动能正在上升。两大经济动能合力，秒杀非典疫情的经济影响。

当下，中国经济动能不足，要想扭转不利局面，必须找到同等级别的对外、对内改革措施，既注入短期经济活力，又为中长期增长打下基础。

对外，要以"二次入世"的力度，扩大对外开放。

对内，要以"二次房改"的气魄，启动新一轮住房改革。

"二次入世"的政策抓手，是以新出台的《外商投资法》为基础，引进外商投资，扩大服务业开放，扩大金融业开放，引进国外先进生产要素，促进科技研发、智能制造、现代服务等行业的发展，发展高端制造和现代服务业。

"二次开放"的实质，是"向内开放"。过去的开放，是"向外开放"，是商品走出去，把国内的生产要素与国外的商品市场相结合，借此实现快速的工业化。这次的开放，是"向内开放"，把国外的生产要素引进来，与国内市场潜力相结合。现在中国经济的短板是国内服务业市场，包括科技研发和技术创新市场。市场在国内，就要求"向内开放"。

"二次房改"的政策抓手，是大规模建设安居房，让流动人口在城市里安居乐业，启动农民工市民化。每年兴建 1000 万套安居房，套均面积 50 平方米，套均投资 100 万元，每年直接投资 10 万亿元，一举解决短期经济增长问题。

时隔 20 年的"二次房改"，与"一次房改"既有历史的延续性，也有重要的区别（见表 1）。过去的增长，以初级工业、中低端制造为龙头，以城镇化为载体；未来的增长，以智能制造、现代服务、科技研发为龙头，以都市化为载体。城镇化是城市化的初级阶段，都市化是城市化的高级阶段。

表 1 "一次房改"和"二次房改"的区别

	"一次房改"	"二次房改"
历史主体	城镇居民，老市民	农民工，新市民
人口体量	约 5 亿	约 5 亿~6 亿
产业特征	初级工业化	高级工业化
城市特征	城镇化	都市化

五、"二次房改"的短期、中期和长期战略利益

在对外"二次入世"的同时，对内启动"二次房改"，是一举三得的政策抓手，短期、中期和长期都有战略性的利益。

（一）短期看，能够快速复苏经济

安居房建设将带来大量投资。在大都市、都市圈和核心城市，每年兴建 1000 万套安居房，同时带动大量关联投资和生产，一举解决短期经济增长问题。初步匡算，每平方米要投资 2 万元，其中土地费用 1.6 万元，工程费用 0.4 万元。这是因为主要选址是在大都市、都市圈和核心城市，所以土地费用较高。

大都市、都市圈、核心城市是未来城市化的发展方向，投资的大方向不会错。每年浩浩荡荡的农民工大潮和春运大潮，就是这个发展方向的历史注脚。

党中央的会议文件，已经多次认可、确定了这一大方向。2019年8月的中央财经委员会第五次会议和2019年底的中央经济工作会议，都明确提出增强中心城市和城市群的经济和人口承载能力，"要加快落实区域发展战略，完善区域政策和空间布局，发挥各地比较优势"。

安居房建设，与"房住不炒"的政策基调高度一致，是坚持"房住不炒"的有力保障。安居房与房地产调控配合，可以很好地满足中低收入家庭和外来人口的居住需求。安居房会大量增加房屋供给，从根本上改变房屋供求不平衡的局面，抑制购房恐慌，从根本上杜绝炒房。

大规模的安居房建设，可以帮助中低收入家庭实现财富积累，帮助全社会形成数量庞大的中产阶层，这是未来社会稳定的基础。

（二）中期看，能保障未来10~15年的经济增长和社会稳定

过去的经济增长方式不可持续，这早已成为共识。不推动基础性的改革，激发经济增长的新动能，就不能排除经济失速的可能性。不要以为经济下滑一定是渐渐地、缓慢地，没有新的动能支撑，经济下滑可能是断崖式的，可能会引发社会不稳定。

未来10年每年兴建1000万套安居房，其间的经济增长就有了保障。由此带来的直接投资和配套投资，以及产业联动效应，是未来10年经济增长的基本保障，将有力托住经济增长的下限。

同时，在对外开放的配合下，大力发展高端制造、现代服务、科技创新产业，将拔高经济增长的上限。双管齐下，则可以保住未来10~15年每年5%以上高质量的经济增长，到2035年经济再翻一番，为基本实现社会主义现代化打下坚实的经济基础。

（三）长期看，彻底打破城乡二元结构

未来10年每年兴建1000万套安居房，则可安置2亿农民工，把2亿农民

工转变为新市民，加上其子女共新增约 3 亿新市民。同步进行的商品房建设和其他流动人口市民化，还将形成约 1 亿新市民。用 10 年时间，产生约 4 亿新市民，市民总量从现有的 6 亿增加到 10 亿，一举打破城乡二元结构，解决过去 40 年未能解决的历史遗留问题。

城乡二元结构是我国的基本社会结构。在渐进改革的过程中，城乡二元结构有其历史的合理性。随着经济发展和城市化的推进，城乡二元结构越来越成为社会进一步发展的阻碍，成为国家现代化的阻力，成为提高社会综合治理能力的负担。只有消解城乡二元结构，才有可能实现社会治理的现代化，才有可能实现党的中长期战略目标。

采取有力措施，消解城乡二元结构，将一举奠定中国现代化的基础；不消解城乡二元结构，国家治理现代化就是一句空话。

六、"二次房改"怎么改

"二次房改"的基本方向是引导农民工市民化，消解城乡二元结构。

"二次房改"的基本思路是"政策定方向，市场为主体"，即政策部门确定方向，让市场机制发挥作用，既保证方向的正确，也保证任务的实现。

"二次房改"的政策抓手，是在大都市、都市圈和核心城市大规模建设安居房，引导农民工市民化，完成从城镇化到都市化的历史转型。

初步考虑，作为"二次房改"抓手的安居房政策，有 10 个基本要点：

第一，购房资格：面向所有无房人口，以就业地缴纳社保为唯一标准，不歧视无户籍、无学位人口。

第二，户型设计：针对中低收入新市民群体，以 40~60 平方米的小户型为主，和商品房相互补充，形成完整的住房市场。

第三，房屋销售：用商品房的方式销售，加速资金回笼，形成资金闭环，而不要用租赁房的思路。租赁房的运行成本太高，而且不利于增加居民财富，藏富于民。

第四，购房贷款：遵守商业可持续原则，首付不低于20%，贷款利率可以适当优惠。

第五，城市选择：应主要选择在大都市、都市圈和核心城市，不能选择中小城市。以人口流入为标准，按照人口流入数量选择城市和分配安居房名额。

第六，区位选址：应在较好区位选址，便于新市民上班，不能在远郊区，否则会增加通勤成本，形成新的浪费。

第七，开发建设：应商业化运作，政府筹集土地和监管，优质大型房企主导开发。

第八，土地来源：把大城市内部的低效工商业用地、科研用地转化为安居房用地，并通过发行特别国债补充土地出让金，调动地方政府的积极性。

第九，社保跟人走：要把新市民社保转入落户城市的社保体系，社保资金统一划拨和管理。要采取"有档次之差，无身份之别"的渐进思路，逐步提高社保水平。

第十，大力兴建学校、医院、商业等配套设施，提高基本公共服务质量和可得性。

大城市的安居房建设，与小城市、乡镇的集中居住点建设并不矛盾。大城市的安居房是解决外出流动人口的市民化问题，集中居住点是解决留乡人口的集中居住、土地节约问题。

如何扩大中等收入群体

李 实 杨修娜[①]

我国经济发展的一个标志性成就是在 2019 年实现了人均国民收入 1 万美元的水平,预期到 2035 年将超过 2 万美元,步入发达国家行列。实现这一目标的前提是在未来 15 年中,中国经济能够保持持续的中高速增长,即年均 5%~6% 的经济增长率。从现有国情来看,保持经济稳定的中高速增长仍然面临不少挑战,其中一个主要的挑战是将经济增长模式从投资和出口拉动型转向以消费为主要驱动力的增长模式。从过去的经验来看,消费带动力不足的一个主要原因是中等收入群体比重不高,收入差距过大,相对贫困问题突出。而且,扩大中等收入群体比重,缓解相对贫困,不仅具有提高消费需求的作用,也与我国基本实现现代化的目标是一致的。本文将从扩大中等收入群体比重和缓解相对贫困的角度出发,把它们作为未来 15 年经济发展战略的着力点,分别研究它们需要的政策支撑和产生的消费需求的影响。

一、我国现阶段中等收入群体的状况及未来变化趋势

中等收入群体的相关论述最早来自西方"中产阶级"的概念,指处于社会

[①] 本文作者李实系浙江大学文科资深教授,教育部"长江学者";杨修娜系国务院发展研究中心副研究员。

中间位置的人群。中产阶级是一个多维度的概念，判断一个社会中产阶级家庭的标准不仅涉及收入、财产，还涉及职业、社会地位，甚至生活方式，而国内提出的中等收入群体的概念与中产阶级的概念大有不同。虽然各界对"中等收入群体"有着概念上的共识，但在具体量化标准上却有很大差异。有的学者还是不自觉地将中产阶级的概念用于理解中等收入群体，如基于阶层、职业、教育、主观认同等指标来定义中等收入群体。虽然不少学者认同中等收入群体的判断标准是经济上的相对地位，但是在使用哪种经济指标上仍有分歧，在使用消费、财富还是收入等经济指标上有着不同的意见。在主张使用收入指标的学者中，有的主张采用绝对标准，有的主张采用相对标准。我们认为，"中等收入群体"的本义应该是从收入角度来看社会群体的分化状态，因此家庭（人均）收入应该是主要（唯一）衡量标准。在收入指标确定的情况下，是使用绝对标准还是相对标准，使用多大区间的标准，这些都没有定论。它往往取决于一个国家的发展水平，也取决于学术界通常的做法。然而，基于不同标准估算出的中等收入群体规模会有很大差别。以中国为例（见图1）。在对2012年中等收入群体比重的估算中，最高值为54%（Dominic Barton等，2013），最低值为7.7%（李春玲，2013）；在对2025年的预测中，最乐观的结果是59.4%（Diana Farrell等，2006），最悲观的则为19.8%（Diana Farrell等，2006）。

（一）不同界定标准下我国中等收入群体比重的变化趋势

我们使用三种不同的界定标准来估算我国中等收入群体的比重。第一个标准，是我们提出的选取全世界200多个国家各年份收入中位数的67%~200%，作为定义我国中等收入群体年收入的下限和上限。第二个标准，是国际上引用率较高的哈拉斯（Kharas，2010）提出的10~100美元（2005年购买力平价价格）作为界定中等收入群体日收入的下限和上限。其中，10美元是贫困线最低的两个发达国家（葡萄牙和意大利）的贫困线的平均数，100美元是最富裕发达国家（卢森堡）的收入中位数的2倍。第三个标准，是我国国家统计局曾采用的

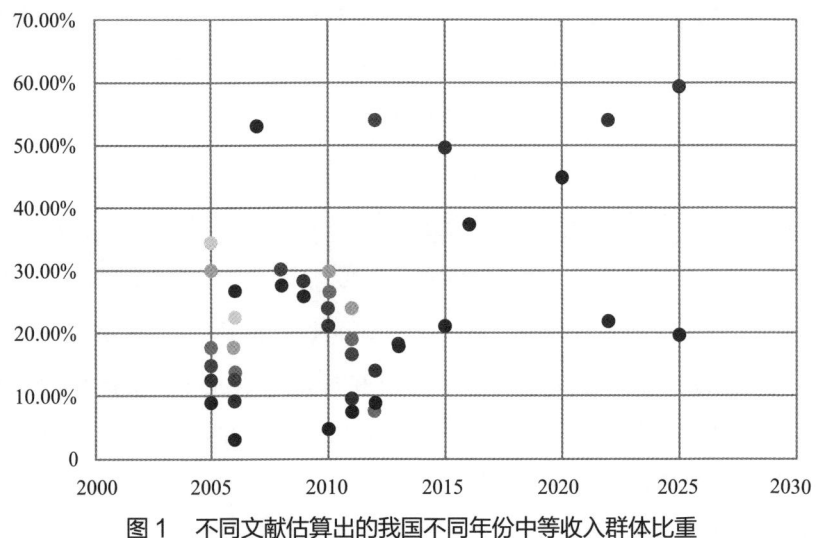

图 1　不同文献估算出的我国不同年份中等收入群体比重

注：横轴是年份，纵轴是中等收入群体比重；图中的每个圆点代表每篇文献。

定义方式，即将2018年价格下家庭年收入（典型的三口之家）介于10万~50万元之间的家庭定义为中等收入家庭。① 表1给出了在每种定义方式下，界定我国1995年、2002年、2007年、2013年、2018年中等收入群体所使用的上下限对应的具体数额（元/天）。

表1　不同界定标准对应的下限和上限

界定标准		1995年	2002年	2007年	2013年	2018年
世界人口收入中位数的 67%~200%（当年价格）	下限（户人均收入）	22	28	44	68	83
	上限（户人均收入）	65	83	131	202	247

---

① 该定义与国家统计局之前提出的将2010年价格下家庭年收入（典型的三口之家）介于8万~40万元之间的家庭定义为中等收入家庭的提法是一致的，只是调整了价格水平。

(续表)

界定标准		1995年	2002年	2007年	2013年	2018年
10~100美元（2005年购买力平价价格）	下限（户人均收入）	28	32.2	37.6	46.5	50.9
	上限（户人均收入）	280	322	376	465	509
家庭年收入10万~50万元（2018年价格）	下限（户人均收入）	56	61	69	83	91
	上限（户人均收入）	279	304	346	417	457

近20年来，我国中等收入群体规模正在逐渐壮大。表2给出了不同界定标准下使用各年份CHIP（中国家庭收入调查）数据估算出的我国中等收入群体比重。虽然在不同定义下估算出的我国中等收入群体比重存在差异，但都显示，随着近些年我国经济发展和居民收入水平的提高，我国中等收入群体比重在逐渐提高。

表2 在不同界定标准下估算出的各年份我国中等收入群体比重

	界定标准	1995年(中)	2002年(中)	2007年(中)	2013年(中)	2018年(中)	2018年(低)	2018年(高)
全国	世界人口收入中位数的67%~200%	3.6%	10.0%	20.2%	27.3%	29.4%	54.8%	3.0%
	10~100美元（2005年购买力平价价格）	1.4%	7.4%	27.2%	46.1%	54.2%	42.7%	0.3%
	家庭年收入10万~50万元（2018年价格）	0.24%	1.55%	9.52%	25.35%	29.4%	67.5%	0.4%
城市	世界人口收入中位数的67%~200%	8.4%	25.9%	45.2%	48.5%	45.0%	41.0%	4.9%
	10~100美元（2005年购买力平价价格）	3.4%	19.6%	59.1%	74.2%	76.4%	22.8%	0.4%
	家庭年收入10万~50万元（2018年价格）	0.44%	3.80%	24.19%	43.35%	45.6%	53.3%	0.6%

（续表）

界定标准		1995年(中)	2002年(中)	2007年(中)	2013年(中)	2018年(中)	2018年(低)	2018年(高)
农村	世界人口收入中位数的67%~200%	0.6%	1.5%	1.8%	7.4%	6.6%	74.1%	0.3%
	10~100美元（按2005年购买力平价价格）	0.2%	1.0%	3.0%	18.1%	20.6%	73.2%	0.1%
	家庭年收入10万~50万元（2018年价格）	0.12%	0.39%	1.15%	9.23%	5.7%	88.1%	0.1%

而且，无论是使用全世界200多个国家收入中位数的67%~200%的国际标准，还是使用国家统计局的标准，数据结果都显示，随着我国经济的高速发展和居民收入的提高，中等收入群体比重从2002年的微乎其微，增长到2018年的29%左右，我国居民收入分布也逐渐向"橄榄形"转变。虽然我国中等收入群体比重依然偏低，但绝对规模还是相当可观的。2018年，我国中等收入群体规模已达4.1亿，约相当于当年美国总人口的1.25倍。

（二）不同经济增长率下中等收入群体比重的趋势预测

我们使用全世界200多个国家收入中位数的67%、200%作为定义我国中等收入群体的下限和上限，并在3%、4%、5%、6%、6.5%经济增长率的假定情形下，根据CHIP数据中家庭收入分布，估算了我国2025年、2030年、2035年的中等收入群体比重。

关于2025年、2030年、2035年定义中等收入群体的上下限，由于世界银行、国际货币基金组织等国际组织对全球经济增长的官方预测都只到2020年、2021年，没有更久远的预测，所以，我们首次借鉴国际上权威学者现有研究的做法，假定从2020年到2035年世界经济年均增长率为3%，并且收入分布不变。基于上述两个假定，并利用2020年的世界各国人均GNI（国民总收入）的信息，我们首先估算出 2025 年、2030 年、2035 年世界所有国家人均 GNI 中位数，并把此中位数的 67%、200% 作为定义我国 2025 年、2030 年、2035 年中等收入群体的下限和上限。

然后，根据世界银行公布的各个年份的购买力平价指数（PPP），将用美元衡量的上下限换算成用人民币衡量的上下限，并除以 365 天，得出以"元/天"为单位的上下限。

最后，在收入分布不变的假设下，在 6.5%、6%、5%、4%、3% 不同收入年均增长率的情境中，我们估算了 2025 年、2030 年、2035 年的中等收入群体比重。从图 2 可以看出，如果增速为 6%，到 2025 年和 2035 年我国中等收入群体比重将达到 37.7% 和 44.3%；如果增速下降至 3%，则我国中等收入群体比重只能徘徊在 29% 左右的水平。由此看出，提高我国中等收入群体比重，保持一定的经济增长速度至关重要。

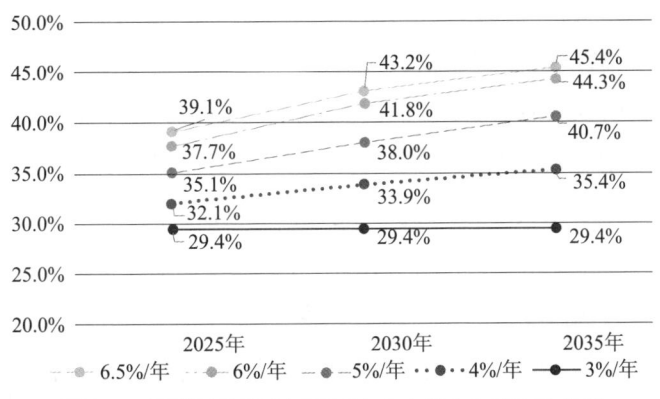

图 2　不同增长率假定下我国未来中等收入比重的估算

（三）中等收入群体的基本特征

1. 我国中等收入群体整体特征

我国中等收入群体主要分布于城市地区及东部地区，即经济发达的省份，受教育程度以高中学历为主。

我国中等收入群体储蓄率偏高。中等收入群体储蓄率中位数在40%左右，高于低收入者和贫困人口。这也意味着我国中等收入群体规模的扩大，并不一定意味着消费率的上升，尽管消费量的总体数额增加了。

中等收入群体更多的是工薪阶层，而不是自主经营、企业主等商业人员。我国60%以上的中等收入群体以工资性收入为主，仅有14%左右的中等收入群体以经营性收入为主。财产性收入在中等收入群体的可支配收入中所占比重在10%左右，远低于发达国家。未来要扩大中等收入群体比重，采取相应措施增加人们的财产性收入来源是重要途径之一。

2. 我国中等收入群体子群体的异质性

若按收入来源分，我国约3/4的中等收入群体属于工薪阶层。我国60%的中等收入群体以工资性收入为主（工资性收入比重≥50%），14%左右的中等收入群体以经营性收入为主（经营性收入比重≥50%），仅有3%左右的中等收入群体以财产性收入为主（财产性收入比重≥50%）。

若按职业分，我国约1/3的中等收入群体为党政机关事业单位、企事业单位负责人、专业技术人员和办事人员（我们通常所称的"白领"），约1/4的中等收入群体为商业服务业人员，另有16.2%为生产运输设备操作人员，从事农业生产的农民仅约占4%。

若按户口和流动状况分，我国约3/4的中等收入群体属于城市居民，仅有10%左右的中等收入群体是拥有农村户籍且居住在农村地区的农村居民，另有约17%的中等收入群体是流动到城市工作的农民工群体。中等收入群体中的农村居民、农民工，比城市居民更加集中于东部地区。

3. 我国中等收入群体规模和收入增长不太稳定

在中等收入群体下限标准附近分布着大量中等收入边缘群体，他们既包括一些低收入群体，也有不少"脆弱"的中等收入群体。这些"脆弱"的中等收入群体的收入可能因工作变动、失业、家庭变故等不确定因素而受到严重影响，甚至使他们跌落为低收入者。

无论是中等收入群体中的农民工还是农村居民，都主要工作于个体或民营企业等私有部门，他们的就业和收入存在很大的不稳定性，享受不到像城市居民那样完善的社会保障和公共服务，未来生活存在很大的不确定性。一旦发生外部冲击，比如2020年的新冠疫情，他们这些"脆弱"群体会首先受到影响。

所以，提高中等收入群体比重的关键，是使相当一部分低收入群体上升到中等收入群体，同时也要防范刚刚越过中等收入门槛的群体降为低收入群体。

对此，要加强社会保障体系建设，按照兜底线、织密网、建机制的要求，全面建成覆盖全民、城乡统筹、权责清晰、保障适度、可持续的多层次社会保障体系，防止社会成员因疾病、失业、家庭变故、年老等陷入生活困境。

二、我国当前相对贫困的状况

在贫困测量中，核心的问题是选择贫困线（或扶贫标准线）。贫困线的选择需要同时考虑贫困人群的发展需要和公共部门的服务供给能力，因此既要有价值判断，也要有现实考量。

随着我国经济的发展和居民收入的增长，使用绝对贫困线匡算出的贫困人口规模较低，绝对贫困线已经不再适用于我国当前经济的发展和减贫的诉求，而应当参考国际上相对贫困线的设置惯例引入相对贫困线。考虑到我国城乡二元经济结构，我们建议，农村和城镇应当分别设置相对贫困线，采用农村居民可支配收入中位数的50%来界定农村贫困人口，采用城镇居民可支配收入中位数的40%来界定城镇贫困人口。

（一）贫困的不同识别标准

1. 绝对贫困线：国内官方标准

中国的官方贫困标准主要以绝对贫困标准为主，比如1978年的标准为625元（2000年价格），2008年的标准为1196元（2008年价格），2010年上调标准为2300元（2010年价格）。

2. 绝对贫困线：世行标准

关于国际贫困线，比较常用和权威的是世界银行公布的标准。比如，2008年，世界银行公布了两个国际贫困线。一个是根据15个最穷国家的平均贫困线，确定极端贫困标准为1.25美元/人·天（2005年PPP），即"吃饱需要的食品支出，加上宁可挨饿也要换取的非食品支出"，此标准代表基本温饱水平。南美一些中等收入国家采用人均2.5美元/人·天，是目前国际标准1.25美元/人·天的两倍。另外一个是根据发展中国家的国家贫困线中位数，确定高贫困标准为2美元/人·天（2005年PPP），即"吃饱需要的食物支出，加上与吃饱同等重要的非食品支出"，此标准代表稳定温饱水平。

2018年8月，基于2011年国际比较项目（International Comparison Program, ICP）的购买力平价指数，世界银行将极端贫困标准更新为1.9美元/人·天（2011年PPP），将高贫困标准更新为3.2美元/人·天（2011年PPP）。[①]

3. 相对贫困线

相对贫困标准主要考虑的不是绝对收入水平，而是相对收入水平，其隐含的假定是在经济发展到一定水平时，基本温饱已经不是社会关注的重要问题。

[①] 查阅时间为2018年11月29日，详见网址：http://iresearch.worldbank.org/PovcalNet/home.aspx。

在收入水平增长到一定程度，相对贫困标准能更好地瞄准社会需要帮扶的群体。目前，发达国家大多使用相对贫困线，比如欧盟的贫困线是收入中位数的60%，经济合作与发展组织提出以居民收入中位数的50%作为贫困线。

随着我国近些年相对较快的经济增长和居民收入增长，逐步引入相对贫困线是一种趋势。

（二）不同标准下我国城乡的贫困状况

1. 农村贫困状况

为考察农村贫困状况，我们使用了4种不同的贫困线：一是世界银行提出的极端贫困标准，即1.9美元/人·天（2011年PPP）；二是世界银行提出的高贫困标准，即3.2美元/人·天（2011年PPP）；三是国家统计局提出的每年人均2300元（2010年价格）；四是农村相对贫困线，即农村人均可支配收入中位数的50%。

由于农民收入水平较城镇居民收入水平要低，以50%作为系数是适宜的（参照OECD的相对标准）。如果太低（比如30%或40%），估算出的贫困率与绝对贫困线下得出的贫困率相差不大，失去了设置相对贫困线的意义。如果将60%作为系数，得出的贫困人口比重过高，超出了政策干预能力的范围，也没有实质性的意义。

表3给出了4种不同的贫困线在各年份对应的人民币数额。

表3 各贫困线对应的人民币数额（元/人）

贫困线		2002年	2007年	2013年	2018年
国内相对标准：农村可支配收入中位数的50%（当年价格）	日收入	3.1	5.2	12.0	14.3
	年收入	1124	1894	4373	5220

（续表）

贫困线		2002年	2007年	2013年	2018年
国内绝对标准：国家统计局新贫困线，即2300元/人·年（2010年价格）	日收入	4.9	5.7	7.0	7.6
	年收入	1798	2091	2565	2789
国际绝对标准：世界银行极端贫困标准，即1.9美元/人·天（2011年PPP）	日收入	4.3	5.0	6.1	6.6
	年收入	1557	1811	2222	2415
国际绝对标准：世界银行高贫困标准，即3.2美元/人·天（2011年PPP）	日收入	7.2	8.4	10.3	11.1
	年收入	2622	3050	3743	4068

在绝对贫困标准下，2002—2018年我国农村地区贫困人口比重大幅下降。表4显示，按照世界银行极端贫困标准（1.9美元/人·天），我国农村地区贫困人口比重（贫困发生率）从2002年的约28%下降到2007年的13.12%、2018年的5.08%。按照世界银行高贫困标准（3.2美元/人·天），我国农村地区贫困人口比重从2002年的60.42%下降到2007年的36.8%、2018年的11.74%。按照国家统计局2010年贫困标准（2300元/人·年），我国农村地区贫困人口比重从2002年的36.1%、2007年的约18%下降到2013年的5.75%、2018年的1.7%。

由此也可看出，使用绝对贫困线匡算出的贫困人口规模较低，绝对贫困线已经不再适用于我国农村经济的发展和减贫的诉求，我们建议使用农村可支配收入中位数50%的相对贫困线来定义农村贫困人口。

在农村可支配收入中位数50%的相对贫困线下，我国农村地区贫困人口从2002年的13.58%，逐步上升到2007年的14.58%、2018年的19.04%。

另外，在贫困深度和贫困强度方面，相对贫困标准下的贫困矩和平方贫困矩在2002—2018年持续上升。这意味着，在解决绝对贫困的同时，未来减贫的工作需要兼顾相对贫困人口,尽可能让全国农村居民收入有更快的增长,享受到均等的社会福利和公共服务。

表4 各贫困线下我国贫困人口所占比重

贫困线	2002年	2007年	2013年	2018年
国内相对贫困线:农村可支配收入中位数的50%(当年价格)	13.58%	14.58%	16.72%	19.04%
国内绝对贫困线:国家统计局新贫困线,即2300元/人·年(2010年价格)	36.10%	17.95%	5.75%	1.70%
国际绝对贫困线:世界银行极端贫困标准,即1.9美元/人·天(2011年PPP)	27.99%	13.12%	4.24%	5.08%
国际绝对贫困线:世界银行高贫困标准,即3.2美元/人·天(2011年PPP)	60.42%	36.80%	12.49%	11.74%

注:基于2002年、2007年、2013年、2018年的CHIP数据计算而得,已经调整样本权重。

2. 城镇贫困状况

虽然城市居民的收入普遍高于农村居民,但是由于物价水平的不断上涨,生活成本的不断提高,我国城镇地区贫困人口面临着巨大的生活压力。城镇地区无法像农村地区那样拥有可以耕种的土地,无法自主生产粮食等生活必需品,城镇贫困直接表现为收入的不足。有效提高城镇贫困人口的收入是降低贫困人口最根本且行之有效的方法。

考察城镇贫困,也要涉及贫困标准的选择。我们建议参考国际上相对贫困线的设置惯例,使用城镇居民可支配收入中位数的40%作为定义城镇贫困人口的标准。表5给出了该相对贫困线在各年份对应的人民币数额,以及在该相对贫困线下估算出的贫困人口比重。

表5 城镇相对贫困标准和贫困人口比重

		2002年	2007年	2013年	2018年
城镇相对贫困线：城镇可支配收入中位数的40%（当年价格）	元/人·天	7.88	17.25	28.25	33.09
	元/人·年	2876	6296	10311	12078
城镇贫困人口比重		5.9%	6.9%	8.9%	9.2%

注：基于历年CHIP数据计算而得。

在城镇居民可支配收入中位数40%的相对贫困标准下，近些年我国城镇地区相对贫困程度在不断上升，从2002年的5.9%上升到2007年的6.9%、2018年的9.2%。

在可比口径下，我国相对贫困率高于OECD中的高收入国家，但与中高收入国家相当（如墨西哥、智利、土耳其等国），[①]基本符合我国经济发展阶段特征。

（三）相对贫困人群的分布与基本特征

首先，关于农村贫困分布，我们西部地区贫困问题明显比东部和中部严重。它不仅仅表现在贫困人口的比例（贫困发生率），也表现在非常严峻的贫困深度。西部地区的贫困发生率、贫困矩和平方贫困矩都高于全国平均水平，即贫困人口比重和贫困深度都高于全国水平。西部贫困人口数量较多，整体上的家庭经济水平较差，扶贫难度较大。中部地区贫困家庭的收入水平相对较高，没有很多极端贫困的家庭。东部地区贫困发生率最低，但平方贫困矩略高于全国

[①] OECD国家的相对贫困率来源于OECD数据库中2015—2018年的最新数据。OECD国家相对贫困线标准为收入中位数的50%。

平均水平，这说明虽然东部地区贫困家庭较少，但仍然存在较大比例的极端贫困的家庭。

其次，关于城镇贫困分布，中部地区的贫困广度和贫困深度严重于东部和西部，即中部地区的贫困发生率、贫困矩和平方贫困矩都高于全国平均水平（见表6）。

表6 我国各地区贫困人口比重和贫困深度

	区域分布	贫困发生率	贫困矩	平方贫困矩
农村	东部	12.43%	0.07908	0.76803
	中部	17.95%	0.07822	0.18479
	西部	27.11%	0.12459	0.15712
	全国	19.04%	0.09338	0.3718
城市	东部	5.91%	0.01793	0.01201
	中部	13.22%	0.05304	0.14093
	西部	9.92%	0.03661	0.04882
	全国	9.17%	0.03344	0.0613

贫困家庭往往伴随着特殊的家庭特征，例如劳动力缺乏、残疾问题、抚养负担重等。第一，家庭劳动力是影响一个家庭经济来源的重要因素，若没有劳动力，该家庭更可能陷入贫困；若劳动力数量较少或受教育水平较低，家庭整体经济水平将相对较低，陷入贫困的可能性也会比较大（见表7）。

表7 各地区贫困家庭与非贫困家庭特征比较

		全国		东部		中部		西部	
		非贫困	贫困	非贫困	贫困	非贫困	贫困	非贫困	贫困
农村	家庭人口数（人）	4.32	4.95	4.18	4.82	4.38	4.96	4.41	5.02
	劳动力平均比例（%）	0.60	0.56	0.60	0.54	0.58	0.54	0.62	0.58

（续表）

		全国		东部		中部		西部	
		非贫困	贫困	非贫困	贫困	非贫困	贫困	非贫困	贫困
农村	儿童平均比例（%）	0.16	0.20	0.15	0.19	0.18	0.22	0.16	0.19
	老人有严重健康问题的家庭比例（%）	8.42	12.45	5.73	11.18	9.61	12.31	10.38	13.16
	成年人有严重健康问题的家庭比例（%）	7.24	10.04	4.99	10.23	8.48	11.31	8.59	9.06
	劳动力平均受教育年限（年）	8.15	7.63	8.61	8.12	8.14	7.74	7.58	7.32
城镇	家庭人口数（人）	3.57	4.55	3.54	4.71	3.64	4.53	3.53	4.42
	劳动力平均比例（%）	0.49	0.42	0.49	0.41	0.48	0.42	0.49	0.43
	儿童平均比例（%）	0.15	0.22	0.15	0.22	0.16	0.23	0.15	0.20
	老人有严重健康问题的家庭比例（%）	4.99	7.29	4.54	11.8	5.34	6.31	5.44	4.01
	成年人有严重健康问题的家庭比例（%）	3.67	7.95	3.12	3.51	3.90	10.49	4.45	8.45
	劳动力平均受教育年限（年）	11.71	9.21	11.90	9.39	11.46	9.36	11.64	8.77

注：基于2018年CHIP数据计算而得。"有严重健康问题"指有疾病或慢性病且影响正常工作、学习和生活。

第二，从抚养负担看，贫困家庭的老人和儿童比例高于非贫困家庭。无论东部、中部还是西部，贫困家庭中14岁及以下儿童所占比重都高于非贫困家庭。

第三，健康和残疾问题是引起家庭贫困的重要因素。数据结果显示，与非贫困家庭相比，贫困家庭中老年人和年轻人有严重健康问题的比例相对较高。

三、"扩中"的关键是瞄准中等收入群体的潜在来源

随着我国经济社会的发展，将会有越来越多目前属于低收入群体的人进入中等收入群体。这些人包括农民工、小微企业从业人员和个体经营者、低工资就业者、农村多种经营者、乡镇企业工人等。特别是城镇中的农民工，他们的数量已占到城镇就业人员总数的 1/3 左右，最有潜力进入中等收入群体。应贯彻落实中央精神，积极推进以人为核心的新型城镇化，加强政策扶持，促使其就业，保持稳定，职业不断升级，技能不断提高，享受到与城镇职工相同的社会保障和基本公共服务，努力帮助他们进入中等收入群体。

我国经济社会发展需要稳定的社会人群基础，中等收入群体无疑是这个人群的主体成员。在全面深化改革中，有必要围绕扩大中等收入群体积极推进制度改革和政策创新。

（一）潜在中等收入群体规模估计

在全国范围内，有约 70% 的人口的收入低于中等收入群体的下限，属于贫困人口和低收入者。其中，那些收入低于中等收入群体的下限但接近下限的人群，是我们下一步扩大中等收入群体比重需要重点关注的对象，或者说是我国中等收入群体的潜在群体。综合我国扩大中等收入群体的目标和实际可行性，我们将收入介于下限的 80% 与下限之间的人群视为潜在中等收入群体。数据结果显示，该群体所占比重约为 15%（见图 3）。

（二）潜在中等收入群体的特征和蕴含的政策建议

我国潜在中等收入群体约一半分布于东部地区，整体受教育水平很低，一半以上为初中及以下学历，职业主要是商业服务业人员和生产设备运输操作人员，主要集中于制造业、批发和零售业、建筑业、居民服务修理等服务业，且主要为个体户和工作于私营企业的员工。从这个角度来讲，大多数潜在中等收入

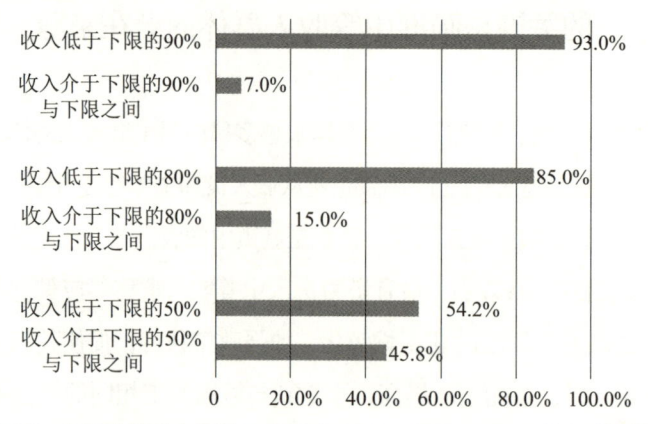

```
收入低于下限的90%                    93.0%
收入介于下限的90%    7.0%
  与下限之间
收入低于下限的80%                  85.0%
收入介于下限的80%    15.0%
  与下限之间
收入低于下限的50%           54.2%
收入介于下限的50%          45.8%
  与下限之间
        0    20.0%  40.0%  60.0%  80.0%  100.0%
```

图3　低于中等收入群体下限标准10%、20%、50%的人群规模

群体主要工作于私有部门，仅有很少数工作于公共部门，从事农业生产的也非常少。所以，未来要扩大中等收入群体，提高潜在中等收入群体的收入，使之成为真正的中等收入群体；要大力发展民营经济、私营企业，仅仅依靠发展农业、发展国有大中型企业是不够的。

在潜在中等收入群体里，城市居民占到40.5%，农村居民占到22%，农民工占到18.8%，有农转非经历的城市居民占到18.8%。其中，潜在中等收入群体里的农村居民和农民工，比潜在中等收入群体里的城镇居民受教育程度更低，也更加集中于东部地区。他们更多的是个体户和工作于私营企业的员工，职业为商业服务业人员和生产运输设备操作人员的比例也更高。即便是潜在中等收入群体中的农村居民，也有45%是商业服务业人员和生产运输设备操作人员，仅有7%左右属于从事农林牧副渔生产的人员。

这也说明，要想使更多的农村居民成为中等收入群体，仅仅发展第一产业——农业是不够的，还要着力采取措施，拓宽农村居民的收入来源渠道，提高他们的非农收入来源。潜在中等收入群体中的农村居民和农民工的储蓄率比潜在中等收入群体中城市居民的储蓄率还要高。这与我国城乡二元分割体系有关。由于我国农村居民和农民工享受不到城市居民那样的社会保障、公共服务，所以他们会将更高比例的收入储蓄起来以备不时之需。

根据收入来源来划分，约 2/3 的潜在中等收入群体的主要收入来源是工资性收入，他们主要是工作于私营企业、受教育水平很低的普通员工，小部分是工作于党政机关事业单位和国企里的、受教育水平很低的、底层的低技术员工。另外一部分是那些从事商业和服务业的个体户，即大家通常所说的"小商小贩"。还有一部分是那些靠养老金、退休金等能过着基本生活勉强度日的老年人。其中，以经营性收入为主的潜在中等收入群体的储蓄率（中位数为45%，平均数为37.7%）明显高于以工资性收入为主的潜在中等收入群体的储蓄率（中位数为35%，平均数为31%）。

这也反映出，以经营性收入为主要收入来源的潜在中等收入群体，他们约 3/4 工作于私营企业或是个体户，其营商环境存在很大的不确定性，就业不稳定，收入也不稳定，他们享受不到像城镇职工那样完善的社会保障和公共服务，自己未来的医疗、养老、子女教育等都没有保障，所以为应对未来一系列的不确定性，他们有很强的意愿将一部分收入储蓄起来以备不时之需。

若根据职业来细分潜在中等收入群体，约一半的潜在中等收入群体是商业服务业人员和生产运输设备操作及相关人员，他们的受教育程度整体偏低，主要是初中及以下学历，仅有 16% 左右拥有大专及以上学历。剩下的潜在中等收入群体中，职业多为党政机关企事业单位负责人、专业技术人员、办事人员，他们也主要是低学历、技术含量低、随时可能被淘汰或替代的底层普通员工。

四、缓解相对贫困的政策目标和手段

（一）缩小贫困人群与其他人群的发展差距

缓解相对贫困的目标不是消除相对贫困，而是不断缩小贫困人群与其他人群的发展差距，使其收入增长与社会保持同步，获得更多的发展机会。从长远角度看，提高贫困居民的人力资本，提升其可行能力，是缓解相对贫困的最有效利器。持久性扶贫项目及社会保障网络的架构更有助于相对贫困的缓解，但也不能忽视某些即时性扶贫政策的重要性，因为后者为贫困家庭提供了最后一道保障线。因此，在缓解相对贫困的整体目标下，持久性扶贫项目、社会安全保障网络构建，以及即时性扶贫项目在短期缺一不可，并应长期相互关联，融为一体。

（二）构建"三位一体"的联动纾困政策体系

为了缓解相对贫困，我们建议构建"社会救助—社会保护—能力开发式"扶贫的"三位一体"联动的政策体系。

首先，"救助式扶贫"强调对最贫困群体采取兜底式保障。救助式扶贫旨在通过政府精准的扶贫瞄准定位，对极端贫困人口（如残疾、病患、缺乏劳动能力的老年人和孩子等群体）予以资金救助，以及对那些短期因遭遇天灾人祸而突然陷入贫困人群予以帮助。

其次，"社会保护式扶贫"强调对贫困人口基本社会保障的构建。这些保障机制包括医疗体系的建设、学校建设，以及相应的教育保障、医疗、养老保险等福利待遇的配套供给等。这层保护网的目的是在发展中给贫困居民提供与非贫困居民类似的发展机会，创造公平起点，同时有利于降低返贫概率。

最后，"能力开发式扶贫"强调致富能力的提升。利用当地的自然和人力等资源，为贫困居民创造自我积累和自我发展的机会。实施手段具体包括：提供教育培训机会，兴办工厂或鼓励创业以创造就业机会，兴建道路，改善农田质量，等等，从而更有效地缓解一般相对贫困人口的贫困问题。

（三）缓解相对贫困要增强针对性

一是，为有劳动能力的相对贫困和低收入人群提供就业机会，提高其人力资本。从缓解相对贫困的根本目的上看，如果能让相对贫困居民获得自力更生的能力，将是扶贫政策的最优状态。对于具备劳动力的家庭，若劳动力素质相对较低，应以提高人力资本水平的政策为主，比如，给他们提供职业和技能培训的机会或相关资金支持等。若劳动力具备一定素质，但由于交通、当地经济发展环境等原因难以获得收入，应以能够提供更多就业机会的一些生产性扶贫项目为主，以及进行基础设施建设、公路建设等，从而帮助有劳动能力的相对贫困人口和低收入群体进入劳动力市场，使之获得稳定的就业和稳定的收入。

有研究表明，产业开发项目对提高贫困居民的收入和改善其生产条件的帮助更大、定位更准；而一些有利于改善农户生产、生活状况的基础设施建设（如道路、饮水、沼气池、移民搬迁等）则有待进一步提高其定位效率。

在实施这些项目的时候，要注重东、中、西部地区的协调发展，加大对西部地区的财政转移支付力度，缩小东西部差距。

二是，对老人、儿童、残疾人等尚不具备或丧失劳动能力而缺乏增收创收能力的特殊群体，采取资金上的定期扶持等方式，以保证其基本生活。最低生活保障制度不仅可以减轻相对贫困家庭的养老经济压力，也可以使家庭中每一个成员的生活质量有实质性的提高。应建立适当的大病医疗保障机制、纯粹资金帮扶的救济机制，防止因病返贫。

三是，对那些有劳动能力但暂时或偶尔陷入贫困的家庭给予有针对性的选择性救助。选择性救助包括生活救助、医疗救助和教育救助等。选择性救助一般需要有时限，目的是帮助这些人渡过暂时性难关。暂时性贫困人群往往是由突发性事件或新生的家庭需求而导致贫困，其返贫原因和陷入贫困后的家庭情况也经常不同，故个性化方案的设置也非常重要。比如，对在"新农合"报销医疗费后仍有困难的家庭提供医疗救助；在减免义务教育阶段的学杂费的基础上，对贫困和低收入家庭的子女在义务教育阶段以后的学习实施教育救助；等等。

四是，构建普惠型社会福利体系。主要是通过构建健全的教育、医疗、养老等福利体系，对贫困人口和低收入群体提供基本福利保障。这不仅能够从基础能力上保障广大贫困群体的发展，同时，医疗和社会保障等福利水平的提高，也是社会保障制度发挥社会投资和预防贫困作用的关键所在。

五是，针对非贫困户但处于相对贫困线附近的"脆弱"低收入群体，应该采取措施防止他们因各种原因跌落为"贫困人口"。从大的环境来说，稳定非贫困户的收入水平主要依赖整体经济环境和家庭劳动力的稳定性。对此，加强对劳动力市场的监督，完善劳动力市场制度是关键。同时，对于有需求的劳动力，给他们提供足够的技能培训条件也是重要支持。另外，拥有健康的体魄才能稳定地获得收入来源，因此当地卫生健康方面的建设也应得到重视。

五、扩大中等收入群体所产生的增加消费需求效应

一般来说，中等收入群体的稳固与扩大，会带来住房、汽车、旅游、教育、耐用消费品和新兴服务业的旺盛需求。这在引导社会消费、促进消费升级的同时，会创造巨大的市场购买力，使得消费成为经济增长的重要拉动力。

中等收入群体消费支出占全国的比重将近50%。中等收入群体是市场消费的主体。2018年，CHIP数据显示，虽然我国中等收入群体的人口规模在全国仅占29.4%，但中等收入群体的消费总支出约占全国总体的46.5%，将近一半。其中，居住消费支出占全国的47.7%，医疗支出占全国的43.2%，教育支出占全国的45.2%。

近些年，我国中等收入群体消费的升级型特点比较突出，并成为推动消费结构从物质型消费为主向服务型消费为主转型的内在动力。近几年，各收入群体用于家庭设备、衣着鞋帽、日用品等家庭日常支出的比重上升，其中中等收入群体家庭日常支出比重上涨幅度最快。各收入群体住房支出比重翻番，且住房支出比重随收入阶层提高而不断上升，这与这些年房价快速上涨有直接关系。中高收入者医疗保健支出比重有所上升。随着收入阶层的提高，食品等生存型支出的比重不断下降。

不过，与发达国家相比，当前我国中等收入群体消费级别、消费品质还有些偏低，有待进一步提质升级。基于2018年CHIP数据的估算结果显示，我国中等收入群体日常消费仍以为满足衣食住行等较低层次基本需求的生存资料消费支出为主，占到80%以上；排在前三位的依次是食物支出（28.6%）、居住支出（24.4%）、交通通信支出（13.1%）。而发展性消费支出所占比重较低，比如，教育支出仅占10.7%，医疗支出仅占6.8%，这也说明我国中等收入群体的消费级别、消费品质还有些偏低，与发达国家还存在差距。这也与近些年物价上涨、房价上涨等导致人们生活成本、居住成本等提高有一定关系，同时也是我国中等收入群体存在"消费降级风险"的一个原因。

消费结构升级不仅将催生新供给、新产业、新业态，还将带来较高收入的就业机会。例如2016年上半年，教育、娱乐、医疗保健等服务行业用工需求同比增长分别为57.1%、40.2%、13.6%，这些行业的收入水平明显超过传统服务行业。可以预期，消费结构升级及制造业服务化的快速发展，将为扩大中等收入群体提供新的空间。

（一）中等收入群体的消费率偏低，消费需求有待进一步释放

我们利用2018年CHIP数据，并根据上文提出的相对贫困线和定义中等收入群体的上下限，将全部样本分为相对贫困群体、低收入群体、中等收入群体、高收入群体；然后分别计算每个收入群体的消费率，即每个家庭的消费支出占本家庭可支配收入的比重。

全国范围内，我国中等收入群体的消费支出占可支配收入的比重约为65.16%，整体偏低（见表8）。其中，农村中等收入群体的平均消费率（53.19%）低于城镇中等收入群体（66.25%），这和农村中等收入群体的就业、收入的不稳定性和脆弱性有一定关系。这也意味着，若农村居民和农民工能够享受到和城镇居民均等的社会保障和公共服务，他们的消费率将会进一步提高，消费需求将会得到释放。

无论全国还是进一步区分的农村和城镇，数据都显示，我国中等收入群体的消费率比低收入群体还低。随着人们收入的提高以及从低收入群体上升到中等收入群体，他们将会把更高比例的收入储蓄起来，而不是用于当期消费。这反映出，由于我国健全的社会保障制度还没有建立起来，再加上高房价、高物价和高意外支出等因素，使得我国中等收入群体普遍具有脆弱感和焦虑感，他们会将相当大一部分收入储蓄起来，而真正用于消费的比例并不高。中等收入群体的消费拉动作用没有充分体现，这明显不利于扩大内需特别是消费需求。新的需求增长动力亟待形成。

所以，我们要采取措施推进相关政策改革，提高中等收入群体的消费率，让中等收入群体既能消费也敢消费，从而达到拉动消费、促进经济增长的目标。

表 8 各收入群体的消费率

	全部样本		农村		城市	
	中位数	平均值	中位数	平均值	中位数	平均值
相对贫困群体	125.80%	158.99%	153.90%	187.50%	98.57%	120.71%
低收入群体	73.59%	84.92%	75.09%	88.60%	72.06%	80.63%
中等收入群体	59.47%	65.16%	45.84%	53.19%	60.54%	66.25%
高收入群体	46.20%	53.45%	24.94%	35.32%	46.24%	53.64%

注：基于 2018 年 CHIP 数据估算而得。消费率 = 消费支出 / 可支配收入。

（二）对三大人群比重的变化带来的消费效应进行模拟分析

当人们的收入变化时，收入对消费的影响可以分解为两种效应：一是收入效应，即消费率不变，仅收入发生变化带来的消费支出的变化；二是价格效应，即收入不变，仅消费率发生变化时带来的消费支出的变化。

基于 2018 年 CHIP 数据，我国做了一个简单的消费需求变化模拟：潜在中等低收入群体（低收入群体）中的20%、50%、80%、100%成为中等收入群体后，对全社会平均消费率变化的影响。这里假设两种情景：一是潜在中等收入群体成为中等收入群体中每个收入组的概率是相等的，二是潜在中等收入群体只是等概率地成为收入中位数以下的中等收入群体。

表9显示，随着我国中等收入群体规模的扩大，消费支出的总规模会显著提高。具体的提高幅度，与新增加的中等收入群体规模以及他们收入提高的幅度密切相关。

表9 8种情景下的消费需求变化模拟

不同的低收入群体		价格效应	收入效应	总效应
低收入群体中收入较高的20%上升到中等收入群体	假定1：潜在中等收入群体成为中等收入群体中每个收入组的概率是相等的	−1%	8.63%	7.63%
	假定2：潜在中等收入群体只是等概率地成为收入中位数以下的中等收入群体	−0.77%	4.22%	3.45%
低收入群体中收入较高的50%上升到中等收入群体	假定1：潜在中等收入群体成为中等收入群体中每个收入组的概率是相等的	−3.64%	25.39%	21.75%
	假定2：潜在中等收入群体只是等概率地成为收入中位数以下的中等收入群体	−2.96%	14.39%	11.43%
低收入群体中收入较高的80%上升到中等收入群体	假定1：潜在中等收入群体成为中等收入群体中每个收入组的概率是相等的	−7.56%	38.97%	31.41%
	假定2：潜在中等收入群体只是等概率地成为收入中位数以下的中等收入群体	−6.53%	28.91%	22.38%

（续表）

不同的低收入群体		价格效应	收入效应	总效应
低收入群体全部上升到中等收入群体	假定1：潜在中等收入群体成为中等收入群体中每个收入组的概率是相等的	−12.74%	62.79%	50.05%
	假定2：潜在中等收入群体只是等概率地成为收入中位数以下的中等收入群体	−11.53%	40.77%	29.24%

注：基于2018年CHIP数据计算而得。

另外，如果没有外界政策的干预，中等收入群体规模的扩大带来的消费支出总额的提高，主要来源于收入效应，而不是价格效应。价格效应反而不利于消费支出总额的提高。这进一步说明，我们要采取措施推进相关政策改革，让中等收入群体既能消费也敢消费，提高他们的消费率，释放他们的消费潜力，从而达到拉动消费、促进经济增长的目标。

综上所述，若从中等收入群体的角度提高社会需求，政策的着力点应该放在两方面：一是如何提高中等收入群体比重，二是如何提高中等收入群体的消费率。

六、"扩中"和提高消费率的策略

总体来看，中等收入群体是消费的主力军、经济增长的动力来源和社会稳定的压舱石。在未来，一方面，要着力扩大中等收入群体规模，另一方面要着力提高中等收入群体的消费率，让中等收入群体既能消费也敢消费，从而达到刺激需求、拉动经济增长的目的，提升中等收入群体对经济增长和社会稳定的边际贡献。

（一）扩大中等收入群体规模，改变消费需求的着力方向

1. 制定差异化的策略

虽然以各种不同标准定义的我国中间群体比重还存在较大争议，但不管以哪种标准或方法定义，关于城市白领群体、城镇自营就业的商贩群体、小微创业者、技能人才和科研人员等都应该是中间群体的重要组成部分；基层干部队伍、农村中先富起来的新型职业农民和相当数量的农民工，也应该是其中的重要成员。不同职业群体面临的主要问题和诉求存在很大差异，如小微企业创业者的诉求在于经营环境的改善，而白领的主要问题在于教育医疗负担的减轻，等等。针对不同中等收入群体面临的不同问题，有区别性地解决他们的政策诉求是非常重要的。因此，在"扩中"和提高消费率的政策设计中，应该避免从国家层面制定一刀切的数量标准，而应该瞄准群体的实际收入和消费增长的效果，让重点群体增收，以带动相关群体发展，并提高这些群体的消费增长，这才是扩大中间群体政策的根本目标。

2. "提低"是提高中等收入群体比重、提高消费率的主要出路

我国目前的收入差距处于高位，低收入者人数仍然很多，低收入群体并没有从经济增长中同步获益。未来要扩大中等收入群体比重，根本着力点还在于提高低收入者的收入水平，使其进入中等收入群体，并刺激他们的需求，而不是把高收入者的收入拉下来成为中等收入群体。

除了进一步"提低"，让低收入者进入中等收入群体，还要稳定住已经存在的中等收入群体。对收入流动性的研究发现，当前有一部分中等收入群体掉入低收入群体，主要是因病致贫、因学返贫，当然各种意外冲击也使相当一部分中等收入群体又重新回到低收入群体。也正是因为这些不确定因素的存在，人们会将很大一部分收入储蓄起来以备未来不时之需，减少当期消费。从这个角度来看，完善医疗保险、养老保险和失业保障等各种社会保障制度，增强政

策的托底保护，应该是未来"扩中"和促进消费的政策核心。

3. 通过减负来稳定中等收入群体

在城镇，教育、医疗和养老等高昂的生活成本在很大程度上侵蚀了中等收入群体的生活水平，它严重制约了工薪阶层积累财富的能力，也压制了中等收入群体的消费需求。所以，有关教育、医疗和养老等方面的政策也需要进一步改革，从而支持我国中等收入群体比重的稳定快速增长，并释放他们的消费需求。

4. 农民工是未来"扩中"的主要来源，也是消费的主力军

一要给农民工同城市居民一样的地位和权利。居住、劳动就业、上学等是人人应当享有的基本权利，如果进城务工农民不能享有，很容易被边缘化。二要给农民工更多的居住和就业的机会，这是农民工进城最基本的两大诉求，也是制约他们消费的两个主要因素。拉美城市化陷阱的一个深刻教训，就是在居无定所、无所事事，最后沦为流民上面。三要为农民工来去自由创造条件。城市化建设要尽量少占用农地，进了城的农民依然为他们保留一段时间的责任田，如果他们在城里无法生存下去，还可以打道回府，重操农耕旧业。四要把农民工生产生活纳入城市发展规划。政府在制订规划时，要在力所能及的范围内照顾到进城农民工及其家属的需要，使他们融入城市政治、经济、文化生活，成为合格的市民。五要加强转移农民流出地的新农村建设。当前，要特别注重解决农村留守人口——妇女、儿童、老年人的物质生活、精神生活和社会参与等方面的困难和问题。通过土地确权、提高土地利用率，改革和发展规模经济，开辟新农村富裕建设之路，在促进一部分人率先进入中等收入主流群体的同时，提高他们的消费能力。

5. 提高财产性收入是主要方向

对中等收入群体来说，财产性收入通常是构成其收入的重要来源。未来

要扩大并稳定中产收入者,提高他们消费需求的重要着力点就是,逐步放宽金融市场准入条件,深化以银行为主的金融体系改革,加快发展多层次资本市场,鼓励金融产品创新,开发适宜投资需求的金融产品,拓宽城镇居民利息、股息、红利、租金、保险等财产性增收渠道;同时,要深化农村土地制度改革,推进宅基地流转、置换方式创新,让农村居民合理分享土地升值收益。财政资金投入农业农村形成的经营性资产,要折股量化到户,通过收益分配制度改革,来稳步提高财产性收入。扩大农村中等收入群体,当务之急是在严格农村土地用途管制和规划限制的前提下,赋予农民土地财产权,对农村承包地、宅基地、集体经营性建设用地实行所有权与用益物权分离,所有权归集体,用益物权或财产权归农户。农户凭借对土地的用益物权对土地进行抵押、担保和转让,可获得财产性收入。以农村"三块地"为抵押,撬动银行贷款和社会投资,投入农业现代化、新农村建设、农民工市民化、特色小镇建设,让农村居民合理分享地方财政中的土地升值收益。

(二)扩大中等收入群体规模和提高消费需求的政策着力点

收入是结果,但深层次原因则是产业、教育和社会保障等各种相关的政策。因此,要扩大中等收入群体比重,提高他们的消费需求,必须要从经济社会的战略视角去看待,要从产业和就业结构的宏观视角去理解。中国过去长期实行低端的产业结构和廉价的工业产品,通过进出口帮助其他国家创造了大量的中产者,而自身仍然停留在产业和收入水平的低端,因此要扩大中等收入群体,就必须要采取多种措施,比如从源头上提高教育质量、增加中高端就业比重、调整产业结构等。只有这样,才能从根本上增强中等收入群体的就业和产业结构支撑,也才能有效提升中国经济竞争力。

一是,培育高素质人力资源。以教育促进经济政治社会协调发展,推动经济增长与产业结构升级,进而提升相应从业者的收入,扩大中等收入群体的比例。教育、医疗和养老等高昂的生活成本侵蚀了中等收入群体,也制约了他们的消费需求，因此要把更多财力用于教育、卫生等基本公共服务支出，从而支持中等收入群体稳定增长，并提供他们的消费需求。

二是，打破行政性垄断，放宽准入，开放市场，促进城乡要素市场的双向流动。鼓励农民进城，进一步推进户籍制度改革和基本公共服务均等化；城里人也可以下乡，形成城乡一体化发展格局。开放行政性垄断基础产业的准入，农村集体建设用地、宅基地等进入市场，完善竞争环境和政策，推动优胜劣汰、产业升级，进一步对内对外开放服务业，改革监管体制，调整相关利益格局，推动"互联网+"等新技术与实体经济的融合，进一步开放要素市场，促进创新要素的流动与聚集。重点是实质性推进国企、土地、财税、金融、政府体制、对外开放等领域的改革，尤其是基础产业、生产性服务业和体现消费结构升级的生活性服务业。

三是，着力改善营商环境。若按职业分，我国约1/3的中等收入群体为商业服务业人员，1/3为专业技术人员和办事人员，另有20%为生产运输设备操作人员，7%左右为党政机关企事业单位负责人，从事农业生产的农民仅约占2%。不少小微经营者、小商小贩等小型经营者是中等收入群体，因此简政放权、支持小商小贩的税收政策和改善营商环境就非常必要。如落实税收优惠、资金补贴等财税政策，促进中小企业和个体私营等经济发展，扶持劳动者创业；在税费减免方面，失业、退役、残疾、毕业生从事个体经营，免除前置审批费用，免收各类行政事业收费等。为了健全企业的创新机制，应当自觉地培育企业家阶层，切实地为这一阶层的形成和发展开辟道路。切实保护企业家的产权、创新收益和其他合法权益，营造依法保护企业家合法权益的法治环境。保护企业家的物权、债权、股权等基础性财产权，加强产权保护。保护企业家的创新专利，特别注意保护人力资本产权，保护企业家自主经营的合法权利。以"两平一同"为核心，为企业家创造公平竞争的市场环境。尤其是各种合法产权应平等重要、平等待遇、平等保护；依法平等使用生产要素，公开、公平、公正参与市场竞争，同等受到法律保护。塑造新型政商关系，建立社会容错机制，为形成企业家创新营造良好的社会氛围，建立企业家自我约束、自我净化、自我纠错机制。

四是，防止资产价格泡沫的大起大落。当前，股票和房产已经成为相当部分中等收入群体的重要财富载体。例如，中等收入群体所拥有的总财富中 70% 以上是房产，部分中等收入群体还拥有证券资产。资本市场大起大落，弊病丛生，对中低收入居民产生掠夺作用。地价、房价持续上升，严重增加了中等收入居民的负担，也严重制约了他们的消费需求。每次股市的大起大落，几乎都是对中等收入群体的一次洗劫，房价过快增长则几乎把整个年青一代从中等收入群体拉入低收入阶层。因此，必须要稳定宏观政策，抑制资产价格泡沫，从而防止资产价格的过度上涨给中等收入群体带来的损害。

五是，完善社会保障制度。北欧和西欧的一些国家建立了非常健全、覆盖面很广的社会保障体系，对提升中等收入群体抗风险的能力有很重要的意义，避免了中等收入群体向下流动。社会保障体系涉及养老、义务教育、医疗、住房、救济、抚恤、灾害应急等，这些保障措施在防止中等收入群体向下流动的同时，还能最大化程度上减少中等收入群体的收入不确定性，从而有效提高中等收入群体的消费倾向。

第三篇

新发展理念
引领高质量发展

"十四五"时期四大战略重点：
创新、开放、分配、法治

张晓晶[①]

"十四五"时期，我国面临世界百年未有之大变局和国内社会主要矛盾的变化。就国际而言，存在着新工业革命、逆全球化潮流、民粹主义、全球治理困局、中美经贸冲突加剧等变化；特别是美国的蓄意打压，使得过去中美关系这个对外关系的"压舱石"出现问题，外部环境趋于恶化。就国内而言：一方面，社会主要矛盾转化给高质量发展提出新要求；另一方面，新常态下经济增速的趋缓，叠加周期性因素和长期体制性、结构性问题的积累，构成了"十四五"期间的主要发展风险。

为回应外部环境恶化、国内风险积累以及人民对美好生活的新诉求，"十四五"时期经济社会发展的战略重点应致力于"创新、开放、分配、法治"，一方面提升国家核心竞争力，另一方面推动国家治理现代化，从经济基础与上层建筑两方面实现新时代的高质量发展，为我国未来发展赢得更长的战略机遇，为迈向全面现代化开好局。

创新，是提升国家核心竞争力的主要抓手，有利于新常态下增长动力的转换，也有助于应对技术脱钩风险；开放，是提升国家核心竞争力的重要支

---

① 本文作者张晓晶系中国社会科学院金融研究所所长，中国经济 50 人论坛成员，中国金融四十人论坛成员。

撑，是百年未有之大变局下抓住和用好我国发展重要战略机遇期的内在要求，也是后发赶超走向繁荣的必由之路；分配，是完善基本经济制度的重要内容，既可释放消费潜力，形成强大国内市场，又可努力避免收入差距过大带来的民粹主义思潮和社会不稳；法治，是新时代人民对美好生活的新诉求，是"发挥市场的决定性作用、更好发挥政府作用"的制度保障，是国家治理现代化不可或缺的重要方面，亦是把我国制度优势转化为国家治理效能的题中之义。

一、"踢掉梯子"后的创新发展

德国经济学家李斯特曾提出著名的"梯子理论"，即把贸易保护形象地比作登高用的梯子，以此来分析先发国家（主要是英国）贸易政策的转变。他指出："这本来是一个极寻常的巧妙手法，一个人当他攀上高峰以后，就会把他攀高时使用的那个梯子一脚踢开，免得别人跟上来。"[①] 如果将"梯子理论"用于理解当前中美之间的经贸冲突与技术脱钩背后的动因，也非常贴切——已经攀上高峰的美国要"踢掉梯子"。

"十四五"时期的创新发展或许面临的就是美国（将要）"踢掉梯子"后的挑战，中国需要更多依靠自己的力量。尽管这些年我国创新发展取得显著进步，但需要清醒地认识到，创新发展还是我国高质量发展的短板，面临着诸多问题：（1）中国基础科学研究短板依然突出。企业对基础研究重视不够，重大原创性成果缺乏，底层基础技术、基础工艺能力不足。（2）核心技术被卡脖子。工业母机、高端芯片、基础软硬件、开发平台、基本算法、基础元器件、基础材料

[①] 弗里德里希·李斯特. 政治经济学的国民体系 [M]. 陈万煦，译. 蔡受百，校. 北京：商务印书馆，1961.

等瓶颈仍然突出，关键核心技术受制于人的局面没有得到根本性改变。这在本轮中美贸易战中体现得最为明显。（3）中国技术研发聚焦产业发展瓶颈和需求不够，以全球视野谋划科技开放合作还不够，科技成果转化能力不强。（4）中国科技管理体制还不能完全适应建设世界科技强国的需要，科技体制改革许多重大决策落实还没有形成合力，科技创新政策与经济、产业政策的统筹衔接还不够，全社会鼓励创新、包容创新的机制和环境有待优化。

基于国内外形势的变化，"十四五"期间中国全面推进创新发展的政策重点应包括以下四方面相互关联的内容。

（一）积极应对潜在技术脱钩风险

中国的开放红利或全球化红利，在于作为后发国家，可以向发达国家学习，从而发挥后发优势，实现赶超。图1显示，以知识产权和技术服务的付费来衡量技术进出口，则2017年我国技术进口达290亿美元，而出口仅为50亿美元，出口/进口比为0.2，而同期韩国、德国、日本、美国的技术出口/进口比则分别达到0.8、1.5、2.0和2.5。这从一个侧面反映出中国技术进口的国际依存度还是非常高的。因此，我们要努力避免中美（技术）脱钩。从理性客观的角度看，中国无意挑战美国，也不想取代美国；美国不能左右中国，更无法阻止中国的发展。从全球视角和长周期看，中美可以合作、应该合作的领域比历史上任何时候都多。因此，避免脱钩的原则，一是相互尊重，求同存异；二是管控分歧，避免对抗；三是拓展利益，聚焦合作。实际操作上，应给予两国在制定产业政策、科技体系和社会标准等方面更大的自由度，允许两国使用精准的政策措施（包括关税和非关税措施）保护本国在产业、技术和社会政策方面的选择，同时避免对贸易伙伴造成不必要或不对称的负担。

为应对中美技术脱钩的潜在风险，根本做法是促进自主创新，保持产业链和价值链的完整，谨防被美国踢出全球价值链。

(单位：10亿美元)

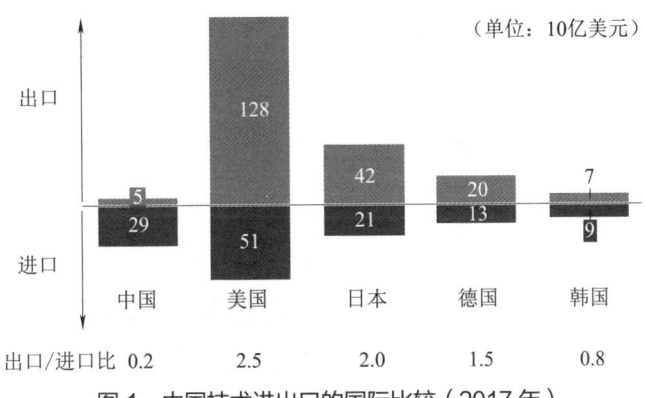

	中国	美国	日本	德国	韩国
出口	5	128	42	20	7
进口	29	51	21	13	9
出口/进口比	0.2	2.5	2.0	1.5	0.8

图1 中国技术进出口的国际比较（2017年）

资料来源：麦肯锡全球研究院（2019）。

一是发展区域性价值链。面对美国欲同中国脱钩的挑战，应利用我国自身规模优势以及其他国家地区的比较优势与市场（特别是"一带一路"沿线国家），推进产业价值链的延展和升级，打造区域性价值链，最终形成"美国+1"的市场网络、分工体系以及技术标准系统。需要指出的是，尽管在全球化的背景下，中美完全脱钩的可能性不是很高，并且显然是双输，甚至是多输之举，但我方必须以底线思维未雨绸缪做好充足准备。从全球范围看，供应链的区域化、本土化与多元化已成趋势。我们也只有这样做足准备，才能从根本上避免脱钩和全球产业价值链的断裂。

二是构建自主可控的创新链。"十四五"期间应着力通过建设国家创新体系、改进知识产权保护、提高科研院校研发激励与灵活性等制度优化，充分发挥创新的引领作用，特别是要提高关键核心技术的自主可控，防止外方"卡脖子"。同时，国家经济技术开发区的功能也应从面向区域发展转为面向补足供应链、创新链的短板。近年来，作为开放创新的主要载体，各地200余个国家级经济技术开发区对于开放创新、技术创新和制度创新发挥了不可估量的积极作用，然而，一些深层次矛盾也逐渐凸显。其中，各地200余个国家级经开区普遍存在碎片化、低水平重复建设、资源利用效率低下等问题，导致经开区对整个产业价值链的带动提升效果不明显，而往往拘泥于对地方经济的贡献。事实上，近年来决策层也出台了若干政策方案，旨在纠正相关缺陷，并顺应形势变化的需要。其中值得关注的是2019年5月，国务院出台《关于推进国家级经济技术开发区创新提升、打造改革开放新高地的意见》，重点强调了将经开区建设置于整体的创新驱动和开放升级之中。基于这一政策思路，在未来"十四五"时期，经开区发展应继续加强顶层设计和整体协调，打破地方—部门的条块分割，使经开区能够更多面向供应链、创新链而非地区。如此才能充分发挥其推进创新发展和产业升级的功能，并能更好地利用广阔的国内市场和完整工业体系的优势，这在经济转型升级、外部竞争加剧的背景下尤为重要。

（二）探索新时代科技创新举国体制新模式

科技创新的举国体制曾经为我国的科技发展和进步做出巨大贡献，典型的如"两弹一星"以及后续的航天工程。但在新的国际国内环境下，需要探索科技创新举国体制的新模式。党的十八届三中全会提出"使市场在资源配置中起决定性作用和更好发挥政府作用"的重要论断，为新时代创新发展指明了根本途径。

在社会主义市场经济体制下，传统举国体制与当前科技快速发展的需要表现出不适应性，过于强调政府规划和国家意志，往往对市场不够敏感，目标或课题设定后纠偏较难，忽视了科学研究特别是基础研究存在不确定性的特点。对过于强调政府作用而忽略市场等其他创新要素的传统举国体制进行扬弃和超越，从均衡治理视角构建科技创新的新型举国体制，实现从政府主导型到多元参与型举国体制的转变，注重政府规划性与科学自主性的均衡，发挥政府作用与市场力量的均衡，实现有组织创新与自组织创新的均衡，把政府推动、市场驱动与科技界能动作用结合起来（黄涛，郭恺茗，2018）。

其一，政府可以发挥顶层设计、平台建立、机制协调以及集中资源办大事的优势。构建新型科技创新举国体制需要一系列机制为基础并形成制度框架：建立国家高层次科技宏观决策机制、跨领域横向协调机制、科学家参与决策机制、官产学研联合研究机制；完善合同约束机制、项目责任机制、研发组织机制、成本控制机制、绩效评价机制、融资机制、政府采购制度、市场信号政策激励机制、风险防范机制等。在其指引下，面对复杂的国内外形势，一方面应充分调动市场主体的创新积极性和创新能力，同时在关涉国家安全、重大核心技术、关键基础设施等一般企业难以涉足的创新领域，应充分发挥政府和国有企业整合、配置资源的特殊作用，集中攻关、重点突破。此外，还要根据不同对象，充分发挥政府投资基金在创新过程中的引导、带动作用。当然，在政府参与创新的过程中，应当高度重视事前的科学民主决策，以及事中事后的监督问责，切实保证"集中力量办好事"。在此需要指出的是，只有政府和市场、军方与民间、公有制经济和其他所有制经济密切配合、通力协作甚至相互良性竞争，才能构成完整的科技创新举国体制。

其二，突出政府与市场的结合。风险资本是技术创新的开拓者，但风险资本并非孤军奋战，而是离不开政府的支持。风险资本经常是在政府投资并承担创新的不确定性和高风险之后才进入的。马祖卡托（Mazzucato，2013）提出，发达经济体的政府在创新中应该而且能够发挥非常积极的作用，是产业政策而非自由市场促进了创新。政府作为风险投资家，弥合了公共投资与私人投资之间的鸿沟；政府不仅仅是修复了市场（弥补市场不足），还会积极地创造和塑造市场。这实际上颠覆了新古典经济学的一些教条。对美国IT（信息技术）革命、生物技术产业和纳米技术的研究说明，大多数私人风险资本集中在风险投资的中间阶段，而早期阶段则是由美国"小企业创新研究计划"提供融资的。造成这种状况的主要原因是：激进创新的早期阶段在风险投资上具有资本密集、较低的收益预期和需要长期坚守的特点，而私人风险资本对此却不感兴趣，从而使政府不得不担负起这种风险承担者的职责。如果说，风险资本进入不确定性领域的"第一推动力"可以由政府完成，那么，后续的创新过程则主要由市场驱动。在创新全生命周期的不同阶段，都需要政府与市场不同形式的协调配合。

（三）充分发挥企业的创新主导作用

创新本质上是一个市场现象，市场竞争是甄别创新价值的试金石。如果说在模仿和赶超阶段，政府支持下的流程创新可能有效的话，那么在一个自主创新充满着不确定性的更接近前沿技术的阶段，就需要依靠市场机制来探索，由市场来分散风险，企业家也要通过市场机制来获取垄断利润。因此，发挥市场机制的作用是企业家创新得以实现的制度前提。

要通过改革建立真正"面向市场、依靠市场"的创新要素配置机制。鼓励包括资金、人才、技术在内的一切创新要素自由流动与灵活组合，破除种种不合理的体制机制障碍，如金融管制、（产业）准入限制、户籍制度、人事档案等。最大限度地减少政府对竞争性领域的干预，取消种种不合理的行政审批与许可，降低创业成本，增强对企业家创业失败的宽容度，充分释放微观经济主体的竞争活力。

而在企业创新中，应给予民营企业更多支持。数据显示（见图2），从不同所有制（以及不同规模）企业每亿元研发投资所产生的专利数来看，外资企业处于最高水平，民营企业次之，国有企业殿后。垄断行业的国有企业创新动力往往不足，可以考虑通过放开市场准入，允许民间资本进入这些行业与之开展公平竞争，一方面给民企更大的发展空间，另一方面倒逼国有企业推动创新。还有，中国现在缺少的更多是前沿性技术而非模仿性技术，因此，那种按照既定技术路线模仿前进的想法已难以适应现实需求，需要更多的企业去尝试、去失败。在这点上，民营企业要大大强于国有企业，因为民企更能承担失败的风险。

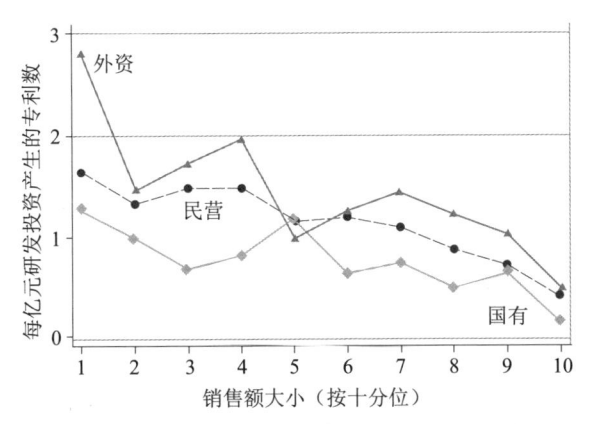

图2　不同所有制（及规模）企业研发投资的效率

资料来源：Wei, Xie, and Zhang（2017）。

（四）保证面向世界的"学习渠道"畅通

尽管面对上述的"脱钩"可能及后危机时代的全球化逆风，但坚定不移地扩大开放，打造开放经济新体制的方向不应改变。同时必须指出，在较长时期内，中国作为发展中国家的地位不会改变，在诸多科技、商业领域同先发国家有较大差距且会持续一段时间。鉴于此，中国必须充分、主动、灵活地借鉴利用先发国家的知识外溢和人力资本。当然，面对新的国际形势，要特别注意知识产权保护、各类企业的竞争中性，以及技术转让等活动的合规性。同时，继续加强同发达国家的人文交流、研发合作等，但应注意保持更高的灵活性和开放度。

这里需要特别提到的是国际科技合作。我们要更加主动地融入全球创新网络，在开放合作中提升自身科技创新能力。越是面临封锁打压，越不能搞自我封闭、自我隔绝，而是要实施更加开放包容、互惠共享的国际科技合作战略。一方面，要坚持把自己的事情办好，持续提升科技原始创新能力，在一些优势领域打造"长板"，夯实国际合作基础。另一方面，要以更加开放的思维推进国际科技交流合作。在当前形势下，要务实推进全球疫情防控和公共卫生领域特别是药物、疫苗、检测等领域的国际科技合作；聚焦气候变化、人类健康等共性问题，加强同各国科研人员的联合研发；逐步放开在我国境内设立国际科技组织、外籍科学家在我国科技学术组织任职，使我国成为全球科技开放合作的广阔舞台。

二、中美脱钩风险下的扩大开放

进一步扩大高水平开放，建设更高水平开放型经济新体制，加快建设与国际高标准贸易和投资通行规则相互衔接的市场规则制度体系，是全面深化改革的题中应有之义，是获取新的全球化红利的必要前提，也是百年未有之大变局下抓住和用好我国发展重要战略机遇期的内在要求。中美脱钩风险背景下的进一步扩大开放，既展现了中国继续推行改革开放的决心，也是在外部环境恶化情况下的主动"突围"之策。

（一）世界面临百年未有之大变局

百年未有之大变局塑造了"十四五"期间我国对外开放的基本语境。

百年未有之大变局的基本要义在于正在发生的"东升西降"的趋势以及由此带来的"东西"之间的角力与冲突。这里的"东"是以中国为代表的东方，主要是发展中经济体；"西"是以美国为代表的西方，主要是发达经济体。这一大变局悄然发生于改革开放以来中国综合国力的不断攀升，凸显于本轮的中美贸易战，并将在"十四五"及今后较长一段时期进一步演化和深化。

百年未有之大变局蕴含着诸多变化。

一是国际格局加速演变。制度竞争是国家间最根本的竞争。国际上两种趋势、两种力量进入全面较量的关键阶段，中美从合作与竞争逐步走向战略僵持阶段，两国将在经济发展、国家能力、科技、网络安全以及全球治理等领域展开全方位博弈。

二是新工业革命背景下全球产业发展和分工格局出现重大变革。以美国为首的发达经济体对全球产业链和创新链的重构,将严重影响中国产业转型升级的进程和方向;自动化与智能机器人对于传统劳动力比较优势的削弱,以及越南等新兴经济体在劳动密集型产业方面的竞争,直接动摇我国在国际经贸大循环中连接发达经济体与发展中经济体的枢纽地位。

三是世界经济发展的不确定性加大。关于全球长期停滞的悲观论调不绝于耳。全球保护主义逆风叠加劳动力要素供给下降和生产技术水平停滞,导致各国潜在增长率不断下降;国际贸易增速前景堪忧,国际直接投资稳定性严重不足;全球债务水平持续攀高,特别是新兴经济体金融市场风险日益集聚;各个经济体增长周期出现分化,主要发达经济体货币政策负外溢性凸显。

"十四五"期间是我国进入世界舞台中央的关键期,也是我国参与塑造全球新格局的战略机遇期。面对复杂的外部环境,我们必须加快发展更高层次的开放型经济,主动参与国际经贸规则制定,推动经济全球化朝着更加开放、包容、普惠、平衡、共赢的方向发展,为推动建设开放型世界经济体系贡献中国的智慧和力量。这既是顺应大势拓展我国自身发展空间的需要,也是主动作为彰显我国大国担当、为全球经济治理做出贡献的需要。

(二)中国融入世界经济还有相当大的空间

40 余年的改革开放,中国已经深度融入世界经济体系。全球化红利的分享助推了中国发展;中国的强劲增长也贡献了全球 GDP 增量的 1/3 以上。从经济体量上看,中国已跻身全球大国之列;但从融入世界经济的角度看,仍有进一步整合的空间。这就是为什么"十四五"期间,我们需要实施更大范围、更宽领域、更深层次的全面开放。

我国进一步融入全球化的空间主要体现在以下几个方面:

一是服务贸易发展严重滞后。中国在服务贸易领域的全球份额尚不及商品贸易,2017 年,中国在全球服务贸易总量中的占比为 6.4%,约为商品贸易占比的一半（参见图3）；而从全球来看，服务贸易比商品贸易的增速快60%。

全球商品贸易占比（%）　　　　　　全球服务贸易占比（%）

中国　1.9　11.4　　　　　　　　　中国　3.5　6.4
美国　16.1　11.3　　　　　　　　 美国　15.2　12.7
德国　7.8　7.4　　　　　　　　　 德国　6.6　6.1

■ 2000年　■ 2017年

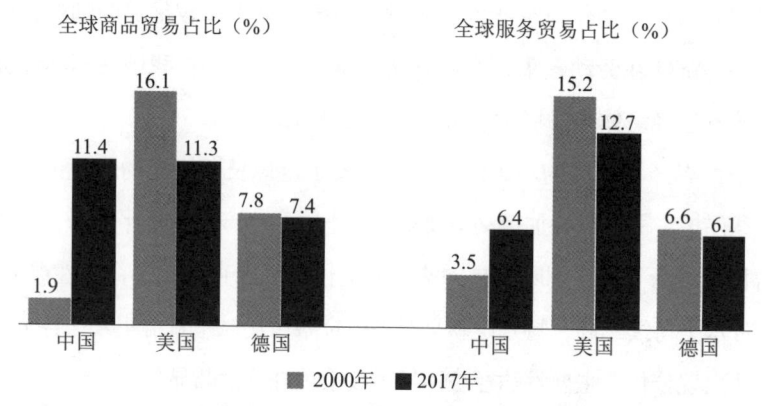

图3　中国服务贸易还有很大发展空间

资料来源：麦肯锡全球研究院（2019）。

二是企业走出去还处在起步阶段。中国企业在境外的营收有所增长，但即使是其中的一些全球性企业，其海外营收的比例仍不足20%。相比之下，标普500企业的平均海外营收比例则高达44%。另外，2018年度全球最具价值品牌100强中仅有一家中国企业。

三是金融体系全球化还有相当长的路要走。2018年，外资在中国银行系统中的占比仅为2%左右，在债券市场中为2%，在股票市场中约为6%。另外，中国2017年的资本流动输入和输出总额（包括外商直接投资、贷款、债券、股权和准备金）仅相当于美国的30%左右（MGI，2019）。

四是全球治理中我国话语权还缺乏分量。在重要的国际组织如联合国、世界贸易组织、世界银行、国际货币基金组织，以及APEC、G20等，中国的影响力在近年来不断上升，但总体上，这些国际组织与多边组织，还主要处在欧美等发达经济体的主导之下，中国的融入度和话语权都还明显不足。正因为如此，通过扩大开放提高中国与世界经济的融入度，是"十四五"期间的重要任务。

在这个深度整合过程中，如何把握整合的节奏、结构性选择以及由此带来的风险，是需要密切关注的，这包括过度依赖全球价值链、创新链可能带来的"卡脖子"问题，海外投资的安全性保障，因合规要求带来的结构性改革压力，以及健全外商投资国家安全审查制度、反垄断审查制度、国家技术安全清单管理制度、不可靠实体清单等方面。

（三）实施更大范围、更宽领域、更深层次的全面开放

"十四五"期间进一步扩大开放，意味着实施更大范围、更宽领域、更深层次的全面开放。实施更大范围的开放，就是要优化对外开放的空间布局，包括加快自贸试验区、自由港等对外开放高地建设；实施更宽领域的开放，就是要大幅放宽市场准入，包括在更多领域允许外资控股或独资经营等；实施更深层次的开放，就是要推动贸易和投资自由化、便利化，包括健全外商投资准入前国民待遇加负面清单管理等制度。这些新内容意味着扩大开放重心的变化，即从之前商品和要素流动型开放向规则、标准等制度型开放转变，更加突出规则、规制、管理、标准等制度层面的开放。这是习近平在 2018 年中央经济工作会议上提出的新要求，是更深层次开放的核心要义。制度型开放必然要求大力推进制度变革与创新，在开放领域推动国家治理能力与治理体系的现代化。

1. 形成更大范围、更宽领域、更深层次的对外开放

推动对外开放继续往更大范围、更宽领域、更深层次的方向走，应从量、质和制度规则三个方面下功夫。

一是扩大对外开放规模。持续扩大服务贸易规模，发展特色服务贸易；实行积极进口政策，利用好中国国际进口博览会等贸易促进平台，向全球扩大市场开放，扩大中国对各国高质量商品和服务的进口。

二是提高对外开放质量。稳步提高出口商品的附加值，优化资本品、消费品贸易结构和贸易方式；促进跨境电商等贸易新业态发展，提升外贸综合服务

数字化水平；推动服务外包向高技术、高附加值、高效益方向发展，助推服务外包转型升级；鼓励外资投向新兴产业、高新技术产业、现代服务业等领域；深化同"一带一路"参与国家的贸易合作，优化贸易的国际市场和国内区域布局。

三是完善对外开放制度。进一步发挥自由贸易试验区的制度创新作用，深化管理体制改革；进一步降低关税和制度性成本，继续缩减外商投资负面清单，提升贸易投资便利化水平；进一步健全"一带一路"相关投资政策和服务体系；进一步强化与国际通行规则的对接，推动构建公正、合理、透明的国际经贸规则体系，推动对世界贸易组织进行必要改革。

2. 营造更加市场化、法治化、国际化的营商环境

2019年10月，世界银行《全球营商环境报告2020》显示，中国营商环境排名大幅提升15位，名列全球第31位，连续两年入选全球优化营商环境幅度最大的十大经济体（世界银行，2019）。2019年10月8日，国务院（国令第722号）通过了《优化营商环境条例》，并于2020年1月1日起实施。一方面是创造良好的营商环境，进一步开放市场、完善"准入前国民待遇+负面清单"管理制度，统筹强化知识产权保护与产权保护，调整政府补贴、环保标准等；适应和对接零关税、零补贴、零壁垒等未来经贸规则变化的大趋势，直面关税制度、政府采购公开化等问题。另一方面是以强化竞争政策基础性地位为重点实现市场化改革新突破。全面清理妨碍公平竞争的产业政策，更多采取市场化的手段；确立竞争中性原则，深化国企改革；推动产业政策向普惠化、功能性转变；实现市场监管的重点由一般市场行为监管向公平竞争审查的转变。

3. 以"一带一路"倡议为抓手，重塑全球经贸与地缘政治格局

依托"一带一路"，加大对发展中国家特别是最不发达国家援助力度，促进缩小南北发展差距。推动"一带一路"产能合作与服务贸易相融合。通过更

加市场化、制度化的方式来保证和提高我国在"一带一路"沿线国家的投资安全与投资收益率。在"一带一路"建设中更多地使用人民币来计价与结算，依托"一带一路"推动人民币的区域化、国际化发展。推动共建"一带一路"高质量发展，加强与相关国家发展战略以及市场、产业、项目有效对接，打造全方位互联互通新格局，聚焦重点国家和重点项目深耕细作。总之，在实施"一带一路"倡议中遵循共商共建共享原则，努力实现政策沟通、设施联通、贸易畅通、资金融通、民心相通，打造国际合作新平台，形成陆海内外联动、东西双向互济的开放新局面，重塑全球经贸与地缘政治格局。

4. 自由贸易试验区为迎接国际规则的重塑未雨绸缪

目前，我国已与25个国家和地区签署了17个自贸协定，自贸伙伴遍及亚洲、拉美、大洋洲、欧洲和非洲。2020年11月15日，《区域全面经济伙伴协定》（RCEP）15个成员国在历经8年的谈判后成功签署协议，标志着世界上人口最多、成员结构最多元、发展潜力最大的自贸区诞生了。首次采取负面清单方式开展中日韩自贸区谈判，自贸区建设迈入高标准的"负面清单"时代。我国应该以对标国际基本经贸规则为导向，加快自由贸易试验区和中国特色自由贸易港建设进程，实现对外开放新高地的重大突破，尽快形成新型开放大国高水平开放的新布局。高标准高质量建设自由贸易试验区，充分发挥上海临港新片区等示范引领作用，赋予自由贸易试验区更大改革自主权，以制度创新为核心，持续深化首创性、差别化改革探索，加强改革试点经验复制推广，充分发挥自由贸易试验区改革开放试验田作用。建立健全海南分步骤分阶段建设自由贸易港政策和制度体系，加快探索建设中国特色自由贸易港，打造开放层次更高、营商环境更优、辐射作用更强的对外开放高地。推动与世界主要经济体商建自由贸易区进程，不断扩大自由贸易区网络覆盖范围，加快形成立足周边、辐射"一带一路"、面向全球的高标准自由贸易区网络。

5. 积极参与全球治理体系变革

开放型经济本质上要求权利与责任的对等性、国际规则的透明性、全球治理的公平性。国际经贸规则与治理结构正处于重构的关键期，我国应积极参与全球治理体系改革和建设，防止被排除在多边贸易体制与全球规则重构之外。我们应该推动完善国际经贸规则，与国际社会一道共同构建以规则为基础的多边贸易体系，维护多边贸易体制的权威性和有效性。赞成对世界贸易组织进行必要改革，关键是要维护开放、包容、非歧视等世界贸易组织核心价值和基本原则，保障发展中国家发展利益和政策空间。

6. 在开放中统筹好发展与安全

越是开放越要重视安全，统筹好发展和安全两件大事，增强自身竞争能力、开放监管能力、风险防控能力。因此，要严格落实国家安全各项制度和要求，抓紧建立健全国家经济安全审查机制，依法合规"留有后手"，保障国家经济安全。特别是金融业对外开放，应坚守底线，有理有利有节开展跨境监管合作；全方位加强互联互通运行监测和风险防控，保障金融市场平稳运行，切实维护国家金融安全和网络大数据安全等核心利益；对于"资本项下的可自由兑换"和"有管理的浮动汇率"的改革要继续推进，但有必要依据我国的实际情况有一定保留，实现金融风险可控。

三、从制度层面改善收入分配

无论是美国"中产阶级消失"导致的占领华尔街运动，拉美民粹主义盛行导致的经济社会动荡，还是《21世纪资本论》在全球范围内引起的高度关注，都充分反映出收入分配作为"世纪性问题"，关系到国家的长治久安。我国的收入分配状况尽管好于拉美国家，但与同样取得快速增长佳绩的东亚经济体相比还有差距。从国民收入分配格局看,居民可支配收入与人均GDP差距过大,劳动者报酬呈下降态势。与此同时,居民收入差距、财富差距仍然较大,且这些年并未有较大改观,一些研究表明收入分配状况甚至出现了恶化。这既形成了扩大内需特别是消费的障碍,也带来民粹兴起、"仇富"和社会不安定因素。由此,收入分配成为"十四五"时期绕不开的紧迫任务和完善我国基本经济制度的重要内容。

需要强调的是,改善收入分配是分蛋糕的问题,会触及各方利益,涉及全面的制度调整,不是仅仅靠税收、转移支付等手段就能够解决的。

(一)提高劳动者报酬比重

劳动力市场的初次分配效应在递减。随着农业剩余劳动力转移速度减慢,城乡就业扩大和资源重新配置都不再像以往那样以急风暴雨式的节奏进行,劳动密集型制造业的比较优势也加速减弱,国际贸易以发达国家为主要对象的特点也趋于淡化。相应地,劳动力市场机制的初次分配功能既不再能够单独解决收入分配问题,也不足以解决民生领域面临的其他问题,需要从以下几个方面入手,努力提高劳动者报酬比重:(1)确保居民收入增速与经济发展速度同步、劳动报酬增长与劳动生产率提高同步;同时,在平衡资本与劳动的分配关系上做文章,即完善要素市场环境和机制,破除市场的垄断和价格扭曲,消除市场分割和身份歧视,增加公平机会和竞争。(2)改革城乡分割的户籍制度。推动超大、特大城市调整完善积分落户政策,探索推动在长三角、珠三角等城市群率先实现户籍准入年限同城化累计互认。放开放宽除个别超大城市外的城市落户限制,试行以经常居住地登记户口制度。(3)建设城乡统一的劳动力市场,促进农民向工业部门和城市的合理流动,根据效率原则配置劳动力资源。(4)深化工资制度改革,健全最低工资标准调整、工资集体协商和企业薪酬调查制度,促进中低收入职工工资合理增长。

（二）加大再分配调节力度

国际比较发现，我国的收入再分配力度要小于 OECD 国家。剔除 OECD 国家中收入差距较大的智利和墨西哥，这些高收入国家较为合理的收入分配状况实际上是在再分配之后才形成的。例如，经过税收和转移性支付，这些国家的基尼系数从平均 0.473 下降到 0.306，降低幅度高达 35.3%。而我国再分配政策使得收入差距的基尼系数仅缩小 10% 左右（蔡昉，2020）。因此，"十四五"时期必须进一步加大收入再分配调节力度。健全以税收、社会保障、转移支付等为主要手段的再分配调节机制，强化税收调节，完善直接税制度并逐步提高其比重；将保障性住房纳入公共财政范畴，开征房地产税；稳步提高社会保障统筹层次和水平，建立健全更加公平、更可持续的社会保障制度；完善相关制度和政策，合理调节城乡、区域、不同群体间的分配关系。

（三）纠正金融抑制对居民财产性收入的侵蚀

尽管随着近些年金融的大发展，我国居民财产性收入有所上升，但总体上占比还偏小，群体间的差距也偏大。居民财产性收入与一国的金融市场和制度安排有着直接关系。我国长期以来由发展型政府主导的金融抑制政策，其初衷是加速动员资源、促进经济更快发展，但由此也带来对居民财产性收入的侵蚀。金融抑制不仅表现在官方利率长期远远低于市场利率，而且表现在国有银行的垄断地位和门槛准入方面。对存款利率上限的管制，虽然一定程度上降低了国企的投资成本，也使得中国银行业的不良贷款率恢复至正常水平，但扭曲的资本价格除误导投资外，也对居民收入产生了负面影响，使得居民储蓄存款收益大幅下降。金融抑制政策形成了一种居民补贴企业和地方政府的财富分配机制，居民财产性收入受到侵蚀，企业和地方融资平台却得到"补贴"，银行业长期扮演着"劫贫济富"的角色。为纠正金融抑制对居民财产性收入的侵蚀，需要减少政府对金融资源定价和分配的干预，进一步推进存款利率市场化，逐步放宽金融市场准入条件，深化以银行为主的金融体系改革，加快发展多层次资本市场，鼓励金融产品创新，开发适宜投资需求的金融产品，拓宽居民利息、股息、红利、租金、保险等财产性增收渠道。

（四）提高国有资本及其收益对公共财政的贡献

国有资本收益上缴是国际惯例。我国的国有资本或国有企业还享有"结构性优势"，即一方面在税收、信贷、产业政策方面享受特别的优惠政策，另一方面在市场准入和政府隐性担保方面具有社会资本不可比拟的特权。不少国有资本收益，特别是一些垄断国企的利润在某种意义上相当于"权力租"，即其收益来自垄断牌照和政府赋予的特权。国有资本性质是全民所有，国有资本收益不能归于某个企业或某个群体，而应归于全社会。因此，一方面，应提高国有资本收益上缴公共财政的比例，另一方面，划转部分国有资本充实社保账户。

2014年底，财政部提出要完善国有资本经营预算制度，提高国有资本收益上缴公共财政的比例，在2020年提高到30%，更多用于保障和改善民生。2017年进一步提出划转部分国有资本充实社保基金。2019年全面推开将中央和地方国有及国有控股大中型企业和金融机构10%的国有股权，划转至社保基金会和地方相关承接主体，并作为财务投资者，依照规定享有收益权等权利。截至2019年底，中央层面已经完成四批81家中央企业和中央金融机构国有资本划转社保基金的工作，划转的国有资本是1.3万亿元，地方层面划转的工作也正在积极地推进。提高国有资本收益上缴比例以及划转部分国有资本充实社保账户，绝非救急的权宜之策，而是实践社会分红理论，增进民生福祉，促进社会公平的长期性、机制性的制度安排。

（五）落实农民土地财产权利

缩小城乡收入差距是改善收入分配的重要方面。对农民而言，在过去的工业化与城镇化中做出了巨大的贡献和牺牲，因此，在未来的现代化征程中，不能再走牺牲农民的老路。农民走出农村到城镇就业，固然是提高收入的一条途径，但更重要的是在市场化推进过程中对农民土地财产权利的保护。农村集体土地的产权比较模糊，所有权、承包权、经营权"三权分置"。有专家解释说，农民土地的承包权在一定程度上相当于所有权，但这只能说是"相当于"，毕竟不是最终的所有权。在土地产权仍然比较模糊的情况下，存在着土地收益如何分配的难题。土地制度改革的核心在于如何保护好农民的利益。这恐怕是农民改变自己命运的最后一次机会。如果土地都市场化了，但是土地增值收益却跟农民没有关系或关系不大，那将是巨大的失误，农民就再难翻身了，我们也失去了消除城乡收入差别的重要机会。因此，《土地管理法》的修订，以及在推进土地要素市场化体制机制改革过程中，要深化农村土地制度改革，推进宅基地流转、置换方式创新，让农村居民合理分享土地升值收益，真正将农民的土地财产权利落实到位。

四、市场经济法治化的核心在法治政府

法治，是治国理政的基本方式，是国家治理体系和治理能力的重要依托。国家治理要达成现代化的转向，依法治理是不可或缺的一个重要方面，这也是把我国制度优势转化为国家治理效能的题中之义。四十余年来市场化取向的改革取得了卓越的成就，中国特色社会主义市场经济体制在逐步发展和完善。但市场化的推进特别是市场经济的"野蛮生长"也带来不少问题，而这些问题很多是法治缺失和制度不健全造成的。"十四五"时期围绕高质量发展的战略目标，势必要求市场经济的法治化建设有实质性的进展。这里法治化的重点在于正确处理好政府—市场关系，特别是通过法治化的方式，将"发挥市场的决定性作用，更好发挥政府作用"从制度上固定下来。市场经济法治化的核心在法治政府。

（一）从"野蛮生长的市场经济"到法治经济

就市场经济几百年的发展史而言，"野蛮生长"是一个必经的阶段。美国"镀金时代"（大约从19世纪70年代至19世纪末、20世纪初）的野蛮生长，一方面带来经济的突飞猛进，成为美国经济赶超英国的关键时期，另一方面也催生出一大批具有国际影响力的垄断企业和社会腐败。因此，有学者指出，"在经济集中和社会失范、大企业的出现和小企业没落之间不可避免的冲突，贯穿了19世纪晚期大多数主要的监管和法律变化"（费希拜克与恩格曼，2013）。

法治是现代市场经济有效运作的制度保障，一般通过两个作用渠道。第一个作用渠道是对公权力的约束，即约束政府，约束的是政府对经济活动的任意干预。第二个作用渠道是对私权利的约束，即规范经济人行为，其中包括产权界定和保护，合同和法律的执行，公平裁判，维护市场竞争。这通常要靠政府在不直接干预经济的前提下以经济交易中第三方的角色来操作，起到其支持和增进市场的作用。如果没有法治的这两个作用渠道为制度保障，产权从根本上说是不安全的，企业不可能真正独立自主，市场不可能形成竞争环境并高效运作，经济的发展也不会是可持续的（钱颖一，2000）。

十八届四中全会通过的《中共中央关于全面推进依法治国若干重大问题的决定》强调，"社会主义市场经济本质上是法治经济。使市场在资源配置中起决定性作用和更好发挥政府作用，必须以保护产权、维护契约、统一市场、平等交换、公平竞争、有效监管为基本导向"，并要求全社会"强化规则意识，倡导契约精神"。

区分好的市场经济与坏的市场经济的一个重要标准是有没有法治保障。缺乏产权保护，垄断盛行，腐败猖獗，操纵市场，虚假广告，产品质量问题，食品安全问题，违规排污问题，等等，这些既是市场经济野蛮成长时期的弊病，也是坏的市场经济的重要表现。这些问题，说到底都是与市场规则与法治化不健全密切相关。针对有些问题，中国政府部门专门出台了相关文件和政策，但还没有落实到法律文本和制度层面；有些方面尽管有法律条文，但在执行过程中往往存在偏差。比如对非公财产的保护方面。法治不健全体现的是政府在（作为公共品的）法治供给方面的不足。图 4 显示，中国的法治指数自 1996 年以来总体呈上升趋势，从 33.67 上升到 2018 年的 48.08（指数越高，表明法治状况越好）。特别是 2012 年以来，法治指数一直保持着上升趋势。但这样的指数在全球排名仍然靠后，中国法治建设还有很长的路要走。[①]

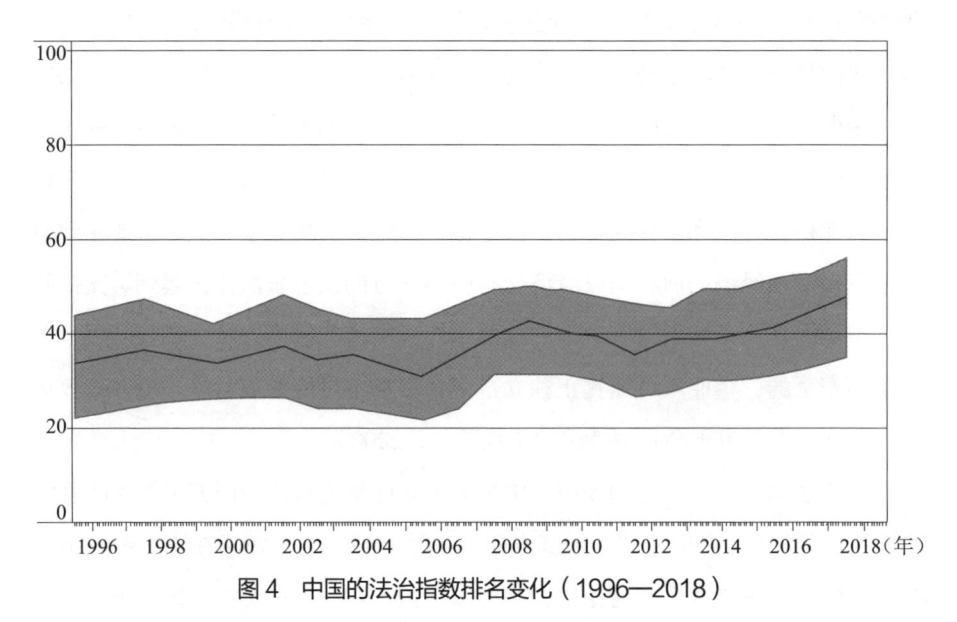

图 4　中国的法治指数排名变化（1996—2018）

注：实线表示中国法治指数，灰色阴影表示误差程度。
资料来源：世界银行 WGI（Worldwide Governance Index）[②] 数据库中法治分项。

（二）现代化市场经济体系离不开法治保障

构建现代化市场经济体系，充分发挥市场在资源配置中的决定性作用，是

[①] 世界治理指数（WGI）存在争议，因此法治指数也未必完全具有可比性。
[②] http://info.worldbank.org/governance/wgi/

从"野蛮生长"的市场经济到现代市场经济的必然要求。现代市场经济体系建设离不开法治保障，其中至关重要的是产权界定保护以及促进公平竞争。

1. 依法保护产权

加强产权保护，根本之策是全面推进依法治国。产权制度是社会主义市场经济的基石，保护产权是坚持社会主义基本经济制度的必然要求。有恒产者有恒心，经济主体财产权的有效保障和实现是经济社会持续健康发展的基础。改革开放以来，通过大力推进产权制度改革，我国基本形成了归属清晰、权责明确、保护严格、流转顺畅的现代产权制度和产权保护法律框架，全社会产权保护意识不断增强，保护力度不断加大。但产权保护方面也存在不少问题：国有产权由于所有者和代理人关系不够清晰，存在内部人控制、关联交易等导致国有资产流失的问题；利用公权力侵害私有产权、违法查封扣押冻结民营企业财产等现象时有发生；知识产权保护不力，侵权易发多发。解决这些问题，必须加快完善产权保护制度，依法有效保护各种所有制经济组织和公民财产权。这里要强调的是推进完善平等保护产权的法律制度。加快推进民法典编纂工作，完善物权、合同、知识产权相关法律制度，清理有违公平的法律法规条款，将平等保护作为规范财产关系的基本原则。健全以企业组织形式和出资人承担责任方式为主的市场主体法律制度，统筹研究清理、废止按照所有制不同类型制定的市场主体法律和行政法规，开展部门规章和规范性文件专项清理，平等保护各类市场主体。加大对非公有财产的刑法保护力度。增强人民群众财产财富安全感，增强社会信心，形成良好预期，增强各类经济主体创业创新动力，维护社会公平正义，保持经济社会持续健康发展和国家长治久安。

加大知识产权保护。高质量发展的一个重要特征是创新驱动，因此，如何通过保护知识产权，呵护和激励创新的积极性尤为关键。一要进一步完善知识产权保护相关法律法规，合理降低入罪门槛，逐步确立对知识产权侵权的惩罚性赔偿机制，以对潜在的侵权行为造成威慑与遏制，完善侵权后的强制补救措施，包括侵权强制令、损害赔偿、销毁货物等制度。二要加大保护知识产权的执法力度。相关执法部门应着力建立更加透明的工作程序和工作规范，细化规则，严格防范执法的随意性和选择性。三要尽可能减少政府出于推动技术创新的好意而对专利等进行简单化的干预或将其与特定的产业政策或人才政策挂钩，应逐步完善对知识产权的市场化激励，使得市场力量成为专利数量及质量提升的主要推动力。四要研究体制内科技人员的人力资本产权界定和保护问题，从有利于创新发展和国家竞争力提升角度制定出适宜的相关法律制度，释放科研人员的创新活力。

2. 维护公平竞争

公平竞争是市场经济的核心。要强化竞争政策在国家政策体系中的基础性地位，健全竞争政策体系，完善竞争法律制度，明确竞争优先目标，建立政策协调机制，倡导竞争文化，推动竞争政策有效实施。

一是强化《反垄断法》实施来落实竞争政策。针对我国反垄断实践中的问题，应着力从两个方面完善《反垄断法》规范体系：一方面是对《反垄断法》本身的规范进行完善，如《反垄断法》实施中争议较大的纵向垄断协议、豁免、经营者集中应报未报处罚力度等内容予以完善；另一方面是将实践中业已取得良好反响的竞争政策转化为《反垄断法》相关内容，将其基础性地位在《反垄断法》中予以巩固、强化，并尽快将公平竞争审查制度法制化为《反垄断法》的有机组成部分，以增强其实用性和规范性。

二是整合执法职责，优化《反垄断法》实施。2018年3月出台的《国务院机构改革方案》整合了原国家工商行政管理总局、国家发改委和商务部三部委所享有的反垄断执法权，并组建国家市场监督管理总局，由其统一行使反垄断执法权。从形式上看，我国反垄断执法实现了机构统一，但机构统一并不意味着执法就能够有效整合，实现执法统一，即规范理解和适用的一致性、相同行为定性统一等内在制度要求。这实际上仍有很长的路要走，其中最为典型的是《反垄断法》配套制度，因此前多机构执法而出现同一法条不同规章的情形，客观上需要尽快改进，但显然不可能一蹴而就。因此，应尽快厘清、优化国务院国家市场监督管理总局内部的反垄断执法职责分工，统筹、加强反垄断法的配套规章、指南的起草工作，并依此不断完善《反垄断法》实施机制（黄勇，2018）。

三是实施公平竞争审查制度。公平竞争审查制度旨在解决政府干预过多、干预不合理而损害竞争的问题，保障各类市场主体平等地使用生产要素，公平参与市场竞争。它是由反垄断执法机构或其他机构通过分析、评价拟订中或现行公共政策可能或已经产生的竞争影响，提出不妨碍政策目标实现而对竞争损害最小的替代方案的制度。从欧盟等成熟市场经济体实践来看，大多确立了"竞争政策优先于其他政策"的基本原则，并在此基础上构建了对立法和有关政策进行竞争审查的制度，如审查对象有损公平竞争，应予以调整或废止。我国通过多年的实践，此等制度取得了良好的效果。该制度可以对尚未出台的法律、行政法规和地方性法规、部门规章等进行审查，可以对包含产业政策在内的各项经济政策可能产生的排除、限制竞争效果进行评估并调整，最大限度防止其对竞争带来的不利影响，消除区域贸易壁垒，从而推动全面深化改革。

四是将公平竞争审查制度法制化与《反垄断法》修订相结合，将竞争政策以及作为其实践机制的公平竞争审查制度写进《反垄断法》并在总则中将其明确作为市场经济的基本规则，以增强公平竞争审查制度的刚性和强制力，从而真正实现维护公平竞争的政策功能。

（三）市场经济法治化的核心在法治政府

"更好发挥政府作用"是完善国家治理的重要方面，需要国家能力与法治政府的共同支撑。缺乏国家能力，难以推进国家治理；国家能力不受约束，则会形成对市场和社会的侵蚀。因此，要用法治政府来对国家能力进行约束和制衡，推进国家治理现代化，提升国家治理效能。

1. 法治政府是"有限政府"与"有为政府"的有机统一

一方面,政府要在法定范围内履行职能与行使权力,不得越权。其中最重要的是明确政府的权力边界。这是"有限政府"的要求。"有限政府"表明政府不是全能的政府,不能无事不管、无孔不入、无所不能,政府的活动范围要有边界,需要科学划分政府与市场、政府与社会、政府与公民的界限,并依法确定下来;政府的权力来自法律的授予,即权自法出、职权法定;政府的活动要限定在法律的范围内,受到法律制约,不能超出法定的范围,不能不受法律的限制,否则就会损害公共利益或侵害公民的合法权益,就可能破坏市场公平竞争的秩序。

另一方面,政府要积极履行职责,不得失职。这是对"有为政府"的要求。"有为政府"是指政府对其职能范围内的事项,应该管住和管好,积极作为,提高效能,提供优质高效的服务,更好地满足社会公众的需求。这包括提供社会公平、正义、安全等公共品,保持宏观经济稳定,加强和优化公共服务,保障公平竞争,加强市场监管,维护市场秩序,推动可持续发展,促进共同富裕,弥补市场失灵。这些既是政府积极履职的范围,也是政府不得失职的所在。

2. 法治政府建设与转变政府职能相辅相成

政府职能是政府行政活动的灵魂,"有限政府"与"有为政府"的有机统一对转变政府职能提出了要求。要做到"把权力关进制度的笼子,让政府在法治轨道上运行",首先要从政府职能转变抓起,促使政府依法做正确的事和正确做事。改革开放以来的历次机构改革中,政府职能转变都是重点,虽然取得了一定成效,但总体上看,"重微观、轻宏观""重审批、轻监管""重管理、轻服务"的问题尚未真正解决,政府与市场、政府与社会的关系还未完全理顺,"越位、缺位、错位"现象仍然存在,改革的系统集成、协同高效还需增强……总之,政府职能转变还任重道远。因此,"政府职能转变到哪一步,法治建设就要跟进到哪一步。要发挥法治对转变政府职能的引导和规范作用,既要重视通过制定新的法律法规来固定转变政府职能已经取得的成果，引导和推动转变政府职能的下一步工作，又要重视通过修改或废止不合适的现行法律法规为转变政府职能扫除障碍"。①

3. 规范重大行政决策程序是法治政府建设的重要抓手

习近平在中央全面依法治国委员会第一次会议上强调，要加强法治政府建设，健全依法决策机制。在推进国家治理体系和治理能力现代化过程中，将行政机关的重大决策纳入规范化、法治化轨道运行，将有力加快法治政府建设进程，让全社会享受到科学民主依法决策带来的高质量社会治理和发展成果。（1）规范重大行政决策程序是加快建设法治政府的迫切需要。行政决策是行政权力运行的起点，规范行政决策行为是建设法治政府的前端，是规范行政权力的重点。（2）规范重大行政决策程序是推进科学民主依法决策的必然要求。推进行政机关科学民主依法决策，迫切需要规范重大行政决策程序，明确重大行政决策事项、主体、权限、程序和责任，着力推动重大行政决策的法治化，以科学、刚性的决策制度约束规范决策行为，努力控制决策风险，及时纠正违法不当决策，切实提高决策质量。（3）规范重大行政决策程序是维护人民群众合法权益、促进社会公平正义的重要保障。重大行政决策往往对经济社会发展有重大影响，涉及重大公共利益或者社会公众切身利益，事关改革发展稳定大局，这就要求决策机关在决策中要妥善处理各方利益诉求，坚决把维护人民群众合法权益和促进社会公平正义摆在更加重要的位置，确保决策能够得到人民群众的广泛认同和支持，确保改革发展成果能够公平惠及人民群众。

---

① 习近平谈依法治国 [N]. 人民日报海外版，2016-8-17（12）.

以全方位创新和开放推进高质量发展

徐 林[①]

我国正面临百年未有之大变局和大挑战，国际环境错综复杂，挑战因素不断增多，大国间战略利益博弈复杂激烈，二战后形成的国际体系将艰难重构，国际贸易和投资也将受到新的冲击。新冠疫情的全球蔓延导致了全球性经济衰退，恢复常态困难重重，未来全球经济增长将更加依赖创新形成的新动能。国内要素条件趋于恶化，人口老龄化、债务杠杆、生态环境、结构失衡等边界约束条件日益收紧，制度性结构矛盾更加突出。如何在复杂的国内外环境下延续改革开放以来的经济增长和繁荣，更好谋划"十四五"发展，需要我们看透基本态势，直面突出挑战和问题，寻找科学合理的出路，实施坚定有效的举措。

一、合理引导未来增长预期

明确发展目标从来都是国家发展规划面对的最重要课题，这是引导未来预期和政策资源配置的重要依据。

[①] 本文作者徐林系中美绿色基金董事长，国家发改委发展规划司原司长。

（一）从供给侧宏观增长模型看趋势

按照新古典增长模型，经济增速是由技术进步增速、资本投入增速和劳动力投入增速共同决定的。

从我国目前趋势看，我国老龄化程度日益提高，60岁以上人口占总人口比例已经超过18%，65岁以上人口占总人口比例接近15%，在上海等超大城市老龄化程度已经达到30%以上。由于"独生子女"计划生育政策的集中影响，这一比例还在快速上升。预计到2025年，我国60岁以上人口占总人口的比例将达到20%以上，65岁以上人口比例将接近18%。

随着老龄化程度的不断提高，储蓄率逐渐下降。我国总储蓄率过去几年已经由51%左右下降到46%左右，虽然与世界其他国家相比仍位于较高之列，但还在继续快速下降。按照国际货币基金组织的预测，到2025年，中国的总体储蓄率会进一步下降至40%左右。储蓄资源增速下降，加之资本产出率增速也在下降（清华大学的白重恩教授研究表明，我国资本产出率增速由2008年前30年的年均3.94%下降到2008年后的年均0.62%），使我国固定资产投资增速由过去的两位数增长下降到6%左右的个位数增长。

从劳动力供给看，老龄化毫无疑问会降低劳动力供给增速。过去几年我国劳动年龄人口（15~60岁）平均每年净减少300万人左右，劳动力供求关系因此发生明显变化，使得我国过去10年劳动力成本年均提高12%左右，不少劳动力密集型加工制造业因此退出或转移到劳动成本更低的国家和地区，产能溢出效应十分明显。

我国劳动生产率增速也开始下降，由过去10年年均增长9%左右下降到过去5年年均增长5%左右。从技术进步率（全要素生产率）增速看，也存在下降趋势。清华大学白重恩教授的研究表明，我国全要素生产率增速由2008年之前30年的年均6.24%下降为2008年之后的年均3.18%。

（二）从供给侧部门模型看趋势

从供给侧部门模型看，GDP是由各部门国内生产增加值加总构成的。各部门增加值的增速及权重共同决定了GDP的增速。从不同产业门类变动看，由于制造业普遍存在的产能过剩问题并未真正实现市场出清，制造业传统部门和农业生产增速会比较稳定甚至有所下降。在制造业众多门类中，过去5年实现两位数以上年均增速的只有医药制造业、汽车制造业、计算机和通信类电子产品制造业、废弃资源综合利用和金属制品、机械和设备修理业。其中汽车制造业增速在2019年开始出现负增长，新冠疫情的影响使不少汽车企业陷入亏损困境，且可能持续数年。与互联网、大数据等创新应用相关的新兴部门或新经济部门增速相对较高，甚至超过两位数增速，但由于对传统模式具有替代效应，未必会产生对整体行业增速的实质性提升。比如，网上零售过去5年虽然年均增速达到30%左右，但全社会商品零售总额增速不但没有提高，反而从10%左右下降到只有8%左右。服务业增速高于制造业和农业增速，特别是服务业中文化娱乐、信息服务、体育健康等部门增加值增速超过两位数，增长的收入弹性很高，具有持续稳定的扩张性，这与居民消费结构中服务消费比重提高的升级趋势是一致的。其中，信息传输、软件和信息技术服务业过去5年的年均增速超过了18%。

（三）从需求侧宏观模型看趋势

GDP=C+I+(X−M)，其中C为消费，I为投资，X为出口，M为进口。这说明支撑GDP增速的是所谓"三驾马车"——消费、投资和净出口的增速。从目前态势看，我国国内消费增速逐年下降，已经由过去10%以上两位数增长下降到8%左右的个位数增长；固定资产投资增速也由高点期30%左右的增速，下降至如今6%左右的增速。由于投资收益总体上趋于下降，市场投资增速难以出现新动力；净出口因全球经济衰退和贸易环境、贸易条件恶化，面临越来越大的不确定性，总体呈下降趋势，出口恐难有大的增长作为。国内制造业景气的逐渐收缩会逐步蔓延至服务领域，从而导致就业增速转弱，失业人数可能会有所增加，会使居民对未来的收入预期下降，进而使居民消费变得更加谨慎保守。因此，未来支撑经济增长的需求动力似乎也在进入弱化的通道。

综合上述多重因素及其变动趋势得出的基本推论是，即便假定全要素生产率增速保持稳定，未来我国经济的潜在增长率仍将进一步下降。如果我们假定劳动参与率和劳动生产率增速基本稳定，综合考虑我国劳动力和资本投入的变动趋势，未来5~10年我国经济潜在增长率会下降至5%左右。因此，研究设定"十四五"增长预期目标，可能不得不将预期增长目标，确定在相比十三五规划目标而言更低的增长区间。

从过去的经验看，国家五年规划预期增长目标的选择，对各省区市设定各自的五年规划预期目标具有重大导向性影响。出于稳定信心的目的而确定过高的预期增长目标，一般会使各级地方规划预期目标跟随性加码提高，最终会导致在实施过程中因整体目标过高而采取不必要的刺激性政策，产生债务杠杆攀升、违约增多、产能过剩、泡沫加大等副产品，导致资产配置效率降低和泡沫，最终一定会影响中国经济增长的质量和可持续性。

二、稳定经济增速的主要出路和举措

既然未来潜在增长率已经落入5%左右的区间，如何更好地稳定并延长经济增长平台期，是需要政府认真考虑的政策和改革重点。从目前的基础条件看，由于要素条件的改善并不容易，必须花更大力气采取措施，提高要素配置效率，进而通过提高全要素生产率增速来推动并稳定增长速度。实际上，我们仍有较大空间通过包括体制机制创新和科技创新的全方位创新，来改善资源配置效率，实现更长时间的经济稳定增长，并通过更有效的创新激励，缓解因要素红利逐步减弱、外部环境恶化导致的降速压力，持续提高经济运行效率、整体竞争力和抗风险能力。

（一）以全方位创新为核心深化供给侧结构性改革

供给侧结构性改革是国家十三五规划明确的发展主线，这一任务不可能在5年内完成历史使命，需要在"十四五"期间继续深入推进，核心是推进全方位创新。

1. 努力稳定并改善劳动力供求关系

化解劳动年龄人口减少的主要做法包括：

一是延长退休年龄至65岁。这是很多国家应对人口老龄化、减轻社保支出压力的通行做法，我国也到了采取类似做法的时候。

二是让进城农民工和城市间流动就业人口落户。我国有2.7亿左右的农业转移人口在各类城市就业，近1亿在城市间流动就业的城镇人口，他们中的大多数没有就业所在地户口，农业转移人口一般在男50岁、女40岁左右就离开工作岗位回到老家并逐渐退出劳动力队伍，如果能让这批人获得就业所在地户口，一般能延长劳动年限5~10年，可以有效增加各类城市的劳动力供给。

三是让体制内退休官员和科技人员更好发挥作用。我国现行制度对退休官员特别是高级官员再就业有严格的限定，不允许他们退休后被企业等有关机构有偿聘用，这导致很多有很强专业能力和专业经验积淀的政府精英人才被闲置浪费。这些措施从反腐角度看似乎合理，但制度设计过于简单，如果对相关制度进行细化完善，允许他们在符合一定条件的情况下被企业或相关机构有偿聘用，而不是一刀切地禁止，完全可以增加我国的高素质劳动力供给并提高利用效率。

四是在两孩政策基础上，尽快实施自主生育政策，必要时视情况采取措施鼓励年轻人多生育，以扭转人口快速老龄化和过低生育率带来的国家人口结构失衡状况。

2. 提高劳动力素质和质量

应对劳动力数量减少的另一个有效措施是提高劳动力素质，以质量提高弥补数量不足。这需要强化实用型技术教育和培训投入，为更多劳动力提供更高质量的免费技术培训和技术教育，通过更专业的技术培训解决结构性就业难题。应该加快教育实质性改革，给予学校更大的办学自主权，让大学教育能够针对产业发展和结构调整的需要优化专业设置，有针对性地提供技术员工教育和培训服务，并强化专业课程设置与国家发展需要以及市场需求的对接，缓解高校毕业生结构性失业导致的人才浪费。要全面提倡专业精神，减少教育的功利性，真正培养个人专业兴趣，形成行行出状元的专业至上文化，提高各领域专业人员、技术工人的社会待遇和认可度，提高新型职业农民的社会认可度，使不同专业技术岗位的专家和工人都能成为更受尊敬和尊重的职业人士。

3. 强化全方位科学技术创新

从研发投入规模和专利申请数量看，我国已经是一个全球研发大国，研发经费投入已经超过欧盟所有国家研发投入的总和，年注册专利数已连续多年名列世界第一。但从质量和核心竞争力来说，我国还远不是研发强国。从创新效果看，我国专利数量虽然名列前茅，但科技成果转化率只有10%左右，远远低于发达国家40%左右的平均水平。从产业体系看，我们很多产品和服务在品质上不能满足消费者消费升级和消费多样性、精细化的需求，很多领域不具备与海外先进技术、产品和服务竞争的能力，一些高端产品和核心技术还完全不能自主研发并生产，必须高度依赖进口，受到发达国家制裁和禁运时处于十分被动的局面。在自由贸易环境下，通过互通有无和比较优势形成全球产业分工体系和产业链，这原本不是问题，况且我国还属于贸易顺差国，总体上处于有利地位，但不幸的是，目前多边自由贸易体系正在经历前所未有的挑战，我国还面临以美国为首的西方国家以保障国家安全、意识形态差异、制度体制差异、保护竞争优势等为借口且带有敌意的高技术封锁禁运和发展遏制。这一和平时期不应该出现的技术禁运在美国主导下正在进一步强化。在外部压力遏制下，任何对全球化产业链和技术链抱有期待、幻想和依赖的技术和产业政策，都显得过于天真，在政治上也难以被接受。作为一个主权国家，我们别无选择，必须在部分关键领域强化以进口替代为目标的产业政策，加强制造业基础性核心技术、数字计算技术和产品的国内研发和进口替代，以摆脱对进口产品和技术的严重依赖，突破发达国家的技术封锁，维护国家的技术和产业安全。因此，科技创新和创新驱动应该成为深化供给侧结构性改革的重中之重。

相对自然资源而言，我国在科技领域或许更具备以内循环为主的条件，值得为之加大努力，当前也具有现实紧迫性。这相应需要进一步完善创新激励体系，提高政府在全社会研发投入中的比例，强化政府对基础研究和核心技术短板的研发支持力度，鼓励企业更多投入资源用于研究开发，加强知识产权保护和知识产权激励，形成更加开放、包容、自由的创新环境。在构建新型举国体制时，要更多利用市场机制激励对科技研发的人、财、物投入，让投资者和科研人员更多分享研发成果商业转化形成的收益。与此同时，我们依然需要加强产业技术研发和创新领域的国际合作，创造条件，更多更好地利用国际上最优秀的创新和研发资源。要形成更具激励性的系统性产业技术创新和研发环境，改善天使投资、创业投资和股权投资环境，推进研发成果的商业化。

4．深度推进全面对外开放

过去中国的高速增长得益于对外开放，未来的发展依然离不开对外开放，但必须是更广泛更深入的高水平全方位对外开放。我们应该深刻认识到，今后外部环境可能给中国带来诸多挑战，中美之间的贸易摩擦看起来是中美双边贸易不平衡问题，实际上是两个大国之间战略利益博弈的激化，并可能继续演变为多个领域的矛盾和斗争。在某些方面，可能也是我国与整个西方国家之间的矛盾和问题所在。这些新挑战要求我们的对外开放不能仅限于货物与服务市场的准入开放，可能还涉及体制机制更全面地与国际惯例和国际规则接轨，对等开放将成为未来我国参与构建多边、区域或双边自由贸易协定的基本条件。此外，企业用全球视野配置资源和要素，还需要全方位了解各类海外传媒信息，在获取海外媒体信息方面要做到更广泛、更及时。这是因为我国自然禀赋的缺陷和更加开放的经济体系，需要中国企业更多参与国际市场竞争和贸易投资往来，更多以全球视野配置资源，构建我国的全球利益分布。这自然涉及跨国间基于规则的公平竞争和对参与主体法律保护的一致性，政府应该为企业和投资者全球化配置资源提供更全面的信息支撑。但这可能会颠覆我们过去一些传统的习惯和做法。比如，我们过去常说制定产业政策是一国主权，不容别人说三道四。这貌似合理的论断在新的开放环境下可能恰恰是不尊重国际规则的表现，因为一国在使用产业政策工具时，所使用的政策手段特别是政府补贴等手段，极可能违反世界贸易组织反补贴协议，使受补贴企业相对于不接受补贴的企业形成不公平的贸易竞争优势，并导致贸易扭曲。所以，在开放环境下，出于对国际规则的尊重，任何一个国家都有权基于国际规则对他国可能扭曲贸易和公平竞争的国内政策说三道四。因此，从产业政策角度看，出于对国际规则的尊重和提高政策手段实际成效的考虑，我们需要更好发挥竞争机制对市场主体的激励作用，而不是简单利用政府各类补贴予以支持，避免给别国采取贸易保护措施或反补贴、反倾销措施留下话柄。又比如，资本市场对外开放后，国内投资者要对境外资本市场进行投资，就需要及时掌握海外信息特别是被投企业的足够信息，如果不能从海外媒体获得及时信息，将可能影响投资决策并导致失误，这需要解除对海外媒体和信息的现行封锁。在服务领域，中国需要进一步扩大服务业对外开放，通过引进国外先进的高品质服务模式，促进国内服务业市场的高水平竞争，通过竞争尽快提高国内服务业的服务品质和服务能力。当中国的国家利益越来越多地分布在全球各个角落后，我们传统的不干涉别国内政和不结盟的外交理念，是否还适应未来维护全球化国家利益的需要，也值得认真研讨并做出改变。

5. 加快优化能源结构并强化节能

能源是现代经济增长发动机的燃料，能源革命和创新对中国的安全发展和可持续发展来说至关重要。我国是一个能源消费大国，但能源资源的人均自然禀赋明显不足。目前，我国人均能源消费为3吨标准煤左右，与美国人均11吨标准煤、俄罗斯人均13吨标准煤的水平有很大差距，只相当于能源利用效率最高的日本和德国人均消费水平的一半。随着居民人均收入水平的提高，消费行为会进一步向发达国家居民消费行为趋同，人均能源消费水平也会趋同。我国能源资源条件不允许我们向美国和俄罗斯趋同，但即便是向日本和德国趋同，我国人均能源消费还将提高约1倍，前提是达到日本和德国的能效水平。这也意味着中国能源消费总量最终会在现有基础上翻一番甚至更多，这将给中国带来能源安全和减排方面的双重挑战和压力。2018年，中国原油进口46190.1万吨，总金额15881.7亿元；天然气9039万吨，总金额2551.8亿元；二者相加总价值约3000亿美元。石油对外依存度已经超过70%，天然气对外依存度接近43%，且还在进一步上升。相对于粮食安全而言，由于战略储备严重不足，中国的能源安全更具有真实的风险敞口特点，在特殊时期极有可能演变成安全危机。解决能源问题和挑战的出路只有两条，一是全方位加大节能力度，特别是在建筑领域和制造领域加大节能力度，用更有效的激励机制鼓励各类用能主体加大节能技术开发和推广应用，进一步提高国家整体能效水平。二是尽快优化能源结构，重点提高能够自给的清洁能源特别是可再生能源的比重，加大对风能、光能相关的材料、储能、智能电网等技术的研发和商业推广，提高转化效率；在此基础上加快推动经济社会的电气化和电动化，推进分布式清洁能源体系建设和能源互联网建设，实质性减轻对原油和天然气的进口依赖。这是因为我国在风能、太阳能、核能、生物质能发电方面，通过技术创新和开发模式创新扩大电力供给的空间还比较大。这一替代不仅具有绿色低碳的减排意义，还具有降低能源对外依存度、提高能源自主安全保障能力的长远战略意义。

6. 深化市场化和法治化改革

这是供给侧结构性改革最核心、最关键、最复杂的内容，目的是减少市场主体对未来的不确定性担忧，增强对未来的信心和恒心。

一是更好地依法保护各类产权特别是私有产权。我国民用经济占比已经大大超过半壁江山，民营经济对就业、创新的贡献日益显著，都超过了70%。经济发展进入创新驱动阶段后，民营经济和企业家的作用将变得更加重要，通过加强产权保护和产权激励，可以稳定私营部门企业家的长期预期，更好地激励民营企业和研发人员投入创新、投资未来，造就更多面向未来、创新驱动、依法经营，更具创新动力和竞争力的百年老店。

二是强化统一市场制度建设，扫除妨碍全国统一市场内要素自由流动、企业公平竞争的任何不合理规定和做法，规范地方政府补贴招商引资的不合理竞争行为，废除各类地方政府实施的地方保护和区域分割行为，使我国具备的统一市场优势得到更充分发挥。

三是依法行使政府治理和管制，减少政府决策、监管和管制过程中的不透明性和随意性，减少政府对微观主体市场经营行为的随意干预，降低制度性交易成本，真正改善基于规则和法治的可预见的政府监管，促进形成更加便利可靠的营商环境。

四是减少各级政府和国有企业对资源特别是生产要素的直接配置，真正让市场对资源和要素配置发挥决定性作用，让政府的作为更多聚焦在公共服务、信息引导、秩序维护、基础设施等领域。

（二）以放松管制为重点释放并稳定内外需增长

形成以国内循环为主，国内国际双循环相互支撑的发展格局，从需求侧来看，依然需要提高内外需对增长的贡献，但发力点不见得就在需求侧，也不在于简单增加消费补贴和扩大政府支出，功夫实际上依然在供给侧，与供给侧制度的改革、开放、创新密切相关。

1. 基于就业和收入预期稳定的内需扩大

国内需求总体上是就业和收入的函数。促进国内消费需求稳定增长的根本措施是保持就业的持续稳定增长，而稳就业的根本措施在于在制度上放水养鱼，养活更多的企业。这需要不断改善企业经营环境和创业就业环境，特别是城市中小企业和个体工商户的发展环境。在中国，尤其要注重发挥超大城市和特大城市的规模经济带来的创业和就业效应，国内部分城市试图通过赶人的做法控制城市规模，实际上扼杀的是城市内生的就业和创业机会。从企业税负来看，我国以间接税为主的税制导致企业税负偏重，在前期降低企业税负的基础上，还可以进一步研究降低企业社保和公积金负担，并通过更多划拨国有资本经营收入增加社会保障资金来源，以更好地通过稳定就业、优化保障来稳定居民收入预期，减少居民扩大消费需求的后顾之忧。从长远财税制度建设和财税制度国际竞争角度看，应该进一步深化财税体制改革，完善税收结构，改变以间接税为主的税收结构，逐步向以直接税为主的税收结构过渡，使企业税负具有国际竞争力。为了使降税具有可持续性并不对政府民生支出形成挤压，需要进一步优化并精简政府支出项目，削减不必要的政府支出，特别是削减那些锦上添花的政府基建支出项目、面子工程和政府自身的行政管理开支，逐步降低预算内经济建设支出特别是竞争性领域财政支出的比例，提高民生福利和社会发展支出的比例，"十四五"期间甚至更长时间，各级政府要带头勒紧裤带过紧日子。

2. 基于深度城市化的城乡融合发展

从发达国家经验看，城乡融合发展主要靠工业化和城市化的拉动以及城市化基本稳定后的城乡公共服务均等化制度安排。我国城市化进程尚未基本稳定，较大的城乡收入和福利差距，以及农业与非农产业劳动生产率的差距，依然是推进城市化的根本动力。从国际国内经验看，城乡居民收入差距小于2倍后，城市化动力才逐渐减弱并趋于稳定。我国目前城乡收入差距还在2.7倍左右，落后地区城市人均收入与发达地区城市人均收入的差距更大，城乡公共服务和社会福利差距还十分明显，这说明我国还远未到逆城市化的阶段，需要继续消除城市化的体制障碍，为城市化的自然发展创造条件。

以人为核心推进深度城市化，本质上属于供给侧改革和创新的内容，有利于缩小城乡收入差距和公共服务差距，还具有扩大国内需求的积极效应。我国现有统计制度下的城市化水平并不能真实反映城市化实际水平，很多城市常住人口并非真正意义上的城市居民。应该采取措施允许2.7亿进城农民工和近1亿城市间流动就业的城镇人口自主选择获得就业居住所在地户籍并享受同等公共服务。政府相应调整财政支出结构，更多用于进城落户人口的城市保障房建设和公共服务支出，这有利于流动人口稳定未来预期，扩大消费支出，形成政府支出改善与消费需求持续增长之间的国内良性循环，对经济持续增长的效应要强于简单增加基础设施投资支出，对社会结构的改善和公平正义的维护也具有积极作用。

考虑到更多的创业机会和服务业就业机会都在城市特别是特大城市和超大城市，应该完善城市社会治理模式，禁止城市政府采取限制外地人流入或是以疏散为名驱赶外地人的错误做法，还城市社会应有的开放包容姿态。这在经济减速、失业增加时显得格外重要，是服务业扩大就业的根本保障，有利于改善民生和家庭服务。

在深度城市化过程中，要进一步完善城市建设用地供地机制和农村建设用地的高效配置机制，使建设用地特别是住宅建设用地的增加与城市常住人口特别是落户人口的增加相适应，使进城落户农民工的农村闲置宅基地有更好的入市变现通道和市场化权益价值实现机制。政府财政转移支付规模也要与人口流入地的人口流入规模特别是流入人口落户规模相适应，形成对吸纳转移就业人口落户地区的正向激励机制。

在城市房地产调控模式方面，要改变目前通过行政管制限购限价的扭曲市场供求关系和价格信号的不合理做法，通过税收手段调控抑制不合理炒作行为，使正常的基本住房需求和因收入提高形成的改善型需求都能够得到有效释放和满足。

只有城市化进程基本稳定了，城乡融合发展和乡村振兴的时机才会真正到来，此前对新农村建设和乡村振兴的大规模投入，很大一部分最终会因为农村人口的流失成为浪费。在城市化快速上升期，城乡融合发展的支出不如更多地投入城市，更好地解决进城落户农村人口面临的现实问题。

3. 基于城市群和都市圈的区域协调发展格局

我国未来城市化率将达到80%以上，主要城镇人口将分布在胡焕庸线以东20个左右的城市群和都市圈地区，这主要是由自然条件和资源环境承载力决定的。如果城市群和都市圈内部的协调发展做好了，国家区域协调发展的大格局就形成了。以往以东部率先、中部崛起、西部大开发和东北老工业基地振兴为主的"四大板块"区域战略，加上菜单式碎片化区域政策，经过20年左右的实施已经取得阶段性成果，但也存在过于碎片化、效率不高等问题，留下了值得总结的经验和教训。考虑到任何一个板块内部还存在不同省区市之间的较大差异，延续如此大尺度的区域战略或过于碎片化的区域规划和政策指导，实际操作性、精准性和市场有效性都面临挑战，最后极有可能沦为不同板块之间争相寻求中央优惠政策的政治借口，并导致不必要的资源错配和浪费。

我们可能需要认真思考，作为一个单一制国家，为什么区域差距远远大于许多市场经济国家，这本身或许就有值得检讨的制度原因。事实上，从他国以及我国自身经验看，真正有利于促进区域协调发展的恰恰是市场机制，因为有效的市场机制会允许各类要素自由流动，并产生要素报酬均等化的趋同效应。而我国最大的制度不同就是城乡和区域分割的户口制度，以及基于户口制度的福利制度，这一制度制约了人口的自由流动和公共服务的平等配置。因此，好的区域战略和政策应该基于统一市场下的要素自由流动和要素聚集机制，做顺势而为的引导而不是逆势而为的干预。因此，应该根据人口流动的趋势，将原有的以四大板块为主要架构的区域战略和政策，转变为以城市群和都市圈为空间单元的城市化格局优化战略，通过市场要素自由流动、基础设施网络共建、生态环境协作补偿、基本公共服务均等化等机制，促进城市群和都市圈内部不同规模城市和城镇之间的相互协调发展。只有这样才会实现真正有市场效率的区域协调发展格局，在要素分布和经济分布空间协调基础上实现区域人均收入差距的收敛，而区域人均收入差距的缩小最终还会有利于内需的稳定扩大。

从大的城市群格局看，中国最具活力和潜力的城市群主要是粤港澳大湾区城市群、长三角城市群、环渤海大湾区城市群、成渝城市群和长江中游城市群。在这些城市群中，只有环渤海大湾区城市群（京津冀地区、辽宁沿海地区、山东半岛地区）未纳入国家规划视野。这个行政区经济总量达到18.7万亿元，占全国的21%，值得在"十四五"时期作为国家战略，像"十三五"时期谋划粤港澳大湾区那样来予以认真研究、全面谋划。在南北经济发展差距不断扩大的背景下，环渤海大湾区可能是中国北方地区基础条件最好、创新能力最强、集聚效应最显著、城市城镇最密集、发展潜力最大的地区。这一地区有北京、天津等超大核心城市，还有大连、沈阳、青岛、济南、天津滨海新区、河北雄安新区等知名中心城市和新区，以及众多中小城市和小城镇。如果在这一地区结合东北亚自由贸易区建设实施深度对外开放，将使这一地区成为缩小国内南北发展差距最值得发力并最有可能取得成功的地区，具有缩小区域差距和南北差距的全局性战略意义。

4. 基于宏观审慎的财政货币政策优化

在面临外部环境急剧变化导致的外部需求剧烈波动或萎缩时，为避免对经济增长的实质性强烈冲击，可考虑采取扩张性的宏观经济政策来对冲外部冲击导致的明显波动。但在考虑货币政策和财政政策组合时，依然需要顾及我国经济的货币累计发行量偏大、债务杠杆率偏高的隐患，在货币政策和财政政策组合中让财政政策扮演更积极的主导作用。货币政策主要是在流动性供给方面保持适度宽松合理的配合，使债务工具的发行利率保持在合理水平，为地方政府和企业的到期债务置换创造条件。化解存量债务问题，主要靠时间换空间的办法解决，通过债务展期和借新还旧等机制来防止出现系统性违约和因此导致的市场恐慌。对债务超标的地区应该实行严格的债务总量限制，通过严禁新增债务逐步降低杠杆率。要避免过于宽松的货币放水导致地方政府、企业、居民杠杆率的再度攀升。

在金融监管和金融工具更好为实体经济服务方面，一方面要通过强化监管防范可能出现的系统性和区域性金融风险，另一方面还要细化优化金融监管举措，为实体经济创新发展、绿色发展提供更加便利的融资服务，特别是提供有利于降低债务杠杆率的股权融资服务，为各类股权投资机构的市场化募资和投资运营提供更好的发展和激励环境。

要进一步优化政府支出结构，将更多支出用于与深度城市化相关的大城市住房保障、城市轨道交通网络、城市群和都市圈城际快轨、数字智慧城市设施、生态环保设施和公共服务设施建设，依据区域人口密度完善基础设施网络规划和建设，减少在偏远地区和人口稀少地区的不合理基础设施投入和浪费，减少锦上添花类基础设施项目，消除导致地方政府债务不断累积的重要因素。

中央政府还应该严控新城新区的数量和规模，这是因为新城新区建设数量多、规模大是导致一些地方政府债务飙升的主要原因。要以沿海一线城市或都市圈、内陆新一线城市为重点，以国际化大都市为标准提高城市发展品质和国际化程度，培育具有更强国际竞争力和海外要素吸引力的国际化大都市。

5. 基于深化开放的出口稳定增长

一国持续保持贸易顺差后，进一步开放本国货物和服务市场是化解贸易摩擦的必由之路。以国内循环为主也需要外部循环，而不是放弃外部循环。作为一个资源禀赋不足的大国，我国在原油、铁矿石、天然气等领域如此高的对外依存度基本决定了我国没有实施国内大循环的本钱，必须继续通过外循环加以解决。除非西方发达世界全面封锁对中国的高技术出口，我们还需要通过外循环解决我国的技术不足。因此，绝不能将内循环为主作为不进一步深化对外开放的借口。但今后的深度对外开放不仅是对外国产品、服务和投资的市场准入放开，还包括对国内有可能导致贸易和投资行为扭曲的制度加以改进并与国际规则接轨，这会涉及国内的结构性改革，但有利于为中国企业的全球化经营营造稳定友好、安全可靠的外部营商环境。通过提高产品和服务品质扩大出口规模，是企业国际化经营和提高国际竞争力的努力方向和职责。

对政府来说，更重要的是努力为企业营造公平稳定友好的贸易环境。面对战略博弈日趋激烈、国际环境日趋复杂的新形势，中国必须更加积极主动地参与国际多边、区域和双边自由贸易和投资体制的建设，为我国企业参与全球化竞争创造更加稳定、可预期的公平竞争环境。同时，还要进一步扩大国内产品和服务市场的对外开放，进一步降低产品关税、扩大服务业对外资的市场准入，与主要贸易伙伴之间形成你中有我、我中有你的更紧密的利益格局。要认真研究主要贸易伙伴对我国贸易和产业政策的重点关切，基于国际规则做出相应调整和改革，以提高产业政策实效为出发点，避免对我国产业和贸易政策的"重商主义"指控或不对等开放的指控。有了稳定的国际贸易环境，出口企业才能更好地专注于产品和服务的竞争力提升，从而通过稳定外部需求，对我国经济增长做出更加积极的贡献。

6. 基于绿色低碳的经济发展新动能

中国的生态环境承载力十分脆弱，我们在与美国基本相同的国土面积上承载了比美国多10亿多的人口，这多出来的10亿多人每天都要"吃喝拉撒"，对生态环境造成的影响可想而知，这使得中国成为主要污染物排放和碳排放的大国。与人民生活质量密切相关的空气污染、水污染和土壤污染，在人口比较密集的城市化地区，已经成为对人民美好生活的现实挑战。随着人民收入水平的不断提高，全社会对生态环境品质改善的需求在不断提高，并且越来越成为人民改善生活质量的重要内容，绿色低碳发展已日益成为一种持续上升的市场需求，与绿色低碳发展相关的技术、产品和服务，也将日益成为发展的新动能。因此，政府必须采取更加有力的措施、设计更加有效的机制，激励越来越多的企业和投资机构，投资于提高资源利用效率、资源高效循环利用、降低污染物排放、降低碳排放的绿色低碳技术和产品服务。这应该包括以下几个方面：

一是实施主要污染物排放和二氧化碳排放总量控制制度，并以排放权力人人平等为基础科学合理地在地区间、企业间或行业间进行额度合理分配，在此基础上建立排放权额度交易制度。

二是建立以绿色为资产的占补平衡制度，强化绿色资产的产权界定和产权保护，在此基础上建立生态环境等绿色资产破坏行为与生态环境改善等绿色资产创造行为之间的平衡和净增加机制，通过绿色资产交易市场构建绿色投资和绿色资产的市场化价值实现机制和退出通道。

三是加大政府对绿色低碳技术，特别是清洁能源技术、储能技术、主要污染物处置技术、水环境改善技术的研发支持和新技术商业化推广。

四是进一步改善绿色金融发展环境，推行并更好地激励绿色责任投资，促进绿色信贷、债券、基金等各类绿色金融产品更好地服务企业绿色转型发展。

五是进一步强化生态文明理念和意识的全社会普及和教育，鼓励更多非政府组织从事公益环境保护和减排活动。在地缘政治日益复杂的外部环境下，推进人类命运共同体建设还需要共同的价值理念作为基础，由于我国主流意识形态和社会制度的独特性，高举生态文明、绿色低碳的发展大旗，还有利于我国与不同国家形成共同的绿色低碳价值认同，值得我国为之付出更多努力。

总的来看，"十四五"时期的国内外环境还会更加复杂，十四五规划的编制和实施也会难于以往。从国内看，今后很长一段时期，我国经济将呈现增长率下降趋势，这需要我们不满足于近几年供给侧结构性改革的阶段性成果，通过深化供给侧结构性改革，并与短期宏观调控政策有效配合，形成供需两侧更有力的增长支撑。从国际看，尽管美国对中国发展的态度变得更具敌意并咄咄逼人，但我国经济的开放度和信息化、数字化世界的形成，使得我们即便是专心做好自己的事情，也离不开与国际社会的交流与合作。我们需要以更开放包容的心态努力维护友好稳定的国际政治经济环境和自由贸易体系。我们或许左右不了国际环境的演变，但我们完全有可能通过包括制度体制创新、政策机制创新、治理模式创新和科学技术创新在内的全方位创新，来更好激发国内微观主体的创新创业活力和持续增长能力，进一步改善资源和要素的市场化配置效率，形成以国内循环为主、国际国内双循环相协调的良性发展格局，使实际经济增长充分达到潜在增长率并延续更长的增长平台期。因此，相对于"十三五"时期的供给侧结构性改革而言，"十四五"时期的供给侧结构性改革的核心内涵应转变为全方位创新，重点是体制机制创新和科学技术创新。如果我们能够通过全方位创新实现上述目标，中国就可以用10年左右的时间，成功跨越中等收入陷阱并稳步迈入高收入国家行列，国家综合国力、国际竞争力、国际影响力和人民生活质量都会有新的提高，并作为一个负责任大国，为人类命运共同体建设做出更加令人信服的贡献。

"十四五"必须推进的土地制度改革

刘守英[①]

土地制度是中国政治经济制度的基础性安排，土地制度改革是中国全局改革的关键领域。独特的土地制度安排与变革曾作为中国经济高速增长和结构变革的发动机。但是，中国在利用土地创造"中国奇迹"的同时，也形成独特的以地谋发展模式，造成国民经济运行、财富增长与分配对土地的过度依赖。随着中国经济从高速转向中高速增长，结构形态从高速城市化转向城乡中国格局，必须转变以地谋发展模式，构建适应城乡融合战略的土地制度。"十四五"开启全面建设社会主义现代化国家新征程，以土地制度改革为核心的要素市场化改革是实现这一目标的重要手段。

一、影响"十四五"发展与转型的两个典型事实

（一）"以地谋发展"模式的衰竭

自20世纪90年代中期始，随着分税制实施带来地方政府谋发展方式的改变，以及土地管理制度变革带来农村集体建设用地市场关闭和地方政府对土地转用市场的垄断，土地成为地方政府主导经济发展的重要工具。独特的"以地

[①] 本文作者刘守英系中国人民大学经济学院院长。

谋发展"模式，使中国成为过去40年世界上经济发展最快的国家。随着中国经济发展阶段转换以及"以地谋发展"模式潜在的诸多问题不断累积，以土地推动发展的效力减退，运行风险加大，不可持续性显现。随着中国经济发展阶段从高速增长转向中高速增长，经济结构发生重大变化，土地的供需状况和功能也在发生改变。

1. 土地的发动机功能减弱，对地方经济的拉动作用降低

从2010年开始，中国经济增长开始减速，应对的策略之一是放宽土地的供应，尽管如此，中国GDP增速还是一路下滑，建设用地供应也出现历史性峰值。之后的情形是：经济增长阶段转换和转型加快，全国的土地供应量在2013年后逐年减少。随着经济发展阶段转换，依靠土地宽供应拉动经济增长的模式已发生历史性转变，土地发动机功能不再。土地对经济影响的减弱还反映在区域土地指标的分配和使用上。随着经济增速的下滑，2013年后多地开始出现土地指标供不出去的现象，2016年上半年全国供地指标完成率不足35%。指标使用的差异在区域间的分化尤其明显，中西部地区部分城市甚至存在零供应、零成交的现象，这不仅表明建设用地指标约束对地方经济的影响减弱，也意味着土地作为发动机的功能的减弱，地方经济发展对土地的需求减弱，土地对经济的拉动作用降低。

2. 低价供地工业化方式问题凸显

地方政府一直致力于以低地价的招商引资发展工业化，尽管总的工业增加值依然在逐年增加，但工业增加值的增长率已经开始下降。更严重的是，单位工业用地产出的增长率下降更为明显。从2011年开始，单位工业用地工业产出的增长率便逐步下降。工业增加值增长率逐渐下降，主要是因为中国生产要素成本上升，依靠低成本、高要素投入的工业化阶段已经过去。在经济下行、生产成本上升的压力下，企业的产值大幅下滑，债务压力凸显，许多城市的新城

和工业园区工业增加值缩水严重。中西部地区模仿东部地区的低地价工业化模式一直绩效不佳，该区域 30% 以上的国家级开发区存在亏损，省级和地/市级开发区亏损更为严重，中西部地区通过低地价招商引资的前景并不乐观。

3. 高度依赖土地的城市化难以为继并积累了大量的金融风险

由于土地价格的波动和土地抵押融资导致的地方债务风险上升，抑制了地方政府通过土地获得城市建设资金的想法和城市基础设施建设投资。随着近年来很多城市的用地从原来的新增用地转向存量用地，加上农民权利意识觉醒，征地拆迁的成本大幅上升，导致政府的土地净收益下降。中国已告别低价征地的低成本城市化时代。更为严重的是土地抵押支撑城市化产生的风险。在土地出让收益下降的情况下，政府还在加大基础设施投资，一些地区的新城、新区建设进一步扩张。面对城市建设资金的巨大缺口，储备用地抵押贷款在城市化的资本来源中发挥着越来越重要的作用。由于土地抵押贷款的主要用途是基础设施建设等一些收益性较低的项目，从这些项目中获得的收益很难偿还债务，政府土地抵押贷款的偿还也主要依靠土地出让收入，地方政府对土地出让金的依赖由此可见一斑。由于部分地区出现偿债能力不足，主要靠借新债偿旧债。地方政府将土地出让金和储备用地抵押融资捆绑的土地资本化发展模式实质是在提前支取未来土地收入。但是，土地的未来收入具有不确定性，一旦土地市场价格出现波动导致地方政府土地出让收入减少而出现偿债困难，银行对储备用地的大量贷款会迅速转化成不良贷款，甚至引发系统性金融风险。

自 20 世纪 90 年代开启的"以地谋发展"模式在中国的经济发展初期的确起到非常大的推动作用，通过对土地市场的把控和利用，显著拉动了地方工业化、城市化及经济的跨越式发展。随着中国经济发展进入转型期，"以地谋发展"模式积累的问题逐渐出现，土地对地方经济的拉动作用已经衰竭，部分地区甚至由于风险的增加，过度投放的土地反而抑制了地方经济的增长，这一问题主要集中在东部地区。中西部地区由于地理区位、制度成本和发展环境的差异,尽管在其发展起步阶段复制了"以地谋发展"模式,但是绩效不佳。随着中国经济发展阶段转型,"以地谋发展"模式的功能不再,效力衰竭。中央政府必须明确不再以地保发展,不再以土地参与宏观调控,同时加快土地制度改革,为地方经济发展创造新的动力来源。地方政府必须改变土地作为增长发动机的功能,告别"以地谋发展"模式。当然,由于地方政府习惯这套发展模式,尽管以地谋发展的效力减退,还会继续使用,但由此带来的发展代价和风险将更大。

(二)城乡中国格局成形

2010年前后,中国的城乡关系发生革命性跃迁。随着80后及90后成为劳动力迁移主力军,他们沿袭着上一代农民的离土、出村,但是,大多数人却选择了不回村、不返农,即便回村的农民所从事的经济活动也发生了重大变化。"农二代"的经济和社会行为变化,正在引发乡村经历一场历史转型:农民与土地的黏度发生变化,乡村的人地关系、农地权利、农业经营制度、农业发展方式、村庄演化、城乡关系等方方面面呈现新的特征,标志着一个与"乡土中国"不同的"城乡中国"的到来。

1. 代际革命

在城乡人口迁移中,80后、90后已经成为主力军。他们在经济社会等方面的行为特征呈现显著的代际差异,甚至具有不可逆性,成为引领中国城乡关系变革的重要力量。他们保留着农民身份,但已不再务农。农二代差不多进入劳动年龄就开始离开家乡,与农业和土地的关系疏离,不像他们的上一辈那样农忙时回家打理农事。他们在城市的就业正在将擅长的建筑业抛弃,而是主要从事更为正式的制造业和服务业,从事机关、专业技术岗位的比例也在增加,还有部分农二代开始选择自营劳动或作为雇主生产经营。他们的受教育程度更高,在城里也获得了比农一代更多的工作技能培训,人力资本的提高更有利于他们在城市工作和生活。他们迁移的距离离家乡更远，跨省流动、前往东部地区以及大中城市务工经商是他们的主要选择。他们既看重在外挣钱，也在乎家庭团聚和孩子教育。他们的生活方式基本城市化，消费方式已经与城市同龄人趋同。他们不像农一代有钱就在农村盖房，而是选择将积累的资本在本地的县城和城镇买房，显示出未来"落叶归根"于城而非村的倾向。农二代购房意愿比本地农业户籍居民高出很多。他们融入城市的意愿很强，在工作地享有社保的比例显著高于农一代，但是由于城乡之间的那堵"墙"，他们对不被城市接纳的感受更强。他们与乡村的情感联结渐行渐远。农二代的"出村不回村"，正在令乡土变"故土"，传统乡土社会的人际关系、礼治秩序、非正式规则等正面临严重冲击与挑战。

2. 农业发展方式的历史转型

由于人口迁移，尤其是代际变化，农业劳动机会成本上升，农业发展模式发生历史性转折，传统均质小农异质化。农业同非农业用工竞争加剧，劳动力价格上涨，农作物劳动投入成本上升，农民采取减少劳动力投入、增加机械和资本投入的策略。农地流转加快，土地经营规模有所扩大，农地流转在以转包和出租为主的基础上出现股份合作、转让等形式。农业发展动能发生变化，农业劳动生产率快速提升，其增速远远超过土地生产率，长期依靠高劳动投入提高土地单产的传统农业发展模式正在转向提高劳动生产率的现代农业发展模式。农业功能与形态发生变化，休闲农业和乡村旅游业增长极其迅速。

3. 乡村分化呈不可逆之势

伴随城市化进程，中国的村庄缩减势成必然。未来的村庄数量还会进一步减少，一方面是因为农作方式变化带来村落的分散化与耕作半径的变大，另一方面是因为村落人口减少后公共服务的供给需要适度缩减规模。同时发生的是村庄的分化加剧，村落的活化与衰落并存。农二代的去村化趋向以及农三代的完全城市化，会使多数村庄进一步衰落。还有一类村庄会在新的城乡关系中复活甚至兴旺，其中部分村庄会随着城市扩展直接融入城市，有一批村庄可能成为连接城乡的"驿站"，还有一些村庄则因为自身具有的独特性加上人力资本与企业家的努力而活化。这些村庄或者具有独特的历史和文化记忆，或者能够提供地方性、独特性、安全性的产品，或者有好的带头人，或者找到了可持续发展现代农业的路子，等等。随着乡村经济活动与社会关系的变化，维系乡村社会的血缘、地缘以及人情关系发生变化并趋于淡漠，村民的集体意识降低，村庄共同体的向心力与凝聚力下降。代际革命带来的是村里人成为陌生人，礼治秩序让位于经济权力的主宰，村庄治理结构、规则与秩序正在进一步演化与变迁。

4. 城乡互动与两种文明的共生共存

中国在经历急速的城市化以后，城市与乡村之间的关系正在重塑。单向的城市化正在转向城乡互动。生产要素在城乡之间的双向配置与互动增强，资本下乡的速度和规模增加，劳动力流动出现一定比例的从沿海向内地的回流，乡村经济活动变化带来建设用地需求增加。城乡互动是中国经济从数量增长转向质量发展、人们消费需求变化的结果，具有阶段转换与趋势变化的性质，将成为城乡中国的一个基本特征。与此同时，城、镇、村的功能分工更加明确。随着城乡互动的增强，市场和经济力量在城乡之间生产要素的配置主导性增强，更有利于大城市、城镇与乡村发展各自比较优势。大城市发挥其集聚、效率、创新、知识、产业、就业的优势，成为城乡人口就业和创造收入机会的场所；活化的村庄在满足城里人新的消费需求的同时，长出一批体现乡村特色、个性化、有地方风格的产业；在大城市和活化的乡村之间，部分乡镇成为连接城乡的"驿站"，承担城市部分产业转移等功能，也成为城乡人口互动的过渡地带。更为根本的是城市文明与乡村文明共融共生，城市文明与乡村文明的共存与呼应是城乡中国阶段的基本特征。

二、新阶段已来，土地问题依旧

中国现行的城乡二元、政府垄断、土地资本化的土地制度是一套适应和助推高速经济增长与快速工业化城市化的体制安排，对中国成为世界制造工厂、矫正城市化滞后于工业化、实现乡土中国向城乡中国转型起到重要作用。但是，经济发展阶段转换使得"以地谋发展"模式弊端凸显，产业转型升级与城市发展模式变化使得土地的发动机功能减退，保障单向城市化的土地制度安排已经不适应城乡互动后的城乡中国新格局。

（一）发展阶段转换与土地功能变化

2010年以后，中国的经济增速出现趋势性回落，增长的动力更多依靠全要素生产率提高和创新驱动，发展导向从数量扩增转向发展质量提升。经济增长平台转换后，继续依靠土地宽供应促增长的方式已一去不复返。从土地与结构转变的关系来看，成就中国成为世界制造工厂的园区以地招商模式于2004年以后发生变化，东部地区的制造企业转向主要依赖转型升级和质量阶梯爬升，对土地低成本和土地抵押融资贷款的依赖减低，引致工业用地占比下降。差不多在同一时期，中西部地区开始模仿东部地区的园区以地招商引资及靠土地信贷提供基础设施模式，但是由于内外部条件变化等因素的影响，这些地区不仅园区招商引资绩效不佳，相反以地招商引资造成政府债务高企、对土地抵押和银行贷款依赖增加。随着要素相对价格变化与制度成本上升，中国不可能继续依靠制度扭曲带来的土地低成本保住世界制造工厂地位。另外，中国的城市化已告别低成本时代。城乡中国阶段不仅无法再依赖"以地谋发展"模式，还要处理这一模式在推动高增长时产生的大量问题，尤其是必须应对和解决以地谋发展和以地融资带来的政府债务和银行金融风险。许多城市的土地抵押价值在土地高价时评估，经济下行后土地需求下降，土地实际价值与评估价值的差拉大，一些城市的土地杠杆率过高。着力解决土地抵押融资还贷风险是迈向新发展阶段的关键。在城乡中国阶段，提高土地配置效率对经济增长质量的意义要远远大于增加土地数量拉动经济增长。土地供应与配置方式如何因应这一经济增长阶段变化，是"十四五"土地与国民经济关系的重大问题。另一方面，以地招商引资和加大工业用地搞园区工业化的模式业已过时，建设用地结构的优化、工业用地的再配置、园区转型，以及供地方式与结构变化，将是新阶段要面对的重大土地政策问题。

（二）城乡格局变化与土地配置制度困境

现行土地配置制度——农地转用一律实行征收，建设用地只能使用国有土地；土地用途、规划、年度计划指标和所有制都实行管制；城市政府独家供应土地——是一套高效保证和促进土地向城市转换的组合，它将乡村用地权力关闭，形成城市用地一个通道。土地使用的城市偏向又加剧了劳动力和资本往城市的单向配置。从近年来的新变化和未来趋势看，城乡格局从单向转向城乡互动，人口和劳动力从乡村到城市的单向流动转向城乡之间的对流，城里人对乡村的需求上升带来乡村产业的复活与发展，乡村机会的增加又引致资本下乡。人口和资本配置变化带来的乡村经济活动的变革，凸显土地制度的不适应。当下乡村的衰败与农业产业的竞争力缺乏，与这套制度有很大关系，在现行土地制度安排下，农民利用集体土地从事非农建设权利被剥夺，导致大多数乡村地区非农经济活动萎缩，农村产业单一，农民在乡村地区的发展机会受阻，造成乡村的凋敝和城乡差距的拉大。现行土地制度是阻碍城乡中国阶段城乡融合与平等发展的最大障碍。如果乡村不能获得平等的建设用地权利，乡村空间就无法实现与城市空间平等的发展权，乡村产业发展受阻，人口和劳动力就不可能持久地向乡村流动，资本下乡因没有获利前景而只能是昙花一现，乡村振兴战略也就找不到有效的实施路径。

（三）农业历史转型考验农地制度选择与变迁方向

在乡土中国阶段、计划经济时期和农村改革时期，农地制度的选择与变迁都是引起全社会关注的议题。随着集体所有、家庭承包制度被确立为农村基本经济制度，中国在快速城市化时期的城市土地问题更加突出，农地制度的改革被搁置一边。在城乡中国阶段，由于农业发展方式转型与农民高度分化，变革农地制度和经营制度的现实需求与呼声使农地问题重新成为热点。这一阶段的农地问题既有遗留下来的悬而未决的难题，也有农业转型出现的新问题。

第一，集体所有制的政治与制度选择。中国选择了社会主义制度，集体所有制就是这一制度在乡村的基础制度安排。集体所有制的实现有不同的选择，集体化时期采取的是国家控制下集体组织代理行使土地权利的安排，农村改革时期采取的是集体所有制下的成员权利安排，两种安排的制度绩效已有大量实证检验。在城乡中国阶段，改革时期做出的集体所有制下的成员权利安排面临现实挑战，比如，既然集体所有是成员所有，新出生人口作为集体成员如何享有成员土地权利？减少人口是否应该交出集体成员权？当集体成员不再从事土地经营，集体所有者是否有权主张将发包给集体成员的承包经营权收回？集体存在的大量未界定到农户的资源产权属谁？这些资源在投入使用与再组合以后的利益属于谁？在城乡中国阶段，集体所有制如何安排是一个政治选择问题，且会对农地制度的稳定性与权利结构产生根本影响，进而影响农户行为和资源配置。

第二，农民成员权利的保障与处置方式。对农民土地权利的安排与保障是农地制度的基础。集体化时期的教训是剥夺了农民的土地权利，造成国家和农民利益双损；改革时期的经验是在集体地权下赋权于集体成员并对其权利予以政策和法律保障，给农民吃的定心丸也换来国家在乡村的稳定。在城乡中国阶段会不断出现变革农地制度的呼声，在求变时最容易针对的就是赋予农民的土地权利，列举的理由如：集体成员只是享有集体土地的承包经营权，一旦他不再依赖土地为生，土地权利应该回到集体所有者；小农持有土地不利于规模经营和农业现代化；土地不再是农民的命根子，过强保护农民土地权利会使中国农业失去变革的机会；等等。这些意识和倾向如果变成公共政策和制度推动力，对政治、经济和社会稳定造成的危害无法估量。但是，随着农民出村与非农经济活动增加，尤其是农二代对土地和农民的观念发生重大变化，农地制度安排与农业经营制度之间已经出现了不匹配。尽管法律明确承包权是农民的财产权，但是它同时也是一个用益物权，农民承包土地与集体之间是承包发包关系，在人地分离趋势下，承包权与经营权分离成不可逆之势，承包权的权利内涵会发生那些变化？制度选择的方向是朝向更强更完整的承包权保障，还是在设置底线下朝向有利于强化经营权的方向？由于结构变迁及农民与土地关系变化，仅仅以不许动应对意识形态和偏激做法，又会延误实际变革需求的制度供给。

第三，经营权的权利地位与经营制度的演化。从农地制度与农业经营的关系来看，耕作权是影响最为直接的一项权利。随着人地的分离与农民的分化，城乡中国阶段的农业效率取决于经营者对土地利用的权利安排。从发展趋势来看，中国的农业经营制度必然朝着适度规模和经营主体多元化的方向演化，但是如何抵达这一目标？经营权如何从千万小农的承包权中分离出来？如何使经营权成为一种有保障的权利，赋予经营权的权利有多大？赋权强度的火候如何把握？都是目前已经遇到、未来会更加显化的亟待解决的问题。

第四，乡村分化与宅基地制度滞后。在中国农村的几项土地安排中，宅基地制度是最落后的一项制度安排。在现行宅基地制度下，农民对宅基地享有依成员资格无偿取得的分配权、占有权和房屋所有权，但宅基地的财产权利残缺，没有收益权、出租权、抵押权和转让权。宅基地制度安排的强成员权弱财产权倾向，进一步强化农民以成员身份获得与占有宅基地的倾向，弱化了农户之间以财产权交易和市场方式配置宅基地的可能路径。被集体制度强化了的农民对宅基地的占有观念，使农民不会轻易放弃他们手中的宅基地，因为一旦放弃，其基本权利就失去了。既然无法通过交易获得宅基地财产权益，农户的理性选择当然是占着，哪怕宅基地的使用价值降低了。

结构变革事实上带来改革这套宅基地制度的可能性。一是一定比例的农户已经在城市（镇）购房，可以预期未来这一比例还会进一步上升。这意味着，随着经济活动的变化和收入水平的提高，农户的居住方式在逐步离开本土，宅基地的居住功能和安身立命之所的重要性在降低。二是以 80 后为主的农二代离土、出村、不回村的倾向明显，他们与农业和土地的黏度降低，其生活方式、就业特征与后代的教育选择都在城市，无偿分配和占有宅基地的效用减低，宅基地及其上的房屋已成故土，占有和居住的功能弱化。三是对宅基地功能最看重的就是离土、出村、回村、返农的农一代，他们对农业和土地有着特殊的情感，宅基地就是祖业，祖屋就是他们的归宿，他们更看重宅基地的占有、居住、生活和福利配置。总体来看，如果宅基地制度有合理的安排，在农二代直至农三代身上有可能找寻到宅基地改革的突破口。未来一个时期，农民与宅基地关系取决于改革设计和分寸把握。代际不同，宅基地的功能不同，对宅基地权利的保障与实现也应不同。农一代决定宅基地改革的循序渐进，农二代决定改革的节奏和速度。

三、塑造新发展格局的土地制度改革

（一）土地治理目标和方式的转变

1998 年以来，我国建立的土地管理制度，主要目标是实现粮食安全，手段是耕地保护。以实现粮食安全为主要目标建立了一整套耕地保护制度。现在要思考的问题是，下一阶段的发展目标和内涵发生了重大变化，这些重大变化发生以后，对下一阶段粮食安全和耕地保护相关的政策要做一些战略性的思考。1998 年以后，土地管理一系列制度的设立，都是在耕地保护这个大的方向上进行的。事实上，我们土地的功能——保发展和保耕地是并行的，在保护耕地的同时也保发展。2013 年之后土地的发动机功能减弱，这对于耕地保护制度是一个重大信号。在下一个阶段，对耕地保护的讨论可以摆脱必须同时讨论土地发动机功能的特殊阶段，回到讨论耕地的常态。上一轮我国的土地关系主要是建设和保护的关系，处理的是快速工业化进程与城市扩张过程中大规模的城市化和工业化带来的建设用地需求对耕地保护形成的冲击，也就是建设与保护的问题。下一个发展阶段的土地关系，将从处理生产和生活用地二者的平衡，转为处理生产、生活和生态的平衡。在发展阶段转换过程中，工业化和城市化对耕地保护的冲击力在下降，也就是生产性用地的需求在下降。因此，生产这一块的用地，也就是建设用地，在土地关系中的权重和位置会发生变化。相比之下，生态安全要往前移。下一轮土地利用中的土地关系将从主要维持生产生活的平衡，转向生活、生态、生产的平衡。在上一轮发展中，生态安全没有受到充分重视，下一个阶段，生态安全的重要性要往前移，这一点对未来国土可持续发展非常重要。耕地安全当然重要，但土地安全更关键。耕地安全是由粮食，尤其是主粮安全引出的问题。保主粮数量、实现粮食安全的基础是耕地安全。下一阶段要在更大范围内改善耕地质量，减少土地污染，也就是解决土地安全问题。由此，我国的土地治理方式要改变。上一轮发展中，为了保护耕地、避免大面积占地，设计了一套中国特色的用途管制方式。为了实现下一轮发展目标，治理方式必须加以改变。一方面，大面积占地需求在减少；另一方面，计划管理方式的成本越来越高，有机会也有必要实现从计划管理方式向空间规划管制的转变。真正让国土空间规划成为土地治理的主要方式。在空间规划和区域布局上做更加科学的设计，将规划管制真正落地，逐步由规划管制替代土地计划管理。

（二）构建统一的土地权利体系

一是土地权利安排是土地要素市场的基础。近期中央连发几个文件聚焦要素市场化改革，其中最受关注的是关于土地要素的市场化问题。有大量的研究强调如何让土地更好地进入市场，如何让土地要素的价值更加显化，如何让土地产生的利益得到增大和更公平分配。但是，如果土地权利作为要素市场的基础这个问题不解决，前述努力就不一定能达到要素市场化改革的初衷，甚至事与愿违，所以，统一的土地权利体系是土地要素市场化的前提。关于土地权利和要素市场的关系，现在有一种很强的倾向，就是注重市场化，但是，对市场发挥作用的基础——权利架构、权利安排还没有足够重视。土地的权利界定是市场化的前提，如果没有清晰的权利界定，没有明确的权利安排，土地市场运行是要出问题的，甚至有可能出现伪市场化，这种市场化会造成很大的混乱。土地天然就是一种要素吗？土地怎样成为一种要素？这一点大家关注得不是很够。土地本身是作为一种物的存在，土地在发生行为和利用关系时才产生了权利界定需求，土地作为一种要素取决于土地权利的价值和可交易性。现在很多讨论在讲土地作为一种要素时忽略了两个重要的观念：没有土地的权利价值，土地就不是一种要素；土地的权利价值不可交易，土地就不是一种有价要素，这是土地权利和要素市场的关系的两个前提。因此，要使土地作为一种要素，要讨论土地市场取决于土地作为一种权利的价值的存在，以及土地权利价值的可交易性。

二是要认识到，现实世界出现的大量土地问题主要源于权利问题。土地权利问题主要表现为三个方面。（1）权利不清导致的市场化进程中的问题。近年来土地市场化中出现了大量问题，这些问题的各种表现林林总总。但是，市场化出现的这些问题源于在基础权利没有搞清楚的情况下，就盲目推进市场化。现在有一种倾向，市场化出现了问题就把它反过来归结为土地不能市场化，或者强调所谓土地的特殊性，土地就不能按市场化方式来配置。这里的根源就是土地进入市场时很多的土地权利安排本身就是混乱的。不注重土地权利的安排必然导致土地在市场化中出现问题。（2）行政权力过强介入土地市场化过程。土地作为一种要素一定是其权利价值的可交易，但是，如果现在土地进入市场时权利就不清，怎么能体现权利的价值？如果土地进入市场的过程不是通过可交易方式实现，就会导致通过行政权力形成的土地市场。（3）土地主体权利受损，源于对作为土地权益的主体农民应该有什么样的权利认识不清，安排不清，这样就会导致农民成为市场化进程中受损最大的主体。当然，我们不能因为现实中出现的大量问题就质疑要不要搞土地市场化，也不要因为土地存在的一些特殊性就认为土地市场化要另搞一套。

三是处理好土地功能与土地权利的关系。土地管理中为了便于土地管理，我们将土地划成几大块，对每一类型的土地功能做了限定，这种限定实际上导致农民土地权利的残缺，权利受制于功能。比如，农地作为土地的一种类型，它的功能就是实现粮食安全，通过农地的类型划分和设定来保证粮食安全，其手段是实行耕地保护，这样农地本身的权利在实施中就出现了限制。尽管农地的权利得到了土地使用、收益转让的非常明晰的安排，但是，由于土地权利受制于功能，农地权利的实施就受到很大限制。宅基地也存在很大问题。宅基地的功能定位是居住，这一定位实际上导致在制度和政策安排上长期以来没有把它作为一种财产。农村建设用地的问题更大。长期以来，建设和发展的主战场在城市。在土地用途管制下，乡村用地的建设功能定位缺失，比如它不能发展产业。城市化快速推进进程中农村产业更加单一，由此导致乡村建设用地权利赋予和利用权利的缺失。

四是土地权利的体系性安排有待矫正。（1）对一块土地的初始基本权利没有做统一安排，在土地利用过程中，对不同类型的土地设置不同的功能和不同的权利安排，承包地、宅基地和建设用地不仅功能不一，各自的所有权、使用权、收益权和转让权安排也差异极大，三者之间的权利安排设置不在一个统一的权利体系下。承包地、宅基地、建设用地的权利安排各搞一套，导致各类土地的权利设置割裂，导致市场上土地整体权利之间矛盾重生。（2）不同类型土地的权利安排程度不一。以所有权为例，承包地的所有权体现为集体组织成员所有权的集合，集体经济组织对土地的权利是集体成员委托其行使的；宅基地则是一个集体组织所有权更强的权利安排，既表现为宅基地的分配，也表现为宅基地的管制；集体建设用地的所有权更体现为集体组织对土地更强的所有权和收益权的实现。土地权利不成体系以及权利相互割裂，就会导致不同土地之间的功能转化困难，导致农村在统筹利用土地上困难重重，进而导致整个社会管理成本高昂、权利保障缺失。统一的土地权利是形成高标准土地市场经济的基础，几种不同类型的土地基于功能而非基于权利进入市场，导致土地市场化扭曲，市场配置效率低。因此，矫正土地权利的体系性安排缺失，应该是下一步土地制度改革的重点。

（三）改变土地的增长发动机功能，告别"以地谋发展"模式

中国经济转型的最困难之处，一方面是如何从已经形成的"以地谋发展"模式转身，这套发展模式就像吃鸦片一样，沾上了就上瘾，且很难戒除；另一方面取决于提高生产率和创新驱动的新增长模式能否建立。更难的是，这两者相互影响。只要前者好使且机制还能用，就不会转向后者；而新模式建不起来，又不得不转而依赖旧模式。这也是这套模式的弊端暴露无遗后不改甚至愈演愈烈的原因。在我看来，经济下行和换挡是改变长期难以转变的"以地谋发展模式"的机遇，理由前面已进行过详细讨论，基本结论是这套模式的成本收益结构如果继续沿用已变得不再合算了。

要真正告别"以地谋发展"模式，一是从中央层面明确不再以土地保发展功能，不再让土地参与宏观调控（即在经济冷时放地、经济热时控地），利用经济下行期土地需求下降的机遇取消土地指标年度管制，转向建设用地总规模和严格规划管制。二是改变土地作为发动机的角色，避免以此将经济增长速度人为拉高；阻止地方政府以土地低价招商引资，减少产能过剩和重复建设；改变地方政府卖地和圈地的制度安排和利益激励，减缓城市边界无节制外扩和土地城镇化。三是改革地方政府独家垄断土地市场的格局，允许土地所有者在规划和用途管制下进入土地市场。四是改革地方政府以地融资机制，取消一些单纯为了融资、没有任何现金流的土地融资，切断政府以地融资的机制。五是对已经形成的土地债务进行彻底清理，进行一次性处理。六是组建国有土地经营公司，保证政府通过经营获得一定量的收入。七是对不同功能土地、不同面积和套数住房征收差别性不动产税。

（四）以用地结构优化促进结构改革

在土地发动机功能改变后，接下来可以着手的是，优化土地利用的结构，以此推动国民经济结构的改革。

一是减少基础设施和公共用地供地，缓冲依赖投资拉增长的惯性。经过近30年的基础设施大规模投资，中国的基础设施投资高峰已过，不适宜为了保投资和保增长，继续加大基础设施投资，这会加剧结构扭曲。大规模基础设施投资的占地以征地取得，不仅会加大政府财政支出，也会加大政府与被征地农民的冲突。另外，城市公共用地占比过高，这些用地被用于建大马路、大广场、大办公楼等形象工程，不仅占用大量资金，浪费土地，也导致城市宜居和发展用地被挤占。

二是继续减少工业用地比例，改变地方政府土地园区化招商引资的发展方式。与国际经验相比，中国土地利用结构中占比最高的是工业用地，尽管近几年有所下降，但占比还是过高。随着经济结构的优化、制造业的转型升级，工业用地供应量及占比下降还有很大空间，是下一程以工业用地配置促结构改革的主要方面。

三是改变园区低价供地招商引资方式，促进园区转型升级。中国的园区工业化为中国成为世界制造工厂做出了历史性贡献，但是，由此也导致工业用地价格扭曲，企业因土地成本低占地过多，以及园区土地投机等弊端，这种弊端在近年来中西部地区表现尤为明显。必须改革目前政府以土地低价招商引资的方式，对靠土地抵押进行园区超前基础设施建设的投资与税收平衡进行评估。压缩和整合绩效不佳的园区。

四是增加房地产用地比例，改变住宅用地供地方式，抑制房地产市场泡沫化。总体上要增加住宅用地供地总量，提高住宅用地在建设用地中的比重。对投资性住房和居住性住房采取不同的供地方式。前者继续采取招拍挂方式，土地价格和住宅价格完全由市场配置；居住用地由政府配给，无论是产权房还是租赁房只能用于居住，阻断其与市场性住房的通道；在城中村和城边村开放集体建设用地市场，允许农民集体利用集体建设用地盖租赁房，实现农民工和部分低收入者的住有所居。

五是建立建设用地结构优化的利益分享机制。将现有产权拥有者的土地转化为居住、商业服务业以及容积率更高的用地，土地级差收入会大幅上升。应该根据级差收入生成原理，考虑城市更新和产业升级中的公共用地来源、资金需求和资金平衡，合理确定原产权拥有者的分享比例。

（五）城乡互动的土地配置制度改革

进入城乡中国阶段后，城乡互动的特征已经显现，人流和资本流已经在城乡之间对流，促进土地从乡村向城市单向配置的土地制度必须改革。城乡中国阶段的土地配置改革，一方面要促进城市用地的高效配置，助力城市转型升级，另一方面要通过土地配置制度改革实现乡村平等发展权。

一是改革土地配置方式，实现乡村平等发展权。我国大规模扩张的城市化阶段已过，具备了按照公共利益、市场价补偿、程序公开透明原则改革征地制度的条件，减少强制低价征地对农民土地权益的损害恰逢其时。城市用地可以通过土地利用结构改革，减少工业用地和基础设施用地、加大存量用地的制度创新来保障。城中村是城乡融合的重点区域，应加大城中村地区的土地制度创新，利用土地价值增值实现城市更新中的资本平衡、公共土地的获得以及土地所有权利益，允许城中村农民集体利用集体土地直接提供租赁房，解决进城农民在城市的体面落脚和居住问题。在符合规划和用途管制前提下，允许集体经济组织和农民利用集体建设用地从事非农建设，享有出租、转让、抵押集体建设用地的权利。

二是改革规划制度，保障乡村发展空间。按照城乡融合的空间形态，在用地类型、标准、规划编制等方面保证多功能、新产业、新业态、新形态在乡村落地；根据乡村分化与聚集、人口流动趋势，以生态韧性为重点编制乡村振兴规划。

三是实现农民城市权利，促进农民市民化。保障农二代城市居住权。鼓励大城市农民集体利用集体土地建立房屋租赁市场，城市保障性住房向外来务工人员及其家庭开放，降低农民工在城市落户门槛。落实农三代城市教育权。实现公办学校向随迁子女开放，放宽随迁子女在流入地参加高考的限制，将"教育券"拓展到义务教育阶段的公办学校。

四是向城市市民开放乡村权利。允许外来人口在满足一定条件后，享有村庄的住房、土地、公共事务参与等权利；鼓励城市社会资本下乡，提升乡村人力资本质量。

（六）农村土地制度改革与乡村振兴

一是完善农地权利体系，促进农业转型。（1）明晰集体所有权。对于未到户集体资源进行全面确权，明确归属和利益分享机制，增强集体经济发展能力；推进清产核资、资产量化、确股到户的集体产权改革，确保集体资产保值增值；探索实行承包地股份合作制，在确保农户土地基本权利前提下，实行农地资源重组与配置；创新集体资源资产的集体经营、委托经营、合作经营等多种方式，保障集体成员按份共同享有集体资源资产经营收益。（2）承包经营权的分割与农户权利保障。顺应农民离土出村和农二代、农三代在土地及农业观念方面的变化，在自愿前提下，实行农地承包权与经营权的分离，保障集体成员对承包地的按份占有权、收益权、地租权、转让权，实行获得城市户籍农民承包地有偿退出权和一定期限内的可赎回权。（3）经营权设权赋权。明确从农户承包经营权分割出的经营权的合法权利。双方议定的合约受法律保护，经营者享有所经营土地的耕作权、收益权、转让权、土壤改良补偿权、土地收益抵押权。（4）创新农业经营体系。在自愿、依法、有偿原则下推进土地流转；探索国家土地信托制度，进行闲置低效利用土地的收购、整理和发包；培育现代农业经营主体、服务主体、合作组织和市场主体，以农业经营规模适度规模化、服务规模化、区域种植规模化、市场化实现农业规模报酬。

二是乡村振兴与宅基地制度改革。城乡中国阶段，乡村的分化还会加剧，部分乡村的复兴和大部分乡村的衰败总体来看是必然趋势。乡村振兴的公共政策是如何让有条件复兴的乡村活得更好，让一些衰败的乡村相对体面，这就需要在振兴乡村战略背景下思考宅基地制度改革的内容和路径。（1）改革宅基地的无偿分配制度。宅基地的无偿分配导致村庄成员大量超占村庄用地甚至耕地，村庄无序扩张，可以考虑采取时点划断办法，对原占用宅基地的农户沿用无偿使用办法，时点以后享有成员资格的集体成员，可以有偿获得集体所有宅基地使用权。（2）赋予农民宅基地财产权。目前的制度安排下，农民对宅基地只有占有权、使用权、居住权，没有出租权、收益权、转让权、抵押权和继承权。农民不能有偿退出，他们占着宅基地宁愿让其闲置、废弃也不可能还回集体，大量农村房屋破败与村庄空心化与此有关。宅基地不能出租、收益、处置，农民进城时就少了一块可变现的资本。不能抵押、转让，宅基地就无法资本化，乡村投资资金就无从解决。因此，必须赋予宅基地财产权，农民宅基地可以有偿退出，可出让、转让、交易，从事乡村相关产业。（3）对外村人和外来资本的有序开放。没有外来人和外部资本进入就无法活村。

三是宅基地权利与集体建设用地权利的同权。目前的土地权利中，尽管宅基地也属于集体建设用地，但是在权利内涵上，宅基地只能建设用于农民居住的房屋，没有出租、转让和抵押权，随着集体建设改革到位以后，两者的权利差异会更大。因此，在实行集体建设用地与国有土地同地同权的同时，也要实行农村宅基地与集体建设用地的同地同权。在乡村规划、管制和集体组织的权力方面，我国现行的宅基地管理在法理上是政府严格管制，但是面对如此多的乡村主体和农户，管理成本极其高昂，实施效力很差。城乡中国阶段的宅基地管制应该将村庄纳入国土空间规划范围，在村庄规划中，控制和锁定村庄宅基地总量，有关部门的宅基地管理就是总量和规划管制，村内宅基地如何使用和农户之间的宅基地处置交由村集体组织。

经济发展中的市场与政府

唐 杰[①]

"十四五"是我国迈进新时代的第一个五年规划,也是我国开启全面建设社会主义现代化国家新征程的第一个五年规划,城市在其中承担着更为重要的使命。加快城市创新转型是城市高质量发展的方向,而深圳则是创新转型的代表。

一、深圳:充满创新和危机意识的城市

城市的发展是经济学研究的对象,也是社会学和文化学研究的对象。引起我们关注的是深圳独特的城市社会文化和社会经济现象,或者说,仅仅用经济学思维阐述深圳的发展是有缺陷的。深圳是一座基本没有资源禀赋的城市,流动中的移民人口就是这座城市的禀赋,也构成了其特有的社会文化特征。其中最为鲜明的可能是,流动人口或移民,对其要迁往的城市的未来前景会很敏感,这就构成了深圳特有的渗透到骨子里的危机意识。过往40年,深圳遭遇了多次挫折与衰退,引起过无数次关于危机的讨论。2002—2003年是深圳发展史上

[①] 本文作者唐杰系深圳市原副市长,哈尔滨工业大学(深圳)经管学院教授,深圳高等金融研究院湾区发展与中国经济研究中心学术主任。

充满创新和危机意识的时期，其间的讨论引起了深圳人的极高关注，即使说它融入了深圳人的记忆基因中也不夸张。

2002年底，著名网文《深圳，你被谁抛弃？——从"候鸟北飞"看深圳的危机意识》在极短时间内引发了深圳甚至全国的关注。该文以深圳危机开始。

> 莲花山下，第四届中国国际高新技术成果交易会隆重开幕。今年的高交会多少让深圳人有一点沉重，因为不久前传出消息，在深圳本土发展起来的两大高科技企业——中兴和华为，拟把总部迁往上海！2002年9月16日平安保险于上海宣布，将在陆家嘴金融贸易区投资20亿元建造平安金融大厦，平安保险已经"金蝉脱壳"。媒体披露，招商银行似乎逐步"脱壳"，迁址上海。到2002年9月30日为止，深圳市共引进了751名海外留学人员，这个数字在去年全年引进人才总量283人的基础上已经翻了一番。同期的上海已吸引海外留学人员3万多人；落户的近2000家"海归派"企业，几乎占据了全国"海归派"企业的半壁江山。北京和广州吸引人才的势头也很猛。深圳曾经是中国改革开放的前沿阵地，曾经是中国最具活力的城市，曾经是创造了诸多奇迹的经济特区，曾经是光芒四射的年轻城市，但到现在似乎已黯然失色。自2001年以来，共有数十家券商、保险公司、基金管理公司等金融机构或变更注册地，或以大规模迁移核心业务部门的方式，在上海"安营扎寨"。

作者自问，谁抛弃了深圳？"20世纪80年代，160米高的国贸大厦以'三天一层楼'的速度创造了'深圳奇迹'；90年代，383米高的地王大厦又以'九天四层楼'创造了新的深圳速度。"深圳竞争力下降是因为处在时间和空间的不利地位，但这是深圳被"抛弃"的表面原因，内在原因则是深圳特区在转型过程中表现出的茫然和不知所措。"深圳过去22年的发展更多是得益于政策倾斜和优惠，而没有建立起一个完善的市场经济体系。"深圳国有经济改革迟缓。

不敢冒改革的风险，或者担心改革成本太高而不愿"惹麻烦"。据有关统计，"深圳市仍有半数以上的国有企业没有真正放活"。深圳政府部门效率低下。无论是投资方还是普通市民都对目前政府部门的办事效率颇有微词，"有人统计，办一个暂住证要盖11个公章"。此外，深圳治安环境日趋恶劣，且城市环境捉襟见肘。

作者探讨了深圳"迟到的觉醒"。深圳一直笼罩在特区的光环下，一直认为自己扛着"特区"的大旗走在全国改革开放的前沿。"深圳不可能再有政策优势，地缘优势也有很大的弱化，生活指数、商务成本都比较高，因此必须进一步增强忧患意识和危机感。""放眼国内外，且不说远处的'京津唐'和'长江三角洲'，就在周边，新一轮城市竞争已经打响。……要不了多久，东莞就有可能与深圳并驾齐驱。"上面两段文字出自2002年11月1日《深圳特区报》"学习贯彻市委市政府工作会议精神系列述评之五"，显示深圳当时已经认识到自身存在的问题与危机。

在这篇网文的结尾处，作者写道："深圳，今夜我把你抛弃。""深圳人的失落与迷茫虽然没有那么强烈，但却随时溢于言表。在上下班拥塞的路上他们会这么想，在密密匝匝的楼群里他们会这么想，在繁忙的工作中他们会这么想，在视野开阔的莲花山上他们更会这么想……当去上海的朋友打电话过来描述浦东时，我在这么想；当有朋友要去西安发展时，我在这么想；当在深圳的同学朋友聚会热烈谈论上海、北京、广州、苏州时，我不再这么想。深圳，难道今夜我要把你抛弃？莲花山下，依旧车水马龙，流光溢彩。莲花山上，小平同志目光如炬，健步如飞。"

该文发表两周后，2003年1月19日，时任深圳市市长与时年27岁的网文作者进行了对话并表示，只要深圳人自己不抛弃深圳，谁也抛弃不了深圳！"个别干部赞扬声听多了，富裕了，优越了，小富则满，贪图享受。兵法说：骄兵必败，哀兵必胜。我们继续卧薪尝胆、奋发有为、励精图治。""缺乏忧患意识，老以为自己第一……这样的队伍没有战斗力。用'抛弃'这个词击一猛掌是件好事！""光教育不行，还要有体制、机制的保证，政府行政体制要做大的改革和创新。"

此后不久，深圳出现了另一篇网文：《少年深圳说——深圳命运忧思录》，作者署名为老夫，想来也是一位年轻人。与《深圳，你被谁抛弃？》一文有所不同，该文作者更多着墨于坚持敢闯、敢试、敢为天下先的深圳精神，以及加快实现深圳经济转型的内涵与方向。

文中写道，深圳的优势不在于大家津津乐道的增长速度，不在于深圳的经济总量和排名，而在于这个城市与生俱来的、血液里生生不息流淌着的追求创新的能量和动力。作为中国改革开放的窗口和试验田，过去20年深圳以敢闯敢试、敢为天下先而自豪，以极大的勇气蹚过许许多多的雷区，在价格体制、企业体制、市场体制、政府体制以及资本市场等各方面闯关，创下了数以千计的全国第一，感动了全国，震动了全国，也为全国提供了宝贵的经验和榜样。1999年以后，深圳因趋于保守而使体制创新大大弱化。但深圳的民间创新动力强大，这来源于过去的体制创新，更来源于深圳是个移民城市。全国30多个省区市、50多个民族的人聚集在深圳，岭南文化、北方文化、海派文化在这里交融碰撞，形成了兼容并包、独具特色的移民城市文化，也成长起来一大批本土企业群体，不仅有华为、中兴、招商银行、平安保险这样的企业，也包括一批正在由小变大、由弱变强迅速成长的企业中坚，还有十余万家破茧而出、艰苦创业的中小民营企业，它们形成了一个雁形的企业梯队和良好的企业生态。这些企业从一开始就在市场化和公平竞争的环境中拼杀，具有极强的竞争能力和生存能力。前面有一千条道路，一人走一条，总有一条会走对。深圳是个宽容失败、崇尚竞争的创业沃土，这种创新精神、冒险勇气和专业知识基础决定着深圳的未来。

谈及深圳的衰落，文中讲道，不敢冒一点儿风险，不厌其烦地在一些细枝末节的问题上请示中央，错失了发展机遇，在全国各地加快发展的过程中迅速被边缘化。过去是深圳做了，中央才说；现在是中央说了，别人做了，深圳才做。深圳一位领导曾在一次公开演讲中说道，按部就班地做好自己应该做的事与在贯彻上级领导意图的基础上进行开拓性、创造性的工作相比，后者需要有更大的勇气、更高的智慧和更高层次的牺牲奉献。"冲""闯""试"可能会不那么准确，可能会犯错误，但从全局角度来说，敢闯敢试、改革创新、敢于牺牲奉献，是我们的责任所在、使命所在。

这篇文章大胆展望，再干一个20年！

深圳应该向上海学习，眼光盯住的绝不应只是自己的一亩三分地，也不仅仅是长三角和国内，而是利用全球资源发展自己，要有气魄，大手笔不断。深圳土地面积狭窄，所以更应该把眼光放开阔，在深化区域经济合作中增强城市辐射能力。深圳不是一个孤岛，不可能脱离区域的背景发展，特别是在全球化的背景下，经济竞争往往以区域为单位展开，一荣俱荣，一损俱损，所以现在人们更多的是把长三角与珠三角比较。深圳去年（2002年）单位面积产出已达到1.75亿元，在内地是最高的，但香港特别行政区的面积只有深圳的1/2，经济总量却是深圳的4倍；东京的面积也就是2102平方公里，经济总量却占到日本全国的20%，将近8000亿美元。因此，内涵增长的潜力绝对不容忽视。报纸报道一些跨国公司陆续弃走浦东，把生产线搬到苏州甚至安徽；后来又有报道，说苏州也失宠了，跌出"台商推荐投资A类城市"。道理很简单，空间不是无限的，外延发展不是无限的，内涵发展却可以是无限的。最紧要的就是要把厉有为当年提出来的"把'三来一补'①搬出深圳"的决策继续实施下去。在一定条件下，一块土地的承载能力是有限的，低素质的产业和人口超载了，必然要挤出一部分高素质的产业和人才，这是"劣币驱逐良币"的"挤出效应"。所以要腾出资源空间、产业空间和生态空间，发展附加值高的制造业和服务业，

---

① "三来一补"的全称为：来料加工，来料装配，来样加工和补偿贸易。

提升深圳的集约化发展水平。深圳人有一句话：一个城市才发展了20多年，就开始走下坡路了，就未老先衰了，历史上没有这个规律。如果深圳创造了这个规律，没有别的，只能说明我们自己没本事，没能力。百年前，梁启超作《少年中国说》，为悲观的中国人亮起一盏明灯；希望今日之《少年深圳说》，也能为深圳人亮起一盏信心之灯。正如深圳的"圳"字，有三条大路，条条大路通罗马，上可入天堂，下可入地狱，深圳作为经济特区，要保持对自己的历史使命、目标方向认识上的先知先觉、先人一步。

年轻人充满激情，深圳是充满激情的年轻城市。深圳经济特区40岁了。经历了一次次危机与挫折，深圳现已成长为一座世界级的创新城市。毋庸讳言，未来的深圳还会遇到挫折与危机，还需要保持独特的危机意识。

二、从数量型转向创新驱动的路径

深圳40年的转型道路不平坦，一路跌跌撞撞、起起伏伏，经历了多个转型期，在摸索中走出了从数量型转向创新驱动的道路。

1. 第一阶段（1979年至20世纪90年代初）：以"三来一补"为代表的工业化

1978年，十一届三中全会做出了改革开放的伟大历史抉择。1979年3月，深圳撤县设市；1980年，毗邻香港的327.5平方公里区域被划为经济特区；1981年，深圳市升级为副省级市。1979年，深圳市本地GDP约2亿元，1992年达到了317.32亿元，年均增长37.4%。1979年末常住人口31.4万，1992年超过了260万人。1980—1985年兴办经济特区之初，深圳具有简单靠优惠政策获利的优势，通过价格改革获取计划经济和市场经济的价格差，史称"套利的年代"。此后，深圳开始了快速工业化和城市化进程。"以外商投资为主、生产以加工装配为主、产品以出口为主"[1]成为深圳加入全球分工体系最简明扼要的政策主张。深圳重点发展劳动密集型产业，如电子、缝纫、纺织、机械等行业产品以出口外销为主，初步形成外向型的工业发展格局。1979年深圳仅有1家县办企业，员工108人。借助"三来一补"的加工贸易方式，深圳成功嵌入全球电子信息产业链。到1990年底，深圳的企业超过了600家（其中"三资"企业400多家），职工人数达到了10万人，产品品种也从不足10种发展到近千种，构成了以视听产品为主的现代电子工业体系。

2. 第二阶段（20世纪90年代初至2010年前后）：以模仿创新为代表的工业化

1992年的邓小平"南方谈话"，推动了我国对外开放从经济特区向沿海、沿江拓展直至全面开放。特区政策普惠化，推动了深圳向周边地区移动。深圳经济从加工贸易转向模仿创新，凭借模仿形成大规模生产能力初级工业化过程，从而逐步走向模仿创新的生产制造。模仿时代的"山寨"经济现象成为深圳工业化的新特征。不可否认，"山寨"的生命力激发了一种异常灵活的生态系统，成就了供应链，这正是深圳的独特之处。这种对劳动力持续不断的分工使生产力水平得以提高，逐渐形成的产业布局开始被市场认可为最快的效率组合。产业链的精细化分工也让创业成为可能，因为专注在产业链上一个很小的环节，是不需要很多资产的。企业边界大大缩小，专业化企业形成新的商业信誉，信任式的合作形成行规，产业链得以高效率地运作，整个产业的运营成本得以降低。2008年全球金融危机爆发后，国外品牌商大举取消订单，很多企业被迫关闭或转型，加剧了竞争程度，也加快了产业升级的速度。[2]

---

[1] 李灏. 李灏深圳工作文集[M]. 北京：中央文献出版社，1999.
[2] 陈潇潇. 深圳：中国硅谷？[J]. 商业周刊中文版，2015（1）.

3. 第三阶段（21世纪初至今）：创新发展和高质量发展阶段

2010年，深圳面临新一轮的转型衰退，接下来的几年超过1.6万家企业离开了深圳，但立志实现"腾笼换鸟"的深圳，"目标不变、力度不减、步伐不停"地持续淘汰转型低端落后产能。在这个阶段，公共研究开发平台、公共信息平台、公共创新服务平台等有效公共产品供给增长很快，与日益强大的企业创新能力相结合，深圳开始走向全球创新的前沿。以新一代信息技术和数字经济为核心的基因测序分析与装备制造、新材料、新能源汽车、显示技术等领域形成了较强的自主创新能力，它们依靠大规模产业技术创新过程，展现了创新活动能力强、集聚水平高、创新速度快的特点，逐步缩小了与国际产业技术前沿的差距。作为创新增长的标志之一，2017年，深圳市知识产权密集型产业增加值合计9184亿元，同比增长13.6%。目前，这一转型过程似乎正在从创新制造向知识创新引领的方向演变。

贯穿于三个转型阶段的深圳手机业升级过程是一个了解深圳经济转型的好案例。目前，深圳手机产量约占全国的一半（全球80%的手机产自中国），市场占有率巨大，聚集了全球最密集、最完善的手机产业链，既有华为、中兴等世界级品牌，也有华星光电等著名产业关联公司，还有22家企业入围中国电子信息百强企业名单，形成了全球手机"一站式"综合配套交易基地。深圳手机产业链从进口零部件组装生产开始，实现了从山寨模仿到自主研发的跃迁。1999年，中国品牌手机厂商市场占有率只有3%，深圳华强北电子市场提供门槛极低的生产配套条件，造就了山寨手机特殊的模块化生产方式。原本完善的手机产业链在深圳被分割，并形成固定流程，由不同的小公司分担，从下游的元器件商、主板集成商、方案商，到模具、组装、贴牌。2002年，以深圳为主体的中国国产品牌手机市场占有率达到了30%。2008年后，深圳本土山寨手机厂商数量开始急剧下降，到2012年只剩400家左右，不到高峰时期的1/10。告别山寨生产模式，深圳手机业开始了追求质量、卓越研发的创新时代。深圳信息与通信产业的发展映射了中国通信从1G（第一代移动通信技术，以此类推）空白、2G跟随、3G

绕道突破、4G 并行、5G 领跑的跨越式发展。进入智能手机时代后，2012 年，全球出货量排名前五的手机品牌中，中国智能手机品牌占两席，其中华为年出货量 291 万台，占全球智能手机出货量的 4.01%。2019 年，中国智能手机品牌在全球前五名中占据了三席，即华为、小米和 OPPO，其中华为年出货量 2.4 亿台，在全球智能手机出货量排名中位列第二，占全球出货量的 24.87%。截至 2018 年，在通信企业 5G 标准必要专利（SEP）声明量排名中，华为和中兴发布 5G 声明专利 3999 件，占比 26%。深圳当之无愧地成为全球手机产业制造和创新的中心。

在深圳，这种持续上台阶的经济转型和产业升级过程，被形象地称为"爬锅底"策略①。埋锅造饭是农耕文明时代的标准生活方式，"灶"字从象形文字演变而来，火在土上燃烧，锅在火上被炙烤。"爬锅底"策略实在是太形象、太智慧了。深圳的工业化过程从初期低层次起步进入全球分工体系，这是一种无奈的开始，而逐步向上攀缘是必然选择。离开炙热的锅底，才能走上自在、自为、自主的发展道路。在现实中，深圳大批创业创新企业的成长，演绎出一幅幅奋勇攀登的壮丽画卷，也构成了相关产业的相关生产环节向深圳聚集的过程。长达 40 年的演进构成了深圳独特的、发达的、高度细分的、极复杂的网络化分工体系，构成产业链协同分工效应。因分工深化而带来的进一步产业扩张和创新，使产业升级成为可能。②

---

① 中国企业家协会名誉会长李德成提出，深圳的高新产业发展采取的是"爬锅底"策略，即从低层次起步进入跨国公司的全球分工体系，逐步向上攀缘。深圳目前的实际表明，经过十几年的努力，第一步的目标已基本实现，现在深圳需要加快迈出第二步，实现从单纯的加工制造向加工制造与研发设计相结合转变。参见：金融办公室近期单位 [EB/OL].[2003-07-08].http://news.sina.com.cn/c/2003-07-08/0925340826s.shtml。
② 唐杰，等. 深圳经济增长的理论研究 [J]. 中国经济特区研究，2010（1）. 丹尼·罗德里克发现，发展中国家可能因加入经济全球化过程而受损。一是全球价值链促进了生产技术趋同，高技能劳动力的增加值份额有所提高，低技能劳动力的份额有所下降，发展中国家会失去劳动廉价且密集的优势。二是一个国家（经济体）产业内部和产业间分工过于简单，产业链过短，不能在多层次、多环节复杂生产过程中获益，成为低增加值的产业链。参见: 丹尼·罗德里克. 新技术、全球价值链与发展中经济体 [M].// 吴敬琏. 比较. 北京: 中信出版社，2019(1).

习近平指出，我国一直存在着科技成果向现实生产力转化不力、不顺、不畅的痼疾，其中一个重要症结就在于科技创新链条上存在着诸多体制机制关卡，创新和转化各个环节衔接不够紧密。就像接力赛一样，第一棒跑到了，下一棒没有人接，或者接了不知道往哪儿跑。要解决这个问题，就必须深化科技体制改革，破除一切制约科技创新的思想障碍和制度藩篱，处理好政府和市场的关系，推动科技和经济社会发展深度融合，打通从科技强到产业强、经济强、国家强的通道，以改革释放创新活力，加快建立健全国家创新体系，让一切创新源泉充分涌流。[1]

一直以来的说法是，深圳建市之初只有两个工程师。经过数十年的发展，截至 2018 年底，深圳 GDP 从不到 2 亿元增长到 2.4 万亿元。PCT（专利合作协定）等国际专利申请量 18081 件，连续 15 年居国内各城市之首，总量超过英国、韩国和新加坡，用 40 年成长为国际创新之都，堪称是一个奇迹，而背后的原因和路径值得解读。[2] 深圳无疑是推行改革开放最为系统的特区，市场化改革贯穿深圳 40 年发展的全过程。深圳创新的基因隐藏在市场化的进程中，早期集中改革动能，着力构建市场经济体系，把资源配置方式转向市场主导，包括鼓励兴办私营企业、引进外资、进行土地和住房制度改革、建立证券交易所等，这些看似与创新没有直接关联的改革措施，后来成为深圳走向创新的重要制度基础。计划经济年代，人的能动性被束缚在各种条条框框中，就像当时的广播体操呈现的图景，所有人动作整齐划一，仅仅在第八节跳跃运动时能看到某些有能量的人比其他人蹦得高那么几厘米。深圳的市场化进程给那些高能级的人提供了发挥的机会，那些能在第八节跳跃运动中比别人蹦得高的人选择了深圳。深圳创新秘诀里很重要的一条在于：深圳是中国第一个把创新从纯科研的活动

---

[1] 习近平. 在中国科学院第十七次院士大会、中国工程院第十二次院士大会上的讲话 [M]. 北京：人民出版社，2014.

[2] 周路明. 中国创新的"深圳功夫"是怎样炼成的 [EB/OL]. [2019-09-11]. http://www.sieia.org/index/index/details.html?id=426.

转变成为经济活动的城市。[1] 长期以来，高度行政化科研系统掌握了创新的话语权、资源配置权、创新活动的评价权，是科技、经济两张皮的根源。市场化使企业家成为创新的组织者和领导者，创新投入产出效率高，企业在市场竞争中有优势，创新就会成为一种蜂聚和蜂聚扩散的现象。创新引来了更多的创新，成功的企业带动了更多企业走向成功。[2]

三、卓越的创新源于市场竞争，发达的市场经济源于持续系统的改革

党的十九大提出要加快完善社会主义市场经济体制。经济体制改革必须以完善产权制度和要素市场化配置为重点，[3] 实现产权有效激励、要素自由流动、

---

[1] 朱丽亚. 从急功近利到四个 90%[N/OL]. 中国青年报，[2006-03-20]. http://zqb.cyol.com/content/2006-03/20/content_1338415.htm. 90％以上研发机构设立在企业，90％以上研发人员集中在企业，90％以上研发资金来自企业，90％以上职务发明专利出自企业。这表明，深圳市以企业为主体的自主创新体系基本形成。"有这样的体系，再假以时日，深圳一定会笑傲世界！"

[2] 约瑟夫·熊彼特. 经济发展理论 [M]. 何畏，易家详，等，译. 北京：商务印书馆，1990. 查特吉等人讨论了创新集聚的发生与影响。产业集聚的意义在于企业家活动会产生溢出效应，溢出效应在区域内会是非线性的，企业家在集群内会相互受益。也就是说，200 名企业家能创造出比100 位企业家多两倍以上的收益，或者是一个特定产业部门可能不成比例地创造出更多的新成员。企业家精神和创新因素集中对于创业集聚特别重要。2011 年，硅谷占美国风险投资总额的 40％，波士顿和纽约各占约 10％，远高于这几个城市占美国人口的比重（11％）。VC（风险投资）与专利高度集中可以说是互为因果。参见：A.Chatterji,E.L. Glaeser, W.R. Kerr. Clusters Of Entrepreneurship And Innovation, http://www.nber.org/papers/w19013.

[3] 2020 年 3 月 30 日，中共中央、国务院印发《关于构建更加完善的要素市场化配置体制机制的意见》指出，完善要素市场化配置是建设统一开放、竞争有序市场体系的内在要求，是坚持和完善社会主义基本经济制度，加快完善社会主义市场经济体制的重要内容。《意见》明确了要素市场制度建设的方向及重点改革任务，并就扩大要素市场化配置范围、促进要素自主有序流动、加快要素价格市场化改革等做出了部署。

价格反应灵活、竞争公平有序、企业优胜劣汰。这一指导原则丰富、深化和系统化了 1992 年党的十四大提出的建立社会主义市场经济体制的改革目标。高尚全指出，近 40 年的改革开放历经"目标探索"、"框架构建"、"体制完善"和"五位一体的全面深化改革"四个阶段，推动了整个国家从以阶级斗争为纲向以经济建设为中心、从计划经济向市场经济、从闭关锁国转向全方位开放、从人治走向法治、从贫穷落后转向小康五大转变，国家和社会面貌发生了翻天覆地的变化。[①]

1997 年 3 月，国家体改委组织调查组到上海和深圳两地进行调查。在向国务院提交的《关于上海、深圳建立社会主义市场经济体制进展情况的报告》中，他们指出：在新体制建设方面，两市都走在全国的前面。深圳市作为改革开放以来新兴的城市和经济特区，在建立市场经济体制方面起点较高，新体制的框架已初步形成，提供了初步建立社会主义市场经济体制框架的范例，值得借鉴学习。[②] 需要强调的是，深圳在 20 世纪 90 年代对社会主义市场经济体系建设的讨论不是孤立发生的，而是中国渐进式市场化改革实践的产物。张卓元系统回顾了 1987—1988 年我国在经济体制规划中就改革方向和配套改革内容所进行的广泛讨论，[③] 并对后来 20 年的改革持续深化的进程产生了深远的影响。

习近平在庆祝改革开放 40 周年大会上的讲话，深刻全面地总结了我国采取渐进式改革的方式，以及建立起社会主义市场体系的历程。讲话指出：40 年来，我们解放思想、实事求是，大胆地试、勇敢地改，干出了一片新天地。从

---

① 高尚全. 中国改革开放四十年：回顾与思考 [M]. 北京：人民出版社，2018.
② 张思平，高兴烈. 十大体系：深圳社会主义市场经济体制的基本框架 [M]. 深圳：海天出版社，1997.
③ 张卓元以《改革开放 40 年始终沿两条主线展开》为题，系统回顾了 1987 年 10 月至 1988 年 6 月国家经济体制改革委员会组织相关课题组就我国中期（1988—1995）经济改革规划纲要进行研究的过程，在上百位经济学家对改革规划纲要进行比较的研讨会上，形成了三种有关配套改革的意见。参见：张卓元. 改革开放 40 年始终沿两条主线展开 [EB/OL].[2018-07-04]. http://industry.people.com.cn/n1/2018/0704/c413883-30124744.html。

实行家庭联产承包、乡镇企业异军突起、取消农业税牧业税和特产税到农村承包地"三权"分置、打赢脱贫攻坚战、实施乡村振兴战略，从兴办深圳等经济特区、沿海沿边沿江沿线和内陆中心城市对外开放到加入世界贸易组织、共建"一带一路"、设立自由贸易试验区、谋划中国特色自由贸易港、成功举办首届中国国际进口博览会，从"引进来"到"走出去"，从搞好国营大中小企业、发展个体私营经济到深化国资国企改革、发展混合所有制经济，从单一公有制到公有制为主体、多种所有制经济共同发展和坚持"两个毫不动摇"，从传统的计划经济体制到前无古人的社会主义市场经济体制再到使市场在资源配置中起决定性作用和更好发挥政府作用……使改革开放成为当代中国最显著的特征、最壮丽的气象。[①]

从改革进程看，深圳进行系统化改革探索的意义在于，服从一个更加广阔的制度变迁过程，比较早地探讨相关配套改革，寻求渐进的阶段性改革目标，逐步深化，用较低的社会成本将多个次优的局部改革串联起来，累积产生阶段性、梯次性的制度变迁结果。在现实中，市场经济是一个有效激励和信息有效集合的制度体系，其复杂程度远超传统的计划经济体系。利用关键性改革带动多项改革，创造体制变革的多米诺骨牌效应，使改革先易后难，由浅入深。改革越深入，配套要求越高，渐进式改革的难度也许会增大；但也存在另一种情况，即改革初期因配套条件不充分，一些改革措施难以实施。随着改革的持续深入，一些难度很大的改革措施会因为配套条件相对成熟而可以付出较低的代价予以实施。改革能使广大人民群众受益就会有动力，就能够以试错方式，自上而下和自下而上，多层次、多角度、网络状实现市场经济机制对计划体制的梯次替换，其中离不开中央政府和地方政府对改革政策和措施的设计与推进。[②]

在深圳，一项具体的改革开放措施往往能引起连锁性制度创新，这方面有

[①] 习近平.在庆祝改革开放40周年大会上的讲话[M].北京：人民出版社，2018.
[②] 唐杰，蔡增正.渐进式改革的博弈分析[J].南开经济研究,2003(04)：28-35.

一个典型例子，那就是引入沃尔玛带动了物流与金融业创新改革。[①]沃尔玛曾经是全球最大的连锁零售企业，20世纪90年代初就实现了以通信卫星为核心，对全球销售信息即时管理。在深圳乃至全国还不存在连锁商业形态时，引入沃尔玛是否会产生对中国商业的垄断引起了广泛的关注。沃尔玛进入深圳引起了市场轰动，也激发了学习沃尔玛全球采购体系的热情。进而是沃尔玛全球采购大会在深圳举办，后来就是沃尔玛的全球采购中心设在深圳，深圳开始了解并规划现代物流产业发展。深圳成为全球发达的物流城市的发展过程，就是不断强化在全球分工体系地位的过程。深圳银行业与沃尔玛诞生了最早的购物卡，开创了我国全面"卡"消费的时代。1996年8月，沃尔玛在深圳开设了第一家沃尔玛购物广场和山姆会员商店，不出10年，沃尔玛在中国内地已经开店160余家。先是少数先行者模仿沃尔玛构建连锁超市，而后是中国商业企业开始了全面规模化连锁经营，从根本上改变了计划配给型的传统商业体系。

四、法治是发达的中国特色社会主义市场经济的基础

习近平总书记在党的十九大报告中指出：推进科学立法、民主立法、依法立法，以良法促进发展、保障善治；建设法治政府，推进依法行政，严格规范公正文明执法，深化司法体制综合配套改革，全面落实司法责任制，努力让人民群众在每一个司法案件中感受到公平正义；加大全民普法力度，建设社会主义法治文化，树立宪法法律至上、法律面前人人平等的法治理念。

从传统社会的人治走向社会主义法治是改革的核心目标之一。在现实生活中可感受到的转变是遇到问题找市场，而不是找市长。市场经济的本质是一组复杂且有序的合约体系。任何市场交易都能够依照依法约定的合约得到执行，

[①] 李德成.向沃尔玛学习[J].中国商贸，2014（19）.

不论是有形的商品还是无形的知识产权，无论是有价证券还是高楼大厦，无论是劳务合同还是投资合同。试想一下，行政权力介入一个具体的合约执行过程可能产生的结果，一定不是一件合约的失效，而是会诱发更多的"搭便车"的行为，市场也会失去在资源配置中起决定作用的功能。在《共产党宣言》中，马克思和恩格斯指出："资产阶级除非对生产工具，从而对生产关系，从而对全部社会关系不断地进行革命，否则就不能生存下去。反之，原封不动地保持旧的生产方式，却是过去的一切阶级生存的首要条件……资产阶级在它不到一百年的阶级统治中所创造的生产力，比过去一切世代创造的全部生产力还要多，还要大。"[1] 诺思（North, 1981）同样强调了制度变化而不是技术变化是经济增长决定因素的观点。在论及国家作用时，他强调国家在推动经济增长中的作用，不是简单的自由放任，国家需要承担起有效、公正的契约执行者的角色，要能够保证产权的有效性和合约的依法执行。国家政权强制力是由人来行使的，若不能防止权利行使过程中产生的谋利行为，就会出现以牺牲社会利益为代价的悖论。[2] 在现实的改革过程中，依法进行改革，用法律固定改革成果，不断修改完善构成中国特色社会主义市场经济体系的法律框架，规范经济行为，防止行政权力的不当使用和滥用，是深化改革的重要内容。

1987 年 12 月 1 日，深圳会堂内举行共和国历史上首次土地拍卖会。[3] 拍卖一直是资本主义经济的概念，现在却被堂而皇之地作为社会主义经济体制改革的重要内容讲了出来。这项改革与 1982 年版的《中华人民共和国宪法》第十条第四款明文规定的"任何组织或者个人不得侵占、买卖、出租或者以其他形

---

[1] 马克思，恩格斯. 共产党宣言 [M]. 中共中央马克思恩格斯列宁斯大林著作编译局. 北京：人民出版社，2015.

[2] 道格拉斯·诺思. 经济史中的结构与变迁 [M]. 陈郁，罗华平，等，译. 上海：上海人民出版社，1994.

[3] 深圳 1987 年土地拍卖，"第一槌"推宪法修订 [EB/OL]. 南方日报，[2010-09-06]. http://news.sohu.com/20100906/n274737502.shtml.

式非法转让土地"的精神是冲突的,但拍卖并非是违法行为。深圳于1982年开始实施《深圳经济特区土地管理暂行规定》,规定城市土地限期使用和按年收取土地使用费。在"第一槌"拍卖活动前五个月,深圳通过了《深圳经济特区土地管理体制改革方案》,奠定了地方法规的依据。随之而来的是,广东省人大常委会通过了《深圳经济特区土地管理条例》,并定于1988年1月3日正式实施,法规确定了特区国有土地实行有偿使用和有偿转让制度。三个月后的4月12日,第七届全国人民代表大会第一次会议通过的《中华人民共和国宪法修正案》第二条内容为:"任何组织或者个人不得侵占、买卖或者以其他形式非法转让土地。土地的使用权可以依照法律的规定转让。"一项改革先由地方性规章予以支撑,而后上升为省级立法,并直接推动了宪法修改,为全面实行国有土地使用权有偿让渡的重大改革提供了根本的法律依据和保障。

事实上,渐近式改革由双轨制开始,以双轨引入市场机制并以增量方式逐渐取代计划经济体制。当时的土地使用采取双轨运行,一部分土地照规定有偿使用,而另一部分则依然是计划经济体制式的无偿划拨。值得一提的是,当时无偿划拨方式占土地使用的大部分。很显然,土地使用双轨制实施得越久,"搭便车"的行为就越严重,加快推进全面土地有偿使用的改革,就是堵塞行政权力可能被滥用的制度漏洞,也是依照供求关系对稀缺土地定价的市场经济的基本要求。

周元春以《154束法制阳光耀鹏城——深圳市人大常委会13年立法扫描》为题,总结了深圳取得立法权以来的法治化进展。[①] 13年来,深圳市人大常委会共制定颁布了154项地方性法规,包括特区立法132件,较大市立法22件,现行有效的137件,有关市场经济和改革开放方面的立法占立法总数的70%以上,为建立和完善社会主义市场经济体制提供了法制规范;在全国率先立法的法规中具有创造性的占1/3。这些法规为深圳的改革、创新和未来发展加装了

---

① 周元春.154束法制阳光耀鹏城——深圳市人大常委会13年立法扫描[J].人民之声,2005(9).

一个个动力强劲的加速器。

时间跨越到 2020 年 7 月 1 日，深圳市人大常委会网站公布立法已经上升为 369 件，其中修改、修正过的立法为 225 件，一项立法平均 8~10 年就会修改或是修正，并随经济发展和立法体系变化决定法律的废止（截至目前废止件数为 27 件）。通常情况下，立法件数决定了法制体系覆盖的经济社会活动范围，而法律的修正与修改决定了法治化的水平。

知识产权规模、质量水平快速提升是深圳走向创新增长的显著标志。

一是深圳的专利优势系数为 2.5，深圳单位产出中创新份额处于全国领先地位。[①] 2019 年，深圳国内专利申请量为 261502 件，占全国专利申请总量的 6.23%。其中，发明专利申请量 82852 件；专利授权量 166609 件，占全国专利授权总量的 6.73%。

二是深圳专利技术具有比较明显的国际竞争力。2019 年，全市 PCT 专利申请量 17459 件，占全国的 30.7%；智能制造业 PCT 专利申请量增长较快。深圳、北京等 10 座城市当年的 PCT 专利公开量为 37003 件，其中，深圳占比近 50%。深圳在美、欧、日、韩等国家和地区的发明专利公开量分别为 7308 件、7636 件、897 件和 988 件，以较大优势位居全国各大城市第一。

三是深圳既有专利具有较高市场价值。2019 年，深圳专利权质押登记涉及专利 1063 件，平均每件专利质押金额 305 万元，质押金额 1 亿元以上的有 7 件。截至 2019 年底，深圳有效发明专利 138534 件，维持年限 5 年以上的发明专利所占比例超过 85%。

四是企业作为创新主体的地位显著，职务专利申请量占全市专利申请总量的 91.2%。

---

① 本文专利优势系数的含义为专利占比与 GDP 占比的比值，即深圳授权专利占全国授权专利的比重除以深圳 GDP 占全国 GDP 的比重，以这个结果作为一座城市或一个地区相对于全国经济增长中的创新优势。

2018年12月27日，深圳市第六届人大常委会第二十九次会议正式表决通过《深圳经济特区知识产权保护条例》，2019年3月1日，该条例正式施行，《条例》从建立知识产权合规性承诺制度、设立行政执法技术调查官制度、构建违法行为信用惩戒制度等方面进行创新性制度设计，构建与深圳创新发展相匹配、与国际通行规则接轨的知识产权保护体系。2018年12月26日，深圳市首个国家级知识产权保护中心——中国（深圳）知识产权保护中心也正式揭牌。这是深圳知识产权保护立法执法史上翻开的崭新一页。早在2005年，深圳就制定了具有规章性质的《深圳市知识产权战略纲要（2006—2010）》，通过"国家知识产权试点城市"验收，开始创建"国家知识产权示范城市"。2006年，市政府以规范性文献方式公布了《深圳市知识产权指标体系》，制定了评价地方知识产权发展状况的22项量化指标。同年7月，深圳市人大牵头成立了由十多个部门参加的《深圳经济特区加强知识产权保护工作若干规定》立法起草小组，2008年通过实施。2017年，深圳市政府出台了"知识产权保护36条"。2007年，深圳市知识产权局处理各类知识产权案例191宗。2009年，成立中国（深圳）知识产权维权援助中心，案值2351万元。深圳海关查获侵权案件762宗，案值逾人民币1.2亿元。同年，深圳PCT国际专利申请量达到了3800件。2019年，深圳两级法院共审结知识产权类案件41031件，同比增长49%，其中民事、刑事和行政案件分别为40557件、467件和7件，结收案比达到97.3%。[①] 在深圳，众多中小企业在严格的知识产权保护执法中获益与成长，其中包括著名的华为与中兴通信公司。

2002年，我国IT领域出现过一次要不要采用严格的知识产权保护制度的争论，恰逢此时，华为公司遭遇了被侵权的案例，一时间指责华为成为舆论的热点。2004年12月，深圳市南山区法检两院经过详细调查取证，最终判决

[①] 深圳中院发布2019知识产权司法保护状况白皮书[EB/OL].[2020-04-22]. http://www.sznews.com/news/content/2020-04/22/content_23085195.htm.

华为胜诉。2005年5月,深圳市中级人民法院做出华为胜诉的终审判决。[①]这次判决对我国正在蓬勃兴起的IT产业在法治轨道上健康成长,产生了重要影响。比如,2001年,深圳市罗湖区人民法院依法判决了一起涉及侵犯中兴通讯商业秘密案,涉案的买卖双方均被判刑入狱。经广东省科技评估中心评定,被侵权技术的无形资产评估值为人民币4664.5万元,技术许可使用费的评估值为204.5万元。

总之,市场公平竞争需要有完备的法制支撑,这是政府应当提供并尽可能充分供给的公共产品。以此为准,划清政府与企业、政府与市场的权责边界,致力于培育不断完善的法治化的社会主义市场经济体系,保护公平竞争,激励创新。坚持市场是主导,企业是主体,企业家为核心,法治是基础,政府是保障的理念,虽然这需要经历一个漫长的过程,但可能是避免改革走回头路的最有效办法。

五、以创造综合发展环境为核心的转型升级政策

2010年以来,深圳经济产业结构出现了深刻变化,在度过新一轮转型衰退后,经济增长从高速度转向了高质量,生产方式从以山寨模仿为主转向以创新制造为主。深圳人均GDP五年增加1万美元,达到2.4万美元,每平方公里产出GDP 8亿元,财政收入达2.8亿元,均居全国大城市首位;工业增加值率五年提高4.9个百分点,地方一般公共预算收入年均增速是GDP增速的1.8倍;居民人均可支配收入、最低工资标准、最低生活保障标准均居全国领先水平;制定实施了生物、互联网、新能源、新材料、文化创意、新一代信息技术、节

---

① 华为沪科案终审裁决,历时两年半华为终胜诉[EB/PL]. 东方早报, [2005-05-24]. https://tech.sina.com.cn/it/2005-05-24/0849615669.shtml.

能环保七大战略性新兴产业规划政策。深圳成为中国大陆新兴产业规模最大、集聚性最强的城市，产业总规模近 2 万亿元，新兴产业年均增长 20% 以上，增加值占 GDP 比重超过 35%，对经济增长的贡献率接近 50%。深圳还前瞻性布局航空航天、生命健康、机器人、可穿戴设备和智能装备等未来产业，国家级高新技术企业 4742 家，五年新增 3698 家；万元 GDP 能耗、水耗、化学需氧量、氨氮、二氧化硫排放量都显著下降。创新能力有了明显提升。全社会研发投入占 GDP 的比例达到 4.02%，五年翻番；建成了国家超级计算深圳中心、国家基因库和大亚湾中微子实验室，国家级、省级和市级重点实验室、工程实验室、工程研究中心和企业技术中心等创新载体累计达 1107 家，是前 30 年总和的 3.6 倍；IT 领袖峰会和 BT（生物技术）领袖峰会等成为促进创新创业的重要平台。[①]

其中，2011 年制定并开始实施一项支持新一代信息技术的五年规划，到 2016 年取得了圆满成功。五年时间，新一代信息技术产业增加值翻番，达到 4052 亿元，到 2019 年已经超过了 6500 亿元。2019 年，该产业的国内发明专利公开量达 43273 件，截至 2019 年底，有效发明专利量为 65460 件，发明专利公开量居第二位，仅次于北京。[②]

2010—2015 年，深圳经济转型，实现了新一代创新产业对传统模仿型产业的替代。其中，新一代信息技术产业的崛起做得很成功的原因是多方面的。一是从经济转型的理念看，深圳比较早地提出了有质量的稳定增长的转型政策主张，经过多轮转型实践，深圳上上下下对走创新转型道路的认识已经比较统一，行动比较自觉。二是对转型过程中如何发挥市场、企业与政府作用有比较清楚的认识，在以改革创新推动经济转型与产业升级方面有了比较丰富的实践和成功经验。比如，1987 年的《深圳市人民政府关于鼓励科技人员兴办民间科技企

[①] 数据来自 2015 年深圳市《政府工作报告》。
[②] 深圳市人民政府关于印发深圳新一代信息技术产业振兴发展政策的通知（深府〔2011〕210 号），2011 年 12 月 29 日，http://www.gov.cn/zhengce/2016-02/18/5043037/files/82024f082d7145b79e2995652dab79bf.pdf。

业的暂行规定》，1994年深圳市科技局颁布的《深圳市技术入股暂行规定》和《深圳市技术分红暂行规定》，使刚刚起步的深圳有了很强的人才吸引力。再比如，深圳依国际惯例最早建立了无形资产评估事务所并推出管理办法，对吸引外商直接投资和解决创新形成的无形资产入股障碍都有很好的效果，民营高科技企业也因此蓬勃发展，等等。

深圳新一代信息产业政策的主要内容是：实现政策目标，突破关键技术，强化自主创新，优化发展环境，促进产业融合。具体来讲，就是在组织方式上集中政府资源，如设立新兴高技术产业发展领导小组和具体办事机构，统筹各部门资源。从2011年起，深圳市连续5年投入25亿元设立专项资金用于资助新一代信息技术产业的核心技术攻关，促进创新能力提升、产业链关键环节培育和引进、重点企业发展、产业化项目建设等。在使用方式上，提升创新能力，鼓励科学发现与产业化应用，加强公共技术服务平台建设，增强共性技术研究开发与应用示范；鼓励创新成果产业化和知识产权化、标准化战略；鼓励符合条件的企业申报科技型中小企业创新项目，优先将其纳入创新型产业用房和土地利用年度规划；支持企业、高等院校和科研机构合作培养博士后人才；支持深圳企业参加电子信息通信等领域的国际知名展会和会议，支持在深圳举办高水平、国际性的新一代信息技术会议；支持新一代信息技术产业联盟提供重大公共技术研发，鼓励和支持发展相关行业协会、中介机构、产业发展研究、政府决策咨询等产业服务性工作。

尽管对这一时期深圳的转型政策进行系统性评价还为时过早，但也可初步判断，深圳的转型政策是带有明显时代特点的混合型政策，即适度集中政府行政资源，支持市场整合，引导企业进行创新转型。当然，相对于2000亿元规模且正在滚动成长中的产业来说，每年5亿元的政府财政支出可以说是杯水车薪。政府对转型政策能够成功的信心应当来自政府可以洞见到个别企业不易察觉的禀赋优势信息，并通过产业政策方式支持特定产业的发展。徐林（2018）认为，产业政策应当被定义为针对特定产业实施的可能改变市场发展轨迹的产业支持或限制措施，这些措施要么基于行政权力的干预，要么基于公共资源的选择性或歧视性配置。通过市场化改革改变原有资源配置扭曲导致的产业发展或结构升级加速，不能被视为产业政策。政府的产业政策应当更多强调功能性，要针对产业升级和提升竞争力的普遍性薄弱环节。在市场主体不愿意配置资源或难以形成合力的情况下，政府要发挥组织协调作用，并投入资源予以扶持。在市场主体愿意配置资源的领域，政府要尽可能营造好的激励政策和环境，更好地发挥竞争政策的作用，鼓励市场公平竞争下的强者胜出。很显然，这是深圳投入25亿元财政资金、连续5年滚动能够取得成效的关键。

深圳转型升级政策能够取得成功，与政府和创新网络建设关系也很密切。新技术早期阶段，知识的隐性程度高，公司和个人在很大程度上受益于地理邻近因素。[1] 空间上的邻近性，企业间交流的便利性有利于隐性的知识传播，从而推动创新。推动产业集群建设，构成以大企业为核心的海量中小企业群落，当然也有助于生产和技术网络由疏而密，分工精细，营造出良好的创新氛围。

罗默通过对知识双重性的界定，为内生增长理论奠定了基础。[2] 政府用于研究开发的公共支出以及适宜的知识产权政策会提高社会公共知识存量，推动创新转型。政府采取有效的措施促进知识流动，创造和扩大知识公地就成为加速创新增长的重要政策措施。[3] 从此意义上说，深圳转型政策的有效性与创办公共研发机构和共有知识共享有很大关系，看似嘉年华的 IT 领袖峰会则发挥

---

[1] Audretsch D B, Feldman M P. Innovative clusters and the industry life cycle [J]. *Review of Industrial Organization*，1996，11:253-273.

[2] Romer,P.M. Endogenous Technological Change[J].*Journal of Political Economy*，1990,98（5）S71-S102.

[3] 迪恩·贝克，阿尔琼·贾亚德夫，约瑟夫·斯蒂格利茨.创新、知识产权与发展：面向21世纪的改良战略[M]//吴敬琏.比较.北京：中信出版社,2018（6）．

了重要的新思想交流碰撞的实施与验证作用。[①] 事实上，从研发投入的结构看，我国政府研发投入占全部研发投入的比重只有 20% 左右，与美国有 10 个百分点左右的差距，这说明我国政府在基础研究方面的研发投入力度大大弱于美国等发达国家，需要进一步加强，以增强我国技术创新的原动力。

菲利普·阿吉翁认为，政府产业政策有效的前提条件是，产业竞争不能破坏而是要宜于推动竞争，典型的表现是，政府不能以"挑选赢家"的方式来推行产业，这不仅会造成典型的俘获和寻租风险，而且会因破坏了市场竞争而造成资源配置的扭曲。[②] 因此，产业政策与竞争政策的融合是至关重要的。在罗德里克看来，产业政策能否有效是观察一个政府与企业以市场为纽带的合作过程。[③] 政府既不是高高在上且高瞻远瞩的独立的政策制定者，也不是被特定产业利益集团俘获的租金设置者；政府对特定的产业既要予以支持，也要设定可度量的绩效指标；最后，产业政策的公开透明是重中之重。

相对于以上对深圳转型政策有效性的理论分析而言，《经济学人》杂志对珠江三角洲的转型调查更加细致，更加具有微观经济的基础。[④] 在这篇特别报道中，深圳，一个移民城市，一个曾经以模仿闻名的地区正在形成世界级的创新集群，从劳动密集型工厂迅速转向先进的制造业、机器人和基因领域。华为和腾讯是中国最具价值和创造力的两家跨国公司。研究深圳创新的最佳方法，

[①] 2010 年 IT 领袖峰会推动深圳率先出台互联网产业振兴发展政策。2011 年，峰会呼吁互联网立法。2012 年峰会有来自全国近千名听众齐聚深圳，逾百家媒体约 300 名记者现场深度报道，并广泛征集对拟出台的《深圳经济特区互联网信息服务安全条例（征求意见稿）》的意见。2016 年峰会主题为"IT·智能·共享"。2019 年峰会聚焦 5G 和人工智能，对深圳发展数字经济、共享经济，推进智慧城市建设产生了重要影响。

[②] 菲利普·阿吉翁. 寻求竞争力：对中国增长政策设计的启示[M]// 吴敬琏. 比较. 北京：中信出版社，2014（5）.

[③] 丹尼·罗德里克. 新技术、全球价值链与发展中经济体[M]// 吴敬琏. 比较. 北京：中信出版社，2019（1）.

[④] 《经济学人》杂志 2017 年 4 月 8 日长篇特别报道《皇冠上的宝石》。

就是通过创业企业的眼睛来审视创新。人们曾普遍认为中国企业没有创新能力，那是个错误，需要重新审视。中国创新企业一直在向价值链上方移动，从完全依赖进口技术及零件组装走向创新。模仿者退场，创新者常在。深圳吸引着许多热衷于开发新制造方式的企业家，将整个三角洲转变为一个先进的制造集群。深圳改写规则的方式是拥抱开放创新。在西方，企业的创新通常是一种隐秘的自上而下的事情。在深圳，模仿生产正在演变成一个由协作、快速学习的供应商和工厂生产协同的强大的生态体系。任何人都可以带着一个想法来到深圳，以合理的价格进行原型设计、测试、制造并将产品推向市场。深圳已成为世界五大企业家之都，成为全球硬件和制造业创新中心。在硅谷开展的创新已经无法与深圳制造者的生态系统匹敌。

本文以"橘生淮南则为橘，生于淮北则为枳"作为结语。深圳深刻而持续的改革开放过程，建立起了法治化的、比较发达的社会主义市场经济体系，比较好地发挥了政府作用，转型升级政策取得了很大成功。但是这种成功的背后还有若干尚待深入破解的偶然性。确切地说，深圳支持新一代信息技术产业发展等系列政策取得了成功，并不意味着同样的做法在其他产业也会取得成功。从实践角度看，深圳也采取过支持汽车产业发展的政策，但并不很成功，广州则是一鸣惊人。深圳也曾经制定了生物医药产业发展政策，但相对于长江三角洲地区仍具有相当大的差距。即使是在新一代信息技术领域，深圳距离北京也还有很大差距。这似乎说明，政府产业政策有效性存在着客观的约束条件，这种条件可能表现为，产业政策的成功源自具备了产业发展的条件，而这种条件又可能源自创新集聚优势的动态比较。当对比深圳与广州、上海在IT产业、汽车产业以及生物制药产业的政策文件时，我们会很惊讶地发现，其中的差距并不显著，实施效果却大不相同。因此，我们可能需要考虑的是，产业政策实施是以企业活动为基础，以现实的产业分工方式为前提。一个地区形成的产业集群会产生自我强化的优势。政府产业政策的有效性决定于市场选择，而不是决定于政府意愿。深圳转型升级植根于"三来一补"、山寨模仿的产业链的土壤，在与北上广的市场经济发育水平大致相同的水平上，也会演化出不同的产业转型升级的路径。同样是更好地发挥政府作用，在推进转型升级领域也会形成相同产业的绩效差别，换句话说，北京政策成功的产业，深圳可能不成功，这应当是一个必然的结果。因此，从更一般意义上说，有效的产业政策应当随着产业创新要素聚集的动态变化而变化，有效的政府行为是支持配合企业和产业技术与组织方式的变化，而不是成为主导者。同时，政府行为应当转向更具一般意义的经济发展政策，其中人才政策、知识产权政策、有效的市场公平竞争政策，特别是鼓励知识溢出性政策都具有重要的作用。有关政府与企业的关系，政府的前瞻性，产业组织方式，网络化创新形式，这些问题仍然需要更多的深化研究。

聚力于非资源性实体部门，
迈进高收入安全区

张文魁[①]

从 2021 年开始，我国将实施"十四五"规划，并在全面建成小康社会之后的新起点上，向 2035 年基本实现社会主义现代化的征途迈进。本文认为，在这个关键时期，我国应该吸取一些曾处同样发展阶段的国家的经验教训，通过深度改革开放，把建设一个较高生产率的非资源性实体经济部门作为工作重点，力争在 2035 年之前，迈入以人均 GNI（国民总收入）衡量的高收入国家的安全区。

一、俄、土、韩等国从高收入"降级"的教训

我国人均 GDP 在 2019 年首次站上 1 万美元的台阶，达到 10276 美元，人均 GNI 为 10410 美元。按照世界银行划分标准，当年高收入门槛为人均 GNI 高于 12375 美元，我国离高收入门槛只差约 2000 美元。尽管人均 GNI 并不是一个很完整、很综合、很准确的发展指标，更不能反映低收入阶层的真实生活，但大致体现了发展水平。由于绝大多数国家人均 GNI 与人均 GDP 的差异非常

---

① 本文作者张文魁系国务院发展研究中心企业研究所副所长、研究员。

小，考虑到数据的可得性，本文有时也会以后者代替前者来进行有关分析。

我国人均 GDP 在 21 世纪前 10 年快速上升，于 2001 年首次突破 1000 美元，到 2011 年则突破 5000 美元；即使在全球金融危机后的几年里，也稳健上升，到"十二五"末的 2015 年，首次超过 8000 美元。不少人一度预测，我国在"十三五"后期就可成为高收入国家。不过实际情况是，自 2015 年以来，我国人均 GDP 的升势趋缓，由快速上升变为平稳上升，同时人民币汇率也出现了更大幅度的双向波动。

其实这种情形并非我国独有，许多国家在接近高收入门槛时也有过类似经历，更有一些国家，已经进入了高收入行列，但没过几年又滑落下来，或者在触及高收入门槛时突然退却，后来还拉大了与高收入门槛的距离。这些国家"降级"的教训，值得我们认真分析。

俄罗斯就是这样一个例子。该国 2012 年的人均 GNI 跨过世界银行 12615 美元的高收入门槛，正式成为高收入国家。当时，许多人对俄总统普京提出的 2020 年实现人均 GDP 3 万美元的目标充满信心。但是俄罗斯在高收入的队列里只站了三年，2014 年人均 GDP 开始下降，2015 年滑落到高收入门槛之下，直到 2019 年还在"降级"中。

土耳其的人均 GDP 在 2013 年达到 1.25 万美元，几乎触摸到当年的高收入门槛，可以说是一个准高收入国家。但是从 2014 年开始，其人均 GDP 掉头向下，2018 年降到 1 万美元之下，2019 年仅仅略高于 9000 美元，离高收入门槛更远了。

韩国也曾"降级"，但很快又再次"升级"。该国 1994 年的人均 GDP 站上 1 万美元的台阶，跨越当年世界银行高收入门槛的 8955 美元，成为高收入国家，并于 1996 年超过 1.3 万美元。但是其人均 GDP 在 1997 年却掉头向下，1998 年急剧下降到约 8000 美元，退出了高收入国家行列。不过，1999 年韩国经济迅速回升，人均 GDP 重新站上 1 万美元台阶，再次"升级"为高收入国家，到 2006 年首次站上 2 万美元台阶，虽然在全球金融危机期间有些波动，但再也没有从高收入状态"降级"，2018 年已经站上 3 万美元的台阶。

在过去的20多年里，这三个国家均遭遇到了"降级"或者"准降级"的情况。俄罗斯在"升级"三年后，韩国在"升级"四年后，土耳其在触摸升级门槛一年后，突然"降级"了。但是，韩国很快又重新回到高收入行列，现在已在高收入门槛的1.4倍以上，而俄罗斯和土耳其却仍然只是中等收入国家。

这三个国家之所以突然"降级"和"准降级"，最直接和最大的原因就是汇率巨大波动、本币急剧贬值。此外，名义GDP增速也明显下滑，甚至为负。2014年之后，俄罗斯从乌克兰手中夺得克里米亚，由于与国际社会交恶，卢布对美元当年贬值一度超过50%，同时其原油出口价格也大幅下跌。2015年卢布继续下跌，此后几年虽有所反复，但一直远远低于2014年前的水平。土耳其虽然在2013年一只脚迈入高收入门槛，但危机已经潜伏，当年官方公布的通胀率达到9.8%，几位部长的贪腐丑闻更是引发了金融市场大动荡，里拉急剧下跌，此后几年对美元的贬值幅度累计达到70%。韩国在1997—1998年的亚洲金融危机中，韩元急剧贬值，对美元累计贬值幅度一度达到60%，韩国人把这场危机称为"汇率危机"。不过1999年韩国经济迅速恢复，韩元对美元明显升值，此后虽未达到危机前的水平，但比1999年最糟糕的时候升值了1/3以上。

在汇率巨大波动、本币急剧贬值的背后，是严重的经济结构问题。俄罗斯经济严重依赖石油生产和出口，土耳其经济严重依赖旅游度假、房地产、基建投资。它们都缺乏具有全球竞争力的产业部门，特别是可贸易的制造业部门。在它们的经济结构问题的背后，又是战略问题和政策问题，譬如，过于依赖资源，不重视制造业的发展，实行过于扩张的财政和货币政策，对迅速膨胀的外债缺乏必要管理，等等。韩国的经济结构问题与俄、土截然不同。韩国不依赖资源开发和出口，有着颇具全球竞争力的产业部门，但当时的大财团主导了经济，政府鼓励金融部门向这些财团大量输入金融资源，透明度严重不足。因此，尽管韩国与俄罗斯、土耳其一样遭受到汇率冲击，但由于具有一个比较强大的非资源性实体经济部门，在对这个实体部门进行必要的改革之后，韩国就迅速恢复增长，重新回到高收入国家行列。从俄、土、韩的经历来看，是否有一个比较强大的非资源性实体经济部门,至关重要。

二、我国 2035 年之前有希望迈进高收入安全区

我国能否避免俄罗斯、土耳其那样的情况,并尽量避免韩国那样的波折,不但能在"十四五"期间成为高收入国家,而且能在 2035 年之前闯过可能从高收入"降级"的风险区,从而稳居高收入国家行列呢?

对未来的经济前景进行规划和预判并设定目标,是一件非常困难的事情,特别是在世界进入大变局、我国进入增长减速期、不确定因素明显增多的背景下。但是,从我国 2020 年有力控制新冠疫情、经济增长较快恢复的情况来看,我国经济的确具有较强韧性;而且我国业已形成一个体量很大、全球竞争力日益增强的非资源性实体部门,这个实体部门的发展惯性至少在未来几年不会丧失。所以,即使从比较稳妥的角度来预测,我国在"十四五"期间迈入高收入门槛,应该没有太大问题。如果从更保守的角度来预测,在"十五五"初期迈入高收入门槛,应该有很大的把握。而关键是,在"十四五"之后到 2035 年这一段时期,我国经济将会或者将可能呈现怎样的图景,我们应该建立怎样的判断以及应该设立怎样的发展目标,并应该做出怎样的努力以实现这个目标?尽管这极具挑战性,但是从改革开放几十年的历史经验来看,在科学稳妥、实事求是的前提下进行理性分析,给出合理预判,确定发展目标,对于激发人们的向往,督导政府的工作,是有积极意义的。

本文认为,从前面分析过的一些国家的"降级"教训来看,我国应该,而且也可能,在 2035 年之前进入一个不太可能"降级"的区间。这个区间,可以视为高收入安全区。

到了什么样的收入水平,才可视为高收入安全区?从俄、土、韩的情况来看,它们在迈入高收入门槛之后几年里,或者在触碰高收入门槛的时段里,其货币在 1~5 年间对美元可能大幅度贬值,再加上以本币计的名义经济增速的波

动,从而以美元计的人均 GDP 和 GNI 会大幅度下滑,导致"降级"。以美元计的人均 GDP,俄罗斯在 2013 年达到高点,之后三年时间里,大约下滑了 45%,然后才趋于稳定并微弱上升;土耳其也在 2013 年达到高点,此后五六年里下滑了近 30% 之后才稍显稳定;韩国在 1996 年达到阶段性高点,此后两年里下滑了近 40%,后来才强劲回升。总的来看,它们在遭遇巨大的汇率冲击和经济增速波动时,以美元计的人均 GDP 会下降 30%~45%。

从这三个国家的经历来看,即使进入了高收入国家行列,人均 GDP 比高收入标准高出 30% 甚至 45%,也并不算是"安全"的高收入国家。当然,像俄、土两国那样,货币遭遇连续多年如此巨大幅度的贬值,而且无法出现较明显的反弹,是非常罕见的,这不但与它们经济结构的缺陷有很大关系,也与它们国内政经生态、国际政治关系的严峻性有很大关系。可以认为,像俄罗斯那样,以美元计的人均 GDP 出现 45% 的下滑,是比较极端的情形;但像韩国那样,如果遭遇经济和金融危机,出现 30% 或更高一些的下滑,仍有一定可能性。综合来看,可以把超出高收入门槛的 1/3 以上,视为高收入安全区。当然,也可以把极端情形纳入考虑,即把超出高收入门槛的 1/2 以上,视为更安全区。进入安全区域和更安全区之后,即使遭遇汇率冲击和经济增速巨大波动,也不太可能掉落到高收入门槛以下。

需要澄清的是,这里所谓的高收入安全区,显然是基于对上述三个国家经历的分析而建立的一个概念,并不非常科学。但是,在面对未来国际和国内局势面临诸多重大不确定性的时候,建立高收入安全区这个概念,可以提供一个有参考价值的分析视角。

到 2035 年,人均 GDP 超出高收入标准的 1/3,将会是一个什么样的数值?这就需要对 2035 年的高收入标准进行估算。世界银行的高收入标准,在 2001—2015 年上调了大约 35%,在 1991—2005 年上调了大约 40%。考虑到 1991—2005 年出现过亚洲金融危机,2001—2015 年出现过全球金融海啸,假定 2021—2035 年也会出现类似情形,那么未来 15 年,世界银行的高收入标准会在 2020 年的基础上上调 40%。如果 2020 年的高收入标准是 1.25 万美元，那么 2035 年大约是 1.75 万美元。到 2035 年，超出高收入标准的 1/3，就是 2.33 万美元；超出高收入标准的 1/2，则是 2.63 万美元。

我国到 2035 年，经过努力，人均 GDP 是否有可能达到 2.33 万美元，最好达到 2.63 万美元，从而进入高收入安全区和更安全区？

国家统计局对我国 2035 年及 2050 年的经济增长前景进行了分析预测，[①]根据这项研究，尽管 2008 年之后，我国发展的外部环境变得严峻复杂，国内经济增长转入新阶段，GDP 增速和 TFP 增速都趋于下行，但经过几年调整和适应，2015 年之后，经济发展加快从要素驱动向创新驱动转变，TFP 增速明显回升。如果能够不断深化改革，在内外部环境基本平稳，技术进步相对稳定，主要货币汇率保持大致稳定的情况下，2021—2035 年，按照高、中、低三种情景，我国 GDP 年均增速分别可以达到 6.0%、5.1% 和 4.5%。

为稳妥起见，此处不考虑国家统计局的高方案，而取低方案和中方案。并将 GDP 平减指数设定为 2%，以及假定在此期间人民币对美元汇率不发生变化。在低方案下，我国人均 GDP 将在 2030—2035 年间超过 2.33 万美元；在中方案下，则可在 2030—2035 年超过 2.63 万美元。也就是说，如果取低方案，我国在 2035 年之前可以迈进高收入安全区；如果取中方案，在 2035 年之前可以迈进高收入更安全区。总的来看，迈进高收入安全区或者更安全区，可以作为我国 2035 年的主要发展目标。如果能实现这样的目标，我国 GDP 总量届时将会达到近 33 万亿美元或近 37 万亿美元，可能与美国相若，甚至超过美国。

设立这样的发展目标，是基于对我国发展潜力的分析，是基于对我国下一步深化改革和融于全球的合理预期。但这并不意味着这个发展目标会自动实现，因为深化改革和融于全球不会自动推进。从前面分析过的俄罗斯、土耳其、韩国的有关经历，以及从更多其他国家的经验教训来看，是否有一个比较强劲的、

---

① 盛来运，等. 中国全要素生产率测算与经济增长前景预测 [J]. 统计与信息论坛，2018（12）.

融于全球且全球竞争力不断提高的非资源性实体经济部门，应该是问题的关键。我国若要实现这个发展目标，应该牢牢抓住这个关键。

三、非资源性实体部门是实现发展目标的关键

实体经济部门不仅是经济增长的韧性和能力恢复的主要来源，是保持货币购买力和汇率基本稳定的真实依靠，也是提高民众就业质量和收入水平、扩大中等收入群体规模、增强内需对经济的支撑作用的坚实基础。实体部门显著不同于金融部门，它不但是科技创新最活跃的部门，也包含了大量具有高度开放性的可贸易行业。因此，实体部门更容易出现两种截然不同的前景：要么更大程度实现生产率收敛，要么被边缘化或者被颠覆。在经济发展的历史中，曾经有一些国家，实体部门一度快速发展且较具国际竞争力，从而明显地带动了经济繁荣，但后来却由于种种原因，没能及时升级并实现生产率收敛，从而萎缩并导致经济增长的衰退。

虽然矿产等自然资源的开发利用也属于实体经济，但除了几个人口很少、资源很多的高度依赖石油出口的国家，世界上几乎没有哪个国家可以以资源性行业为主而稳定地保持高收入状态。只要人口规模稍大，资源开发根本不足以让人民富裕，更何况油气资源的国际市场价格经常剧烈波动，从而使国家财政和国家建设面临巨大冲击。即使像俄罗斯这样的国家，也没能成功打破"资源诅咒"。

俄罗斯在苏联时期，曾经有一个较庞大的工业实体部门，但这个部门以重工业为主，特别是军事工业占有较大比重，并且没有融入全球市场体系和产业链中。苏联解体后，俄罗斯则依靠大力发展资源性实体部门，欲尽快摆脱经济困境和财政危机，却陷入对油气资源开发的高度依赖而不能自拔，反而连苏联时期形成的一些工业技术能力也流失了，至今尚看不到其非资源性实体部门在全球经济中有何地位。土耳其经济虽然一直与全球市场有较高程度接轨，但是

实体部门不大也不强，特别是可贸易的制造业部门没能实现升级转型和不断扩张，始终不能在全球产业体系中占据比较重要的位置，反而被迫走向了扩张货币、扩大外债、刺激金融市场繁荣的道路。韩国的人口规模比俄罗斯和土耳其小得多，但国家把非资源性实体部门的发展作为重要战略，大力鼓励本国制造业企业向国际先进水平看齐，所以非资源性实体部门比较强大，虽然其保护性、倾斜性产业政策导致了严重的市场扭曲，但较有竞争力的非资源性实体部门的存在，为其提供了首次"升级"和再次"升级"的坚实基础。韩国1997年的"汇率危机"，也是对市场扭曲的一场强行纠正，是对实体部门的一次强制出清和全球融合，这使韩国经济在纠正、出清、融合之后，获得了更大的活力，以至20年之后，韩国人均GDP比高收入门槛高出了1.4倍以上，比高收入安全区还要安全得多。

我国有十几亿人口，而且资源并不丰富，只有大力发展非资源性实体部门，显著提高全要素生产率和全球竞争力，才有可能比较顺利地实现2035年的主要经济目标。

从人均GDP与高收入门槛的距离来看，我国目前的情形与1990年韩国的情形最为类似。1990年，韩国人均GDP与高收入门槛的距离为13%。2019年，我国人均GDP与高收入门槛的距离为18%，预计2020年的距离也在13%左右。1990年之后3年，即1993年，韩国迈入了这个门槛。预计我国在2020年之后的3年左右，也很有可能迈入高收入门槛。韩国在1993年的9年后，即2002年，人均GDP超过高收入门槛的1/3，算是进入了本文定义的高收入安全区，此后除了2008—2009年全球金融危机期间，基本呈现稳定爬坡趋势，到2019年，人均GDP已经站上3万美元的台阶。而我国，如果在2023年左右迈进高收入门槛，再通过9年左右的努力，即在2032年前后，迈进本文定义的高收入安全区，那么就基本上呈现与韩国相似的发展轨迹。韩国虽然是一个比我国小得多的国家，我国与其可比性不大，但是从本国产业体系与全球产业体系的关系来看，当今我国与20世纪90年代的韩国确有相似之处，我们应该从中探究一些借鉴意义。

当今我国的非资源性实体经济部门，比起当年的韩国，体量上要庞大得多，结构上要齐全得多，即使比起美国和欧洲发达国家，也有着配套体系较完整、供应链较有韧性等特点，并且逐步嵌入了美欧主导的全球体系。不过，仍然要看到我国非资源性实体部门的短处。根据宾夕法尼亚大学世界表的数据，韩国在1991年的时候，全要素生产率达到了美国的60%；但我国在2014年的时候，只达到美国的43%，估计2020年仍然明显低于美国的50%。尽管不同学者对全要素生产率的测算存在不小差别，但目前中国全要素生产率不到美国50%的估算，得到比较普遍的接受。尤其是从2008年以来，我国全要素生产率增速总体上显著放慢，从而对美国全要素生产率的追赶速度也显著放慢，这是最值得警惕的事情。国家统计局的测算显示，[①] 我国全要素生产率增速在1993—2000年平均值为2.45%，2001—2007年平均值为1.75%，2008—2014年平均值为0.64%，2015—2017年平均值为2.29%。如果把2015年之后的时段拉长到7年，估计全要素生产率平均增速会在2%以下。根据笔者的计算，[②] 我国全要素生产率如果要在2035年达到美国的60%，假定2015—2035年美国的全要素生产率年均增速为1%，那么，在此期间我国全要素生产率年均增速须达到2.7%，这显然不是一个轻而易举就能实现的目标。如果认为全要素生产率测算存在偏差和缺陷，那么工业增加值率可能更能准确反映一个国家的工业发展质量。根据我国工信部前部长李毅中公布的信息，[③] 当前我国工业增加值率只有22%~23%，近十年一直在这个水平且有所下滑，而发达国家一般为35%~40%；我国制造业每人每年创造的增加值为19.5万元，相当于美国的19.2%、德国的27.8%。显然，我国工业增加值率与发达国家的差距很大。当然，工业增加值率不能反映同样属于实体经济的非金融服务业的情况，而一般认为，我国服务业

---

① 盛来运，等. 我国全要素生产率测算与经济增长前景预测 [J]. 统计与信息论坛，2018（12）.
② 张文魁. 高质量发展与生产率重振 [J]. 新经济导刊，2018（8）：75-81.
③ 李毅中. 努力提升工业基础能力和产业链水平 [J]. 机械工业标准化与质量，2020（3）.

总体效率与美国、欧洲发达国家的差距，比制造业的差距还要更大一些。

总之，我国非资源性实体部门虽然有不少优势，但增加值率和全要素生产率与发达国家相比，尚有不小差距。差距之所以存在并如此之大，不但有资源配置效率方面的原因，也有企业的资源利用效率和创新能力、精致化能力等方面的原因。我国要实现2035年的主要发展目标，非资源性实体部门就必须加快对美欧国家全要素生产率和增加值率的追赶，显著缩小与它们在这些方面的差距，争取到2035年，我国的全要素生产率达到美国的60%左右，工业增加值率达到30%以上并接近美国的水平。

要实现这样的目标，必须进一步提高资源配置效率，增强实体部门的科技创新能力，特别是原始创新能力。过去几十年，我国市场化改革得到推进，资源配置效率有了很大提高，实体部门的创新能力有了很大提升，但是，市场化的优胜劣汰机制，宽松而良好的创新环境，都远远不够，而且绝大部分创新是边际改良型创新，是在发达国家原始创新的基础上，增加和改进附加功能，改变和提高非主要参数，变更和组合其他用途，再加上一些营销灵活性。我国实体部门的精致化能力也有很大的提高空间，达不到足够的精致化水平，就不可能实现增加值率的有效突破和全要素生产率的不断提升。我国必须树立上述方面的战略意识，从国家层面、企业层面以及全社会的各个层面，采取有效的政策措施，坚持不懈地实施，以促成目标的实现。

四、以深度改革开放促进实体部门大发展大提升

过多操作和过于宽松的宏观政策无助于这些目标的实现，反而会扰乱预期，伤害健康的发展机制。从我国的现实情况来看，必须实施以重塑实体部门微观基础为导向的深度改革开放，才能促进非资源性实体部门整体大发展、效率大提升，才能有助于2035年目标的实现。

第一，奠定竞争政策的基础性地位，促进更加公平竞争环境的形成。应该在尽可能大的范围内实行"竞争中性"。除对极少数行业实行进入限制，对极少数产品和经营行为实行合理管制之外，对各类企业实行十九届四中全会提出的"营造各种所有制主体依法平等使用资源要素、公开公平公正参与竞争、同等受到法律保护的市场环境"。这样才能更多地消除资源错配，更加有效地实现生产率维度的高胜低汰。

大量研究及经验表明，促进公平竞争，可以优化资源配置，提升经济效率，增强实体部门的创新能力和全要素生产率。但在实际当中，公平竞争的实现还有不少阻碍。一个重要阻碍就是，在一些行业和领域，不同出资人设立的企业，事实上有着不同的待遇，特别是非国有资本的进入往往遇到隐性壁垒，或者所设立的企业在运营中受到一些歧视性、排斥性对待。这有几个方面的原因：一是把国有经济看作社会主义性质更纯、政治忠诚度更高、调控顺从性更强的经济成分；二是国有企业的在位优势具有强大的惯性；三是国有企业具有强大的政策影响力。因此，离开国有资本布局调整和国有企业改革深化，就难以实现"竞争中性"。

国有资本应该适度收缩战线。中央早在1999年的十五届四中全会上就提出，"坚持有进有退，有所为有所不为"。2013年十八届三中全会通过的《中共中央关于全面深化改革若干重大问题的决定》提出，"国有资本投资运营要服务于国家战略目标，更多投向关系国家安全、国民经济命脉的重要行业和关键领域，重点提供公共服务、发展重要前瞻性战略性产业、保护生态环境、支持科技进步、保障国家安全"。下一步，应该认真思考，关系国家安全和国民经济命脉的领域，重要前瞻性战略性产业，到底应该如何认识、如何界定，这些领域和产业，是否对非国有资本有限或完全开放，国有和非国有资本之间有怎样的竞合关系。在此基础上，应该显著扩大对非国有资本，特别是境内民资的开放，要着重开放对非国有资本的控股经营权。有关行业要列出具体的开放时间表。

收缩国有资本战线，扩大对非国有资本的开放，关键还是要形成存量国有资本的流动机制。而这个机制的基础，就是要对国企进行进一步改革。2016年底，中央经济工作会议提出，混合所有制是国企改革的重要突破口。如何通过混改方式实现国企的资本结构重大调整、经营机制根本转换、公司治理实质转型，应该成为深化国企改革的重中之重。目前，大量中小国企，包括大型和特大型国企集团级次较低的中小企业，都已经实行了混合所有制，但是大型和特大型国企集团的二级核心子公司混改和股权结构还有待突破，而母公司基本上仍然保持国有独资。这样的状况应该改变。下一步，应该在这些大型国企集团的二级核心子企业当中，甚至一些母公司当中，推进高质量、优治理的混合所有制改革，即引入持股比例较高的非国有战略性股东，让股东会、董事会、管理层按照法律行使权利和发挥作用；把一些国有股份划转到社保基金或类似持股机构；同时大力推进业务板块的优化、资产债务的重组、管理层级的精简。当然，一个前提就是，非国有资本的合法权益和合理利益得到保护。此外，应该进一步健全和完善国有资本经营预算制度，加大国有资本收益和国有股转让收入收缴公共财政的力度，加强对国有资本金注入和资本转增的规范化管理，并对国企实行严厉的法治化破产制度。

第二，推进规范化、法治化营商环境改革，促进民营企业，特别是新创民营企业的不断涌现、良性发展和尽量多企业的壮大崛起。过去几年，我国营商环境改革在简政放权、优化商事制度、帮助企业更便捷办理政府手续等方面，取得很大成绩。但是也要看到，这些改革有许多内容仍然存在脆弱性甚至可逆转性，有些成绩的取得来自地方政府和官员个人的胆识和魄力。下一步营商环境的深度改革，既要以提高办事的简易性和便捷性为目标，更要以提高企业与政府间关系、企业与企业间关系、企业与个人间关系、企业与社会间关系的规范性为目标。规范性可以给企业提供清晰的、稳定的、合理的规则，使企业依照规则处理各种关系和可能遇到的纠纷，最有利于没有关系、没有门路、没有资源、没有心机的投资者和创新者殖产兴业，最有利于民营经济，特别是创新型民营企业的发展。

而规范性的最终保障是法治化。应该健全法庭体系，大力充实接诉、立案、审判、执行力量。要强化法治化的合同纠纷解决体系和投资者与政府间争端解决体系，并要提高这些体系的运作效率。要加大《反垄断法》《反不正当竞争法》的执法和司法力度，特别是要细化不正当竞争的具体标准，以及行政性垄断的判定方法，在此基础上严厉执法和司法。要进一步健全法治化的人身权利和财产权利保护制度，在法治的轨道上实现对所有人，包括对普通人和企业家的合法权利的保护，同时也惩治任何人和任何机构对他人合法权利的侵害。要增加有关力量，充分利用大数据等新兴手段，大力推行各部门、各板块之间合理的信息共享，在防止恶意逃废债务、逃避应担责任的基础上，加大《破产法》的实施力度，增加企业合理注销的便利度。要在织密法治网络的基础上，对侵犯知识产权、造假、欺诈等行为进行最严厉整治，大力充实社会资本，使社会资本成为良好营商环境的一个重要组成部分。

第三，推进深度开放，特别是制度型、规则型开放，促进中国经济由嵌入全球变为融入全球，促进中国创新体系与全球创新网的融合。嵌入全球是贸易和生产体系与全球对接，而未来融入全球则是创新链与全球深度融合，是商业规则、公司治理和法治制度与全球基本融洽，是全球创新网络的一体化。十九届四中全会通过的《中共中央关于坚持和完善中国特色社会主义制度、推进国家治理体系和治理能力现代化若干重大问题的决定》明确指出，要推进规则、规制、管理、标准等制度型开放，要加快自由贸易试验区、自由贸易港等对外开放高地建设，要推动建立国际宏观经济政策协调机制。下一步，可以考虑在粤港澳大湾区等区域，率先实行更大胆的制度型、规则型开放，例如，可以考虑法治体系、教研体系更多与境外对接融合，率先实现与全球融合发展的局面。

从嵌入全球到融入全球，需要我们以更加主动的姿态和更加包容的心态，参与全球经贸体系的调整和改革。要以CPTPP等新一代协定为蓝本，认真审视我国各种隐性补贴政策和当地企业保护政策，认真检视我国政商关系体系和政府运作体系，加紧实施深度改革，择机推进以加入CPTPP或签订类似深度协定为标志的深度开放，并为未来新全球化体系的形成贡献中国力量。

第四，推进监管领域改革和公司治理改革，促进更多大企业在公平竞争、融入全球的基础上实现大发展，形成中国企业的全球队。改革开放以来，我国有一批企业已经发展壮大为具有一定全球竞争力和影响力的大公司，它们与国际上的跨国公司更容易形成正面竞争的关系。但是，大企业更容易得到国内各级政府的倾斜性支持，它们自己也更容易构筑盘根错节的内部网络，如果政府监管失察，公司治理缺乏基本透明度和规范性，就可能导致风险隐患不断积累，资源错配不断加剧，甚至爆发危机。韩国曾有这方面的教训。下一步，我国应该研究制定对这些大企业，特别是对业务跨度巨大、组织结构复杂、海外网络广泛、交易关系隐秘的特大型企业集团的监管办法，提高它们在监管机构中的透明度，促进它们推进以强化决策程序化和信息披露为重点的公司治理改革，引导它们成为中国大企业的全球队。一方面，我国应该大力促进"大众创业，万众创新"，高度重视中小微企业的发展；另一方面，如果我国有一支规模大、实力强、公司治理及公司合规性良好的企业全球队，将可以更大程度与发达国家全球队进行水平竞争和同步创新，这不但会有助于它们自身提高生产率，也会通过溢出效应带动中小微企业提高生产率，从而全面重塑大中小微企业生态体系。我国在高收入门槛前后必须继续攀登增长之梯，而全球队中的这些大企业，可以成为增长之梯的踏板。

建设人与自然和谐共生的现代化

张永生[①]

中共十九大及十九届五中全会，对"十四五"规划和 2035 年远景目标进行了战略部署，开启了全面建设社会主义现代化国家的新征程。尤其指出，中国要建设的现代化，是"人与自然和谐共生"的现代化。这意味着，中国要实现的现代化，并不是当今发达国家现代化的翻版，因为工业革命后以发达工业化国家为标准的现代化带来了全球环境不可持续的危机，现代化概念需要注入新的内涵。但是，现有关于现代化的概念、发展内容、组织方式、商业模式、体制机制和政策体系，很大程度上均是在传统工业时代建立并为其服务的，无法满足生态文明和新发展理念下中国新的现代化转型要求，应按照"人与自然和谐共生"的现代化概念，进一步深化改革。

一、"人与自然和谐共生的现代化"的内涵

（一）现代化的新内涵

经济现代化包括两个方面：一是实现什么样的现代化（what），即发展的

[①] 本文作者张永生系中国社会科学院生态文明研究所所长。本文是作者在 2020 年第 12 期《财贸经济》发表的文章基础上扩展而成的。

内容；二是如何实现现代化（how），即实现现代化的方式。后发国家对现代化的探索，主要集中在如何实现发达国家那样的现代化，对实现什么样的现代化的思考相对较少。中国自洋务运动后开启的现代化探索，主要集中在"how"的问题上。在"what"的问题上，则以发达国家为默认标准，并没有对发达国家现代化内容本身进行太多质疑和反思。在"how"的问题上，通过艰苦卓绝的革命斗争和改革探索，中国取得了前所未有的发展成就，走出了一条中国共产党领导的中国特色社会主义市场经济的现代化道路。[①]

十八大后，中国提出了新发展理念、生态文明思想、不忘初心、中国社会基本矛盾变化的论断、"美好生活"概念、"绿水青山就是金山银山"理念、高质量发展、绿色发展、供给侧结构性改革、"五位一体"总体布局等一系列新的理念、论断以及改革与发展战略，并坚定不移地进行发展方式的转换。[②]这些新的提法，反映了中国现代化建设面临的深层问题和解决思路，背后实质是对基于传统工业时代的现代化概念的重新反思。

（二）中国为何率先提出新发展理念

改革开放后，中国在如此短时间取得了世界历史上未曾有过的现代化成就。可以说，中国是工业文明的最大受益者之一。那么，作为既有现代化模式的最大受益者之一，为什么中国不是继续这种现代化轨迹，而是提出要彻底实现发展方式转变，建设"人与自然和谐共生的现代化"？[③]

第一，中国现代化过程遇到了其他国家同样遇到的不可持续的世界性难题，不得不转变。有两个世界性难题：一是基于传统工业化模式的现代化模式，导

---

① 张永生. 基于中国发展经验建立关于现代化的新论述，国务院发展研究中心"十四五"研究课题报告，2019.
② 详见中共十八大、十九大报告。
③ 刘世锦，张永生，等. 绿色发展新时代——中国绿色转型 2050[R/OL]. http://www.cciced.net/zcyj/yjbg/zcyjbg/2017/201801/P020180124359320301783.pdf.

致了严重的生态环境不可持续问题，包括生态破坏、环境污染和全球气候变化危机；[①] 二是"现代社会病"，包括福祉、社会问题，以及环境破坏和现代生活方式引起的大量健康问题。尤其是，中国在一代人的记忆里，对传统工业化模式的好处和弊端均有切身体会。这就为解决这些问题提供了更多可能性。

第二，5000 年连绵不断的文化底蕴，为中国提出新发展理念和新的现代化概念提供了足够的养分。一些人将中国取得的巨大发展成就简单归于学习西方管理经验和市场经济的结果。但是，世界上几乎所有后发国家都在寻求现代化，为什么只有中国这样的少数国家能够成功？这背后，有中国无形的文化因素在起作用，而这些无形因素在标准经济学中往往被忽略。文化因素深刻地影响着人们的发展理念和行为方式，从而对经济绩效产生关键影响。"人与自然和谐共生"，是中国文化的重要内容。因此，建设"人与自然和谐共生"的现代化，亦代表中华文化的复兴。

（三）生态文明带来现代化标准的转变

工业革命后，人类社会从传统农业文明进入工业文明，价值观念的重大转变是其前提；从不可持续的传统工业文明到基于生态文明的现代化概念，同样需要价值观念的重大转变。"人与自然和谐共生"的现代化意味着两个方面，一是视野的扩大，即从传统工业文明"人与商品"的狭隘视野，转变到生态文明"人与自然"的宏大视野。这种转变类似从地心说到日心说的转变。二是新发展观或价值观的重建。发展目的是提高人们福祉，满足人们"美好生活"的需要。基于传统工业化道路的发展模式，往往导致增长与福祉相背离。一旦用新的现代化坐标系来衡量，则关于成本、收益、最优化等传统概念就会发生很大变化，由此带来供给内容的转变。[②]

[①] Rockstrum, J., Steffen, W., Noone, K., Persson, A., Chapin, F. S., Lambin, E. F., ...Folke, C. "A safe operating space for humanity". *Nature*, 2009, 461, 472-475.

[②] 张永生. 生态文明不等于绿色工业文明 [M]// 潘家华，等. 美丽中国：新中国 70 年 70 人论生态文明建设. 北京：环境科学出版社，2019:472-479.

二、生态文明建设的重大改革

十八大以来,在生态文明和新发展理念下,中国进行了系统的改革顶层设计。在发展理念和绿色发展探索上,中国在很多方面实现了对传统工业化模式的超越。中国未来的现代化,显然不是过去传统工业化模式简单的线性延伸。

(一)重大改革进展

十八大以来,在习近平生态文明思想指导下,从宪法、党章、国家发展战略、国家治理体系和治理能力现代化、法律体系、具体机制设计等不同层面,中国建立了生态文明"四梁八柱"总体框架的顶层设计。

第一,中国将生态文明建设同时纳入宪法、执政党党章、国家发展战略("五位一体"总体布局),为生态文明建设提供了强大的法律和制度保障。中国亦成为保护环境决心最大的国家之一。生态文明的核心,是环境与发展的相互促进关系。生态文明在中国至上的法律地位,意味着中国对于通过保护环境促进经济发展的坚定信念和信心。

第二,中共十九届四中全会将生态文明作为国家治理体系和治理能力必须坚持的内容进行了具体规范,提出"坚持和完善生态文明制度体系、促进人与自然和谐共生",包括实行最严格的生态环境保护制度、全面建立资源高效利用制度、健全生态保护和修复制度、严明生态环境保护责任制度。

第三,在实施层面建立了完备的体制和政策框架。中央全面深化改革领导小组审议通过50多项相关具体改革方案,包括《关于加快推进生态文明建设的意见》《生态文明体制改革总体方案》等纲领性文件。生态文明体制改革,主要是从自然资源资产管理、自然资源监管、生态环境保护三大领域进行制度改革与设计。

第四,在一些具体领域取得突破。包括:环境立法思想取得突破,明确了环境保护法的综合法地位和"保护优先"原则;在生态保护和修复制度、资源高效利用制度、生态环境治理体系改革等方面，均取得突破性进展；生态环境治理体系改革取得突破；目标责任体系和问责机制改革取得突破；市场化改革有突破性进展，如自然资源资产产权制度、资源税、环境税、生态补偿，以及水权、用能权、排污权、林权、碳排放权的交易制度试点。

（二）对传统工业化模式的超越

从传统工业化模式到绿色发展转型，对所有国家而言都是新生事物。在发展理念和发展实践上，中国从过去的"学习者"，正努力成为"探索者"和"引领者"。这是中华民族伟大复兴的必然要求。从可持续发展的视角看，生态文明绿色发展至少在以下方面实现了对传统工业化模式的超越。

第一，超越传统工业时代的视野。西方工业文明建立在"人类中心主义"基础之上，从"人与商品"狭隘的视野认识和满足人类需求，对外部环境的冲击并未充分纳入消费者和企业行为的决策范围。这导致了"人与自然"之间关系的恶性循环。生态文明则超越传统工业文明视野，从"人与自然"更宏大视野衡量人类行为，为人类最优行为提供了一个新的坐标系。[①]

第二，超越传统工业文明价值观。基于工业化模式的消费社会，强调物质消费至上的价值观，生态文明则同时强调"绿水青山就是金山银山"理念，强调生态环境对生产力和福祉的改进效果同样也创造价值。不同的价值理念，对应着不同的发展内容和资源概念。这样，价值理念的转变，就使经济增长有可能摆脱对物质资源的依赖，同时也大幅拓展了经济发展的潜力，做到"越保护、越发展"。

第三，超越了工业时代的标准经济发展理论。各国现有发展模式及奉行的发展理论，很大程度上是传统工业时代的产物，经济发展被视为一个工业化、

[①] 张永生.生态文明不等于绿色工业文明[M]//潘家华，等.美丽中国：新中国70年70人论生态文明建设.北京：环境科学出版社，2019:472-479.

城镇化和农业现代化的过程。[①] 在环境和发展的认识上，传统的发展理论普遍认为，经济发展与环境存在两难选择，将所谓环境库兹涅茨倒 U 形曲线作为处理环境问题的规律，[②] 而这种倒 U 形曲线并不真正成立。[③] 生态文明新发展范式则揭示环境与发展之间可以做到相互促进。无论是实践还是理论层面，这种认识都是对传统工业时代发展理论的超越。

第四，为全球可持续发展提供了根本解决之道。由于传统工业化模式下环境与发展之间的冲突关系，全球气候变化、联合国可持续发展目标（SDGs）等全球性目标难以实现。只有在生态文明新发展范式下，这种冲突关系才可能成为相互兼容和相互促进的关系。因此，生态文明就为发展方式转变提供了根本解决之道。

三、生态文明体制改革主要经验和主要问题

（一）主要经验

第一，发展理念和远见卓识对于改革至为关键。绿色转型是一种发展范式的跃变，它面临着类似"鸡生蛋、蛋生鸡"的两难困境。即如果没有足够的绿

[①] Grossman, G. and Kruger, A.B. 1991. "Environmental impacts of a NAFTA agreement". (National Bureau of Economic Research Working Paper, 3914.). Lewis, W. *The Theory of Economic Growth*[M]. London:Allen and Unwin，1955.

[②] Fujita M, Krugman P. 1995，"When is the economy monocentric?: von Thunen and Chamberlin unified"[J]. *Regional Science and Urban Economics*, 1995, 25(4):505 - 528. Grossman, G. and Kruger, A.B. 1991. "Environmental impacts of a NAFTA agreement". (National Bureau of Economic Research Working Paper, 3914.). Kuznets, S., 1955, "Economic growth and income inequality," *American Economic Review*, Vol. 45, No. 1, pp. 1-28.

[③] Alexander, S. and Rutherford, J. 2019, "A critique of techno-optimism:Efficiency without sufficiency is lost", *Routledge Handbook of Global Sustainability Governance*, Print ISBN: 9781138048287.

色成功证据，则风险厌恶的政府就不会采取有力的行动；如果不采取有力的行动，则证据就不会出现。此时，领导人的远见卓识、愿景和改革勇气，就起着决定性作用。在"绿水青山就是金山银山"理念下，生态环境保护和经济发展相互促进的认识和愿景，就为打破这种两难冲突提供了保证。

第二，以人民为中心的发展理念。发展的根本目的或初心是增进民众福祉，而不是商业利益至上。传统发展模式的一个重要问题，就是在一定程度上，发展的目的和手段本末倒置。GDP只是发展的手段，人民福祉的提高才是发展的根本目的，而那些难以市场化从而难以转化为GDP的良好生态环境，则是普惠的民生福祉，是"人民群众不断增长的美好生活"不可或缺的一部分。

第三，中国政府强大的执行能力。绿色转型是工业革命后最为广泛而深刻的发展范式的变革。它会使经济跃升到一个更有竞争力的结构。但是，这种转型面临一个典型的公共选择和协调问题。虽然转型有望提高整体经济的效率，但个体却存在搭便车激励，这就需要政府强有力的推动。政府的推动，相当于提供一种转型必需的公共产品。在推动绿色转型方面，中国政府强大的动员能力，成为其独特的优势。中国目前推行的很多改革和试验，在其他国家往往很难做到。

第四，有效的市场机制。在生态文明建设中，"市场发挥着决定性作用"。"绿水青山"转化成"金山银山"，根本上靠有效的市场机制。很多基于良好生态环境和文化的新兴产品和服务，难以用传统工业时代的模式实现其价值，需要依靠商业模式和企业组织模式的创新，而灵活充满活力的市场机制就成为关键。

第五，改革的顶层设计与地区创新。中国改革从过去"摸着石头过河"的自下而上探索阶段，进入更加依靠顶层设计的阶段。生态文明是工业文明后一种新的文明形态，不只是传统工业化模式体制框架下的修修补补，而是需要全面顶层设计、整体推进。与此同时，中国充分发挥其大国优势，通过地区竞争充分发挥各地的创新精神，在不同条件的地区进行各种生态文明的制度试验，然后将行之有效的地区试验上升为全国性改革措施。

（二）存在的主要问题

第一，对生态文明的认识，不少还停留在狭义的生态环境方面，将生态文明等同于环保、节能减排、植树造林等，未能深刻领会生态文明的深刻内涵。环境问题的背后，是发展内容和方式的转变问题。解决生态环境问题，不仅需要彻底改变生产方式，也要深刻改变消费方式。这意味着，现代化的内容亦要发生改变。与其对应的，就是新供给内容。

第二，未能充分建立起生态文明目标的"自我实现"机制。政策目标的实现取决于相关利益主体是否有相应的激励。由于现有发展理念、商业模式、基础设施、体制机制等均是在传统工业时代建立并为其服务的，生态文明这种前瞻性思想，需要有新的支持体系。因此，在生态文明建设方面，目前各地普遍存在"新瓶装旧酒"的情况，以生态文明之名，行传统工业化之实。

第三，"绿水青山"转化为"金山银山"存在障碍。主要表现在两方面：一是价值观念障碍。对为什么"绿水青山"就是"金山银山"还认识不充分。由于"绿水青山"提供的生态服务价值很多都是无形服务，其对工农业生产的重要作用未能被充分认识。同时，由于目前人们对"美好生活"的概念是在传统工业时代形成的，转变观念需要一个过程。二是转化机制。传统工业化模式主要建立在物质资源基础之上，更多的是将"物质资源"转化为"金山银山"，而生态文明更是将无形的"绿水青山"转化为"金山银山"，这就要求不同的体制机制、发展内容、政策体系和商业模式等。

第四，生态文明理念未能全面融入经济社会各方面，在一些重大战略和政策中未能充分体现。比如，生态文明不仅需要生产方式的改变，更需要生活方式和消费方式的改变，但主流宏观经济政策的核心，却是不加区分地刺激消费，将扩大消费作为增长的手段，在经济处于下行时更是如此。生态文明并不只是转变消费方式，更是转变消费的内容，以让经济增长摆脱对碳排放等的依赖。

第五，人们普遍低估中国2060年碳中和目标背后的巨大机遇，以及其可能带来的挑战。2060年碳中和目标同2030年碳排放达峰目标具有本质区别。如果说中国实现2030年碳排放达峰目标更多的还只需要在政策上"边际地"改进的话，2060年碳中和目标则会给中国经济带来脱胎换骨的变化。它意味着中国经济现有的基础将彻底改变，不只是能源、交通、建筑等直接同碳排放相关的部门会发生巨大变化，还会由此引发生产方式、消费方式、商业模式等的革命性变化。与此同时，由于心理、制度、商业等方面的准备不足，也会带来相应的转型风险。

四、今后改革重点内容

以全面实现小康社会为新起点，开启建设"人与自然和谐共生"现代化的"两个新征程"：一是超越以发达工业化国家为默认标准的现代化内容，基于中国文化价值观赋予现代化新的内涵；二是建立实现这种新的现代化内容的新体制机制。从十九大关于中国社会基本矛盾发生转变的论断出发，以满足人民群众不断增长的"美好生活"需要为核心，不断催生新的供给。

（一）按照"人与自然和谐共生"现代化的新要求揭示其新内涵

新的现代化道路，从一直以来关注"how"的问题，转变到同时关注"what"和"how"，尤其是如何为新的现代化内容建立相应的体制机制。在全面建成小康社会之际，尤其要植根于中国5000年文化传统，对中国文化中小康概念的原有内涵发扬光大，将其融入新的现代化论述中。原有小康概念的内涵同传统工业时代现代化内涵的最大区别，就是对美好生活的不同含义，前者强调适度物质消费和人的全面发展，而后者基于物质至上的消费主义。但是，原有小康社会的概念反而是被传统工业化概念改造，成为GDP为主的概念，一定程度上丢失了小康概念中原有的更丰富和有价值的内涵。

（二）基于生态文明重新认识高质量发展，并建立新的现代化测度标准

现有关于高质量发展的讨论，很多未能超越传统工业文明理念，还是"传统效率定义"意义上的高质量，并不能成为中国高质量发展的标准。高质量发展不仅需要高技术、高效率、产业升级、高附加值等，也需要在新的生态文明框架下进行定义。发达工业化国家的经济并不一定意味着高质量发展。一旦在生态文明更大的框架下重新定义成本和收益的概念，将传统模式下的外部成本、隐性成本、长期成本、机会成本考虑在内，则原先一些在传统工业化狭隘视野下被视为高质量的发展，可能就成为低质量发展。发展的目的或初心是提高人民福祉。违背初心的发展内容，效率再高，也不能称为高质量。在传统工业化模式下，发展的目的和手段一定程度上本末倒置，有些经济活动虽然提高GDP，但更多的只是商业上的成功，对人类福祉改进并无裨益，反而可能对福祉带来长期或隐性危害。因此，必须根据十九大提出的"美好生活"概念转变GDP内容，进一步淡化GDP的评估与考核作用。

（三）基于生态文明挖掘供给侧结构性改革新内涵，实现供给内容和供给方式的绿色转型

供给侧结构性改革是实现高质量发展的重要保障。在"三去一降一补"的任务基本完成，以及全面建成小康社会目标实现之时，供给侧结构性改革具有新的历史内涵。这个新的内涵，是要保证发展内容不偏离提高人们福祉这个初心，对于发展什么和不发展什么，从国家战略和政策上进行必要的引导和调整。原则是，对那些负外部性、长期成本、隐性成本、机会成本高和影响人们福祉的经济活动进行抑制，对那些绿色经济活动进行鼓励。具体而言，一是促进新兴绿色供给，二是对无效经济活动进行抑制，三是促进那些难以市场化和货币化的服务供给（比如生态环境文化等普惠的民生需求）。

（四）在全社会开展新生活方式运动，复兴中国传统文化价值观

传统农业社会向工业社会转变最大的前提之一，就是观念和消费模式全面而深刻的转变，即从节俭的生活方式向大规模消费的生活方式转变，以为大规模生产提供市场，从而形成以消费社会和大量无效经济活动为特征的现代经济。同样地，从传统工业文明向生态文明转变，也需要一场全面而深刻的消费观念和生活方式的革命性变化。这种变化被大部分的标准经济学家视为不可能，或被视为一种计划经济思维。但实际上，大量行为经济学研究表明，所谓消费者"自由选择"某种程度上只是一种假象，消费者行为（喜欢什么或不喜欢什么）其实很大程度上是被无形商业力量系统性操纵的结果。

（五）基于5000年传统价值观和现代化成就，建立更加开放包容的社会

鸦片战争后，中国因为落后形成了长期的文化不自信，甚至一度将传统文化视为现代化的障碍。但是，中国取得的发展成就证明，中国文化不仅能够同西方工业文明完美结合，亦能为解决传统工业文明的内在危机提供新的出路，其中包括有效的市场机制和现代国家治理体系。中国对自己的道路、理论、制度、文化的自信，有利于建立更加开放包容的社会。

五、跳出传统工业化的思维困局

基于生态文明新的现代化概念，包括应该鼓励发展什么和不鼓励发展什么，以及用什么标准及手段来实现之。总的方向是，通过对"美好生活"价值体系的重塑，以及将视野从狭隘的"人与商品"关系扩展到"人与自然"更宏大的视野，则传统工业化模式下的成本、收益、最优行为等概念就会被重新定义，由此带来发展内容和经济体系的重塑。在"市场发挥决定性作用，政府更好发挥作用"的前提下，原先一些高效率和高质量发展，可能就成为低质量、高成

本经济，而原先一些高成本的绿色经济，可能反而成为低成本经济。

此次全球新冠疫情，为重新思考现代化概念提供了一个机会。抗疫采取的前所未有的措施，是一次世界历史上绝无仅有且在常规情形下绝不可能进行的改革大测试。它不仅揭示了新的现代化方向，也让我们看到了实现这种现代化的可能性。新冠疫情的具体原因虽然非常复杂，但根本原因却是基于传统工业化道路的现代化模式对人与自然关系的破坏。这实质上是全球不可持续发展危机爆发的一种表现形式。新冠疫情的出现，则是从内容到组织方式对既有现代化模式的大幅校正。在内容方面，此次大测试最意外的发现或许是，人们的观念和生活方式的转变，并不是原先以为的那么困难。猝不及防的疫情彻底改变了人们的生活方式，但人们却发现，原先一些一直以为非常重要的内容，其实并不是那么重要；而原先很多未曾在意的内容（包括非市场化的健康、与亲人的团聚等），原来如此重要。同时，由于疫情阻断了常规的贸易模式，新的基于互联网的贸易模式开始兴起。

这也恰恰证明，我们现在的生活方式，其实是被商业力量过度改造的结果。但是，由于长期以来，人们关于现代化的观念是在工业社会形成的，接受的知识体系和思维方式亦是工业社会的产物，这使得大部分人陷入所谓柏拉图洞穴寓言的思维困境，无法理解和接受新事物。一旦跳出传统工业化的思维困局就会发现，很多长期确信无疑的观点和理论其实似是而非，而一个新的观念和局面就会形成。尤其要澄清：

第一，对现代化和"美好生活"的重新定义，不是行政干预和计划经济的回归，而是对传统工业化模式以及过度商业利益驱动的消费社会的纠偏，或者是对市场原教旨主义的纠偏。

第二，强调观念的变化对发展的影响，也不是20世纪80年代"政府调节市场、市场调节企业"的准计划经济思维，而是在新时代对政府和市场职能的重新定位。

第三，不仅要将政府权力关在制度的笼子里，亦要给资本力量套上缰绳，让其在制度约束下运行。政府权力和资本，本质上具有相同的扩张属性。只要没有足够的约束，他们就会为了自身利益最大化而扩张。在强调市场的"决定性作用"时，要避免将资本和"企业家"浪漫化。

第四，强调"美好生活"不是不要经济增长，而是要更高质量的经济增长，是要增长、福祉、环境和人类命运共同体的统一。

参考文献

"十四五"时期中国经济新增长潜能

1. 刘世锦.GFP 及其驱动的经济增长[J].管理世界，2015（10）.

2. 中国发展研究基金会"博智宏观论坛"中长期发展课题组.2035: 中国经济增长的潜力、结构与路径[J].管理世界，2018（7）.

3. 刘世锦，等.陷阱还是高墙？[M].北京：中信出版社，2011.

4. Michael Spence, *The Next Convergence: the Future of Economic Growth in a Multispeed World*, New York: Farrar, straus and goroux, 2011.

5. Comparing Chinese Provinces with Countries: All the Parities in China, *The Economist*, 2012.

双循环赋能经济增长的质量与效率

1. 伯尔蒂尔·奥林.地区间贸易和国际贸易[M].王继祖，等，译校.北京：商务印书馆，1986.

2. 魏后凯，李玏，年猛."十四五"时期中国城镇化战略与政策[J].中共中央党校（国家行政学院）学报，2020（4）.

3. Halpern, L., M. Koren, and A. Szeidl, "Imported Inputs and Productivity," *American Economic Review*, vol.105, NO.12, 2015, pp.3660-3703.

"十四五"时期四大战略重点：创新、开放、分配、法治

1. Mazzucato, M. The Entrepreneurial State – Debunking Public vs. Private Sector Myths, Anthem Press, 2013.

2. McKinsey Global Institute. *China and the World: Inside the Dynamics of a Changing Relationship*，July, 2019.

3. Wei, Shang-Jin, Zhuan Xie, and Xiaobo Zhang. From "Made in China" to "Innovated in China": Necessity, Prospect, and Challenges[J]. *Journal of Economic Perspectives*, Volume 31, Number 1,Winter 2017,Pages 49–70.

4. World Bank（2019）, *Doing Business 2020–Sustaining the pace of reforms*, OCTOBER 24.

5. 蔡昉. 创造与保护：为什么需要更多的再分配 [J]. 世界经济与政治，2000（1）.

6. 黄勇. 论中国竞争政策基础性地位的法治保障 [J]. 经贸法律评论，2018（12）.

7. 黄涛，郭恺茗. 科技创新举国体制的反思与重建 [J]. 长沙理工大学学报：社会科学版，2018，33（4）.

8. 普莱斯·费希拜克，斯坦利·恩格曼，等. 美国经济史新论：政府与经济 [M]. 张燕，郭晨，白玲，等，译. 北京：中信出版社，2013.

9. 钱颖一. 市场与法治 [J]. 经济社会体制比较，2000（3）.